宿命の子

安倍晋三政権クロニクル

上

船橋洋一
Yoichi Funabashi

文藝春秋

宿命の子　上

安倍晋三政権クロニクル◎目次

上巻

るのか」　●「尖閣はたいした問題ではない。日本だけで対処できる」　●「彼女はキッシンジャーの呪縛にかかってしまった」　●「現場力が一番、大切だからな」　●「海上保安庁に『がんばれ！　がんばれ！』と声援を送るだけ」　●「頼むから中国との間で紛争を起こさないでほしい」　●「フィリピンは米国の同盟国であることを忘れないでほしい」　●「レガシーを守るため、対中政策を変えられなかった」

第5章　TPP……229

●「バカか、お前は」　●「聖域なき関税撤廃を前提とする限り交渉参加に反対である」　●「最初にオバマに会う時が勝負だと思います」　●「日本の政治的センシティビティには配慮する」　●「甘利さんと運命共同体で行こうと思いました」　●「下に対しても上に対しても上から目線の男です」　●「族をもって族を制する」　●「今後、農業交渉は鶴岡にはタッチさせない」　●「いやあ、まいった、まいった、最初から最後まで豚肉の話だけだった」　●「ここにいる意味はない。私は帰ります」　●「一体、針原は何をしゃべったんだ？」　●「日本が円安介入すると、米議会がTPPを承認するのが難しくなる」　●「TPPを批准するのはもう一つ空母を配置するように重要なこと」　●「オバマは優柔不断だった」　●「我々が互いに密接に連携できたことは、希望の灯となっている」

第6章　慰安婦……283

●〈これは、決定打だ〉　●「もう勘弁してくれ、これ以上は読めない」　●「そういう事実があったと。結構です」　●「河野談話はそのままにしておいて、その上に乗ればいい」　●「これが報告書です。事実のみに着目して作成しました」　●「全部オープンにしちゃえ。外国にちゃんと見てもらえばいいじゃないか」　●「大統領が来日する時、これが問題になっていないようにお願いします」　●「朴槿恵大統領は外国に行くと必ず日本を批判した。これは、我々の戦術です」　●「まず大統領から委任を受けてもらえますか。私は

かつての〝禁治産者〟の規定に似ている」●「いや、小松君だ。駐仏大使の小松一郎だ」●「内閣総理大臣が従うのは最高裁の判決だけだよ」●「今回の私の件は、一時預かりです。いずれ大政奉還いたします」●「内政の失敗は一内閣が倒れれば足りるが、外交の失敗は一国を亡ぼす」●「砂川判決に依拠するこうした立論には無理があります」●「いわゆる芦田修正論は政府として採用できません」●「薄皮一枚ですが、それでいいですか」●「北側さんを信じます。それで結構です。細かい文言はお任せします」●「こんなのはインチキだ！」●「本来なら台湾有事で存立危機事態が適用されるという議論をしなければいけなかったのかもしれない」●「おい、ちょっと待て。これって1回目だから記念写真を撮ろうじゃないか」●「全員、国家官僚として働いてください」●「制服は脱がなくてもよい」●「外交と軍事を総括し調整する司令塔が、近代日本史上、初めて官邸内にできた」●「財務大臣はきちんと入っておくべきだと思いますけどね」●「日本は打撃能力を持つつもりである。ぜひ、協力してほしい」

第9章　ヒロシマ／パールハーバー

●「なぜ、ヒロシマを投下地に選んだのかな？」●「なぜ私たちはここ、広島に来るのでしょうか」●「あんたが頑張らにゃ『核なき世界』はできんけんの」●「これは、スピーチというより瞑想なのではないか」●「私が安倍さんの立場だったら、ああいう表現は使わなかった」●“Areba Tsukau”●「広島の市民の多くは『謝ってほしい』とは言っていない」●「人間としてのすべての感情が揺さぶられました」●「これは未来に関する事柄なのです」●「オバマが広島に行くのなら、安倍はパールハーバーに行くべきだ」●「パッケージとされると、日本人の中に複雑な感情を生じてしまう」●「真珠湾に、いま私は日本国総理大臣として立っています」●「それは、センチメンタル・ジャーニーではなかった」

第10章　消費税増税

●「消費税、嫌いなんだよね」　●「もうちょっと延ばしたらいいんじゃないか」　●「消費税を上げないと、株価は暴落しますよ」　●「帰って、解散の準備をしてほしい」　●「麻生さん、これはもうそういう判断でお願いします」　●「ぜひ、岸・池田両総理の役割を果たしてください」　●「オレは、次官を呼んだんだぞ。課長を呼んだ覚えはないぞ」　●「オレだってやりたくてやったんじゃねえんだ」　●「保育園落ちた、日本、死ね」　●「そうした歴史も知らず、こんな直感的な紙を書くのはいかがなものか」　●「下手するとリーマン・ショックの二の舞になる」　●「財務省が持っていったら、総理は乗らなかったと思う」　●「財務省は勝ち過ぎていた」　●「文句を言われる筋合いはないんだよ」

下巻

プロローグ　飛び散った議員バッジと拉致バッジ

２０２２年7月8日午前11時28分42秒、安倍晋三元首相は奈良市の近鉄大和西大寺《やまとさいだいじ》駅北口から約50メートル先の車道に設けられた演説会場でマイクを握った。演台は40センチメートルほどの高さで、交差点中央のガードレールで囲まれた安全地帯（ゼブラゾーン）に設置されていた。

参議院議員選挙（6月22日公示）の投開票は7月10日である。選挙戦は大詰めだった。

安倍は地元選出の自民党現職、佐藤啓《けい》の応援のためこの朝、羽田発の航空便で伊丹空港へ飛び、ここまで駆け付けた。３００人ほどの聴衆が集まっている。

奈良市の後は、京都市、そしてさいたま市大宮（埼玉県）と、この日、3か所で応援演説をする予定だった。

安倍は佐藤とグータッチを交わしたあと、応援演説を始めた。

「彼（佐藤）はできない理由を考えるのではなく……」

安倍が佐藤について言及したその瞬間、何かが爆発した。大きな音がし、白煙が上がった。安倍は左後方を振り返った。その振り向きざまの安倍をめがけて、若い男が安倍の5メートルほど後方から銃を発射した。安倍はよろめき、演台から降りた。その場に膝をついて倒れ込み、やがて意識を失った。

路上には、安倍が胸につけていた議員バッジと、拉致被害者を救う会のブルーリボンバッジ（拉致バッジ）が飛び散っていた。

男は、警察官たちにその場で取り押さえられ、現行犯で逮捕された。無職、山上徹也（42歳）と判明した。肩に掛けた紺色の鞄に筒状の銃身を粘着テープで巻いた手製の銃を忍ばせていた。

11時43分。安倍は、救急車でドクターヘリの離着陸場のある平城宮跡歴史公園に運ばれた。そこから橿原市の奈良県立医科大学附属病院高度救命救急センターへ搬送され、輸血と蘇生措置が行われた。

午後4時55分。妻の昭恵が同附属病院に到着した。

「シンちゃん！ シンちゃん！」

昭恵の呼びかけに、安倍は返答しない。午後5時3分、昭恵の判断を踏まえ、死亡が最終的に確認された。

奈良県警察本部が公表した検視結果によると、左肩に銃創1か所、右前頸部に楕円形の銃創2か所が確認された。司法解剖によれば、死因は左上腕部射創による左右鎖骨下動脈損傷による失血死だった。

山上は殺人と銃刀法違反（発射、加重所持）の罪で起訴された。宗教法人「世界平和統一家庭連合（旧・統一教会）」に入信した母が多額の献金をしたことで破産し、生活が困窮したと説明。教団を恨み、「教団と深い関わりのある安倍氏を撃った」と供述した。

安倍晋三、享年67。２００６年9月から２００７年9月、２０１２年12月から２０２０年9月と、２度にわたり内閣総理大臣を務め、２０２１年11月からは自民党安倍派を率いていた。

内閣制度発足後、殺害された現職首相・首相経験者としては伊藤博文、原敬《たかし》、高橋是清、浜口雄幸《おさち》、犬養毅《つよし》、斎藤実《まこと》に続いて7人目である。

第１章　再登場

「私は勝てると思います」

２０１２年8月お盆明けのその日。東京はうだるほど暑かった。

昼下がり、菅義偉《すがよしひで》（衆議院議員、神奈川県）が東京都渋谷区富ヶ谷の安倍晋三の自宅を一人で訪れた。菅は谷垣禎一《さだかず》自由民主党総裁（衆議院議員、京都府）の下、党組織運動本部長の役職にある。

富ヶ谷の自宅は鉄筋3階建て。堅牢だが瀟洒なたたずまいである。１階が安倍の兄の安倍寛信夫婦、３階が安倍の母、洋子、そして2階に安倍と妻の昭恵が住んでいる。

地階に車で入り、2階までエレベーターで行った。ドアが開くと、半そで姿の安倍が笑顔で出迎えた。

菅は一つの覚悟を心に秘めていた。

〈安倍晋三をもう一度、総理にする〉〈そのために、安倍を9月の自民党総裁選に出馬させる〉[1]

菅義偉は、１９４８年、秋田県の農家の長男として生まれた。父親の菅和三郎は戦前、南満州鉄道（満鉄）職員として働いた。大戦末期の満州国の臨時首都、通化で敗戦を迎え、引き揚げた。いちご農家として成功し、雄勝《おがち》町議会副議長にも選ばれた。菅は15歳の時、１９６４年の東京オリンピックでの聖火ランナーの伴走者に選ばれ、県内を走った。そのことをいつまでも誇りに思った。農業を継ぐことに抵抗し、地元の高校を卒業すると「家出同然」で、上京した。有楽町・日劇近くのカレー店でカレーの盛り付けをしたり、ＮＨ

Kでガードマンをしたり、新聞社の編集部門で雑用係をしたりしながら2年遅れで法政大学に入った。東京の私立大学の中で法政大学の学費が一番安かった。

大学卒業後、自民党の小此木《おこのぎ》彦三郎衆議院議員（神奈川県）の秘書になった。１９８６年、横浜市議会議員。１９９６年の衆議院選挙に自民党公認で出馬、新進党公認・公明党推薦の上田晃弘を破って初当選した。選挙中、公明党の支持母体の創価学会をカルト集団呼ばわりするなど、闘志をむき出しにした。１９９８年の自民党総裁選では所属派閥の小渕派（平成研究会）を退会し、同会会長の小渕恵三ではなく師事していた梶山静六の擁立に走り回った。たたき上げの党人派である。[2]

安倍との最初の出会いは、衆院当選2回の２０００年のことである。北朝鮮による拉致問題がきっかけだった。自民党総務会で北朝鮮へのコメの支援が議題になった。菅は大反対した。直ちに安倍から電話がかかってきて、議員会館で会った。北朝鮮による対日工作が明らかになる中で、2人は万景峰号《マンギョンボン》の入港を禁止する法律の制定に取り組んだ。北朝鮮から新潟港に頻繁に入港していた万景峰号は、物資や資金の輸送の他、諜報・工作員などの人的往来にも利用されていた。

同志的関係を結ぶようになったのは、２００６年9月の自民党総裁選からである。安倍は出馬にあたって菅に「再チャレンジ支援議員連盟」をともに立ち上げてほしいと頼み、議員連盟の人選も菅に任せた。菅は党内の派閥を超えて、安倍を支持する中堅・若手議員に働きかけた。安倍が所属する清和会のドン、森喜朗（衆議院議員、石川県）は「安倍君、順番というものがある」と安倍を制し、福田康夫元官房長官（衆議院議員、群馬県）を推していた。第1次安倍政権で菅は総務相に就任した。[3]

しかし、安倍第1次政権は翌２００７年、あっけなく倒壊した。

あれから5年が経つ。無様な終わり方をしたこともあり、安倍に対する風当たりは依然、きつかった。「安倍はもう終わった」との受け止め方が一般的だった。

〈風向きが変わってきた〉

と菅が感じ始めたのは２０１２年の春ごろからである。

菅は、総裁選に出るよう再三、安倍を口説いた。

「円高・デフレ脱却による日本経済の再生、東日本大震災からの復興、尖閣諸島や北朝鮮に対する危機管理の３つをやるのは安倍さんしかいない。絶対に出るべきです」[4]

しかし、安倍は「そうだよなあ」と気の抜けた返事を繰り返すだけだった。[5]

２０１２年８月15日。安倍はその日の午前、萩生田光一《はぎうだ》を伴って靖国神社に参拝した。萩生田は安倍が目をかけてきた政治家だが、２００９年の衆院選挙で落選し、この時は浪人中だった。

この日、尖閣諸島の魚釣島《うおつり》に香港の「保釣《ほちよう》行動委員会」の活動家ら７人が上陸したとテレビが報じた。沖縄県警と海上保安庁が、上陸した７人を含む14人を入管難民法違反容疑で現行犯逮捕した（２日後、全員を香港へ強制送還した）。[6]

２人は、参拝した後、日本橋の蕎麦屋「砂場」で昼食を共にした。萩生田は安倍に「次じゃなくていいんじゃないですか」と言った。[7]

９月の総裁選への出馬は思いとどまるべきだ、との意味である。安倍の側近や盟友のほとんどが「まだ早い」「下手に出て、負けたら、もう終わりだ」と再登板には慎重だった。

しかし、菅は違った。機が熟してきたと感じていた。

その日の夜、菅は安倍を銀座の焼き鳥屋に誘った。何度も何度も安倍に立つべきだと説いた。３時間が過ぎた。最後に安倍は首を縦に振った。

「振り返って、もっとも誇らしく思う」瞬間だった、と菅は後に述べている。[8]

その直前に共同通信の世論調査（実施　8月11～12日）の結果が公表された。

「次の首相に誰がふさわしいか」の質問では、自民党では石破茂9・8％、石原伸晃《のぶてる》9・6％に続いて、安倍が6・7％で3位に入った。[9]

石破茂（衆議院議員、鳥取県）、石原伸晃（自民党幹事長、衆議院議員、東京都）と違い、安倍はまだ出馬への意欲さえ表明していない。にもかかわらず、3位に食い込んでいる。自民党総裁の谷垣禎一よりも上位にある。

菅は、この世論調査の結果を安倍に電話で伝えた。安倍はそれを聞き、元気づけられたようだった。[10]

もっともその後、知り合いのジャーナリストから「安倍が弱気になっている」との情報が菅に入った。

テレビのニュース番組の「街の声」に安倍再登板に厳しい声が紹介され、安倍がそれを結構、気にしている、とか、木村太郎（衆議院議員、青森県）ら清和会の若手中堅数名が安倍に「今回は、町村さんに譲り、出馬を見送るべきだ」と血判状を出したことで気落ちしている、とか。

町村さん――同じ清和会に属する町村信孝元外相（衆議院議員、北海道）のことである。[11]

もう一度安倍に会い、ねじを巻きなおす以外ない。菅はいてもたってもいられず、この夏の昼下がり、安倍邸を訪問したのだった。

居間に通された。

安倍は妻の昭恵が外出していて、お構いもできずにすまないと言い、お茶を出した。

時候の挨拶もそこそこに、菅は本題に入った。

「私は安倍さんでやる気だし、私は勝てると思います」

その頃、自民党総裁選への候補者としては谷垣禎一、石原伸晃、石破茂、町村信孝、林芳正（参議院議員、山口県）などの名前が取り沙汰されていた。菅は、石破、石原、安倍の3人の対決となったシナリオを描き、票読みをしてみせた。

「最初の投票ではけりがつかない。割れます。ただ、決勝戦に残れば、結構、こちらの人数が多く出る。十分に勝てる可能性があると思います」

菅はさらに個々の議員の投票予測をしてみせた。

菅は議員の名前をコピーした紙を持参してきたが、安倍は真新しい『国会便覧』を隣の部屋から取り出してきた。

「彼は、石原支持ですが、決選投票になればこちらに来ます」

「この議員は実は、初回当選から安倍さんのファンです」

そうやって一人一人、○と△をつけていった。

結論として、菅は次のシナリオを描いて見せた。

・1回目の投票は地方票に強い石破が過半数を取る。

・安倍が勝つためには1回目の投票で2位に入る必要があるが、最悪でも40票以上の差をつけて石原には勝てる。

・3位の石原票は、決選投票ではほとんど石破には行かない。2位・3位連合の形になれば必ず石破に勝てる。[12]

安倍は、ずいぶん経ってから、「あの時、出ろと言ったのは菅ちゃんと昭恵の2人だけだった」と菅に言ったことがある。

菅は「出ろ」と言っただけではない。「勝てる」と言ったのだった。

濃密な1時間だった。

〈もう大丈夫だ。安倍さんは出る〉

帰りのエレベーターの中で菅は深呼吸をした。[13]

「あんたを立てて、俺は勝負したいんだ」

菅は前年の2011年秋ごろから、安倍の再登場を思い描いていた。

石破派のメンバーに接近し、切り崩し工作を密かに行っていたが、「なかなか難しい状況です。何か武器がないと」と安倍には漏らしていた。

そのうち日本維新の会を率いる橋下徹大阪市長が「なかなか有効な武器」になるのではないかと思うようになった。日本維新の会から安倍へのラブ・コールが寄せられるようになった。2012年春ごろのことである。民主党政権は失政に次ぐ失政でじり貧に陥っていた。国民は民主党に愛想をつかしている。次の総選挙で自民党が政権に返り咲く可能性は大いにある。ただ、世論は自民党よりむしろ同じ野党の日本維新の会に対する期待へと向かっているようでもある。日本維新の会は、石原慎太郎が率いる太陽の党（旧・たちあがれ日本）と合併し、石原が代表、橋下が代表代行、松井一郎大阪府知事が幹事長の布陣へと変わった。

松井は安倍を担いで、一気に国政政党に変身することを夢想していた。

仮に次の総選挙で第一党になり、政権を担うにしても、日本維新の会の多くは国政経験がない。民主党政権や細川護熙《もりひろ》政権の時と同じ過ちを繰り返すに決まっている。だから、安倍のような首相も務めた政治指導者に来てほしい[14]……。

菅と松井は頻繁に会合を重ねていたが、松井は「その時は、首班指名は安倍で行く」との意向を伝えていた。菅は、松井の提案を安倍に伝えた。「維新も総理を望んでいます。ネットワークは私に任せてください。考えてみてはいかがですか」と言った。

2月26日。大阪市内で開かれた日本教育再生機構（八木秀次理事長）主催の教育問題に関するシンポジウムに安倍は松井とともにゲストとして招かれた。

その日の夜。市内の小料理屋に安倍と松井、安倍側近の衛藤晟一《せいいち》参議院議員（大分県）、松井と親しい堺市議の馬場伸幸らが集まった。安倍と維新との初顔合わせだった。衛藤はこの席で「創生」『日本』としては、『安倍さんをもう一度総理にしたい』という思いでやっています」と打ち明けた。創生「日本」は2007年、安倍の盟友だった中川昭一衆議院議員（北海道）らを中心に保守系議員が設立。中川が死去した後、2009年から安倍が会長を務めていた[15]。

衛藤は長年、安倍とともに歴史問題に取り組んできた。

松井もそれに呼応するかのように言った。

「もう一度、総理をやってください」

安倍に自民党を離党し、維新の会の代表に就いた上で、首相に返り咲いてほしい――。

「いや、それは無理だよ」

そんなやりとりもあった[16]。

3月12日。大阪のリーガロイヤルホテルで、安倍は、橋下や松井、維新の会政調会長の浅田均らと会合した。松井は、より踏み込んだ腹案を安倍に伝えた。

「私が〝接着剤〟になります。例えば、安倍総理と、橋下総務大臣兼大阪市長という形など、どうですか」

4月13日。銀座のバーで、菅と衛藤、それに衆議院議員の下村博文（東京都）も交えて、安倍は維新の会の面々と談笑した[17]。

安倍と維新が初めて邂逅《かいこう》した「2・26」会合の日のシンポジウムをお膳立てしたのは菅、衛藤、下村の3人だった。3人とも「安倍という存在を世間にもう一度、認識してもらう」思いで一致していた。

安倍は下村が日本維新の会と接近しているのは、総選挙となった場合、維新が自分の選挙区には〝刺客〟を立てて来ないとの計算もあってのことだろうと推測していたが、それも含めて、

〈つかず離れず、互いを利用すればいい〉

と割り切った。

安倍には、自民党を離党し、維新に担がれる気はなかった。政権を再度、担うためには、自民党が自らの力で出直す必要がある。草の根の保守を掘り返し、新しい保守政治を生み出さなければならない。維新との提携はその後の話である。[18]

そもそも自分は自民党総裁を務めた身である。保守本流、自民党本流の自負がある。だいいち日本維新の会に担がれ、自分だけが返り咲いたとして、そんな自分に自民党がついてくるとはとても思えない。[19]

民主党の混乱はこの夏も続いた。7月には小沢一郎前幹事長（衆議院議員、岩手県）の一派が消費税増税に反対し、民主党を離党した。

小沢が安倍に接近してきた。

「あんたを立てて、俺は勝負したいんだ」

と小沢は言った。自分が官房長官になって安倍をもう一度、蘇らせる。そして、2人で力を合わせて憲法改正を成し遂げよう、とも受け取れるニュアンスを安倍は感じた。

小沢は安倍の父の安倍晋太郎には「お世話になった」との気持ちを持ち続けていた。1987年11月、竹下登内閣が誕生した際、安倍晋太郎は自民党幹事長に就任したが、小沢は官房副長官となり、とりわけ国会対策では密接に協力した。

1993年の衆議院選挙初陣の際、安倍は、母の洋子とともに小沢一郎を訪れた。[20] 洋子は、弱冠47歳で自民党幹事長を務め、辞任後も権力をほしいままにしていた小沢に息子の将来を託すつもりで挨拶に出向いたのである。

第1次安倍政権誕生後、最初の国会の党首討論で民主党代表だった小沢は、安倍晋太郎への感謝の気持ちを表明してから質問を始め、安倍も自分と小沢が与野党の党首討論を戦わすとは父は夢にも思わなかっただろう、と応じた。しかし、その後、第1次政権を通じて、小沢は容赦ない安倍攻撃を続けた。辞任直前、安倍は小沢との党首会談を所望したが、小沢はそれを断った。

もっともその小沢が自分を「立てたい」と接近してきたこと自体、政界における安倍の〝市場価値〟の見直しが始まっている兆しなのかもしれない。

しかし、小沢は、国連の下での集団的安全保障（国際的安全保障）への参画は合憲としながら、集団的自衛権の行使は違憲と解釈されるとしたり、その後、さらにその見解を変更したりと、憲法観と安全保障観が明確でない、と安倍は感じていた。

〈彼が憲法に本当に執着があるとは思えない〉

安倍は申し出を丁重に断った。[21]

前年の2011年の2月と4月の2回、小沢と密会した、と安倍はジャーナリストの岩田明子に明かしている。東日本大震災の前後から菅《かん》直人政権の行き詰まりを見据えて民主党と自民党の大連立の話が浮上したころである。そのころ、小沢は「菅降ろし」のために、野党の自民党と公明党などが提出する内閣不信任案に同調して菅を退陣させようと画策していた。小沢の安倍への接近もその一環だったのかもしれない。もっとも、この時は菅が民主党代議士会で辞任を示唆し、小沢も矛を収め、不信任案は否決された。[22]ただ、小沢はその後も安倍とは接触していた。小沢は「安倍さんの方からも会いたいと言ってきたこともあった」と述べている。[23]

「結局、菅ちゃん一人なんだよね」

衛藤らの創生「日本」などの保守派だけでなく、党内からも安倍の再出馬を求める声が聞かれるようになった。中国の尖閣諸島に対する露骨な攻勢に手をこまねいているだけの民主党政権に不満を抱く層が安倍への新たな期待を抱きつつあった。

もう一度、立つべきか否か。

この夏、安倍を支えてきた財界人の葛西敬之《よしゆき》ＪＲ東海会長が、安倍と第1次政権の首相秘書官たちを会食に招いた。安倍が出馬すべきか否かについての率直な意見交換をしようというのである。今井尚哉《たかや》（経済産業省資源エネルギー庁次長）、田中一穂《かずほ》（財務省主税局長）、北村滋（内閣情報官）の3人が参集した。

安倍は、銀座の焼き鳥屋で菅と話したことを披露した。

「菅ちゃんはすごく、やれ、やれ、と言うんだよね」と安倍の声が弾んだ。ただ、その後で「谷垣さんが出るなら、私は出れない」と付け加えた。

田中は反対した。「まだ早い、もし負けたら終わっちゃいます」。北村も慎重論を述べた。葛西も「時期尚早」との考えを述べた。

ただ、今井は「私は立つべきだと思います」と主張した[24]。

「負けてもいいから立つべきだと思います」

「私にとって1次政権の最後は慶應病院なんです。国民にとっても総理の最後の姿はあの会見です、あの姿を何とか塗り替えていただきたい。外務大臣でも財務大臣でも通産大臣でも何でもいい。総裁選で2位か、3位になれば閣僚だ、それでいいじゃないですか。総理はその先にしかありません」

葛西が異を唱えた。

「一介の大臣でもいいから出馬しろなんて、そんな負け根性じゃだめだよ。勝つ算段がなきゃ立つべきじゃない」

安倍は黙ったまま、じーっと聞いていた[25]。

この会合の少し前のことだが、今井は、菅の誘いで赤坂の蕎麦屋「田中屋」で昼食を共にした。

「今日は私、納豆そば」

「先生。いつも、これで？」

「いや、毎回、変えるんだ」

そんなやりとりの後、菅はいきなり、立て続けに言った。

「私、もう一回安倍政権をつくろうと思ってるんです」「彼しかいませんよ」「維新もね、ものすごく安倍さんに期待してるんだよね」

そして、菅は今井の目を見て、言った。

「その時は今井さんにもぜひ、力を貸してもらいたいんだ」

菅はいつも単刀直入である。

今井は答えた。

「その時になれば、その時です。私がどうこうと言うよりも、いざそうなったら私は幾らでもお手伝いしますから」

安倍が「政治家はいったん弱くなるとみんな逃げ足は速いよ。一気に裏切るからね。弱ったときに、真の友は誰かわかるんだよね」と言うのを、今井は一再ならず聞いたことがある。その時、安倍は「結局、菅ちゃん一人なんだよね」とつぶやいた。安倍は菅のことを「菅ちゃん」と呼ぶ。

菅は真剣そのものである。

〈安倍さんの言った通りだな〉

と今井は思った。[26]

「私の気持ちはもう最初から決まっています」

ただ安倍出馬の前には乗り越えなければならない壁がいくつもある。

安倍が属している清和政策研究会の会長であり町村派を率いる町村信孝が出馬に意欲を燃やしていた。安倍は町村とホテルで2人だけで会った。町村は「私の年齢を考えれば、これが自分にとって最後のチャンスだと思う。あなたはまだ時間があるではないか」と直截《ちょくせつ》に言った。町村は1944年生まれ。安倍とは10歳の年齢の開きがある。町村も自分を支えてくれた町村派の面々の手前、出馬を見送るという選択肢はない。

その後、同じ清和会の長老である森喜朗元首相も交えて3人で会った。

森は安倍には「順番というものがある。間違えないように」と自重を促した。

町村の方が年長だし、派閥運営でも汗をかいて来た町村が先だろう、というニュアンスである。[27]

ただ、森は町村には「派以外に支持する人がどれだけいるのか」と質した。

町村にはそのようなウィングの広がりはない。勝ち目のない戦に出るのは無謀ではないか、とやんわり牽制したのである。町村はそれに直接、答えずに「とにかくここに勝負をかける」と言った。

森にはすでにお目当てがいたのだ。当時、自民党幹事長を務めていた石原伸晃である。石原は、森だけでなく宏池会会長の古賀誠（衆議院議員、福岡県）や前自民党参議院会長の青木幹雄（島根県）の支持も取りつけていた。

衛藤晟一によれば、「石原の後ろに、派閥を一本にまとめなかった森がいたでしょう。森のところには安倍がいて、町村がいる。それでも、石原の後ろについたわけでしょう。それから、古賀もそうでしょう。林（芳正）がいるにもかかわらず、石原についたわけでしょう。それから、青木がそうでしょう。青木は竹下派、自分の派内に候補がいるのに自分のところから出さなかった。長老たちはみな石原についた」。「石原伸晃というのはとにかく人がいい、だけどそれは長老の言いなりになるということ。だから長老の受けがいい」。[28]

安倍としては町村の言い分もわかるし、自分が出れば清和会を割ることにもなる。清和会は、福田赳夫《たけお》が立ち上げ、安倍の父の安倍晋太郎が継いだ派閥であり、その源流は安倍の祖父の岸信介《のぶすけ》に遡《さかのぼ》る。しかも、安倍が2006年の総裁選に出馬したとき、町村は安倍を支えてくれた。申し訳ないという気持ちでいっぱいだった。ただ、もはや後戻りはできない。

安倍は町村派の面々に訴えた。「町村派で既に町村さんを支持することを固めた人の切り崩しは私はしません。ただ、もし、決勝戦に私が残ったらその時はお願いします」[29]。

安倍に出馬を促したのは菅だけではない。第1次政権で経済産業相を務めた甘利明（衆議院議員、神奈川県）、内閣府大臣政務官だった加藤勝信（衆議院議員、岡山県）、首相補佐官だった世耕弘成《せこうひろしげ》（参議院議員、和歌山県）ら有力議員が安倍を推していた。

甘利は、2006年の総裁選で安倍が立候補したとき選対事務局長を務めて以来、菅とともに安倍を終始、支えてきた。甘利の言葉を使えば、2006年の時、安倍を押し上げたのは「超派閥」の勢力だった。「いかにも派閥連合と見られるような長老の名を顧問に連ねるような事は避け」た[30]。

2003年、安倍が小泉純一郎政権で当選3回ながら幹事長に抜擢された時、甘利は筆頭副幹事長だった。安倍よりも年配で当選回数も多い。それでも甘利は安倍を誠心誠意支えた。安倍はそういう甘利を予算委員長に推した。2004年、朝鮮総連の大会で自民党幹事長として挨拶をしてほしい、との小泉の求めに安倍は抵抗し、甘利に代役を頼んだところ、快く引き受けてくれた。安倍は甘利の「義理がたさ」を高く評価していた[31]。

今度もあの時とほぼ変わらない。

その甘利に、もう一度、安倍政権をつくろうと声をかけたのは菅だった。2011年ごろ、菅から赤坂の日本自転車会館の地下にあった日本料理店「ざくろ」に昼食に誘われた。

「私、もう一回安倍さんを担ぎたい。甘利さん、協力してくれませんか」

甘利は即答を避けた。いかにも唐突に聞こえたからである。

「菅ちゃんの考え方はわかりました」

「時々2人で話し合いませんか」

その時は、それだけだった。その後、何回か、菅とは昼食をともにしたが、「安倍さんを担ぐ」話は途切れがちだった。ところが、2012年8月末、突然、安倍から甘利の携帯に電話がかかってきた。

「総裁選に出ようと思います。ついては選対本部長をやってもらえませんか」

〈菅ちゃんが安倍さんに言ったんだな〉

「明日まで時間を下さい」と甘利は答えた。

「そうでしょうね。こんな重大なこと、すぐ決められませんもんね」

「そうじゃないです。私の気持ちはもう最初から決まってます。ただ、私がお返事する以上は、仲間を3人でも4人でも連れて最初から行きたいと思ってます」

甘利は、田中和徳（衆議院議員、神奈川県）、山際大志郎（衆議院議員、神奈川県）、福田峰之（衆議院議員、神奈川県）らの甘利グループの仲間と一緒に安倍に馳《は》せ参じたいと考えていた。幸い皆の賛同を得た。

当時、甘利は自民党広報本部長を務めていた。広告代理店に自民党総裁選挙用のコピーをつくらせたが、どれも腑に落ちない。ダメ出しを続けたら広告代理店の方が音を上げて「甘利先生だったらどんなコピーにするんですか」と聞いた。甘利は自分の選挙用に考え、手帳に書き認《したた》めていた2つのコピーのうち1つを口にした。

「俺なら、例えば『日本を取り戻す！』だな」

「それ、下さい」

とその場で決まった。

「日本を、取り戻す。」

それが、自民党総裁選のスローガンとなった[32]。

年末にかけて解散・総選挙に突入すると、甘利のもとに広告代理店の担当者が「先生がつくられたあのコピーを総選挙用にも使わせていただけませんか」と頼みに来た。二つ返事で快諾した。

8月28日。安倍は、国会内で森喜朗と会い、出馬の意向を伝えた。

8月29日。読売新聞が「安倍元首相、総裁選出馬意向」の記事を1面トップで掲載した。[33]

8月30日。「9月14日告示、同26日投開票」の日程が決まった。

8月31日。石破と町村が出馬の意向を固め、各メディアがそれを報じた。

9月2日。石原が、鹿児島市での講演の中で立候補への意欲を示した。[34]

9月7日。町村が党本部で記者会見し、正式に出馬を表明した。

総裁の谷垣を取り残したまま、石原が激しく動き始めた。

9月8日。谷垣と石原は党副総裁の大島理森《ただもり》（衆議院議員、青森県）を交え、総裁選に向けて話し合いを持ったが、決裂した。

この会談で、石原が「自分は、谷垣さんを総理にするために幹事長をやってるわけじゃない」と言ったという情報が流れた。[35]

「谷垣さんに何の瑕疵もないんだから谷垣さんでいいんじゃないの？」

菅、甘利、その次に安倍がアプローチしたのが麻生太郎（衆議院議員、福岡県）だった。第1次政権の内閣改造・党人事で、安倍は麻生を党幹事長に据えた。辞任の時も麻生にはその旨を事前に伝えた。安倍にとって麻生はまさかの時の友である。それに麻生は総理経験者でもあり、重みが違う。最後は、麻生が支えてくれるかどうか、がカギとなる。

安倍と麻生は、いずれも祖父が首相経験者（岸信介と吉田茂）という政治貴族の家柄であり、政治的にも同志関係と見られることが多いが、２人をよく知る官邸スタッフは両者の関係を「政治的同盟」に近いと表現した。「べたべたしない関係」だというのである。[36]

麻生が首相の時、一度、安倍を夜、公邸に招いたことがある。

暖炉のある居間にソファーが並んでいる。麻生がソファーの上座の方を指さし、「総理、どうぞ」と着席を勧めたところ、安倍も「いやいや、総理、どうぞ」と返し、２人とも座らない。

麻生は自分より前に総理の座にあった安倍を先輩として遇し、上座に座らせるという秩序観を持っている。一方、安倍は現職の総理が上座であるべきだ、との秩序観である。[37]

麻生は吉田茂を祖父に持つ貴族趣味のサラブレッドではあるが、経営者として生き抜いてきたアニマル・スピリッツを持っている。細川護熙政権下の野党時代、麻生とともに副幹事長を務めた大島理森の表現を使えば「少なくなってきた党人政治家の風合い」を感じさせる。[38]

この間、安倍は麻生とも密かに話した。「仲間たちは出ろと言っている、一方で、政治生命を失うから自重しろという人もいる。政治生命がかかっていることは確かです。ただ、ここは戦わなければならないと考えている」。

出馬の意向を伝え、麻生の支援を取り付けようとしたのだが、麻生の回答は明快だった。

安倍を支えたいが、もし、谷垣に挑むことになるのであれば支持できない。

安倍にとっても、その点が最大の悩みだった。谷垣と麻生を相手に挑んでは勝ち目はない。しかも、谷垣は自民党の野党時代、総裁として党をまとめてきた。この総裁選は、政権に戻るかどうかの衆院解散・総選挙を視野に入れた総裁選となる。誰が見ても勝利の暁には谷垣が総裁・総理にふさわしいと思うだろう。安倍は「自分が（２００７年の参院選敗北で）自民党を野党に追いやるトリガーを引いた。そして、野党の冷や飯は谷垣さんに食わせた。今度、与党になった途端にまた俺が戻るよ、これはできない」と漏らしていた。[39]

谷垣が出馬すれば厳しい。ただ、谷垣は出馬するのかどうか……安倍はなお心の底で逡巡《しゅんじゅん》していた。[40]

菅が麻生に接触し、支援を求めたのもそのころである。

麻生と菅の間は必ずしもしっくりしない。麻生政権時代、菅は自民党選対副委員長だったが、麻生がもくろむ解散の先送りを強く求め、２人の関係はしこった。菅は麻生と親しい甘利の「紹介」という形で、麻生と会った。甘利は２００８年、麻生が総裁選に出馬した際、麻生を支持した。

麻生は菅に言った。

「谷垣に瑕疵《かし》があれば別ですけれども、あの時の選挙（２００９年総選挙）で１１９人にまで落っこちた野党の自由民主党を１人も減らさずに３年以上持たせたのは谷垣です。宮澤（喜一）政権の後、野党になり、河野（洋平）が渡辺（美智雄）を破って総裁になったときなど自民党からどんどん抜けていった。しかし、谷垣総裁の下では１人も減ってませんよ。どこに瑕疵があるんです。それを引きずりおろすのは無理です」

河野総裁の下、鹿野《かの》道彦、太田誠一などが新進党の小沢一郎に引っ張られる形で自民党を離れた（実際は、谷垣総裁の下の3年3か月、現職議員14人、元議員11人が自民党を離党した。与謝野馨衆議院議員＝東京都＝は、民主党政権の経済財政相として加わった）。

それに谷垣総裁の下、自民党は知事選、地方自治体の選挙のほとんどで勝って来た。

麻生は元外相の高村《こうむら》正彦（衆議院議員、山口県）と、谷垣が総裁選出馬した場合の対応について電話で話したばかりだった。麻生は高村より2歳年上だが、同世代である。

麻生「おまえ、どうする？」

高村「谷垣さんに何の瑕疵もないんだから谷垣さんでいいんじゃないの？」

麻生「俺もそう思う」[41]

ただ、高村は谷垣でいいんじゃないか、と言ったが、一言付け加えた。

「だけど、あいつ（谷垣）がやめると言ったらどうするんだよ」

高村のその発言に、麻生は虚を衝《つ》かれた。

麻生は言った。

「やめたらしょうがない。後に出るやつは、そうだなあ、頭が悪いやつを選ぶか、暗いやつを選ぶか、おなかが痛いとか言ってるやつを選ぶか、その3つだな」

石原、石破、そして安倍。その3人から選ぶことになる。

麻生はすでに結論を出していた。

「頭が悪いのも、暗いのも直らねえけど、腹の調子が悪いというやつは薬で治るから、それじゃねえか[42]」

自民党内も世評も谷垣が出馬するとの見方が優勢だった。

9月9日、菅は知り合いの記者から「谷垣が床屋に行った」との情報を得た。

「やっぱり出馬表明か」

谷垣が名乗りをあげれば、安倍出馬のゲームプランはご破算を覚悟しなければならない。そこは安倍も菅も同じだった[43]。

9月10日、月曜日。麻生は地元の福岡に戻っていたが、午前9時半すぎ、自民党総裁室から電話がかかってきた。谷垣だった。

「今から出馬表明しますんで、よろしくお願いします」

「わかりました」

その後、しばらくしたら知り合いの記者から電話がかかって来て、谷垣が記者会見をするという。

自民党総裁は通常、記者会見はしない。それは幹事長の役回りである。「月曜日に総裁の記者会見？　何だ、それ」と聞いたが、要領を得ない。

谷垣に電話してもつながらない。11時半、谷垣が記者会見で出馬辞退を表明した。麻生は自民党総裁室の旧知の職員に電話して聞いた。「俺のところに朝、電話があっただろう、それから記者会見までの間に谷垣が会っているのは誰だ」。

「大島副総裁です」

大島理森自民党副総裁だという。[44]

最後は、大島が谷垣に現状を伝え、谷垣は出馬を断念したもののようだ。

谷垣の周りで、この間、何があったのか。

大島は谷垣を担いで動いていた。谷垣に頼まれ、麻生と高村と話し、両派から推薦人をひとりずつ出してもらうことで了解を得ていた。ただ、谷垣の選挙態勢は弱かった。石原が出馬表明に踏み切ってからは谷垣を推す勢いが目立って衰えた。[45]

谷垣は、大島に麻生、高村陣営からさらに一人ずつ推薦人を集めるように求めたが、もはやその情勢ではなかった。

大島は谷垣に「古賀さんに意を尽くしてお願いしてみてください。古賀さんに頼みましょう」と進言した。宏池会会長の古賀誠のことである。

「野党自民党がもう一回、与党に戻るんですよ。（このままでは）まずいよ、谷垣さん」

谷垣は古賀とは波長が合わない。古賀の背後には森がいるとも感じていた。この期《ご》に及んで古賀に頭を下げるのはどうにも気が進まない。いや、ただ、そこは呑みこんで古賀とも話さなければならない。谷垣もそこは分かっているつもりである。

しかし、古賀は、「加藤の乱」の時に兄のように慕った加藤紘一（衆議院議員、山形県）を土壇場で見捨てた。谷垣にはそのことがいつまでもしこりとなっている。[46]

大島は「韓信の股くぐり、のつもりで」と谷垣に言って含めたが、後で谷垣が古賀に電話をして頼んだと知って、愕然とした。

古賀は「世代交代」を唱え、森喜朗（清和会）と青木幹雄（平成研）とともに石原支持の方向を固めていた。

大島は彼らの谷垣に対するあるわだかまりを感じた。

〈「加藤の乱」の時の怨念からなのか……〉[47]

2000年、加藤派を率いていた加藤紘一は、派閥ごと森喜朗内閣に対する野党の内閣不信任決議に賛成し、森内閣を倒壊させようとした。この倒閣運動は政権側（森派と橋本派）からの激しい切り崩しに合い、失敗する。宏池会も加藤側近の古賀が幹事長の野中広務（衆議院議員、京都府）と通じ、反加藤に回った。加藤は単独で議場に不信任票を投じに向かおうとしたが、谷垣が加藤の肩をつかんで、それを止めた。

「加藤先生は大将なんだから！　ひとりで突撃なんてダメですよ！　加藤先生が動く時は俺たちだってついていくんだから！」

涙ながらに引き留める谷垣の顔と、涙をにじませ立ち尽くす無言の加藤の顔が、実況放映するテレビに大きく映った。


9月10日朝。総裁室で大島は谷垣に言った。

「厳しい状況です。勝ち目はありません。石破にも安倍にも勝てません。後は総裁のご判断次第です」

組織を維持する上で、「城」の存在は極めて重要だ。自民党が野党の時代、谷垣は自民党という「城」を守った。その城主を惨敗させることはできない。

それに何よりも、

〈谷垣を傷つけたくない〉

その一心だった。[48]

「自分の力不足だった。申し訳ない」

そう言って、谷垣は大島にわびた。

総裁と幹事長で力を合わせて来たのに、総裁選で争うとなると党内を二分してしまう。自民党が与党の時なら、それは党の活性化にもつながるだろう。しかし、今は野党である。野党の自民党の総裁と幹事長が分かれてバラバラになって戦う、それで政権を取り戻せるだろうか。

9月10日。谷垣は、正式に出馬取りやめを発表した。[49]

「明智光秀みたいなやり口は、私の渡世の仁義では許されない」

麻生は、福岡での午後の日程を全部、キャンセルし、急いで東京に戻った。
高村とまた電話で話した。
「谷垣やめちゃったぞ。どうする？　安倍が出ると言ったら、俺の立場ではやらざるをえない」[50]
その日の夜、麻生は渋谷区神山町の自宅に安倍に来てもらい、2人だけで話した。麻生は谷垣が出なくなった以上、安倍を全面的に応援することを誓った。[51]
麻生に続いて高村も安倍支持を発表した。
高村には甘利が働きかけていた。高村の安倍支援がカギだと思っていたからである。党の重鎮であり、誰からも慕われている。高村は安倍に日中関係の正常化に取り組む言葉を発してもらえれば、「日中友好議連の会長としての自分の立場も立つ」と言った。甘利が安倍にその点を質したところ、安倍は二つ返事で「いいです」。安倍が高村に電話で支持を要請。高村は安倍支持を約した。
〈高村が支持してくれた。麻生と高村がこっちに来てくれた。これなら勝てる〉
と、甘利は思った。
石・石対決と呼ばれ、安倍は3番手でしかなかった。地方票では石破が強い。党の長老たちは石原を推している。それでも、これなら十分に逆転のチャンスがある。[52]
9月12日。安倍は正式に出馬表明した。総裁選届け出は5人のうち4番目となった。

9月13日。麻生は自らの派閥総会で「谷垣総裁が出馬されないというご決断をされた以上、麻生派としては一致して安倍元総理を支持する」と宣言した。

そして、幹事長の石原を批判した。

「（谷垣という）自らのボスの寝首を掻く、明智光秀みたいなやり口は、私の渡世の仁義では許されない」[53]

麻生の「明智光秀」発言から、10日ほど前に遡る。

石原は安倍が出馬表明をした後、安倍に電話した。

「ちょっと行っていいですか」

そして、議員会館の安倍の事務所を訪れた。

石原と安倍は、1990年代末から根本匠（衆議院議員、福島県）や塩崎恭久（衆議院議員、愛媛県）とともに児童養護と社会保障について取り組み、4人の頭文字を取ってNAIS（根本、安倍、石原、塩崎）などと呼ばれた仲間である。安倍は第1次政権の時、根本を首相補佐官、塩崎を官房長官、石原を自民党幹事長代理として重用した。石原はさらに2007年の改造人事で自民党政調会長に就任した。そういう縁がある。

向かい合って、座ったまま、2人とも一言も発しない。なんの物音もしないので、安倍の秘書の西山猛が不審がって、途中、お茶のお替りを何回も持ってきた。それでも2人とも黙ったままだ。

ずいぶん、時間が経ち、石原が先に口を開いた。

「晋三さん。今度、出馬することになりましたので……」

安倍は困ったという顔をして、言った。

「私も、そうさせてもらいました」

「正直言って、まさかこんなことになるとは思わなかったです。私も総理が最初からやるんだったら支えたんですけど、私、情報なくて知らなかったんです」

後は、「加藤の乱」の時の思い出とかよもやま話で終わった。[54]

9月18日。情勢はさらに急変する。町村が体調不良で急遽、都内の病院に入院した。後に脳梗塞であることが明らかになる。町村は「安倍さんも僕も清和政策研究会（町村派）という同じ帽子をかぶっている。安倍さんに投票しよう」と言い、決選投票では町村派として安倍を支援する流れをつくった。[55]

9月26日。総裁選を迎えた。1回目の投票では、5人の候補者のうち石破が199票でトップ（地方党員165票。国会議員34票）となった。安倍は141票で2位につけた。石原96票、町村34票、林27票だった。安倍は、議員票では石原に、地方票では石破に後れを取った。しかし、石破票も過半数に及ばず、石破、安倍の決選投票となった。

決選投票では、安倍108票対石破89票。安倍が総裁に選出された。首相経験者が自民党総裁選に再度、出馬し、再選されたのは自民党史上初めてのことだった。

決選投票では清和会の全員が安倍に投票した。1回目の投票では石原に投票した議員もかなりいた。西村康稔《やすとし》（衆議院議員、兵庫県）もその一人である。西村は安倍には出馬を自制するよう求めていた。敗北したら政治生命を失うと思ったこともあるが、森が「石原で頼む」と働きかけてきたのを無視できなかった。[56]

稲田朋美（衆議院議員、福井県）は、最初から安倍に投票することを決めていた。総裁選告示直後、石原が議員会館の稲田の事務所にぶらっと姿を現し、「今度、出ることになりました。よろしくお願いします」と頭を下げた。

そして、一言付け加えた。

「晋三さんをよろしく頼むよ」

〈よほど、自信があるんだ〉

稲田は、安倍は大丈夫か、心配になった。[57]

しかし、石原は崩れ落ちた。

大島が振り返って言ったように、麻生の「石原は明智光秀」発言がトドメを刺した。

「麻生閣下のあの一言が石原を殺したんですよ。明智光秀の一言が。ああいう言葉というのは凄い」[58]

その凄さとは、「殺意」ということであったかもしれない。

谷垣もその言葉に籠る「殺意」を感じた一人である。

麻生には申し訳ないことをした、という感情もないまぜになった。

まだ麻生が谷垣を推している段階で、麻生が電話を寄越し、言ったことがある。

「俺はな、安倍が立つと、今までの関係から安倍を応援しなきゃいかん立場なんだ。俺はいま安倍に立つべきではないと言ってるんだけど、どうしても出ちゃったときは、俺は安倍と組むしかない立場なんだ」

そこだけはわかってくれ、ということを麻生は谷垣に伝えたのだった。

いや、逆に谷垣の方が麻生の期待に応えられなかったと、谷垣は内心忸怩《じくじ》たる思いがした。

〈麻生さんは、人を応援するときは全身全霊、応援する。それも最後まで、終わってからも、応援してくれる〉[59]

総裁選で安倍が新総裁に選ばれた後、谷垣は両院議員総会であいさつした。

「百里の道も、九十九里をもって半ばとす。この一歩こそ、乗り越えなければならない。安倍新総裁は、この最後の一歩を乗り切れる」

谷垣はそのように述べ、団結を求めた。

万雷の拍手が鳴り響いた。安倍は、それを聞きながら、

〈谷垣さんには絶対に入閣してもらわなければならない〉

と思った。[60]

「ただ、番組は続いているんです」

10月29日、臨時国会が始まった。安倍は本会議で自民党総裁としての最初の代表質問に立つ。安倍は自宅に今井を招き、助言を求めた。自民党の政務調査会のスタッフが用意した草案に不満のようだった。「パンチがない。それを見てほしい」と言う。

一読して、今井は言った。

「これ、全編、質問ばかりですね。総理、質問をする必要ありますか？　どっちみち返り討ち解散なんですから」「俺だったらこの国をこう変えるぞ、ともう安倍晋三の所信表明演説に変えちゃいましょうよ」

それから2時間、2人で草稿を書きかえた。

今井が政治家の演説の下書きを手伝ったことは初めてではない。前年8月の民主党の代表選では経産相の海江田万里（衆議院議員、東京都）、財務相の野田佳彦（衆議院議員、千葉県）、元外相の前原誠司（衆議院議員、京都府）など5人が出馬したが、今井は、海江田と前原の双方の陣営から代表選演説の原稿を下書きしてほしいと頼まれた。野田の演説は勝栄二郎財務省事務次官以下が手伝っている。

〈財務省対経産省の戦いか〉

そんなことを考えつつ、請け負ったが、海江田用と前原用の草案の違いを際立たせるのに一苦労した。[61]

11月11日、日曜日。

「ちょっと今井さん、知恵、貸してください」

安倍からの要請で、今井は安倍の自宅を訪問した。14日の党首討論の質問を2人で練った。党首討論は、国会中、「国家の基本政策に関する件」に関して、第一党の党首である首相と各党党首が討論を行う制度である。毎週水曜日に45分、行われる。

一通り、質問を書き上げたところで、安倍は今井に言った。

「今井さん、これでもし総理になったら、手伝ってくれる？」[62]

「理想を言わせていただけるなら、あのときの秘書官の北村（滋）、林（肇。1982年外務省入省）、田中（一穂）をもう一回秘書官で参集し、4人でやりたいですよね。ただ、田中もいまは局長、次官の道へ行くでしょう。北村も内閣情報官ですからそこから秘書官はない」

そう言った後で、こんなセリフが口を衝いた。

「ただ、番組は続いてるんです」

やり残した仕事を今度こそ、やり遂げたい。再チャレンジしたい。

「どういう立場でお供できるのが一番いいんでしょうかね、総理がいいように使ってください」

安倍は言った。

「政務の秘書官をやってほしい」

「ただ、政務ってあれですよね。自民党とのつき合いとか、誕生日だったら花束持って行ったりでしょ、苦手な世界ではありますよね、私は政治音痴ですから」

「わかって頼んでいるんだからさ、大丈夫だって。そんなのはチームでやるんだから、あなたには筆頭秘書官になってもらうんだから」[63]

「それは約束ですね。約束ですね。よろしいんですね。よろしいんですね」

11月14日。党首討論が始まった。

安倍が質問に立った。

「さきの総選挙において、野田総理そして民主党の皆さんは、マニフェストに書いてあることを実行するために消費税を上げる必要はない、そう約束をされた。そして、政権をとったんです。その約束をたがえて、主要な政策を180度変えるんですから、国民に対して改めて信を問うのは当然のことであります」

そして、安倍は野田が8月8日に、「法律が成立をした暁には、近いうちに国民に信を問う」と約束した、それはどうなったのか、問い詰めた。

「あの約束の日は8月8日、夏の暑い日でした。夏は去り、そして秋が来て、秋も去りました。もういよいよクリスマスセールが始まろうとしています。いわば約束の期限は大幅に過ぎている」

「野田さん、もうこの混乱状態に終止符を打つべきです。……勇気を持って決断をしていただきたい」

野田が答えた。

「8月の8日、当時の谷垣総裁と党首会談を行いました。その党首会談は、私が政治生命をかけると言った社会保障と税の一体改革がデッドロックに陥ったからであります。政治生命をかけるという意味は……もし果たせなかったならば、解散をするのでもない、総辞職をするのでもない、私は、議員バッジを外すという覚悟で、党首会談で谷垣総裁とお会いをさせていただきました」

「私は、小学校のときに、家に通知表を持って帰ったときに、とても成績が下がっていたので、おやじに怒られると思いました。でも、おやじは、なぜか頭をなでてくれたんです。5や4や3、そんなの気にしなくて、生活態度を書いた講評のところに、野田君は正直の上にばかがつくと書いてありました。それを見て、おやじは喜んでくれました」

その上で、野田は解散について言及した。

「近いうちに解散をするということに、先般の10月19日、党首会談をやったときにもお話をしました、ぜひ信じてくださいと。残念ながら、トラスト・ミーという言葉が軽くなってしまったのか、信じていただいておりません」

「トラスト・ミー」という言葉を口にしたとたん、安倍がしてやったりの顔を浮かべた。

〈しまった〉と野田は思ったが、もう遅い[64]。

2009年11月、民主党政権の鳩山由紀夫首相がオバマ米大統領に米軍普天間飛行場の移転問題の決着への覚悟を示すため、「トラスト・ミー」と言った。しかし、鳩山はその約束を果たせず、オバマの強い不信を招いた。「トラスト・ミー」は「信用できない民主党政権」の代名詞に他ならない。

安倍は見逃さなかった。

「今、トラスト・ミーという言葉が軽くなったとおっしゃった。確かにそうですね。トラスト・ミー、軽くなったのはトラスト・ミーだけではありません。マニフェストという言葉も軽くなった。近いうちにという言葉も軽くなった」

「近いうちに」は、その年の8月8日、「社会保障と税の一体改革」関連法案の参議院での成立を確実にするため野田が谷垣と公明党の山口那津男代表（参議院議員、東京都）に「近いうちに国民の信を問う」と約束したことを指している。ところが、その後、民主党内の反発に加えて、韓国、中国との間で領土をめぐる緊張が起こった。

野田は、防戦を迫られた。

「ここで何も結果が出ないというわけにはいかないと思っているんです……お尻を決めなかったら決まりません。この（衆院の定数削減の）ご決断をいただくならば、私は今週末の16日に解散をしてもいいと思っております。ぜひ国民の前に約束してください」

野田は、最高裁に「違憲状態」と指摘された衆院の一票の格差是正とそのための定数削減をこの国会で実現させることを安倍に要求したのである。

安倍は、定数是正要求には直接、答えずに、野田に解散を迫った。

「野田総理、年末に解散・総選挙を行って、そして国民の信を得た新しい政権がしっかり予算を編成して、そして思い切った補正予算を組んで、経済を立て直していく必要があるんですよ。総理がその前提条件をつくるべきだと言ったから、私たちは特例公債について賛成をするという大きな判断をしましたよ」「今、野田総理がやるべきことは、もうこの混乱をやめ、終止符を打って、そして新しい政治を始めていきましょうよ」（発言する者あり）

野田「いずれにしてもその結論を得るため、後ろにもう区切りをつけて結論を出そう。16日に解散をします。やりましょう、だから」

安倍は畳みかけた。

「今、総理、16日に選挙をする、それは約束ですね。約束ですね。よろしいんですね。よろしいんですね」

「16日に解散をしていただければ、そこで、皆さん、国民の皆さんに委ねようではありませんか。どちらが政権を担うにふさわしいか、どちらがデフレを脱却し、そして経済を力強く成長させていくにふさわしいか、そのことを判断してもらおうではありませんか。そして、この外交敗北に終止符を打って……」

「どちらの政党が、美しい海と日本の国土、領海、国民を守ることができるかどうか、それを決めていただこうではありませんか。選挙戦で相まみえることを楽しみにしております。どうもありがとうございました」

野田「技術論ばかりで覚悟のない自民党に政権は戻さない。それを掲げて、我々も頑張ります」（拍手）

安倍の死後、安倍を追悼する「お別れの言葉」で野田が形容したように、この時の党首討論はまさに「一対一の『果たし合い』の場」だった。

党首討論に先立ち、野田は岡田克也副首相（衆議院議員、三重県）、輿石東《こしいしあずま》民主党幹事長（参議院議員、山梨県）、藤村修官房長官（衆議院議員、大阪府）の3人には「場合によっては解散宣言のやりとりをする」と事前に伝えていた。野田が振り返ったように、「だらだらと政権維持をしてもさらに離党者が出て予算編成もできなくなる可能性もあった」。むしろ、定数削減問題や議員歳費問題などで合意し、「こちらから攻めて前向きに解散するイメージ」で党首討論を仕掛けた。総選挙となったら、敗北は避けられない。「少しでも減る数を減らす戦い」だと意を決した[65]。

今井は、党首討論をテレビで見ながら、野田をぐいぐい追い込む安倍がとても野性的に見えた。安倍の何かが違ってきた。

〈そうか。髪型だ。1次政権の時のペッタンコ、首相を辞めたときのあのペッタンコじゃない。オールバックになっている。なぜ、気が付かなかったんだろう[66]〉

11月16日、衆議院が解散された。投開票日は12月16日と決まった。

「戦後レジーム脱却路線は、当面封印」

12月2日。この日、今井、北村、田中の3人の秘書官経験者が東京・四谷の「藤すし」に集まった。これに先立って、今井は北村と田中に、安倍政権ができた場合、自分は首席の政務秘書官になると告げ、新政権の「政権運営の注意点」を洗い出し、それを基に第2次安倍政権の政権運営の構想と手順を一緒に整理したい、と呼びかけた。

めいめい要点を書きだしたメモを回し読みし、それを基に議論した。会合はその後、10日、16日、そして政権発足の前日の25日と合計4回、開かれることになる。最後の25日の会合には安倍が加わった。

メモ（12月2日）は、次のように記していた。

まず、当面の総選挙にどう臨むか。

「自民、公明で安定多数（絶対安定多数の269に達するかは微妙な情勢）を確保し、来年7月の参議院議員選挙において、過半数を確保して与野党間の捻《ねじ》れを解消し、安定的政権運営が可能な政治勢力を結集」

　参議院の議員定数は２４２。従って過半数は１２２となる。各政党の現有議席数は、民主党86、自民党84、公明党19、みんな18、共産党11、日本維新の会9。自民党と公明党で連立政権をつくるのであれば、与党として１２２以上、自民党は少なくとも１００を超える議席を取らなければならない。

　基本は、自民党と公明党との与党連立をしっかりと維持することである。

「公明党現執行部の中には、例えば、漆原《うるしばら》氏のように、安倍執行部に疑念を持つ向きも存在。丁寧な連立対応が不可欠」

　公明党には安倍に対する拒否感を持つ向きが少なくない。そのうちの一人が漆原良夫国会対策委員長（衆議院議員、北信越ブロック）であると注意を喚起した。漆原は自民党の国会対策委員長の大島理森とは「悪代官」「越後屋」コンビとして汗をかいた。ただ、憲法9条改正反対、首相の靖国神社参拝反対の立場を明確にしており、安倍の右寄りの政治理念には批判的だった。

　一方、日本維新の会との関係には注意を要する。

「最大の問題は、維新代表の石原慎太郎氏。同氏の『「ＮＯ」と言える日本』での言説、横田基地返還の主張、核兵器保有発言等から米国の親日的知識人においても反米的色彩の強い人物との認識。連立・連携については対米関係を十分に視野に入れて対処する必要。先日のＦＴでのジョセフ・ナイの論説や最近、面会したマイケル・グリーン、リチャード・ローレスからも『対米関係、とくにオバマ政権との間において安倍晋三が石原慎太郎と異なることを明確化することが重要』との示唆あり」

　ＦＴ（英ファイナンシャル・タイムズ紙）におけるジョセフ・ナイ米ハーバード大教授の論説とは、「日本のナショナリズムは弱さの表れである」（11月27日付）のことである。ナイはその中で次のように記していた。

「安倍が首相に選ばれれば、過去6年で7人目の首相となる……最近、訪中し、中国の指導部と意見交換したが、口々に日本の右翼軍国主義の台頭への懸念を表明した。最近の日本政府の尖閣諸島の購入は、戦後の国際秩序の礎であるカイロ宣言とポツダム宣言を貶《おとし》めることを意図していると非難した」

「日本のナショナリズムが政治改革を生み出し、選挙結果がそのような勢力再編をもたらすならば、それは日本にとってよいことだろう。しかし、危険は、そのナショナリズムが象徴的かつポピュリズム的なものとなり、日本の近隣諸国をさらに反日にさせることである。一方の中国にもそのような危険なナショナリズムが高まってきているだけに、日中双方とも極端なナショナリストが互いを培養する危険がある。それはアジアと世界にとって不安定要因となる[67]」

マイケル・グリーンは米国を代表する日本学者で、ブッシュ政権の時の国家安全保障会議（ＮＳＣ）アジア部長を務めた。リチャード・ローレスはやはりブッシュ政権で国防次官代理を務めた日本・韓国通である。

メモには「脱派閥、挙党体制、世代交代を人事で実現。『お友達』との批判を全力で回避」という文字も見える。

来《きた》る安倍政権の組閣・党内人事の基本的考え方を述べたものだ。

そして、「対霞が関」。官僚機構にどのように対するか。民主党政権時代、官僚の士気と質は著しく低下した。従って、「官僚を虐《いじ》めて国が良くなるかのような風潮を改める」必要がある。

まず、「永田町と霞が関との和解を象徴する施策、例えば、事務次官会議の復活」を考える。それから、「局長級の役人が総理執務室に入室可能とする」。

民主党政権では政治主導の掛け声の下、事務次官会議を廃止した。官僚が政治家に接触するのも制限する空気があった。そうした官僚バッシングを改め、官僚を上手に使う必要がある。安倍はこの点に関して「民主党はバカだよね。役人と競い合ってんでしょ、役人なんてね、やれって言えばやるんだよ」「責任はこちらが取る、あとはちゃんとやれ、という政治家と官僚の役割分担なんだ、同じ土俵じゃないんだよ」と口癖のように言っていた[68]。

そして、「対マスコミ」。ここでの最大の要注意人物は読売新聞グループ本社会長兼主筆の渡邉恒雄とされた。渡邉は、政界と言論界に巨大な影響力を持っている。

「渡邉主筆は、（自民党）総裁選挙の前日、森、青木、古賀と会合を持ち、石原伸晃擁立に向けて議員の多数派工作に当たっていた。また、前安倍政権においては、自民党の参議院選挙敗北後、やはり森、青木、古賀等と安倍降ろしと福田擁立を画策。政権発足当初は支持であろうが、要注意[69]」

メモは、安倍の首相としての心得にも触れていた。

「諫言《かんげん》を受け入れる‥毎週月曜日の早朝に、例えば公邸で、30分程度、秘書官と総理の政策調整の場を」

「休息の重要性‥休息する時間がなければ継続できない。総理日程には、例外なく昼2時間、午後1時間程度の空き時間を設ける」

「沈黙は金。威信には神秘性が必要である。なぜならば、人は知りすぎたものをあまり尊敬しないからである」

「正義のためには死んでもいい、という気持ちは捨てる」

「野球ならベースの上に球がくるまで打たない!!　剣道なら、間合いに入るまでは撃ち込んではいけない!![70]」

田中は学生時代、剣道部に所属した。北村も警察庁時代、剣道に勤しんだ[71]。

総選挙投票日の16日の会合の際に配付されたメモには次のような点が新たに加えられた。

「政権という上部構造を安定させるためには、政治運動等の下部構造の存在・拡充が不可欠……今回の選挙でも右派系国民運動は大きな成果を発揮。工作担当者を意識的に任命すべき」

官邸中枢において、右派系の国会議員を首相補佐官のような役職に据えることを示唆したものだ。

その一方で、右派に引っ張られないよう注意する必要性も述べていた。

「参議院議員選挙までの期間は、あくまで捻れ解消のための暫定と割り切り、国会運営、特に参議院国対

（国会対策）その他においても協調路線が必要。戦後レジーム脱却路線は、当面封印し、法律改正が伴わない経済政策や外交に注力して実績を挙げることが肝要」

　第1次政権で安倍がよく使った「戦後レジーム脱却」といった生硬でイデオロギー色の強い言葉は使わないことにする。少なくとも「当面封印」する。

「党運営を押さえないと失敗する。幹事長には、実力のある腹心中の腹心を起用。党と内閣とのバランスをとることが重要」

　石破茂自民党幹事長への不信感をあからさまにしている。ただ、石破を交代させた場合「かなり、ごねる蓋然性《がいぜんせい》」をメモは指摘していた[72]。

　12月16日。第46回衆議院選挙が行われた。結果は、自民党が294議席を獲得した。選挙前118議席に176議席を上乗せした。一方、民主党は57議席にとどまり、230議席から激減した。公明党は31議席を手にし、21議席から大きく伸ばした。日本維新の会も11議席から54議席へと躍進した。自民党は政権を奪還した。

　安倍晋三が再び、首相に返り咲いた。戦後、首相経験者が再度、首相に再任されるのは1948年の第2次吉田内閣の時の吉田茂首相以来のことだった。保守合同で自民党が誕生してからは安倍が最初である。

「戦後の歴史から、日本という国を日本国民の手に取り戻す戦い」

　ここであらためて政治家、安倍晋三を生んだ山口県の風土と、安倍が辿って来た道をごく簡単に振り返ってみる。

　安倍晋三は、1954年9月21日、東京都で生まれた。本籍地は、山口県大津郡油谷町《ゆやちょう》（現・長門《ながと》市）。晋三は二男だったが、末っ子の信夫が幼くして岸家へ養子に出されたため、晋三は末っ子として育てられた。

父は、毎日新聞記者をしていた安倍晋太郎。母は、洋子。洋子は、戦後の保守合同の立役者の一人であり、その後首相（第56、57代）になった岸信介の長女である。大叔父に第61、62、63代首相の佐藤栄作がいる。政界屈指の政治ファミリーの出身である。

選挙区は、山口県の下関市と長門市を中心とする山口4区である（2022年、山口3区に統合された）。1993年の初当選の時は、旧山口1区から出馬した。

下関市は、関門海峡に面する古くからの港湾都市である。1893年、日本銀行は大阪に次いで西日本で2番目の支店（西部支店）をこの地に開設した。初代支店長は後の首相、高橋是清だった。1895年、伊藤博文と李鴻章《りこうしょう》はここで下関条約を締結し、日清戦争を終わらせた。この条約で、日本は台湾を手に入れた。1901年、英国がここに領事館を置いた。翌年、日英同盟が結ばれた。この地は古くから大陸への玄関口であり、戦略的要地だった。

長門市は、江戸時代は捕鯨で栄えた。青海《おおみ》島には1692年建立の鯨墓がある。島人は丁寧に鯨を弔って来た。ここは、地元の詩人、金子みすゞの「鯨法会《ほうえ》」の詩で知られている。

長門市には全国の棚田100選に選ばれる東後畑《ひがしうしろばた》がある。夕暮れ時、日本海に沈む夕日が、空と海と、そして段々に並ぶ棚田たちが湛《たた》える水をピンク色に染める。夜になると、沖合を埋め尽くす漁火《いさりび》が棚田たちの水を黄金色に映えさせる。急峻《きゅうしゅん》な棚田の畔《あぜ》が影絵のように浮かび上がって見える。「息を呑むほど美しい」と安倍は形容したことがある。[73]

安倍が政界に足を踏み入れたのは父の晋太郎が外相に就任した時、それまで勤めていた神戸製鋼を退職し、父の秘書になってからである。8年半、秘書稼業に精を出した。

小泉純一郎首相の政務秘書官となった飯島勲はすでに秘書官仲間でよく知られた存在だったが、その頃の安倍のことを鮮明に覚えている。

「背広はパリッとしているし、靴はいつもピカピカ。育ちのよさが自然とにじみ出て来るおおらかさがあった。名門の政治ファミリー出身なのにまったく偉ぶったところがなかった。議食（国会内の議員食堂）で昼飯を食べるときも、奥の方ではなくいつも入口に一番近いところで静かに食べていた」

議食は間仕切りがしてあり、その奥の方は議員用だが、古手の秘書たちも使う。飯島もそこの常連の一人だった。

飯島とは、安倍が小泉純一郎政権で官房副長官を務めた時、親しくなった。

ある時、安倍が秘書官室に飛び込んできて、飯島に打ち明けた。

「飯島さん。昨日の夜は、腰を抜かすほどびっくりした」

「何のこと？」

安倍が言うには、銀座に時々、行くバーがある。そこのママが安倍に言った。

「晋三さん、あなたも将来があるんだから、大物秘書から色々教えてもらったらいいわよ。うちには永田町で大変な大物の秘書が来るから、企業のトップも会いたがって来るの。いつか紹介してあげるわね」

前夜、そのバーに同僚の国会議員と久しぶりに行ったら、ママが「いいときに来たわね。今日、あの大物の秘書が来ているから紹介してあげる」と言い、安倍と同僚議員を奥の方の席に連れて行った。そこで会った大物秘書は何と安倍の秘書だった。

「（くだんの秘書には）すぐお引き取りいただいた」と安倍は飯島に言ったが、「飯島さん、秘書って見かけじゃ分からないですね。真面目で、黙々と仕事をしていたからもう信じ切っていた。それが太陽が沈んだらとんでもない行動をしていた。たくさん秘書を見てきたが、秘書は本当に怖いですね[74]」。

２００６年、政権を手にしたとき、安倍は52歳だった。初めての戦後生まれの、そして最も若い首相が登場した。

しかし、政権運営に失敗。第1次政権崩壊後の最初の総選挙となった2009年の衆議院選挙で自民党は結党史上、最大の敗北を喫した。

この時、安倍は「この選挙で地元の方々から圧倒的な支持を得られなかったときは、その任期を終えれば政界を引退する」ことを覚悟し、死に物狂いで戦った。[75]安倍は当選を果たしたが、自民党は野党に転落した。

冷戦後、日本は長い「失われた時代」のトンネルに入った。第1次安倍政権の失政と、その後の民主党政権の失敗と、日本はさらなる迷路に迷い込んでいった。

「日本を、取り戻す。」――それがこの総選挙の自民党の選挙公約であり、選挙スローガンだった。安倍は「これは単に民主党政権から日本を取り戻すという意味ではありません。敢えて言うなら、これは戦後の歴史から、日本という国を日本国民の手に取り戻す戦いであります」と訴えた。[76]

そして、安倍にとってこの総選挙は「自分を取り戻す」再登場の戦いでもあった。

安倍は戻って来た。58歳となっていた。

「政権と運命をともにするぐらいの人」

安倍が第2次政権を始めるに当たってもっとも頼りにした側近は今井尚哉（当時53歳）と北村滋（当時55歳）の2人だった。

今井は、12月26日の組閣の1週間前の12月19日をもって辞職の意思を安達健祐《けんゆう》経産省事務次官（1977年通商産業省入省）に伝えた。安達が枝野幸男経産相（衆議院議員、埼玉県）に上げたところ、枝野は「クビにしちゃだめだよ。官房付にしてあげろ」と計らった。今井はそれを聞くと、その足で自民党総裁室に行き、加藤勝信総裁特別補佐と打ち合わせた。

「12月25日までは総裁スケジュールだから俺がやるけど、26日の後は今井さんがやるんだからね」[77]

加藤からそのように安倍の日程づくりをバトンタッチされた。首相の日程づくりは、政務秘書官の最も重要な仕事である。

今井は、第1次安倍政権では事務・広報担当の秘書官を務めた。財界人の牛尾治朗が今井を安倍に強く勧めていた。牛尾は安倍の兄の寛信の妻、幸子の父である。

今井は子供のころ、栃木県宇都宮市の市立桜小学校に通った。

道徳の授業が大好きだった。短編小説『星野君の二塁打』を題材にした授業にはしびれた。

星野君は少年野球団の投手。選手権大会への出場をかけた試合で、8回裏、1塁に走者を置いて、星野君がバッターボックスに立った。すると、伝令が来て、監督のバント指示を伝えた。星野君はバントをするつもりで球を待ったが、絶好球に思い切って振りぬいたところ、2塁打となった。走者を3塁まで進め、続く打者が犠牲フライ。走者がホームに滑り込んで勝利した。ところが、翌日、監督は、グラウンドに集合した少年たちの前で星野君を「当面の間、試合出場禁止」にすると言い渡した。どんなに結果がよくてもそれは「自分勝手なわがまま」である。「ギセイの精神のわからない人間は、社会へ出たって、社会を益することはできはしない」。そのような「統制を乱したものをそのままにしておくわけにはいかない」と監督は言った。

星野君は「異存ありません」と答えた。目には涙が光っていた。

「この星野君の行動は正しいですか、正しくないですか？」

先生は、クラスを紅白の2つのグループに分けて、生徒たちにそれを議論させた。

今井少年は「バントをすべきでした」と答えた。

「今回は2塁打だったけど、うまくいったからまた同じようにやればいい、と思うと次は失敗すると思います」という理由からだった。

こんなテーマもあった。

馬クンと鶏クンと犬クンと豚クンとみんなでケーキを焼こうということになりました。豚クンはぐーぐー寝ていて手伝いませんでした。その間にケーキがこんがり焼けました。一番、頑張ったのは馬クンでした。豚クンが目を覚まし、ケーキはみんなで4等分するべきだ、と言い張りました。

「このケーキは4等分し、豚クンにもあげますか？」

「ボクはあげます」と今井クンは答えた。

「あげなければ、豚クンはますます働かなくなります[78]」

1982年、通産省入省。同期に嶋田隆がいる。今井と嶋田は若いころから将来の次官候補と目されていた。2人とも通商政策とエネルギー政策双方のプロ中のプロとなった。いずれも官房総務課長を務めた。ほぼ同時に、今井はブリュッセル、嶋田はニューヨークでそれぞれ経済インテルに従事した。嶋田は2017年事務次官に就任。退官後、岸田文雄政権で首相の政務秘書官に就任する。

安倍は、政務秘書官はアメリカの大統領の首席補佐官的な立場でやってもらいたいと考えていた。「政務だけではなく政策においても司令塔になれる人物」がそばに居てほしい。その人物として今井ほどの適役はいないと心に決めていた。「（経産省で）事務次官への道も大いにあったが、彼はそれを断ち切って来てくれた」と後に述べている[79]。

安倍は今井の才能、資質もさることながら一途な忠誠心を何よりも高く評価していた。「家の中のことを全部共有するわけですから。気心が知れてないと。要するに、政権と運命をともにするぐらいの人」でないと乗り切れない。安倍は今井に「運命をともにする」ことを期待したのである[80]。

安倍は、今井のあの時の、あの言葉を忘れていなかった。

2007年9月、辞任を表明した後、慶應病院に17日間入院した間、今井は隣室で昼夜を問わず献身的に働いた。退院の日に、今井は安倍に手紙を手渡した。その中に、次の一文があった。

「総理。総理は、首相を10年、やる方です[81]」

北村滋は1980年、警察庁に奉職した。安倍が北村に最初に会ったのは1989年、父の晋太郎が順天堂大附属順天堂医院に入院した時に遡る。自民党幹事長だった晋太郎は警護対象であり、警察が担当していた。当時、北村は、東大本郷キャンパスや順天堂医院を所管エリアとする本富士警察署の署長だった。安倍晋太郎の入院を知って、北村は見舞いに訪れた。病室で安倍晋三と会った。2人ともまだ30代前半だった[82]。

1992年から3年間、在フランス日本大使館の一等書記官として勤務した。北村は英語とフランス語を使いこなす。1995年、警察庁警備局外事課理事官に就任。オウム真理教事件に遭遇した。このときの警備局長が第2次安倍政権で官房副長官となる杉田和博だった。

オウム真理教事件は、ポスト冷戦とイデオロギー対立の終焉を強く印象付けた事件だった。それは、生活インフラである地下鉄を舞台に起こった都市型の大量殺傷テロであり、テロ組織化されたカルト教団の犯行だった。そうした集団が化学兵器を製造し、それを犯行に使った。日本以上に、米国や欧州が危機感を持った。彼らはこの事件を国家安全保障にかかわる事態と捉えたが、日本は刑事事件としての捜査が優先された。刑事訴訟法に基づいて「捜査密行の原則」で捜査が進む。捜査刑事部門から情報が思うように提供されない。外事・情報系統は、捜査で得られた膨大な情報へのアクセスが得られない。米国から「どのような事件なのか」と尋ねられても明確に説明できない。北村は秘密情報の管理の仕組みを作ったうえで、情報を目的に応じて活用できる体制づくりの必要性を痛感した[83]。

民主党政権で北村は内閣情報官に抜擢された。官房長官を務めた仙谷由人《せんごくよしと》（衆議院議員、徳島県）が北村を強く推した結果である。北村は2002年から2004年にかけて仙谷の選挙区の徳島県の県警本部長を務めた。仙谷はその時の北村の仕事ぶりに強い印象を受け、野田佳彦首相に北村を推薦したのである。

安倍は、北村は警備局長、そして警察庁長官になる人材だと思っていた。それに内閣情報官の仕事は、理解されない上、疎まれ、怖がられ、嫌われる。体力、気力ともにタフでないと務まらない。安倍の表現を使えば「自分の人生を削っていくところがある」。第2次政権発足を控え、安倍は北村にそうした趣旨のことを言ったところ、北村は「いや、私は安倍さんのためにはここにいたほうがいいと思います。安倍さんのためにも国のためにも、できればここにいます」と答えた。「それじゃ、頼む」という次第で、そのまま内閣情報官に任命した。[84]

安倍は、北村のあの時の、あの言葉を忘れてはいなかった。

安倍が慶應病院から官邸での辞任記者会見に向かう車にも、記者会見を終え、慶應病院まで送り届ける車にも北村は同乗した。

安倍はその間、一言も話さなかった。病院に戻った時、北村は安倍に言った。

「総理、もう一度、挑戦しましょう。もう一度、政権に復帰してください[85]」

北村は今井とともに安倍に最も近い「忠臣」として最後まで官邸中枢で安倍を守った。安倍政権になってからの「首相動静」の登場回数で、北村は２０１２年〜２０１７年の間、連続して１位である（２０１７年〜２０１８年は谷内《やち》正太郎が１位[86]）。

12月25日。東京のザ・キャピトルホテル東急の特別室で、安倍、今井、北村の3人が集まり、第1次政権からの「時間切れ」と「積み残し」案件をそれぞれ再確認した。

1次政権で成し遂げたこととしては、憲法に関する国民投票法案を可決した。防衛庁を省に昇格させた。米軍再編特別措置法を成立させたことがある。

「時間切れ」と「積み残し」案件は、集団的自衛権、国家安全保障局（ＮＳＳ）設立、特定秘密保護法案、福田内閣でお蔵入りとなった安全保障法制懇談会（柳井俊座長）の復活、それから内閣人事局の設置（これは福田内閣で動かしていた）がある。

最後に、年末の原発被災地・福島訪問、翌２０１３年１月初旬の外国訪問、１月第２週の経済再生本部・

競争力会議の始動、などの政治日程で臨む方針を固めた。

「岸田が世上、言われるほどリベラルかどうかはわからないが、その雰囲気を持っている」

党首討論で解散が決まったその日、安倍は菅と麻生に、それぞれ官房長官、副首相兼財務相の人事を打診し、いずれも快諾を得た。

麻生は2008年9月から2009年9月まで首相を務めた。元首相が副首相として入閣するのは第1次吉田内閣の幣原喜重郎以来だった。

派閥の領袖から注文をつけられ、それにしばられた組閣ではない。安倍と政治理念を同じくし、馳せ参じた人々を軸とする、いわば派閥横断的な組閣だった。

重心は保守派にあったが、外相に起用した岸田文雄（衆議院議員、広島県）をはじめリベラル派も配置した。

そこが第1次政権の時とは違った。安倍側近が言ったように「1次政権のときは森さんに気を使い、小泉さんに気を使い、青木さんに気を使い、古賀さんに気を使い、結局がんじがらめで何もできなくていじめられっ子」で終わった。今回は、自分でもぎ取った政権だった。総裁選で勝ち、総選挙で勝った。思いどおりにやらせてもらう。森喜朗、小泉純一郎、青木幹雄、古賀誠らに気兼ねする必要はない。[87]

安倍は、菅、麻生の次に甘利明の経済再生担当相を決めた。安倍は経済再生本部をつくることを総裁選の公約に掲げていた。自らその本部長に就任し、甘利を副本部長に据える。もう一つ、安倍は、日本はＴＰＰ（環太平洋パートナーシップ協定）に加盟するべきだと考えていた。その交渉を甘利にやってもらう。菅、麻生、甘利。この「安倍選対の3本柱」で新内閣の骨格を固めた。

もっとも、経済再生副本部長にする甘利の下の本部事務局長の人事をめぐってはひと悶着《もんちゃく》あった。安倍は親しい塩崎恭久を据えようとしたが、甘利が反対した。「自己主張が強すぎて周りとうまくいかない。自分が本部長みたいになっちゃうから、私ともうまくいかない」と言う。甘利は代わりに茂木敏充《もてぎ》（衆議院議員、栃木県）を使いたいという。茂木は総裁選では石原の選対本部長を担った。

塩崎は高市早苗政調会長（衆議院議員、奈良県）の補佐役の政調会長代理とした。[88]

菅、麻生、甘利の人事と並んで安倍が重んじたのは谷垣の処遇だった。

野党時代、自民党総裁として党内融和に尽くした。谷垣には人徳が備わっている。

安倍は、谷垣を主要閣僚で迎えたいと考えていた。第1次政権の際、谷垣を総裁選で制した。谷垣はハト派であり、財政再建を主張していた。谷垣の入閣を見送り、谷垣派に閣僚ポストを一つも割り振らなかった。省みてまことに経験不足、準備不足のなせる業だった。今回、その愚は繰り返さない、と安倍は心に決めていた。[89]

「谷垣さんにはいてほしいんだよね。谷垣さんは（社会保障と税の一体改革の）3党合意の当事者だから、やっぱり厚労大臣かな」と今井に言った。

12月22日、安倍は地元・山口県に帰り、父、安倍晋太郎と祖父、岸信介の墓参を行った。地元に滞在中、谷垣に電話し、厚労相を打診した。

「安倍さんにはほんとに手伝いたい。でも、厚労大臣だけは勘弁していただきたい」

「それだったら法務大臣でどうですか」

「それならお引き受けします」[90]

谷垣は司法修習第34期（同期に山口那津男、伊東秀子がいる）。弁護士出身である。谷垣の法相が決まった。[91]

次は外相である。外交・安全保障は安倍内閣の最優先課題である。

麻生が高村を外相に推していた。すでに外相を経験しているし、抜群の安定感がある。安倍も高村起用を考えた。しかし、高村に打診すると、高村は自分としては党の方から集団的自衛権の行使容認の実現に向けて手伝いたい、と副総裁を希望した。[92]

願ってもないことだった。

一晩考えた末、宏池会を率いる岸田文雄に決めた。

自分がタカ派であると見られていることを考慮に入れると、ハト派的なイメージの人が望ましい。

ただ、岸田の信念は分かりにくい。

〈まあ、保守でもない。世上、言われるほどリベラルかどうかはわからないが、リベラルの雰囲気を持っている。宏池会の会長としてリベラルじゃなきゃいけないと思っている。ささくれだった時とかにああいう癒し系もいいんじゃないか〉

岸田は総裁選では石原伸晃を推したから「自分の陣営」ではないが、そんなことはもはやどうでもいい。[93]

岸田は祖父、父ともに元衆議院議員で、安倍と同じ政治家3代目。第78代首相、宮澤喜一は父方の叔母の夫の兄である。1993年7月、父の弔い選挙で旧広島1区（定数4）から初出馬した。35歳の新人ながらトップ当選を飾った（以後9回当選）。

岸田の政治家としての大きな転機は7年後、当選3回のときに訪れた。「加藤の乱」である。広島は宏池会元祖の池田勇人元首相の地元だが、宮澤喜一を含め広島の宏池会議員は岸田以外全員、加藤に反対した。その中で、岸田は最後まで加藤に従った。選挙は滅法強い。自民党が大敗して民主党政権誕生となった2009年総選挙でも、全国の政令指定都市の1区の自民党候補でただ一人、小選挙区で当選を果たした。[94]

防衛相には小野寺五典《いつのり》（衆議院議員、宮城県）を充てた。彼も宏池会である。小野寺には好感を持っていた。2010年、日米安保50周年記念行事が米国であり、安倍は団長として自民党ミッションを率いて、渡米した。小野寺が安倍のかばん持ちで9日間、同行した。

ワシントンにおけるオバマ政権の政策当局者との意見交換の席で、安倍の横に座った小野寺は、米側に尖閣諸島が日米安保条約第5条の適用になるかどうか、問い質した。米側出席者はabsolutely（「もちろん」）と明言した。

そんなやりとりを聞きながら、安倍の小野寺評はさらに高まった[95]。

小野寺にはテレビからよく声がかかる。「ある種のスター性」があり、語り口がソフトである。しかし、「純朴でソフトに見えながら実はしたたかという、東北人の強さ」を持っているところも気に入っていた[96]。

これで、全体の印象もかなりソフトになるはずだ。自分自身は変わらないが、「自分を取り巻くプレーヤー全体の味付けでスパイスを和らげていく」ことができる[97]。

〈こいつは使える〉

安倍は総裁選に出馬した国会議員は全員、閣内に入れることを決めていた。この点は、秘書官たちのメモも強調していたところである。政権の安定のためには、党内非主流をつくらせないことが肝心である。途中で倒れた町村を除き、石破茂、石原伸晃、林芳正にはそれぞれ「居場所」を与える。石破には防衛相を打診したが、断られ、幹事長継続となった。林には「火消しの能力がある……淡々と事務的に国会答弁をするという点で彼の右に出る人はいない[98]」。TPPの加盟交渉をする上でも国際感覚に秀でた林農水相は役に立つはずだ。石原は環境相に据えた。

政務担当官房副長官には衆議院からは加藤勝信、参議院からは世耕弘成を選んだ。

安倍は、清和会に属する議員の中では萩生田光一（衆議院議員、東京都）にとくに目をかけていた。安倍は3世議員で、銀のスプーンを口に咥《くわ》えて生まれてきた。それだけに地盤も看板もないところから這い上がって来た議員への敬意を忘れないように心掛けてきた。萩生田はサラリーマン家庭に生まれた。市議会議員、都議会議員を経て、国会議員になった。「物事の本質を摑む力に秀でている」。演説も「聞かせるし、撓《しな》る」。

安倍は最初、萩生田を「官房副長官」に起用することを考えていた。その旨を本人に告げると、萩生田は「えっ、私でいいんですか」と引いた。「私はあまり政策が得意じゃないし、西村のほうがいいんじゃないですか」と、同じ清和会の西村康稔を代わりに推薦した。

「俺だってできたんだから大丈夫だよ」

萩生田はそれでも固辞した。そこで、自民党総裁特別補佐にした。

「自分を過小評価する政治家って見たことない」。安倍の萩生田評はさらに高まった。[99]

党人事に関しては、日の目を見なかった人事構想があった。

幹事長、政調会長、総務会長の党3役の全員を女性にする。野田聖子（衆議院議員、岐阜県）、高市早苗、そして稲田朋美の3人である。

女性を幹事長にするとして、野田が一番包容力があるから党をまとめるのにはふさわしい。ただ、政策は高市の方が通暁している。それに、幹事長はNHKなどのテレビの政治討論番組に出演し、政策を説明し、質問に的確に答えなければならないからやはり高市の方が向いているかな……などあれこれ想を練った。もっとも、石破を幹事長にしたため、高市政調会長と野田総務会長の布陣で臨むことにした。[100]

その後の7年8か月の安倍政権の幹事長は、石破、谷垣、そして二階俊博（衆議院議員、和歌山県）と続く。いずれも伝統派閥のトップではない。安倍は、官邸主導と内閣主導の人事を最後まで貫いた。[101]

12月26日午後1時7分。衆議院本会議で首相指名選挙。同6時22分。皇居において天皇陛下が首相を任命する親任式が行われた。

親任式は宮殿「松の間」で行われる。その前に、新首相と旧首相が2人だけになる時間が15分ぐらいある。

安倍が皇居の控えの間に通されると、そこには去り行く野田佳彦の姿があった。

だだっ広い部屋にかなりの距離を挟んで椅子が2つ。新旧首相がそれぞれ座り、声がかかるまで待つ。

〈同じ部屋に勝者と敗者を同時に控えさせるのか、残酷だな〉

野田がそんなことを考えていたら、安倍が立ち上り、野田のところまで歩いて来て、声をかけた。

「もし、野田さんが民主党政権の最初の総理だったら、手ごわかったですよね」

安倍は沈黙にいたたまれなくなったようだった。

「僕も5年たってこうやって総理に返り咲くことができたから、野田さんも十分チャンスありますよ」

聞きながら、野田もまたいたたまれなくなった。

5年前の夏。安倍が政権を投げ出し、慶應病院に入院したシーンが野田の脳裏にフラッシュバックしてきた。

〈あの時、慶應病院の病室を抜け出し、福田（康夫）さんに後を託すために皇居に出向いた。その時、椅子にぽつりと座っていたときの辛い記憶がよみがえったのか……〉

〈安倍さんには優しさがある〉

野田はこの時のかすかな心の触れあいを胸の引き出しに大切にしまった。[102]

「今井です。私はもう戻りません」

12月26日昼前。この日付で任命された首相秘書官たち6人全員が官邸5階の会議室に集まった。その日の午前中いっぱい、官邸首相秘書室は野田佳彦前政権の秘書官たちが片付けをしていた。

一人一人自己紹介し、最後に政務秘書官となる今井が挨拶した。

「今井です。私はもう戻りません」

今井は経済産業省の資源エネルギー庁次長から官邸入りした。自らの出身官庁である経済産業省には戻らない。自分はもはや親元とは一切、縁を切って来た、と今井は宣言したのである。政務の首相秘書官という役職は、それほど重い責任と覚悟を要する仕事なのだ、との意が言外に籠っている。

6人のうちの一人で防衛省出身の島田和久は今井とはその日、初対面だった。

〈すごい覚悟だな……〉

今井は自分の覚悟について述べただけで、他の秘書官にそれを求めたわけではない。しかし、「もう戻りません」との言葉に圧倒された。[103]

今井の他の秘書官は、外務省前駐英公使の鈴木浩（51歳）、財務省前主税局審議官の中江元哉（51歳）、経産省前経済産業政策局審議官の柳瀬唯夫（51歳）、防衛省前地方協力局次長の島田和久（50歳）、警察庁前警備局警備課長の大石吉彦（49歳）である。

「1次政権の時のような失敗は今度は許されない」

安倍も今井も、そのことを心に誓っていた。

首相秘書官が全員、「初めまして」と名刺を交換するような人事はしない。「今度は、ロケットスタートだ」と言い、安倍は鈴木と中江を指名した。2人とも安倍が官房長官のときの秘書官だった。

柳瀬の人事も安倍が一本釣りしたものだ。柳瀬は麻生太郎政権時代、麻生首相の秘書官を務めた。即戦力として抜群である上、麻生との意思疎通の面からも使える。

11月の党首討論で、野田が「解散」を宣言したその日、柳瀬の携帯に麻生から電話が入った。東京・麻布の個人事務所に至急、来てほしい、とのことだった。

柳瀬が事務所に駆け付けると、麻生は言った。

「安倍に、オレと菅が呼ばれ、3人で会った。オレには副総理兼財務大臣、菅には官房長官、って言ってたよ」「その時、安倍に『柳瀬を使いますがいいですか?』と聞かれた。『オレはいいけど、あいつはどうかな。もう、いい年だし』と答えておいた」

「私のような小役人に、総理と元総理のお2人が、そこまで……光栄です。やらせていただきます。麻生さんからその旨、言ってくださいますか」

柳瀬は、会話の内容を妻に話した。妻は一言だけ言った。

「寝室、別ね[104,105]」

ただ、組閣の2日前のクリスマス・イブの夜遅く、ホテルニューオータニの一室で安倍が内閣官房参与に任命した飯島勲と打ち合わせする中で、飯島が今井に絡みついてきた。

「あんたね、あんたは経産省からだよね。柳瀬も経産省。経産省2人ってのはおかしい。一人にして厚労省から一人、入れるのがいい」

そう言って、厚労省幹部の一人の名前を挙げた。

「お言葉を返すようですが、私はもう経産省に戻りませんから。経産省のことは柳瀬がやりますから」

「経産省に戻らないって言っても、世間はそう見ないよ」

〈まるで大蔵省を代弁してモノを言っているようだな……〉

と今井は思ったが、飯島は物騒なことを口にした。

「こんな人事やってると、政権すぐに終わるぞ」

「そこまでおっしゃるなら、安倍さんと直談判やってくださいよ」

今井は飯島の前で電話し、安倍を呼び出した。

「私の尊敬する飯島閣下が、いま、ここで、お前と柳瀬のどっちかひっこめと言っておられるんですが」

電話口の向こうから安倍の怒気を含んだ声が響いた。

「何！　オレの人事に口出しするのか！　そんなの絶対ダメだ、とボクが言っていると、言っといて。飯島さんに代わらなくていいから。じゃ、よろしくね」

飯島は、言った。

「わかりました。一緒にやりましょう[106]」

安倍はかつて使った秘書官たちをファミリーの一員のように遇した。大石は新顔だったが、北村が強く推した[107]。大石のことは「いぶし銀のようだ」と言い、誠実な人柄と生真面目な仕事ぶりを好ましく思った[108]。

第1次政権では防衛省からの首相秘書官はいなかった。安倍は今回、防衛省からも出すことを要求し、島田を起用した。島田の強い信念と使命感を頼もしく思った。

2017年7月。安倍は、スピーチライター役を務めていた副参事官の佐伯《さいき》耕三（1998年通商産業省入省）を首相秘書官に抜擢した。佐伯は今井の右腕として欠かせない存在となる。[109]

今井の下の5人の秘書官は、交代で毎朝と毎晩、安倍が私邸と官邸との間を往復する車に乗り込み、同行する。安倍は好奇心が強く、話好きなので、矢継ぎ早の質問に答えられるようにしておく必要がある。直接の担当外のことにもある程度、通じておかなくてはならない。今井はこれには加わらない。今井が車で同行するのは安倍の夜の席である。[110]

総理室で働くと、秘書官はじめ誰もが毎日がジェットコースターに乗っている感じになる。時間の感覚がマヒするのだ。5年が1年に感じるという。ここはシリコンバレー同様、ドッグ・イヤーなのである。[111]

そのドッグ・イヤーが7年8カ月も続くことになろうとは誰一人、想像だにしていなかった。

2013年1月28日、安倍は第183国会において首相所信表明演説を行った。

「私はかつて病のために職を辞し、大きな政治的挫折を経験した人間です。国家の舵《かじ》取りをつかさどる重責を改めてお引き受けするからには、過去の反省を教訓として心に刻み、丁寧な対話を心掛けながら、真摯に国政運営に当たっていくことを誓います」

1 菅義偉、2024年1月16日
2 菅義偉『政治家の覚悟』文春新書、2020年、4～8頁
3 「菅前首相 単独インタビュー 安倍氏の遺志『改革を形に』」日本経済新聞、2022年7月23日／菅義偉「『趣味は安倍晋三』支えた22年間 私にとってあこがれだった」『中央公論』2022年9月号
4 朝日新聞取材班『この国を揺るがす男 安倍晋三とは何者か』筑摩書房、2016年、123頁／塩田潮『安倍晋三の憲法戦争』プレジデント社、2016年、119～120頁

5　朝日新聞取材班『この国を揺るがす男　安倍晋三とは何者か』筑摩書房、２０１６年、１２６頁／菅義偉「『趣味は安倍晋三』支えた22年間 私にとってあこがれだった」『中央公論』２０２２年９月号
6　朝日新聞取材班『この国を揺るがす男　安倍晋三とは何者か』筑摩書房、２０１６年、１２３〜１３０頁
7　萩生田光一、２０２３年10月15日
8　菅義偉、国葬儀における「友人代表追悼の言葉」、２０２２年９月27日
9　「安倍氏銃撃時に駆けつけた菅前首相『安倍さんは寂しがり屋。そばにいてやりたかった』出会いと支えた７年８カ月を回想」nippon.com、２０２２年７月15日
10　菅義偉「『趣味は安倍晋三』支えた22年間 私にとってあこがれだった」『中央公論』２０２２年９月号／菅義偉、２０２２年９月22日
11　菅義偉、２０２２年９月22日
12　山口敬之『総理』幻冬舎、２０１６年、１１２頁／菅義偉、２０２２年９月22日
13　菅義偉、２０２４年１月16日
14　松井一郎・日本維新の会前代表「維新の野望とは何か」聞き手：岩田明子、『文藝春秋』２０２３年７月特別号
15　「70年目の首相　苦闘③　維新と蜜月　源流は『２・26』」朝日新聞、２０２０年１月１日
16　松井一郎・日本維新の会前代表「維新の野望とは何か」聞き手：岩田明子、『文藝春秋』２０２３年７月特別号
17　岩田明子『安倍晋三実録』文藝春秋、２０２３年、57頁
18　元官邸スタッフ、２０２０年10月15日
19　安倍晋三、２０２０年10月９日／元官邸スタッフ、２０２０年10月15日
20　小沢一郎、２０２４年７月25日
21　安倍晋三、２０２０年10月９日
22　岩田明子『安倍晋三実録』文藝春秋、２０２３年、56頁
23　小沢一郎、２０２４年７月25日
24　岩田明子『安倍晋三実録』文藝春秋、２０２３年、58頁
25　元官邸スタッフ、２０２０年10月15日
26　元官邸スタッフ、２０２０年10月15日
27　安倍晋三、２０２０年10月９日
28　衛藤晟一、２０２１年10月５日
29　安倍晋三、２０２０年10月９日
30　甘利明「国会リポート第98号」２００６年８月27日
31　安倍晋三、２０２０年10月９日
32　甘利明、２０２３年８月１日
33　「安倍元首相、総裁選出馬意向」読売新聞、２０１２年８月29日
34　「谷垣氏、再選険しく　自民総裁選　石原氏、出馬に意欲　森氏も支持撤回」読売新聞、２０１２年９月３日
35　元官邸スタッフ、２０２３年２月21日
36　元官邸スタッフ、２０２３年２月21日
37　元官邸スタッフ、２０２３年２月21日
38　「私の履歴書　大島理森（19）教育基本法」日本経済新聞、２０２３年９月20日
39　元官邸スタッフ、２０２３年３月２日
40　安倍晋三、２０２０年10月９日
41　高村正彦・兼原信克・川島真・竹中治堅・細谷雄一『冷戦後の日本外交』新潮選書、２０２４年、１６３頁
42　高村正彦、２０２４年２月７日
43　菅義偉、２０２２年９月22日
44　元政府高官、２０２２年２月３日
45　「私の履歴書　大島理森（22）民主党政権」日本経済新聞、２０２３年９月23日
46　谷垣禎一、２０２４年２月24日
47　大島理森、２０２３年10月３日
48　「私の履歴書　大島理森（22）民主党政権」日本経済新聞、２０２３年９月23日／大島理森、２０２３年10月３日
49　谷垣禎一、２０２４年２月24日／元自民党総裁 谷垣禎一「特集　安倍晋三のいない保守　総裁を託した彼のこと『対立の岸』と『融和の池田』一人二役をめざしていた」『中央公論』２０２３年７月号
50　高村正彦、２０２４年２月７日
51　麻生太郎、２０２３年５月15日
52　甘利明、２０２３年８月１日
53　山口敬之『総理』幻冬舎、２０１６年、１１８頁／「アベノミクス重いツケ　経済好循環生まれず」毎日新聞、２０１８年９月３日
54　石原伸晃、２０２３年11月７日
55　読売新聞政治部『安倍晋三　逆転復活の３００日』新潮社、２０１３年、32頁
56　西村康稔、２０２２年８月２日
57　稲田朋美、２０２３年８月18日

58 大島理森、２０２３年10月３日
59 谷垣禎一、２０２４年２月24日
60 安倍晋三、２０２０年10月９日
61 元官邸スタッフ、２０２０年10月15日
62 森功「今井尚哉首相秘書官　独占インタビュー」『文藝春秋』２０１８年６月号
63 元官邸スタッフ、２０２０年10月15日／元官邸スタッフ、２０２１年12月21日
64 野田佳彦、２０２３年９月14日
65 野田佳彦、２０２３年９月14日
66 元官邸スタッフ、２０２３年10月10日
67 Joseph S. Nye, "Japan's nationalism is a sign of weakness", *Financial Times*, November 29, 2012
68 元官邸スタッフ、２０２１年10月１日
69 内部メモ「政策運営の注意点」２０１２年12月２日
70 内部メモ「政権運営の注意点」２０１２年12月２日
71 田中一穂「猛々しくも面白い〜東大剣道部こそわが人生の原点〜田中一穂日本政策金融公庫総裁」『剣道日本』２０１７年５月号
72 内部メモ「政権運営の注意点」２０１２年12月16日
73 安倍晋三『新しい国へ　美しい国へ　完全版』文春新書、２０１３年、２４６頁／谷口智彦『誰も書かなかった安倍晋三』飛鳥新社、２０２０年、１６７頁
74 飯島勲、２０２４年５月30日
75 安倍晋三『新しい国へ　美しい国へ　完全版』文春新書、２０１３年、３頁
76 安倍晋三『新しい国へ　美しい国へ　完全版』文春新書、２０１３年、２５４頁
77 元官邸スタッフ、２０２０年10月15日
78 元官邸スタッフ、２０２１年３月16日
79 元官邸スタッフ、２０２２年３月25日
80 安倍晋三、２０２０年11月18日
81 安倍晋三、２０２０年11月18日／元官邸スタッフ、２０２１年１月18日
82 安倍晋三・北村滋対談「プーチンは力の信奉者」『WiLL』２０２２年６月号
83 北村滋『情報と国家』中央公論新社、２０２１年、67頁
84 安倍晋三、２０２０年11月18日
85 安倍晋三、２０２０年11月18日
86 小島健志「安倍首相が頻繁に会っている人は誰？　首相動静ランキング」ORICON NEWS、２０１７年９月４日／森功「核心レポート　霞が関を踏み潰した３人の『官邸官僚』」『文藝春秋』２０１９年12月号／「政府も党も　進む「私的機関」化　自民党総裁選２０１８　下」朝日新聞、２０１８年７月27日
87 元官邸スタッフ、２０２１年11月30日
88 安倍晋三、２０２２年１月12日
89 安倍晋三『安倍晋三　回顧録』中央公論新社、２０２３年、３７８頁
90 元官邸スタッフ、２０２４年１月23日
91 谷垣禎一、２０２４年２月24日
92 高村正彦、２０２４年２月７日
93 安倍晋三、２０２１年９月24日
94 塩田潮「『自民党政務調査会長　岸田文雄』ひと烈風録、躍り出た次の首相候補「リベラル」の旗印は本物か」『週刊東洋経済』２０１８年２月３日
95 小野寺五典「対話　安倍政治の外交・安全保障をふり返る――７年８か月の歴史的意義――」『公研』２０２０年、10頁
96 安倍晋三、２０２２年１月12日
97 安倍晋三、２０２２年１月12日
98 安倍晋三『安倍晋三　回顧録』中央公論新社、２０２３年、２６９頁
99 安倍晋三、２０２２年１月12日
100 安倍晋三、２０２２年１月12日
101 丸谷浩史「変革促す『安倍氏の10年』後」日本経済新聞、２０２２年７月20日／甘利明、２０２１年７月29日
102 野田佳彦、２０２３年９月14日
103 元官邸スタッフ、２０２３年１月13日／元官邸スタッフ、２０２４年１月23日
104 元官邸スタッフ、２０２１年10月１日
105 安倍は２０１３年11月、総務省出身の山田真貴子を首相秘書官に加え、７人体制とした。女性の首相秘書官として史上初めてだった。15年７月には山田に代わって経産省出身の宗像直子が秘書官に就任。柳瀬が経産省経済産業政策局長として古巣に帰ったため元の６人体制に戻った。
106 元官邸スタッフ、２０２４年５月21日
107 元官邸スタッフ、２０２２年８月９日
108 元政府高官、２０２１年12月22日
109 朝日新聞取材班『自壊する官邸「一強」の落とし穴』朝日新書、２０２１年、36頁
110 元官邸スタッフ、２０２４年１月23日
111 兼原信克『安全保障戦略』日本経済新聞出版、２０２１年、37頁

第２章　アベノミクス

「本田クン、効いたよ。『無制限』ってすごいねえ」

２０１２年11月16日。衆議院が解散された。12月４日公示、同16日投開票となる。

自民党は、「明確な物価目標（２％）を設定、その達成に向け、日銀法の改正も視野に、政府・日銀の連携強化の仕組みをつくり、大胆な金融緩和を行なう」と選挙公約に掲げた。みんなの党や日本維新の会も、日本銀行法改正を公約に掲げた。[1]

安倍晋三自民党総裁はその日、都内での会合で、政権獲得後の構想を語った。

「２〜３％のインフレ目標を設け、それに向かって無制限緩和し、市場に強いインパクトを与えたい」

安倍が言おうとしたのは、日本銀行が市場に流しこむマネーの量を「無制限」にするということである。その数日前、親しくしているエコノミストの本田悦朗（１９７８年大蔵省入省）が安倍に語った話を口移しするように講演で使ったのだった。

本田はモスクワ、ロサンゼルス、ニューヨーク、ワシントンの大使館・領事館で勤務し、世界銀行と欧州復興開発銀行にも出向した。安倍との関係は30年近くになる。

効果はてきめんだった。16日、８０００円台に低迷していた日経平均株価が、９０００円台を回復した。自民党は当時、野党である、その野党の党首の言葉が株価を大きく動かす。市場は安倍と自民党の復帰を催促しているようである。

本田は静岡県立大学で教鞭を取っていた。講義中に安倍から電話が入った。講義を中断して出ると、安倍が興奮を抑えきれずに言った。

「本田君、効いたよ。『無制限』ってすごいねえ。マーケット動いたじゃないか。君の言った通りだ」[2]

安倍が唱えるリフレ政策を「アベノミクス」と命名したのは衆議院議員の田村憲久《のりひさ》（三重県）だった。解散直後、安倍が田村の選挙区の三重県を訪れた際、田村が安倍に「総裁、アベノミクスですよ」と声をかけ、それから使われるようになった。田村は安倍とともにデフレ脱却のための勉強会をしてきたリフレ派議員である。[3]

自民党が勝てば、安倍は首相になる。安倍の発言と一挙手一投足に注目が集まった。アベノミクスと「安倍相場」が市場を動かし始めた。安倍はパンチラインを繰り出した。

「大胆な金融緩和を行なって、2〜3％のインフレ目標を設定し、無制限に金融緩和を行なう」

「輪転機をぐるぐる回して、無制限にお札を刷る」

「建設国債は日銀に全部買ってもらう。これによってマネーが強制的に市場に出て行く」

「日銀総裁はインフレ目標に賛成してくれる人を選ぶ」

「日銀には雇用に対しても責任を負わせる」

「輪転機をぐるぐる回して」は、安倍のコピーライトだった。[4]

このような状況の中、日本銀行は11月20日、金融政策決定会合を迎えた。

会合後の記者会見で、白川方明《まさあき》日本銀行総裁は、中央銀行の役割を「目覚まし時計」になぞらえた。

「人は朝起きるため、目覚まし時計をかけます。時計が鳴るその瞬間は、確かにおきることは辛いのですが、一定の条件がそろっていた場合に、長い目で見た経済の安定、あるいは人々の生活の安定を考えた上で警告を発していくのが目覚まし時計であるわけです。中央銀行の独立性は、そうした長い経験の中で培われたものです」[5]

安倍は、「目覚まし時計」をまったく無視している、それどころか「目覚まし時計」など不要だと言わんばかりの発言を繰り返している。白川は、そのような危機感を言外に滲ませた。[6]

この日、エール大学名誉教授の浜田宏一《こういち》が安倍にファックスを送った。浜田は安倍の金融政策のブレーンの一人である。安倍が小泉純一郎政権の官房副長官をしていた時以来の縁である。その昔、ノンポリだった東大生の浜田が唯一、デモに参加したのが１９６０年の安保闘争の時だった。その年６月、浜田は国会近くでデモ行進に加わり、「安保反対」を叫び、一夜を過ごした。岸信介はとんでもない反動危険分子と思っていた。今、その孫にデフレ脱却の処方箋を書く身となった。[7]

浜田からのファックスにはこうあった。

「野田首相は、（政府が）金融に訴えるのは世界の非常識といわれますが、金融に訴えないという議論こそ、現在の世界の経済学から見れば非常識です。野田首相は、地動説の世界で天動説〈日銀流金融理論〉を信奉しているようなものです」

「デフレを克服するとハイパーインフレになるというのは非現実的な脅しに過ぎないのです……ゴルフにたとえれば、今の日銀は雇用改善、景気回復という目標のホールを目指さずに、ホールの向こう側には〈ありもしない〉崖があると称して、バンカーに入ったボールをホールの方向に打たない、あるいはパターでしか打たないゴルファーのようなものです」

安倍はそれをフェイスブックにアップした。

12月16日の衆院選挙で自民党は歴史的大勝を収めた。その2日後、白川は自民党本部総裁室に安倍を訪れ、挨拶をした。

その席で、安倍は「２％の物価目標という政策協定を結びたいので、ご検討いただきたい」と提案した。「選挙結果を踏まえた判断を期待する」とのダメ押しがついた。

「コントロールできないというのなら、日銀の存在とは何なんだ」

安倍には苦い思い出があった。小泉純一郎内閣の官房長官時代の話だが、小泉が日銀の福井俊彦総裁と武藤敏郎副総裁を官邸に呼び、昼食を共にした。本当は小泉から福井に「もうしばらく量的緩和を続けてもらえないだろうか」という「お願い」をしたいところなのだが、「総理から直接」して、拒絶されたら目も当てられない。そこで安倍がその役回りを買って出た。だが、福井は「今のデフレ状況はある程度やむをえないという考え方」を披露し、デフレにも「いいデフレ」と「悪いデフレ」がある、「今はいいデフレに近い」と話した。それを聞きながら、安倍は「物価の安定」を「コントロールできないというのなら、日銀の存在とは何なんだ」と素人ながらに思ったというのである。[8]

森喜朗内閣の官房副長官時代の日銀のゼロ金利解除（2000年）、小泉内閣の官房長官時代の量的緩和解除とゼロ金利解除（2006年）、首相の時の追加利上げ（2007年）と、デフレ下にもかかわらず日本銀行はここぞとばかり利上げに傾斜した。

安倍の日銀に対する疑問が深まった。

〈日銀というところは、デフレが深まるのを何とも思っていないのではないか[9]〉

日本の経済界は、いわゆる「六重苦」に苦しんでいた。止まらない円高、重い法人税・社会保険料負担、経済連携協定（自由貿易協定）の遅れ、柔軟性を欠く労働市場、ややこしい環境規制、電力の供給不足と高い電力料金、である。なかでも円相場はこの間、1ドル＝75円までの超円高に振れていた。

円高が進み、日本企業が海外に生産拠点を移し、中小企業は倒産し、日本経済から活気が失われていく。経済を何とか立て直さなければならない。

これまで景気や減税や増税の是非を国民に問うた総選挙はある。しかし、マクロ政策そのもの、金融政策そのもの、物価安定目標そのものを掲げた総選挙はこれが初めてだ、と安倍は意気込んだ。[10]

安倍は、気持ちの上では3～4％のインフレ率目標を打ち上げたかった。自民党総裁選では「2～3％」を連呼した。財務省幹部は、安倍自民党は「インフレ目標3％」と「輪転機」と「日銀法改正」の3つのキーワードを〝ブラフ〟として使った、中でも政府の関与を強め、日銀の独立性を薄める日銀法改正は「恫喝」に等しかった、と回顧している。[11]

ただ、「3％」には政務秘書官に内定していた今井尚哉が慎重論を唱えた。

「総選挙は、総裁選じゃないんですから、もう、野党じゃないんですから、総理になるんですよ。今、3～4％なんて言ったら、直ちに撤回しなければならなくなりますよ。もう少し現実的にいきましょう」

安倍は2％で我慢した。[12]

2012年12月19～20日、日銀は金融政策決定会合を開いた。第2次安倍政権発足直前の会合となった。日銀はここで、物価上昇率目標の導入を検討することを決めた。物価上昇率を1％から2％に引き上げるべきか。民主党政権時代の「共同文書」にある「目途」という表現を「目標」に変えるべきか。日銀は、より明確な対応を迫られた。

決定会合では、西村清彦副総裁が「長期均衡での物価安定は、基本的に他の中央銀行のインフレ目標と同じにすべきであり、現在それは2％である」と主張した。経済学者の白井さゆり審議委員も「条件付きで2％を明記するのは可能」と2％への引き上げに賛同。さらに「『目途』を『目標』あるいは『ターゲット』という言葉に変更してもよいのではないか」とも述べた。しかし、白川は「（物価目標が）フレクシブルだということがどの程度理解されるかがポイント」と述べ、機械的に2％を目指すことに難色を示した。その上で、「もし、それが達成されないと、今度は中央銀行に対する信認自体が低下してくる……気合だけの問題ではなく、これをどのように実現していくのかという具体的な政策論の話になる」とも述べた。[13]

2％達成の実現可能性に自信が持てなかったことに加え、達成できなかった場合、日銀だけの責任にされかねないことを懸念したのである[14]。

メディアの中からもアベノミクスに対する懸念が表明された。

朝日新聞は政権発足前日の12月25日付の社説で、「アベノミクス『危ないミックス』は困る」との見出しを掲げ、警告した。

「(アベノミクスは)財政と金融の『危ないミックス』と言わざるをえない。国債金利の急騰から財政破綻を招きかねず、歴史の経験から慎重に避けられてきた道だ[15]」

「学生時代はすごくできたのですが、日銀に行ってから落第しました」

白川方明は、1972年、日本銀行に入行した。東京大学4年生の時、日本のケインズ経済学者の第一人者である小宮隆太郎教授のゼミ生となった。東京大学助教授だった浜田は白川が東大3年生の時の指導教官だが、「白川は特別にできた。僕が大学院に来ないかと言ったのは、白川君だけだ」というほどの俊秀だった。文系だが数学がずぬけてできた。

当時、小宮を指導教官とした研究者の中に、浜田も、後にリフレ派の経済学者の代表として知られ、日銀副総裁となる岩田規久男もいた。浜田はその後、経済学博士号を取得したエール大学で教鞭を取ることになり、岩田は上智大学に転じた。40年後、アベノミクスの最大の柱である金融の大規模緩和を唱道する2人の経済学者が小宮の下で研究し、白川はゼミ生として学んでいたのである。そのころ、経済学者としての小宮の権威は絶大だった。やはり同大学院経済研究科に在籍していたエコノミストの櫻井眞によると「小宮さんって神様みたいでしたから、正面からケンカするというのは大変なんです。当時、小宮さんに論争を挑んだのは岩田さんだけ。浜田さんはその後、エール大学に行ったから小宮さんから独立できた」と振り返る。岩田も浜田も小宮には「複雑な感情」があったと櫻井はいう(櫻井は2016年、黒田日銀の政策委員会審議委員に就任[16])。

浜田の場合は、小宮隆太郎に対する「複雑な感情」が、小宮を深く尊敬する白川に対する複雑な評価につり移っているようでもある。安倍は浜田に「（白川は）学生時代はすごくできたのですが、日銀に行ってから落第しました」と聞かされた。[17]

白川はその後、シカゴ大学大学院で修士号（経済学）を取得、また京都大学公共政策大学院教授を務めるなど一貫して研究者であり続けたが、1990年代のバブル破裂後の金融政策と金融システムの修羅場をセントラル・バンカーとして経験した。

1993年、白川は（初代）信用機構課長の職にあった。大手銀行の不良債権総額を「30兆～50兆円」と試算し、そのうち30％が損失になる可能性があるとの衝撃的な予測値を示したペーパー（「現下の金融システム問題への対応について」）を日銀上層部に提出した。現状を放置すると、金融機関の流動性不安、信用仲介機能の低下、マクロ経済の回復・拡大への制約、海外からの不信感の増大などの問題を引き起こすとの予言的な分析だった。[18]

企画課長になると、上司である企画局長の山口泰《ゆたか》とともにバランス・シート不況と急激な金融収縮が急速に進んでいると警告を発し、大蔵省に金融機関への公的資金の導入を説いたが、大蔵省は動かなかった。銀行の不良債権は雪だるま式に膨れていった。

白川は総裁辞任後、著した著作の中で、日本のバブル崩壊後、起こったことは「金融アクセラレーター」という考え方でかなり説明できる」と指摘している。それはベン・バーナンキプリンストン大学教授が米国の大恐慌について展開した理論である。一言で言えば、リセッションが始まり銀行の不良債権が増えると、貸し手のリスク回避と借り手の返済能力低下が共振して、家計の消費と企業の投資を萎縮させ、リセッションを加速させる、という理論である。[19]

加えて日本の場合、少子高齢化と（生産年齢）人口減少が経済成長の制約要因としてのしかかっていた。人口減少は、金融政策の有効性や日銀の役割と責任に関する議論にも影響を及ぼし、金融政策によって成長を促すことができるとする立場（リフレ派）と、人口が減少し続ける以上、金融をどれほど緩和しても消費も投資も伸びないと見る立場（構造派）の対立を生み出すことになった。

この間、1997年に日銀が悲願の日銀法改正によって独立性を手に入れたことも、デフレ議論を複雑にした。日銀は、独立性と引き換えに「物価の番人」としての役割と責任を全面的に引き受けることになった。それなのに金融政策でやれることはそれほどないとの立場に固執すれば、政府も国会も何のための独立性なのかを疑問視するだろう。

とりわけリーマン・ショック後、世界の主要民主主義国の中央銀行は、政治家からもアクティビストからもさまざまな期待——格差是正やESG（環境・社会・ガバナンス）責任投資など——が寄せられ、金融政策が「オンリー・ゲーム・イン・タウン（唯一の選択肢）」と化した。安倍政権も遅ればせながらこのゲームに参戦しようとしているかのようだった。デフレ脱却のための「気合」とある種の「やってる感」を醸成するのに金融政策を「うってつけのタマ」と見なしているのではないか。

日銀は身構えた。[20]

「自分が言っても、恐らく安倍晋三には理解できないだろうみたいな感じ」

安倍政権の経済政策は、金融緩和、財政出動、そして構造改革の「三本の矢」を放つことで、日本経済を再生させることを企図した。

その核心は、リフレ政策だった。リフレ派の旗手は、前にも述べた岩田規久男学習院大学教授と浜田宏一エール大学名誉教授の2人だった。岩田と浜田は2013年に『リフレが日本経済を復活させる　経済を動かす貨幣の力』（中央経済社）をエコノミストの原田泰と共編著で出版した。第2次安倍政権では岩田は日銀副総裁、浜田は内閣官房参与、原田は日銀審議委員（2015年就任）にそれぞれ就く。

安倍とリフレ派のブレーンたちは、白川日銀の金融政策がダメだからいつまでもデフレが続くのだ、と言わんばかりの険しい視線を白川に注いでいた。

とりわけ、安倍本人が白川を日銀総裁というより日銀の組織代表のようにとらえ、日銀という組織利益を守ることが自己目的化しているのではないか、と疑っていた。

白川のモノの言い方が、「自分が言っても、恐らく安倍晋三には理解できないだろうみたいな感じ」であると思え、それが気に障ったし、「学者然としている」ところも物足りないと感じていた。[21]

財務相になった麻生太郎も、デフレは日銀の金融政策の失敗の結果であると思っていた。そこは安倍と変わらない。ただ、麻生は「日銀の金融政策も財務省の財政政策も、インフレのときのような経済対策と金融対策をやって失敗した。そこははっきりしている」とも考えていた。第2次安倍政権誕生後、白川に会った際、そうした自分の考えを白川には伝えた。

麻生はデフレ脱却には、財政と金融の「パッケージ」が必要だと考えていた。[22]

政府と日銀で共同声明を出す。

安倍もそこは麻生と同じ考えだったが、より日銀に責任を持たせ、金融政策主体に思い切った政策を打ち出すべきだと思っていた。日銀に大規模金融緩和に踏み切らせ、物価安定に責任を持たせる、政府と日銀の共同声明はあくまでそのために出してほしい、との意向を麻生に伝えた。

麻生にとっては財務相としての最初の大仕事となる。麻生は、財務省大臣官房総括審議官の佐藤慎一に日銀との交渉を指示した。[23]

佐藤は、1980年大蔵省入省。主に主税畑を歩んできたが金融にも詳しい。1996年、大蔵省官房企画官（銀行局担当）の時、日本銀行法改正の法案づくりを担当し、日銀の独立性を担保する法律制定の上で大きな役割を果たした。そんないきさつもあり、日銀幹部からは「大恩人」として敬意を持たれている。[24]

佐藤は、共同声明を出す上で、その法的根拠を日銀法第4条に置くことにした。同条は、日銀の行う「通貨及び金融の調節が経済政策の一環をなすものであることを踏まえ、それが政府の経済政策の基本方針と整合的なものとなるよう、常に政府と連絡を密にし、十分な意思疎通を図らなければならない」と記している。

佐藤と日銀側のカウンターパートである金融政策担当理事の門間一夫を中心に政府・日銀の担当者たちは年末年始をつぶして、共同声明の策定作業に取り組んだ。[25]

白川も、政府と何らかの形での共同文書を作らざるをえないと、腹をくくっていた。ただ、「インフレ2%目標を機械的に追求しなくても済む道を残す」。そこだけは譲れない。2%目標達成を義務付けられると、日銀は金融緩和を通じて際限のない国債の買い入れを強いられる恐れが強い。そうなった場合、「物価安定を通じて国民経済の健全な発展に資する」という日銀の使命に背くことになりかねない。従って、2%目標は、あくまでも「経済の競争力と成長力の強化」を前提とすることを主張し、それを条件とすることで妥協した。

2%目標の達成期限については、官邸側は2年を求めていたが、日銀は「中長期」という表現を主張した。白川は2年は「実現不能」であると考えていたが、ここは政府側も固執したため、麻生が割って入り「できるだけ早期に（at the earliest possible time）」で決着した。[26]

英語表記は当初、as early as possible だったが、より早期の感覚を明示的にしたいというので、ここも麻生の示唆で、at the earliest possible time となった。[27]

最後は名称をめぐるバトルだった。

政府側は政策協定を軸とする「アコード」（協定）という名称を示したが、白川は「共同声明」（政策連携）を主張した。日銀の中央銀行としての「独立性」を尊重してもらうためである。

名称をめぐっては麻生も白川の言い分を支持した。ただ、財務省と日銀の合意を安倍が呑むかどうかは、まだわからない。

〈オレが小倉高校で、アレが学習院って感じだな〉

その日（2013年1月14日）は成人の日。東京は、記録的な大雪に見舞われた。赤坂にある日銀の迎賓館「氷川分館」の日本庭園の雪景色はライトアップされていた。ここは、赤坂・氷川神社に隣接する。窓の簾《すだれ》が半分ほど下ろされている。上空に見えるビルは隠れ、雪景色が画然と浮かび上がり、幽遠なたたずまいを見せていた。[28]

1965年の証券恐慌の折、田中角栄蔵相と佐々木直《ただし》日銀副総裁が極秘に会い、「無担保・無制限」の特別融資（特融）を決めたのもこの氷川分館においてだった。

この夜、ここで麻生と甘利明と白川が会食をしながらの三者会談が行われた。甘利は経済財政政策担当相である。佐藤と門間らの政府、日銀の幹部は、別室で控えた。

共同声明に関しては、すでに佐藤と門間を中心とするチームが案文を作成し、麻生、甘利、白川とのすり合わせも済んでいる。

麻生は、白川方明の父親である白川宏と旧知の仲だった。白川宏は、福岡出身で、北九州市に本社を置く東洋陶器（現・TOTO）の社長を務めた。落選中の麻生が1986年の衆議院選挙で雪辱を果たし、国政に復帰（3期目）したころ、白川に招かれて、痛飲した。酒がめっぽう強い。前年、福岡県選出の実力政治家、田中六助が亡くなったこともあり、地元財界の麻生への期待が高まっていた。

父親は、東京大学に行った息子が学問道楽に逸れてしまっていると、歎いて見せた。

「『大学に残れと言われた、残ろうかと思う』なんて言い始めるので、『そんなことのために大学に行かせたんじゃない』と言って張り倒してやったんですが……」

そんな思い出話を麻生がすると、息子は笑いながら言った。

「父は、小倉弁を標準語と思っとりましてですな」

白川の小倉弁に、座がにわかに打ち解けた。白川も父親同様、小倉高校出身である。

〈笑顔が温和で、貴公子然としている〉

麻生は、そんなところも気に入った。

〈オレが小倉高校で、アレが学習院って感じだな[29]〉

オレはバンカラ、アレは貴族的といったほどの意味合いか。

甘利は、麻生の白川に対する並々ならぬ「気配り」を感じた。安倍が「ひとえに日銀の責任」を言い立て、白川は「私だけに言われても困ります。日銀は独立機関なんだから」と立てこもる、そんな「全くスタンスの違う」両者を「なんとなくつなぐ」のが自分の任務だと麻生は思い定めているようだ[30]。

翌15日正午。官邸で金融有識者会合が開かれた。

安倍は麻生、甘利とともに、浜田宏一、本田悦朗の両内閣官房参与と中原伸之元日銀審議委員、岩田規久男学習院大学教授らの金融有識者を官邸に招き、「共同声明」の内容に対する見解を聞いた。

浜田と本田は前年12月26日付で内閣官房参与に任命されていた。本田は首相執務室と同じ官邸5階に個室を与えられた。参与は通常、４階の相部屋である。「アベノミクスはこの政権の看板ですから、本田さんはちょっと特別扱いです」と今井に言われた[31]。

前日の三者会談で麻生と甘利が白川に引っ張られ、「２％」目標が腰折れにならないようにここで最終的にねじを巻こうという狙いを込めて、安倍はこの有識者会合を組んだのだった[32]。

麻生と甘利を前に、有識者会合は「２％」目標を了承した。岩田は2年間の達成目標期間の設定を主張したが、それは今後の検討課題とされた[33]。

会議が終わった後、麻生だけが残った。

麻生は、安倍がそれまでこだわってきた「アコード」の名称を「共同声明」に変えてほしい、と求めた。

「アコードは政府が中央銀行に指示するような感じです。そうでなくて、政府と中央銀行が合わせ技でそれぞれやるのですから、ここは共同声明で行きたいと思います」[34]

「アコード、だめ？」

安倍はなおもご執心のようである。

「ホンダの車になっちゃうからだめですね」と麻生は言いながら、笑った。安倍もつられて笑い、その件は落着した。[35]

「総理、一つ、お願いがあります」

その後で、麻生は改まって言った。

「我々の政策に合わないからといって白川総裁を放逐するような形にはしたくありません。やれるところまで彼はやって勇退していくという形にしたい」

「そうですね。わかりました」

安倍もそこは注意しようと自分に言い聞かせた。

〈麻生でなければアコードはここまでできなかった。白川も麻生だからこそここまで下りてきてくれたのだろう。もし、麻生でなければ白川はケツを割るというか、私はもうやめますからということになったかもしれない〉[36]

「明日が今日になり、明々後日も今日になってきている」

日銀は、2013年1月21、22日に金融政策決定会合を開いた。

白井さゆり審議委員は「急いで2％を達成しようとすると、家計の購買力や企業の価格競争力が低下し、経済活動が損なわれる恐れがある」と下振れリスクを指摘した。白川も「2（％）を掲げるだけですぐに物価上昇率が上がるわけではなく、それを達成する十分な手段をなかなか持ち合わせていない」と述べ、実現の難しさを口にした。

だが、西村清彦副総裁が「欧米など成熟国が掲げるインフレ目標と同じ2％と考えるのが自然である」と述べたのをはじめ全体として賛成論が多数を占めた。

もう一つの問題は、共同声明の性格と政府の姿勢への疑問だった。

エコノミスト出身の佐藤健裕審議委員が「2％という物価目標は非常に野心的で、本行の努力だけでなく政府の成長力底上げに向けた真剣な取り組みが不可欠である」と述べ、政府も責任を果たすようクギを刺した。[37]

ただ、ここは日銀出身の山口廣秀副総裁が、「金融政策運営の進め方については、基本的に日本銀行に任せるという政府の強い意思が表れている」と述べ、共同声明は、「日銀法に定められている独立性の確保」と「政府との間の意思疎通の重要性」の2つが「きちっと体現できた文章になった」と太鼓判を押した。[38]

白川が最後に議論を括った。

「多くの方が、成長力強化の取り組みがなされていくという認識に立ったうえで、物価上昇率を2％にすることについて、これを受け入れていくということであったと理解した」[39]

最後に、甘利が政府の立場を代表して共同声明への支持と期待を表明した。

「本日、合意する政府と日本銀行の文章は、できるだけ早期にデフレから脱却するという強い意志、明確なコミットメントを示す『レジーム・チェンジ』ともいうべきものである」[40]

政府からの出席者が退席した後、物価安定の目標と共同声明案は、いずれも7対2（反対は佐藤、木内登英の両審議委員）の賛成多数で可決された。[41]

1月22日午後。首相官邸。麻生、甘利、白川の3人が安倍を訪ね、「共同声明」（「デフレ脱却と持続的な経済成長の実現のための政府・日本銀行の政策連携について」）を提出した。

声明は、次の政策を実施することを明確にした。

・日本銀行は、物価安定の目標を消費者物価の前年比上昇率で２％とする。日本銀行は、上記の物価安定の目標の下、金融緩和を推進し、これをできるだけ早期に実現することを目指す。

・政府は、我が国経済の再生のため、機動的なマクロ経済政策運営に努める。また、経済構造の変革を図るなど、日本経済の競争力と成長力の強化に向けた取組を具体化し、これを強力に推進する。

・政府は、財政運営に対する信認を確保する観点から、持続可能な財政構造を確立するための取組を着実に推進する。

白川日銀は、金融緩和に反対してきたわけではない。むしろその逆である。２００８年に白川が日銀総裁になってからリーマン・ショック、東日本大震災、欧州債務危機が立て続けに日本を襲った。日銀が「包括的金融緩和」を始めたのは、白川総裁時代の２０１０年10月である。日銀が基金をつくり直接、国債を買い始めたのもこの時代である。白川の在任期間中、15回の金融緩和策を行った。日銀の国債購入額（残高）は、２０１０年10月には35兆円だったが、安倍政権に交代する２０１２年12月には１０１兆円（２０１３年末までの残高目標）に膨らんだ。上場投資信託（ＥＴＦ）や不動産投資信託（Ｊ・ＲＥＩＴ）も買い入れ、資産を拡大した[42]。

ただ、白川日銀の対応は、「後追い」「小出し」「戦力の逐次投入」といった批判を浴びた。白川を支えた日銀幹部は「自分も含めての反省の弁」として次のように語った。

「リーマンの後の緩和の仕方が後追い的に対応させられた。それもあって too little、too late（小出し、遅すぎ）というか、piecemeal（細切れ）というか、戦力の逐次投入になってしまった。それをやるとこういう副作用があるかもしれないという風なので、どうしてもいやいややっているという感じになってしまい、本来の政策効果が出ない。自分で首を絞めちゃってる[43]」

この点は、２０１３年２月の金融政策決定会合で、白井さゆりが指摘したところでもある。

「市場関係者、経営者、国民の目線という立場からみると、分かりにくいという声を少なからず聞いている」「キーフレーズを絞って、もう少しメッセージ性を簡素にする余地があるのではないかと思っている」[44]

白川は釈然としない風だった。「敢えて感想を申し上げる」と言い、次のように述べた。

「簡素化する、あるいはメッセージ性を強めるということは、理屈の上では考えられる。ただ、かつて内容は全然変わっていないがメッセージの部分だけ変え、それがあらぬ誤解を招くことがあった」[45]

総裁として臨んだ最後の金融政策決定会合（2013年3月7日）で、白川は「物価安定の目標」を導入したことを「大変重い決定」だったとしつつ、それを国際会議で説明したところ、中央銀行の総裁たちから「日銀の金融緩和政策が突出するとフィスカル・ドミナンス、財政従属になってしまうのではないかという懸念」が示されたとの話を紹介した。

その上で、白川は次のように締めくくった。

金融緩和政策の効果の本質は、「明日やろうと思っていることを今日するということを促していく」こと、つまり、「将来の需要を現在に前倒しし繰り上げていく」ことである。日本はこの政策を15年間続けている。その中で「明日が今日になり、明々後日も今日になってきている」。

財政の問題についても、「基本的に成長力が高まっていかない限り財政バランスが改善していかない。物価が上がっても、今の日本の悪い財政状況であれば、財政支出を改善する効果はほとんどない」。

「演説するつもりは全くなかったのだが、ついつい言ってしまった」

そう言い残して、白川は日銀を去っていった。[46]

「武藤にできなかった。黒田で勘弁してくれ」

安倍は当初、日銀総裁に岩田規久男学習院大学教授を起用することを考えていた。2011年に自民党の勉強会に招かれた岩田は「日本が名目4％の成長を続けていれば、２０１０年時点での日本の名目ＧＤＰは２倍となり、中国にも抜かれずに世界2位の経済規模を保てた」と主張した。デフレは日本の国力を殺《そ》ぎ、東アジアの地政学を激変させた。岩田には蒙を拓かされた。安倍はデフレがいかに罪深いかを思い知らされた[47]。

安倍内閣でそろって内閣参与となった浜田と本田の二人のリフレ派も岩田を推した。

しかし、岩田に対しては麻生が猛然と反対した。「組織を運営するのに学者というのはなかなか難しいんです、これは無理ですよ」との理屈だった。麻生の候補は、武藤敏郎元財務事務次官（１９６６年大蔵省入省）だった。

安倍は反論した。

「武藤さんは、そもそも主計官でしょ。日銀副総裁を経験したからといって、金融政策のプロではありませんよね[48]」

武藤が２００６年、福井俊彦総裁の下での副総裁時代、量的緩和解除に賛成したことを安倍は忘れていない。

武藤については5年前の副総裁時代、福井の後任候補として政府が国会に提示したが、野党が多数を占める参議院は、その人事案を否決した。そういういきさつもあり、財務省は武藤日銀総裁を今度こそ実現させようと躍起となっていた。しかし、武藤案を提示し、衆院で可決したとしても、参議院を通過する可能性はまずない。与党は参院の過半数をまだ握っていない[49]。

麻生には安倍の言うところの「親分統治」的なところがある。組織を預かっている以上、自分の考えや主張はまず横に置いて、組織の立場と主張を大切にする。だから、麻生はそれを一応、尊重している形を取っているのだろう、と安倍は踏んだ。安倍はなおも岩田に執着したが、麻生はなかなか引き下がらない。何度も安倍に会っては、武藤を推し、岩田に反対の意を伝えた。

膠着状態の中で、これはという新たな候補者を探さなければならない。そんな中で浮上したのが黒田東彦《はるひこ》アジア開発銀行総裁の名前だった。第一次政権の時、安倍はアジア開発銀行総裁となっていた黒田に、二度ほどブリーフを受けたことがある。

黒田の名前は、本田が安倍に上げていた。本田は、安倍に総裁候補リストをつくるよう求められ、岩田と黒田の2人の名前を「同列1位」に挙げていた。[50]

2月11日。この日は建国記念の日である。午後7時すぎ、麻生は富ヶ谷の安倍の私邸で安倍と会った。

「こっちの方は武藤も取り下げますから、そっちも岩田を降ろしてくれませんかね。別のにしましょう」

「誰にするのですか？」

「この間、総理もお会いになったと思いますが、黒田アジア開銀総裁です。黒田は海外では顔ですよ。8年近くアジア開銀の総裁をしてます。英語もすごくできます。黒田総裁、岩田副総裁ということでどうですか」

黒田は2005年にアジア開銀総裁に就任、3期目に入ってまだ間もない。1月7日、アジア経済状況について安倍に帰朝報告したばかりである。

「日本の国債の格付けがボツワナ以下だというスタンダード・アンド・プアーズ（S&P）に向かって堂々と英語で反論を書いた、あの天下の名文を書いたやつです」

麻生は黒田が財務官時代の2002年に発表した「意見書」を持参していた。[51]

ムーディーズ、S&P、フィッチの海外格付け機関3社が日本の国債のデフォルト・リスクに言及したことに対して、黒田は詳細なデータを示しつつ、「更なる格下げは根拠を欠く。客観的な基準を欠き、格付けの信頼性にも関わる大きな問題と考える」と正面から批判する「外国格付け会社宛意見書」（2002年4月30日）を送り付け、その内容を世界に公表した。同じく財務官時代、河合正弘副財務官と連名でファイナンシャル・タイムズ紙（2002年12月2日）に寄稿した論文で「中国の人民元がドルペッグにより過小評価されており、これがアジア経済に悪影響を及ぼすだけでなく、世界経済にデフレ圧力を加えている」と分析し、

「日本など先進国は2〜3％のインフレターゲットを採用し、中国は人民元を切り上げるか物価を引き上げる必要がある」と論じた。黒田は、インフレ目標論者でもあった。[52]

「いいですね。黒田さん。私からも直接、本人の考えを聞いてみましょう」

〈黒田を総裁に、岩田を副総裁に、実務家と学者とそのコンビが収まりがいいか[53]〉

安倍は、麻生の進言を受け入れることにした。

ただ、一つ気がかりなことがあった。黒田がアジア開銀総裁を任期途中で退いた場合、後任に中国が名乗りを上げるかもしれない。安倍はその点を本田に質した。本田は関係筋に当たった結果、「中国はアジア開銀の借り入れ国であり、借り入れ国が総裁の座を占めることはない、大丈夫です」と安倍に伝えた。[54]

安倍は後に、黒田を〝発見〟した時の「嬉しい驚き」について語っている。

「エスタブリッシュメントのなかで黒田さんぐらいなもんですよ。本当に稀有だったですよね、財務省出身の財務官で、かつ、アジ銀の総裁という立場にいながら、とんでもない無鉄砲な政策と言われた私のやつを評価した」

安倍からすると、リフレを主張しているのは、「主要な人たちから邪道と見られていた人々」なのだった。ところが「主要中の主要」の黒田が自分と同じ主張をしている。

〈黒田は、度胸がある〉

と安倍は思った。[55]

麻生は、財務省幹部に安倍の決定を告げた。

「武藤にできなかった。黒田で勘弁してくれ[56]」

日銀総裁人事は首相の人事のうち、もっとも重要な人事の一つである。政権発足直後、正副総裁の任期が切れ、安倍は自らの手でその人事を行うまたとない機会を手にした。そして、黒田日銀総裁人事は、甘利が形容したようにマクロ政策の「レジーム・チェンジ」への号砲の意味を持っただけではない。安倍の政治的同志である衛藤晟一によれば、それは「霞が関を震撼《しんかん》させた。（この政権は）本気だ、と思わせた。最初が一番、肝心。そこが大きかった」[57]。


2月21日。安倍はマニラのアジア開銀総裁室の黒田に電話を入れた。

「白川方明日本銀行総裁の後任として、黒田さんを指名したい」

黒田は受諾した。

〈だれかがデフレを止めなければならない。この指名は私にとって天命だ〉と黒田は思った[58]。

安倍は、岩田と中曽《なかそ》宏の副総裁候補にも正式に就任打診の電話を入れ、いずれも受諾された[59]。

岩田は、副総裁に就任したとき、財務省の大臣室に麻生を表敬訪問した。麻生の最初の一言は「エコノミストはダメだよ」だった。

「私もこれでもエコノミストなんでございますが」

と岩田は言いたくなったが、

〈竹中平蔵とのことがあるのか……竹中憎しがエコノミスト憎しとなったのか……〉

そう思いながら大臣室を後にした[60]。

小泉純一郎政権で、麻生は総務相として郵政民営化に取り組んだが、小泉は麻生にかえ、経済学者の竹中平蔵に郵政民営化の旗振り役を委ねた。麻生は自らのオフィシャル・ウェブサイトに「竹中平蔵という経済現場のわかっていない人」と名指しで批判するなど両者の関係はささくれだった。

「うそつきは泥棒の始まりですよ」

黒田東彦は、1967年、大蔵省（現・財務省）に入省した。司法試験にも合格したのだが、母親から「お前に人を裁けるのか」と言われ、裁判官になるのを諦めた[61]。

黒田の父親は戦前、運輸省灯台局に勤務し、樺太《からふと》で灯台守をしていた。戦後、海上保安庁に移り、経理補給部で働くいわゆる〝ノンキャリ〟だった。息子が大蔵省のキャリアになったというので大層喜んでくれた。[62]

母親は、黒田が大蔵省の滑り止めに受けて、内定を得ていた日本開発銀行に断りに行く時、「先方に迷惑をかけたのだから」と言い、黒田に菓子折りを持たせた。開銀の採用担当者は目を白黒させた。[63]

入省後、1969～71年にオックスフォード大学大学院（ウースターカレッジ）で2年間、経済学を学んだ。ファイナンシャル・タイムズ紙の名物コラムニストでありエコノミストのマーティン・ウルフはその時の同窓生である。

在学中、ケインズの愛弟子のロイ・ハロッドが英『エコノミスト』誌に書いた論考について、同誌の投書欄に二度、投稿した。財政金融の引き締めが常にデフレ的で、財政金融の緩和が常にインフレ的なのかどうかをめぐる論争だったが、黒田は2度目の投稿（1970年10月24日）で、「朝鮮戦争以降の1951年から1967年に物価上昇率と経済成長率はおおむね負の相関関係にある」との統計的データを根拠に「より高い総需要伸び率は、より高い経済成長とより低いインフレ率をもたらす傾向がある」と論じ、ハロッドの論点を補強する立論を展開した。[64]

その直後、カレッジ向かいのウースターカレッジ大学院生寮の黒田の部屋に突然、帽子をかぶった背の高い英国紳士が訪れた。ハロッド卿だった。彼は、黒田の投稿の切り抜きを持参し、内容を確認した上で、何度も頷いた。[65]

帰国後、ニクソン・ショック（ドルの金兌換停止と輸入課徴金賦課）が日本を襲った。為替市場は大混乱に陥った。大蔵省は、1ドル＝360円でドルの買い支えを続けたが、2週間で堤防決壊、日本は急激な円高へと押し流された。当時は固定相場制であり、大蔵省の柏木雄介顧問はじめ必死になってその維持を目指していた。

しかし、黒田は、金兌換（gold convertibility）を保証しない固定相場制は持続可能ではない上、固定相場制は、経済や金融が国際化する中では財政金融政策の効果を相殺してしまうので変動相場制の方が好ましいと考えていた。大蔵省の広報誌『ファイナンス』（1971年11月）の「若い論苑」というコラムに「これからの経済政策はどうであるべきか」と題する論考を投稿、その中で変動相場制への移行を提言した。[66]

大蔵省では主税畑を歩んだ。1991年の湾岸戦争終結後、国際貢献税構想が主計局から浮上した。国際貢献のための恒久的財源確保をしようという構想である。[67]

ただ、自民党は慎重論でなかなか進まない。担当官である黒田は主計局の幹部に呼ばれた。

国際貢献税の税収の一部を通産省予算へ配分する旨を示した紙が示された。

「この線で検討してもらいたいんだ」

〈なんだ、通産省とつるんでいるのか〉

黒田は言った。

「支出目的と税負担との密接なリンクも明らかでない時点で、税収の使途について合意しているような紙を、主税局の担当官として、受け取ることはできません」[68]

そう言うと、その場でその紙をビリビリと破り捨てた。

黒田は主税局総務課の企画官をしていた時にも、その幹部と衝突したことがあった。

彼が黒田の隣に座っている税収見積もりの担当補佐に向かって「もうちょっと何千億円か蹴上げてくれ」と言った。

横から黒田が口をさしはさんだ。

「それはできません。蹴上げるなんて、できっこない。うそつきは泥棒の始まりですよ」

「うそつきが泥棒とは何だ。税収は見積もりなんだから、見積もりをちょっと上げてくれっていうのが何が悪い。うそをつけといってるんじゃない」[69]

その後、黒田は国際通貨基金（ＩＭＦ）出向を命じられ、国際金融の道を歩むことになる。

「日本銀行は、その主たる使命を果たしてこなかった」

２０１３年3月21日。黒田は日銀本館９階の大会議室で数百人を超える日銀職員を前に、総裁就任のあいさつを行った。

> いま、日本銀行は岐路に立たされています。日本経済は、１９９８年以来、15年続きのデフレに悩まされています。中央銀行の主たる使命が物価安定であるとすれば、日本銀行は、現行日銀法が１９９８年に施行されて以来、その主たる使命を果たしてこなかったことになります。
>
> もとより、物価動向に影響を与える要因は国内外に多々あります。しかし、そうした影響に対抗して物価の安定を実現するのが中央銀行としての日本銀行の責務なのです。実際、世界中で、15年もデフレが続いている国はひとつもありません。
>
> 幸い、白川前総裁の下で、日本銀行政策委員会は、消費者物価上昇率を2％とする物価安定目標を定め、金融緩和を推進してこの目標をできるだけ早期に実現することを目指すことを決めています。日本銀行は、全力を挙げて物価安定目標を一日も早く達成し、物価安定を通じて国民経済の健全な発展に資することが求められています。[70]

日銀総裁の発言は、すべて事務局が綿密に精査した上で、発される。しかし、この時の就任あいさつだけは、黒田は自分で書いた。

黒田が伝えようとしたのは、日銀法で日銀が「物価の安定」に責務を負っているという原点を噛みしめるということだった。日銀法には、日銀の物価安定の責務を記している。政府の機関はどこも責任を負わない。その責任は日銀だけが負う。その厳然たる事実から出発しなければならない[71]

大講堂に集まった日銀職員たちは、黒田の「非常に厳しいお言葉」にショックを受け、戸惑った。前田栄治調査統計局長によれば、「自分たちのやってきたことを否定されたかのような気持ちを抱いた[72]」。

「官僚は無名であって、歴史に残ることを目標にすべきではない」

黒田は日銀が「物価の安定」に失敗したのは歴代の日銀総裁たちに責任があると考えていた。

デフレ・ドミノの最初のコマを倒したのは、三重野《みえの》康《やすし》総裁（総裁任期1989〜94年）である。三重野は、1989年末から1990年8月まで、公定歩合を3・75%から6・0%まで引き上げた。この急激な金融引き締めによってバブルを崩壊させたのだが、それは金融危機を併発した。にもかかわらず三重野は金融緩和への迅速な切り替えをためらい、経済不況と不良債権急増をもたらした。

次は、速水優《はやみまさる》総裁（同1998〜2003年）である。1998年にデフレ傾向が深まったため、1999年2月に日銀は「ゼロ金利政策」を導入したが、速水は2000年8月にそれを解除した。この時の政策決定会合では、政府代表の宮澤喜一蔵相は否決が見込まれる中、「歴史の審判を仰ぐ」と述べつつ政策変更延期を要請したが、速水は解除を断行した。黒田はオーラル・ヒストリーで速水の決断について「デフレが続いて物価が下がっている中で、なぜそのときにゼロ金利政策の解除をやるのか、というのは全く理解を超えていました」と手厳しく批判している[73]。

速水はまた、2001年3月に導入した「量的緩和政策」も活かせなかった。なかでも長期国債の買いオペに断固反対の立場を打ち出したこともあり、量的緩和の効果を殺いだ。速水は「よいデフレ論」と「円高歓迎論」を謳い、結果的にデフレ・マインドを沈潜させた。速水総裁時代、黒田は財務官だった。「円高は望ましい」と言う速水に「そういうことはおっしゃらないでください」と直接、求めたが速水は聞く耳を持たなかった。[74]

最後は、白川方明総裁（同2008〜13年）である。白川が就任した直後の2008年9月にリーマン・ショックが起こった。米連邦準備制度理事会（FRB）など海外の中央銀行が大幅な量的緩和に踏み切る中で、日本の金融緩和は出遅れた。2010年10月に導入した「包括的金融緩和」も不十分なまま、2011年3月の東日本大震災もあって、円は一時1ドル＝75円という痙攣的な円高に押し上げられてしまった。白川がデフレは人口高齢化・減少をも背景としていると論じたことも、日銀の責任放棄と受け取られかねない、と黒田は違和感を抱いた。[75]

黒田にとって、1998年から2013年までのデフレは中央銀行が「物価の安定」に失敗したことを意味したが、それは日本の経済と社会に地すべり的断層を生み出した。なかでも、この期間の若者の「就職氷河期」をもたらしたことが最大の負の遺産だった、と黒田は考えていた。[76]

黒田の就任挨拶の中の日銀批判にショックを受けた日銀幹部の中にも、日銀がデフレを克服できなかったことと「金融政策の何かが足りなかったこと」を反省し、新たな革新的取り組みが必要と考えている人々もいた。

そのうちの一人は後に「日銀の敗戦」の本質を次のように語った。

日銀エリートは、田中角栄政権の時の「列島改造」と石油危機後の狂乱物価の「負け戦」（佐々木直総裁）、大平正芳政権の第2次石油危機後のインフレに対して国会開会中に利上げを断行した『勝ち戦』（前川春雄総裁）、プラザ合意・ルーブル合意後の政策協調の結果、金融緩和によるバブルを引き起こした「負け戦」（澄田智総裁）と見なしてきた。一言で言うと、「利上げは勝ち戦、利下げは負け戦」と見なす組織的価値観があった、三重野も速水もそうした組織文化の産物だった、と。[77]

別の一人は、金融政策でどこまで為替に関わるかをめぐる日銀の心理的かつ組織的抵抗感が壁となった、と言った。プラザ合意の時の為替協調介入に伴う金融緩和策がバブルを生じさせたとのトラウマを引きずって来たというのである。[78]

白川は、金融緩和策は「将来の需要を現在に前倒しし繰り上げていく」ことであると喝破した。全体として需要が落ち込んでいる時にそれをやっても、需要は結局、落ち込んでしまう、その15年間だった。そこは白川の言う通りである。ただ、需要をほかの国から持ってくるという術《て》がある。すなわち為替の切り下げである。リーマン・ショック後、米国をはじめ各国とも大規模金融緩和によって自国通貨の実質的な為替切り下げを誘導した。

彼はそのように指摘した後、次のように告白した。

「それを各国が競争でやっていたのが世界の現実。まず、バーナンキ（米連邦準備制度理事会議長）がやった。基軸通貨国が大規模量的緩和をやった。あれは近隣窮乏化政策そのもの。ドラギ（欧州中央銀行総裁）がwhatever it takes（やれることは何でもやる）でその後を追った。それは反則だとしてやらなかったのが白川さんと（英国銀行総裁の）マーヴィン・キング。それが黒田さんの登場でようやく変わった。逆に言えばバーナンキがあれをやらなければドラギもあそこまで言う必要もないし、黒田さんが（日銀総裁として）登場することもなかったかもしれない」[79]

小泉純一郎政権で3年間、財務相を務めた谷垣禎一は、ブッシュ政権の財務長官、ジョン・スノーと親しくなったが、リーマン・ショック後、スノーから「米国がこれだけの金融緩和に踏み切り、欧州もそれに追随しようというのに日本はやらない、このしわ寄せは必ず来る。いずれやらざるを得ないよ」と警告された。谷垣は黒田の登場と金融大緩和を見た時、この時のスノーの言葉を思い出すことになる。[80]

黒田と安倍は円高がデフレを深化させたという点で同じ認識を持っていた。

第5章、第13章、第15章で見るように、安倍政権は、オバマ政権とそれに続くトランプ政権との間で、円・ドルをめぐる激しい応酬を舞台裏で繰り広げることになるが、安倍は「円高になったらアベノミクスは終わる」との危機感を持って事に当たった。黒田との年に2回の官邸での2人だけの会合でも為替はほぼ必ず話題に上った。2人は、円高への警戒感を共有していた（ロシアのウクライナ侵攻開始までの2013～2021年の黒田総裁時代の円相場はほぼ1ドル＝110円±10円で安定した）。

ところで、速水と白川の間に、福井俊彦総裁時代がある。

黒田の福井に対する評価は、前記3総裁に対するそれとは異なる。

黒田はデフレ脱却寸前まで量的緩和を進めた福井を評価していた。しかし、福井は2006年3月を量的緩和解除の期日と定め、〝逆コース〟へと舵を切った。福井は「異例の金融政策というのは、ある時期にピリオドを打たないと将来に大きな禍根を残す」と述べ、2008年の自らの総裁任期切れの前に量的緩和とゼロ金利政策を解除させるレガシーづくりに乗り出したのである。[81]

2006年3月、福井は量的緩和を、7月にゼロ金利をそれぞれ解除した。ゼロ金利解除を決めた際の記者会見で、福井は「金融政策上の手品だけで、長期金利を経済やインフレ率の実勢と切り離して低位に固定できるというものではない」と述べた。[82] しかし、消費者物価はその翌年、再びマイナス圏に落ち込んだ。それとともにレガシーも沈んでいった。

福井が総裁辞任後、任期中の出来事を語った口述回顧によれば、福井はこのゼロ金利解除判断に際して、「（退任時に）金利が1％ぐらいまで引き上げられていれば、少し気楽に引き継げたという気はしている」と述べている。解除後の利上げが「未完成」だったと言うのである。[83]

福井の解除決定は、「立つ鳥跡を濁さず」という身の処し方だったのかもしれない。

ただ、黒田に言わせれば、そうであったとしたらそれは余計なお世話というものである。政治家は、自分の任期中に誓約したことを成し遂げ、後継者に負担をかけないようにするのが務めであろうが、日銀総裁はパブリック・サーバントである。パブリック・サーバントは、自分に託された任務（マンデート）を任期中に粛々と果たせばよい。
「官僚は無名であって、歴史に残ることを目標にすべきではない」
それは、黒田の56年に及ぶ官僚としての職業観であり、信念だった。[84]
日銀幹部たちは、黒田のこうした日銀総裁の役割規定を「スモール・マンデート」論と名付けた。[85]

「これまでと次元の違う金融緩和を行う必要があると考えている」

2013年4月4日午前10時23分。東京・日本橋本石町《ほんごくちょう》の日本銀行本店。10分間のコーヒー休憩が終わり、金融政策決定会合が再開した。

黒田が発言した。

「私自身は、量・質ともにこれまでと次元の違う金融緩和を行う必要があると考えている」

「その際できることは全てやる。すなわち戦力の逐次投入は避ける」

黒田は「目標をできるだけ早期に実現するということを目指すべきである。具体的な期間としては、私自身は2年程度の期間を念頭に置いている」とも述べた。[86]

岩田は「年間でマネタリーベースを60兆円や70兆円といった規模で増やす必要がある」と提案した。[87]

マネタリーベースとは、日銀が流すお金の量（流通現金と日銀当座預金の合計）のことである。量を増やせば物価は上がる。日銀が公開市場操作で金融機関から国債を大量に購入することでお金の量を増やす、そういう理屈だ。

その一方で、緩和拡大策の効果は約束されているわけではないとの声も聞かれた。

審議委員の白井さゆりは「量の効果はないとする分析もあり、コンセンサスが得られているわけではない」と指摘した。[88]

黒田も「デフレ脱却に向けて人々の『期待』に変化が見られる」と指摘しつつ、「実体経済の改善につながっていく波及経路が実際に起こってこないと、期待が単なる期待で終わってしまう懸念もある」と今後の課題に言及した。[89]

最後に黒田が「目指すべきはマネタリーベースであり、そのマネタリーベースの規模については2年間で2倍程度に思いきって拡大する、具体的には年間約60兆〜70兆円に相当するペースで増加させることで意見が一致していたと思う」と議論をまとめた。[90]

同日午後3時半。黒田は決定会合後、記者会見を行った。

「量的・質的金融緩和」の見出しのパネルがテーブルの上に立てられている。

物価安定の目標は「2％」

達成期間は「2年」

マネタリーベースは2年間で「2倍」に

国債保有額平均残存期間は「2倍以上」に

「2」尽くしの数字を見やりながら、黒田は宣言した。

「金融政策はコミットメント（約束）が非常に大事であるし、そのコミットメントが市場関係者のみならず、経済主体に分かりやすく伝わって期待を変えることが非常に重要だ」

そして、「戦力の逐次投入をせずに、現時点で必要な政策を全て講じた」と胸を張った。[91]

市場は「クロダ・バズーカ」を円安・株高で熱狂的に歓迎した。

円相場は1ドル＝92円から一気に1ドル＝96円へと円安に振れた。

英ファイナンシャル・タイムズ紙は、「（この政策決定会合は）20年以上に及ぶ金融政策の失敗を革命的に変革する会合」だったとし、「この金融緩和措置の効果がなかろうが、反作用をもたらそうが、選択肢は他になかったというのが真実だ」と論評した。[92]

「飛べるかどうか疑った瞬間に永遠に飛べなくなってしまう」

黒田は就任後の2週間、日銀副総裁、日銀理事、金融政策の担当者、政策審議委員と何回も会合を重ねた。政府との「共同声明」に盛り込まれた「2％の物価上昇率の目標」を達成することが日銀の使命である。この「共同声明」に対しては1月の政策決定会合で審議委員のうち2人が反対したが、その2人も含め議論した。日銀としてのコミットメントを担保するためである。また、この物価上昇目標を「できるだけ早期に」実現するタイムスパンについても話し合った。マクロモデルでシミュレーションを行い、「2％」実現の時点を仮に決め、そこから逆算して、いわばリバースエンジニアリング的に時間軸をはじき出した。そうした努力もあって、4月の政策決定会合では全員が異次元緩和政策に賛成した。[93]

2年で物価上昇率を2％にする。短期決戦である。そのために、日銀の事務当局が持ち出した理論が「デフレ均衡からのエスケープ・ベロシティ（escape velocity）」論だった。

過去15年の日本のデフレの問題点は、それが一種の均衡状態を経済と社会にもたらしてしまっているところにある。今世紀に入ってからはそこに人口減少の負荷が加わっている。その〝強大なデフレ引力圏〟から脱出するには強大な推進力を噴射させなければならない、ということである。[94]

もう一つ、黒田が重視したのは、「展望」と「期待」を変えることで「行動様式」を変えるというナッジの理論だった。

黒田は2013年6月4日、日本銀行金融研究所主催の国際会議での講演でこんな発言をした。

「皆さまが子供の頃から親しんできたピーターパンの物語に、飛べるかどうか疑った瞬間に永遠に飛べなくなってしまうという言葉があります。大切なことは前向きの姿勢と確信です」[95]

「期待」への働きかけを重視する。そして、それを金融政策運営の中核に据える。そこでは、「気合」も大切な要素である。「やった」ことと同時に「やってる感」も重要な要素となる。

黒田の就任以上に日銀職員が身構えたのが、岩田規久男の副総裁就任だった。

岩田は過去20年間にわたって日銀批判を繰り返してきた。２００９年に出版した『日本銀行は信用できるか』の中で、日本銀行法を改正し「日本銀行の物価安定目標を数値で明記すべきである」ことと「物価安定目標の数値は政府が決めるか、もしくは、政府と日本銀行が協議して決め、その物価安定目標の達成手段は日本銀行に任せることを明記すべきである」と主張した。その後、「インフレ目標が達成できなかった場合の総裁解任権を明定すべき」であると岩田が言ったとの話が広がり、日銀や日銀ＯＢの中に強烈な岩田アレルギーが広がった。[96]

その岩田が、日銀副総裁になった。岩田自らが記したように「信じられないようなことが起こった」のである。

副総裁の中曽と理事の雨宮正佳《あまみやまさよし》は、日本銀行の中の岩田に対する強烈な拒絶感を危惧した。岩田が執行部の司令塔に入った以上、岩田にセントラル・バンカーとして存分に働いてもらい、執行部の一員に徹してもらう必要がある。

「岩田は執行部。執行部が割れると市場へのメッセージがよくない」

２人は、岩田への情報遮断や情報秘匿を行わないように幹部たちにおふれを回した。[97]

岩田は日銀の金融政策に止まらず日銀の金融史観にも異議を申し立てた。

『日本銀行百年史』（１９８２～86年）の中に記されている高橋是清に関する記述が「不正確である」として、日銀当局に書き換えを求めた。高橋が二・二六事件で暗殺された後の高インフレの原因を、高橋の国債の日銀引き受けに求めており、高橋の名誉を傷つけるものだから改訂できないか、と求めた。雨宮は、高橋が初代支店長を務めた下関で、高橋是清に関するシンポジウムを開き、岩田の挨拶の機会を設けた。

岩田は「理論的にも当を得た政策で、高橋はそれを素早く実行しました。まさに、マクロ経済政策の成功事例として日本が誇れるものであり、過去15年間もデフレが続いてきた最近の状況と比べると、そのことの素晴らしさは一層際立つものだと思います」と述べた。[98]

「この人たちは隠れキリシタンなんだ」

日銀執行部の中核は、中曽宏と雨宮正佳の二人だった。

中曽は、1978年入行。ロンドン支店、BIS（国際決済銀行／ジュネーブ）など国際金融畑が長く日銀きっての国際派だが、1997〜98年の金融危機の時、信用機構課長として金融システムの安定化に奔走し、またリーマン・ショック後の国際金融危機の対応にも当たった。金融危機を潜り抜ける中で、中曽が学び、実践したのが中央銀行こそが「最後の貸し手」であり、「最後の頼みの綱」であるということだった。2008年、理事（国際関係統括）就任、2012年再任。2013年、黒田新体制の発足とともに副総裁に就任した。

中曽が腐心したのは、黒田、岩田の登場が進駐軍による占領のように受け取られないよう、新体制の下、執行部と職員が一丸となって中央銀行の任務を果たすことだった。中曽は、現金輸送車が現金を運ぶ現場の視察をはじめ黒田の現場見学プログラムを組んだ。中期計画と日銀職員の行動規範をつくった。誰が総裁になろうが、日銀職員の守るべき「インテグリティー（規範）とフェアネス（公正）」は不変であることを徹底させた。

黒田がもう一人、頼りとした日銀生え抜きの幹部は雨宮正佳だった。雨宮は1979年、日銀入行、中曽の1年後輩である。一貫して金融政策を担当する企画畑を歩んだ。デフレ時代の日銀の金融政策の変革を説き、ゼロ金利政策や量的緩和政策などの企画や立案を担当。速水総裁時代は、「量的緩和政策」（2001年3月）の設計に携わった。白川総裁時代は、「包括的な金融緩和政策」（2010年10月）を手掛け、その一環として上場投資信託（ETF）の購入を実現させた。黒田は雨宮とは面識はなかったが、黒田はこの間の雨宮の構想力と手腕を高く評価していた。黒田が総裁に就任した時、雨宮は大阪支店長に転出していたが、雨宮を理事に呼び戻し、異次元の金融緩和の制度設計を託した。黒田は「日銀の人事には口を出さない」ことを心に誓って日銀総裁となったが、唯一の例外が、この人事だった。雨宮はかつて三重野の秘書役をしたこともあり、政財官界に顔が広い[99]。

日銀の中には、白川を尊敬しつつ、その時代の金融政策には「何かが欠けている」と感じている人々もいた。比較的若い世代の幹部にそれは顕著だった。

そのうちの一人は「日銀に入ってからは全部、ゼロ金利政策、金利を下げられない中でどう円高と戦うか、とだけ格闘してきた」と言い、白川時代に「悩んだ点」について次のように語った。

「デフレは人口減少が原因だから、金融政策とは因果関係がない。そうかもしれない。ただ、それでは『物価安定は日銀の責任』の方はどうなるのか。因果関係がないから責任はない、となるのか、そうではないだろう」「患者にとっていい医者とはどういう医者なのか。全ての治療法を説明し、わかりましたね、副作用はこことここですよ、後はあなたの選択次第です、と念を押す医療科学者なのか。それとも、いや、大丈夫ですよ、こういう風に治療していきますから安心してください、一緒に治していきましょうという、町医者なのか。患者をひたすら不安にさせてどうする、とも思いますしね[100]」

厄介だったのはアベノミクスや黒田・岩田体制に対する日銀OBの反発や攻撃が、現役の幹部、なかでも雨宮や企画局長の内田真一（1986年入行）に向けられたことだった。

「進駐軍に何でそこまで協力するのか」「キミたちはあんな連中の茶坊主をするつもりなのか」

そんな言葉も聞こえてきた。

中曽は周囲にこう漏らした。

「日銀の亀裂はどこで起きているかと言えば、ＯＢとの間。黒田という異分子であること、次官をやっていない人が総裁になるという、格という観点からいかがかということ、そして、それを担いでいるのがわれわれ現役たちだからけしからんとなる[101]」

〈いくらなんでも現場の職員がかわいそうだ〉

と審議委員の布野《ふの》幸利は感じた。布野はトヨタ副社長出身の国際畑ビジネスマンである。２０１５年7月に審議委員に就任していた。

布野は言った。

「事務局は説明資料では、量的緩和が効いているのではなく、金利低下が効いていると、ことさらに金利で説明しようとしていた。ああ、そうか、ＯＢによる批判を気にしているんだな、と思った。だんだん日銀の事務局が気の毒になって、この人たちは隠れキリシタンなんだと思いましたね。ＯＢバチカンの教義と言葉に沿ってやっている姿を見せないと、背教者と指さされる。それ以来、ＯＢバチカンにクリティカルになったんです。あまり雨宮さんをいじめちゃいけないよ、とね[102]」

〈黒田さんも財務省の血が流れてるんだな〉

黒田と岩田が日銀に乗り込んで以来、リフレ派が天下を取ったような印象が広まった。

しかし、リフレ派の実体はそれほど確たるものではなかった。

肝心の黒田その人が、果たしてリフレ派なのかどうか、リフレ派を自称する人々が疑い始めた。リフレ派教祖格の岩田が、黒田に疑問符を投げかけつつあった。

２０１３年10月1日、政府は２０１４年4月1日から消費税の税率を5％から8％に引き上げることを決定した。消費税の引き上げについては、浜田が延期を助言していた。本田はどうしても引き上げる場合は1%の小刻み増税とするべきであると進言していた[103]。

本田は裏で岩田と連絡を取り合っていた。本田は、岩田が旧大蔵省で経済理論研修の講師をしていた時代のゼミ生だったし、岩田にとって「旧日銀の金融政策を批判し続けてきた仲間のうちの重要人物の一人」だった。その本田が今、内閣官房参与にいる。

2人は話し合い、小刻み増税ではなく再引き上げ延期を安倍に進言することを決めた[104]。

しかし、安倍は消費税の増税には内心、強い抵抗感を覚えながらも、結局、予定通りの引き上げを決断した。安倍はなおも引き上げに反対する本田に対して「残念だが、いま、延期を決めるだけのポリティカル・キャピタル（政治資本）がないんだ」と言った[105]。

リフレ派にとって最初の敗北だった。

その日の夕方、黒田は記者会見で「経済再生と財政健全化は両立しうる。この二つを達成するにはこの道しかない」と語った。

黒田は増税派なのだ、と岩田はその時、気づいた[106]。

もっとも、その予兆はあった。その1か月ほど前、日経電子版が「黒田総裁のどえらいリスク発言」を報道（2013年9月7日）した。その直前、首相官邸で開かれた内閣府主催の消費増税の集中点検会合で、黒田は消費税引き上げが延期された場合の金利急騰の可能性に触れ、「確率は低いかもしれないが、起こったらどえらいことになって対応できないというリスク」があると述べたとの内容である。消費税法の附則で、増税に当たっては専門家の意見をしっかり聞いてから決めるよう定められている。集中点検会合はそのためのものだ。この会合では専門家の9割近くが増税に賛成の立場を表明した。

「黒田が増税について発言した場合は、その逆襲として政府から必ず金融政策に対する介入が始まる。それは絶対に避けなければならない」と岩田は本田に言った[107]。

しかし、日銀の中で黒田だけが突出して消費増税を主張していたわけではない。日銀の調査統計局は「消費増税をしても、経済に悪い影響はない」と予測していた。消費税引き上げ後、消費が落ち始めると、冷夏、中でもエルニーニョ現象のせいだと説明し、景気へのマイナス影響も比較的軽微であると分析した。[108]

岩田は憤慨した。その矛先は、調査統計局に止まらず黒田にも向けられた。岩田は「私からすれば、黒田総裁は『日銀総裁として矩《のり》を超えた』のである」と日記に記した。[109]

岩田は自ら記者会見を行い消費税引き上げに反対の見解を明らかにすることも一時、考えたが、「執行部の足並みの乱れ」とメディアに書かれ、日銀執行部全体が信任を損なうことになるリスクを考え、思い直した。[110]

1年後の2015年秋、消費税法に規定されている2015年10月の8%から10%への消費税の再引き上げをめぐって、法律通り実施するのか、それとも延期するのか、激しい議論が起こった。集中点検会合の専門家たちは今回も粛々と増税をすべきだとの意見が大多数だった。

2014年10月31日。日銀は政策決定会合で、「量的・質的金融緩和」の拡大を決めた。マネタリーベースを年間約80兆円増、国債買い入れ額を従来の約50兆円から約80兆円へ約30兆円の増額、国債の平均残存期間を3年延長し、年限7～10年、上場投資信託（ETF）と不動産投資信託（REIT）の購入額を3倍、とした。

今度は、「30兆円、3年、3倍」の3尽くしである。

拡大の理由は、「物価面では、このところ、消費税率引き上げ後の需要面での弱めの動きや原油価格の大幅な下落が、物価の押し下げ要因として働いている」こととされた。9人の審議委員のうち、森本宜久、石田浩二、佐藤健裕、木内登英の4委員が反対を表明。5対4の薄氷の決定となった。[111]

市場は黒田バズーカの第2弾と囃《はや》した。外国為替市場では円は一時120円台まで円安になった。

原油価格がその年夏以降、大幅かつ数度にわたって下落した。４月の消費税率の引き上げ後、個人消費を中心とする需要が弱まった。それに伴い、予想物価上昇率が下がって来た。企業や家計の物価の先行きに対する見方がより悲観的になってきたのである。岩田は原油価格の下落は一時的な現象だし、ガソリン価格が下がればその分他の消費も増える。それに比べて、消費税増税は長期的な景気冷却効果をもたらすのでより深刻だと捉えていた。消費税引き上げ後の需要の弱まりはリフレ派に「だから言ったじゃないか」という反転攻勢の口実を与えることになった[112]。

そもそも、バズーカ第２弾の狙いは、「14年夏以降の原油価格の下落と同年４月の消費税率引き上げ後の需要の弱さが、予想物価上昇率の下押しに寄与した」との分析を踏まえ「それまで着実に進んできたデフレ・マインドの転換が遅延するリスクの顕現を未然に防ぎ、期待形成のモメンタムを維持する」ためだった。

しかし、官邸や財務省はこのバズーカ第２弾をやや異なるアングルから眺めていた。

官邸スタッフの一人は、「今回は日銀がえらい積極的だねという印象」を受けた。「やっぱり消費税を上げさせたいんだな」と何とはなしに感じたという[113]。

財務省の中には香川俊介事務次官のように、この第２弾を消費税再引き上げの〝援護射撃〟と捉える向きもあった。香川はバズーカ第２弾の報道を知ると、「やったやった」と言い、雨宮に「感謝」のメールを送った。香川からやたら送られてくる〝サンキューメール〟を見て、〈あいつ、言いまくっているな。そんなつもりでやっているのじゃないのに、まずいな〉。雨宮は憮然とした。

財務省幹部はその日、官邸スタッフから「あれは逆効果ですよ」と聞かされた。財務省が囃している消費税再引き上げへの〝援護射撃論〟に菅が強い不快感を持っているとのことだった[114]。

菅は第２弾の背後で日銀と財務省が〝結託〟しているのではないかと疑っていた[115]。

安倍は麻生にバズーカ第２弾は消費税引き上げの〝催促〟なのか、とずばり質した。

「いや、そんなことないですよ」と麻生は答えたが、安倍はなお疑っている風だった[116]。

この時の政策決定会合では、消費税引き上げは話題になっていない[117]。

消費税引き上げに向けての地ならしのため財務省と〝結託〟した〝援護射撃〟や官邸に対する〝催促〟をするような作戦も態勢も日銀にはなかった。実際のところ、バズーカ第2弾そのものを政策決定会合で決定できるかどうか最後の最後まで分からなかったのが実情だった。

政策決定会合を前にしての執行部の票読みでは第2弾の大規模量的緩和策の表決は過半数を取れないことが判明した。だが、執行部は、反対姿勢を示している審議委員の宮尾龍蔵がなお迷っているとの情報を得た。宮尾は神戸大学経済経営研究所教授のマクロ経済学者。雨宮だけでなく岩田も説得工作に乗り出した。岩田は「日本経済はあなたにかかっている。あなたがこっちにならなきゃ日本経済は潰れる」と口説いた。巨大な国債購入額が市場に副作用を及ぼすのではないか、となおも懸念を表明する宮尾に、想定していた90兆円の国債購入額を80兆円に減額して、納得してもらった[118]。

「合わせ技どころではない。真っ青の票読み、宮尾さんありがとうの薄氷の差」で寄り切ることができたのが真相だった[119]。

この頃、黒田は次のようなゲーム・プランを思い描いていた。

4月の消費税増税で２０１４年4〜6月の景気が大きく落ち込み、同7〜9月も若干のマイナスとなるが、同10〜12月と２０１５年1〜3月はプラスに転じる。この景気の立ち上がりを受けたところで税率を引き上げるのが得策だ。もし、税率引き上げを２０１７年4月に延期すると、その時には景気はピークアウトしている可能性が高い。それに、そのころまでには物価上昇率も2%を超えているだろう。そうなると出口戦略による利上げショックが生じるリスクもある。予定通り、２０１５年10月に引き上げるのが最善の選択だ[120]——。

黒田は、消費税増税による財政の緊縮は金融の緩和でもって「乗り越えられる」と見ていたし、２０１５

年10月からの消費税再引き上げを予定通り実施するべきであると考えていた。[121]

しかし、実体経済も物価上昇率も黒田の思い描いたようには進まなかった。

２０１４年央には（消費税を除いたベースで）１・５％に達していた対前年の物価上昇率が４月の消費税増税の影響や原油価格の下落などから０・９％（10月時点）へと低下した。ここは誤算だった。

もう一つの誤算は、賃金が上がらないことだった。賃金が上がらないまま消費税を上げると、消費は引っ込んでしまう。とりわけ主婦層の物価上昇に対する抵抗感が根強い。[122]

翌11月、政府は消費税再引き上げを２０１７年４月まで18か月延ばすことを決めた。

黒田の増税支持表明はその後も続いた。

２０１５年２月12日午後５時。首相官邸４階大会議室で開いた経済財政諮問会議。安倍がやや遅れて入室したのを見届けるかのように、黒田が発言した。

「（２０２０年度の基礎的財政収支黒字化に）もっと本腰を入れてやらないといけない。リスキーな状況になってきている」

一息ついて、黒田は「ここからはセンシティブな話なので、外に出ないように議事録から外してもらいたい」と求め、発言を続けた。黒田は、消費増税延期によって日本国債の格下げが相次いだことに触れ、それを受けて「欧州の一部銀行は日本国債を保有する比率を恒久的に引き下げることにしています」。

黒田は、国際的な銀行の資本規制では「外国の国債については、その格付けに応じて資本を積まなければならない。格付けが下がるとどうしても外国の国債をもてなくなる。現に欧州の一部の銀行がそのように動いた」。

安倍は不意を突かれた思いがした。

〈最後のところでは消費税を上げるほうに振ってきた。黒田さんは、リフレ派ではなかったのか。やはり黒田さんも財務省の血が流れてるんだな[123]〉

「量の拡大かマイナス金利かで迷ったが……マイナス金利導入に賛成することにした」

２０１６年1月29日。日銀は金融政策決定会合で、「マイナス金利付き量的・質的金融緩和」を賛成多数で決めた。銀行が日銀に預けるお金（当座預金）の一部に2月からマイナス０・１％の金利を適用する。決定会合の表決は5対4のこれまた「薄氷の決定」（黒田東彦）だった。賛成は正副総裁3名と２０１５年3月と7月に審議委員に任命された原田泰と布野幸利の2名だった。いずれも安倍政権になってから任命された審議委員である。他方、反対票を投じた4名は全員、白川総裁の金融政策を支持してきた審議委員である。反対派は、欧州もマイナス金利を導入したが、効果よりも副作用の方が大きいとの評価になっていると指摘した[124]。

前年の２０１５年1月20日に、日本国債が史上初めてマイナス金利を付けた。すでに実体経済においては、マイナス金利時代に突入していた。

政策としてのマイナス金利は、民間の金融機関が中央銀行（日銀）に預けている預金金利をマイナスにすることである。金融機関は日銀に資金を預金したままだと金利を払わなければならない。その資金を企業への貸し出しや投資に回すことを促し、経済を活性化し、デフレ脱却を目指すのが狙いである。

日銀はバズーカ第2弾で長期国債の買い増し額を「掛け値なしの最大限」に引き上げており、買い増しは限界に近づいていた。2％目標が達成できないまま量の拡大も持続できなくなる恐れが出てきた。そのため雨宮は、「長期戦に備えたオプション」としてのマイナス金利の導入を黒田に進言していた。

黒田は1月22日からダボス会議に行く。そこで、ＥＣＢ（欧州中央銀行）のマリオ・ドラギ総裁らと会う予定である。彼らの話を聞いてから最終的に判断することにした。前日の21日の参議院決算委員会で追加緩和策について聞かれたが、「現時点ではマイナス金利ということを具体的に考えていることはございません」

と答弁した。

ダボスでは石油価格と人民元の二つの暴落がもっぱらの話題だった。人民元は半年前に比べて約６・５％下落していた。人民元の下落は中国のデフレ輸出攻勢に他ならない。それが続けば、金融緩和をしても効果が殺がれてしまう。

黒田がダボスに行っている間、日銀執行部では雨宮が中心となり、２日間かけて様々なシミュレーションをした結果、導入する方向を打ち出した。

岩田は当初、マイナス金利の導入は、量的緩和策の失敗を意味すると受け取られることを恐れ、長期国債の購入を１００兆円に買い増す案を考えていた。しかし、消費増税と原油価格の大幅下落の下で、量を増やしても予想物価上昇率を引き上げられるかどうか確信が持てなくなっていた。そうであれば、「確実に、名目金利を大きく引き下げることができるマイナス金利は魅力的である」。最後まで「量の拡大かマイナス金利かで迷ったが……マイナス金利導入に賛成することにした[125]」。

市場は敏感に反応した。国債金利低下、円安、株高と三拍子そろって効き目があった。

ところが、2月3日からは金利低下は続いたものの、円高・株安に反転してしまった。再び「チャイナ・ショック」が発生したこともあって、円相場は1ドル＝１２０円台前半から半年で同１００円へと円高に向かった。「世界で、何か不確実なことが起こるたびに『リスク・オン』が『リスク・オフ』に転換してしまい、過度の円高・株安になり、その結果、せっかく改善した投資家、企業、家計のマインドがデフレ・マインドへと悪化する」と岩田は記した。岩田の「迷い」は深まった[126]。

バズーカ第2弾の時は、円安に効いた。しかし、マイナス金利では逆に振れた。

黒田がマイナス金利導入に踏み切ったのは、石油価格の暴落もさることながら、より直接的には人民元の急落への対応だった[127]。

黒田は長年、世界の〝通貨マフィア〟にもまれ、そのど真ん中で仕事をしてきた。為替はプロ中のプロである。

しかし、今回のマイナス金利では逆に円高に振れた。読みが外れた。黒田にとってもショックだった。[128]

海外の反応も芳しいものではなかった。ファイナンシャル・タイムズ紙は「猛吹雪の中、アイスクリームを売っている男のように黒田日銀総裁は、この1月末のマイナス金利実施をこれ以上悪い時期はないというタイミングで行った」と酷評し、「来年4月の2％の消費税率引き上げを延期することもあるだろう」と早くも消費税引き上げの再延期を予測。その上で、日本が本気で刺激策を断行しないことにはアベノミクスの墓碑銘が建ち、そこには「R. I. P. 2012–2015」と刻まれるだろう、と警告を発した。

「わずか3年間の寿命でした。安らかにお休みください（Rest in Peace）」[129]

すでに国内の市中銀行が悲鳴を上げていた。

日銀が政策金利をマイナスにしても、市中銀行は貸出金利をそう簡単にマイナスにはできない。貸出金利が下がらない中で銀行にマイナス金利が課されるから、収益は悪化する。金融庁の試算では、3メガ銀行グループの17年3月期決算は3000億円近い減益要因になることがわかった。金融庁は日銀に対して「副作用が大きすぎる」と懸念を伝えた。[130]

人々が自分たちの預金も金利がマイナスになるのではないか、というので現金保存用の金庫を買いまくった。ホームセンターではドアの前に金庫が山積みになった。

「マイナス金利対策はお済みですか」

と張り紙にあった。[131]

日本経済新聞のコラム「大機小機」には、こんな記事が載った。

「皮肉な話である。閉塞社会であるはずの江戸時代を舞台にした映画『殿、利息でござる！』が公開される。庶民がカネを集めて藩に貸し付け、利息を稼いで住民に分配する痛快な実話だ。成熟した資本主義国の現代日本が利息どころか、マイナス金利にあえいでいるのとは対照的だ。

日銀が導入したマイナス金利は、デフレ脱却への『期待』に働きかける狙いだった。ところが、貨幣経済の常識を逆転させる政策は消費者心理を萎縮させ、金融機関の収益を圧迫して市場機能をゆがめた。『期待』どころか『不安』に働きかける政策になった[132]」

「もう一泡吹かせたい」

２０１６年夏。政策委員会審議委員の櫻井眞は夏休みを那須で過ごしていた。

そこへ岩田が電話を寄越した。沖縄で休んでいるとのことだった。

「もっと量をやりたいのだがね……」

そういう微妙な話は、夏休みを終えてからにしましょう、と櫻井は言い、電話を切った。

帰京してから、日銀本店で岩田に会った。岩田の言い方が微妙に揺らいでいる。

「やっぱりちょっと、量をこれだけ出してもさ、なかなか……」

櫻井は言った。

「はっきり言って（国債買い入れ）量は増えないと思います。最初に50兆円、次に80兆円購入し、その残高がもうずいぶん大きいので、これ以上、増やすことはできるはずがないですよ」

「そうなんだよね。効果がだんだんとなくなってる感じがする。やはり金利かな」

櫻井は驚いた。

岩田は、マネタリーベース拡大が物価上昇をもたらすとの理論とその一念で金融緩和を主導してきたご本尊である。その岩田が量を拡大しても物価は上昇しないと思い始めているようなのだ。

櫻井はすぐ雨宮に電話し、言った。

「岩田さんが変わった。金利って言い出してる」
「櫻井さんもそれ聞いたの？　私も昨日、会ったんですが、変わってました。やっぱりだ[133]」
中曽も、岩田の変化には耳を疑った。金融政策だけではだめだと変わった。「最初は全部、金融政策でできると言ったわけですから180度変わった[134]」。

日銀は、この年の7月、2013年4月以来の量的・質的金融緩和やマイナス金利の「総括検証」を行った。3年余りの政策の是非を検証し、今後の方向を決めようと考えたのである。[135]

対象は、3つの局面に分けて行った。

第1の局面は、「量的・質的金融緩和」導入以降、2014年夏にかけての1年強の期間である。この時期、各種の予想物価上昇率指標はいずれも上昇した。

第2の局面は、14年夏から15年夏までの1年間。この時期は多くの予想物価上昇率指標が横ばいにとどまった。14年夏以降の原油価格の下落と同年4月の消費税率引き上げ後の需要の弱さが、予想物価上昇率の下押しに寄与したとみられる。ただ、14年10月末のバズーカ第2弾で予想物価上昇率を何とか横ばいに保った。

第3の局面は、その後の約1年間。この時期は、多くの予想物価上昇率指標が弱含んだ。中国経済が減速し、国際金融市場の不安定な動きが続くとともに、原油価格が一段と下落した。2016年1月のマイナス金利政策の導入にもかかわらず、予想物価上昇率は弱含んだ。

要約すると、異次元緩和は人々が予想する物価上昇率を押し上げ、名目金利を下げる効果があったことを確認した。実質金利の低下で経済・物価が好転し、デフレでない状況になった。その一方で、新政策を動かしてから3年近く経つが、2％の物価安定目標がいまだに実現していない。なかでも、マイナス金利の導入は今後ともそれを継続した場合、金融機関の貸出運営スタンスに影響するリスクがある。利ざやの縮小が金融機関の収益を圧迫する（地銀の半数が赤字に陥っていた）。保険や年金などの運用利回りが低下し、企業の退職給付債務が増加する、といったマイナス面が明らかになった。
その結果、「長短金利操作付き量的・質的金融緩和（イールドカーブ・コントロール＝ＹＣＣ）」を導入することにした。[136]
イールドカーブ・コントロール（ＹＣＣ）は、短期で政策金利を、長期で国債の金利を操作することによって景気を刺激することを目的としている。眼目は、国債金利をある一定の枠内に置くように管理することで金利を抑制する方向へ誘導し、それによって消費者や企業がお金を借りやすい環境をつくることである。
マイナス金利導入の失敗からの「リカバリー・ショット」ではあったが、雨宮たちはそれを「もう一泡吹かせたいという思い」も込めて、「アベノミクス第2幕」の主役として舞台に送り出すことにしたのだった。[137,138]
日銀は9月20、21日の金融政策決定会合で、異次元緩和の総括的な検証結果を示すとともに、検証を踏まえて、
第1、長短金利の操作を行う「イールドカーブ・コントロール（ＹＣＣ）」
第2、消費者物価上昇率の実績値が安定的に2％の「物価安定の目標」を超えるまで、マネタリーベースの拡大方針を継続する「オーバーシュート型コミットメント」
を決めた。
後者は、年間80兆円という長期国債買い増し額を「めど」として残す、との内容だが、「ここは同床異夢」（日銀幹部）、リフレ派への配慮だった。[139]
ポイントは長期国債の買い増し額を目標とせず、操作目標を量から金利に変更するという点だった。明確な政策転換だった。雨宮は、「量から金利へと船を乗り換え、持久戦に入った」とその意義を説明した。[140]
本田は、イールドカーブ・コントロールは「量的緩和の限界を意識させることになる」として反対した。買い入れを１００兆円程度に拡大して改めて「無制限」を示すべきだと主張した。浜田もまた「国債購入の拡大は可能だ」として量的緩和をなお維持するよう求めた。[141]

しかし、岩田は単なる量的拡大の効果に疑問を抱きつつあった。市場は、日銀が現在のペースで長期国債を買い入れることができる期間は限られていると見ている。長期国債の買い入れ額を増やせば量的・質的金融緩和の終了時期が早まると受け止める。そうなると、予想インフレ率の上昇にはつながらない可能性がある、と考えていた。[142]

岩田はかなり早い段階でマイナス金利の限界にも気が付いた。「これ以上の深掘りはもう無理だ、これ以上のマイナス金利はできない」との結論に達したが、量的緩和はまだいけると思っていた。しかし、マネタリーベースを増やせば物価が上昇するという考えにも自信を持てなくなっていたし、国債の購入限度についても認めざるを得なくなっていた。[143]

「理論が現実に負けちゃったということかなあ。これ失敗」と岩田は後にＮＨＫの特集で述懐している。[144]

雨宮は「乾坤一擲《けんこんいってき》というのはあるけども、乾坤二擲というのはありませんね」と岩田に言った。量的緩和の「shock and awe（衝撃と畏怖）」は「一擲」限りの効果であり、「二擲」は期待できない。「量そのものにマジックのような効果があるわけではない。インフレ率を変えるのは本質的には金利あるいは為替である」という現実の重みへの屈伏だった。[145]

２０１６年の夏の総括検証は、黒田に「異次元」の量的緩和の効果の限界を明確に認識させることになった。

「様々な政策を導入したが、デフレ期に醸成された『物価も賃金も上がらない』というノルム（社会通念）は予想以上に強固だった」と黒田は記した。[146]

インフレ目標率２％へと上昇しないのは、量的緩和が不十分だからなのではなく「大規模な量的緩和を実行すればインフレ率が必ず上がる」という論理そのものに限界があることを示した。

決定会合が終わった9月21日の夜、黒田は国連総会に出席するためニューヨークに滞在していた安倍に電話をし、ＹＣＣの導入決定を伝えた。安倍は「政府として歓迎したい」と述べた。安倍はこの日、金融・ビジネスの有力者を前に講演する。

講演で、安倍は「彼は今日、私の誕生日にお祝いを言うのを忘れたようだ」とジョークを織り交ぜながら、「黒田さんは私も信頼している」と強調した。この日は安倍の62歳の誕生日に当たった。[147]

黒田は安倍の誕生日の「お祝い」を忘れてはいなかった。黒田は、ＹＣＣという「アベノミクス第2幕」の幕開けという「お祝い」をしたのである。

ただ、そのお祝いは同時に、「輪転機ぐるぐるの無制限」アベノミクスの幕引きを告げる告別の儀でもあった。

その頃、安倍の関心はインフレ率よりもっぱら労働・雇用指標に注がれていた。

ニューヨークから帰国した直後に開かれた臨時国会の所信表明演説で、安倍は「有効求人倍率は、47全ての都道府県で1倍を超えています。史上初めてのことです。実質賃金もプラスに転じ、6か月連続でアップ。雇用の拡大、賃金の上昇による『経済の好循環』が生まれています」と高らかに謳った。[148]

「何か今、黒田さんどこか問題あります？」

２０１７年10月22日の衆議院選挙の与党勝利を受け、安倍政権は２０１８年4月に5年の任期が切れる黒田東彦日銀総裁の後任人事の本格的検討に入った。

内閣官房参与の本田悦朗の名前が取り沙汰されていた。浜田も本田を推していた。

しかし、財務省事務次官の佐藤慎一は財務省としては本田には否定的である旨、菅に伝えた。菅も同意したが、黒田続投を決めた風でもない。

「ただ、黒田総裁、ちょっと口が滑るのが気になるよね」と菅はその頃、知人に漏らしていた。[149]

市場は黒田続投を催促するような展開だった。海外メディアも参戦し、英国のファイナンシャル・タイムズ紙が社説で「クロダにあと5年やらせよ」（2018年2月18日）と題する社説を掲載した。

「黒田の最大の功績は、2013年、日銀総裁となった直後、巨大かつ継続的なアセットの購入に着手したことである。それは、20年に及ぶ日銀のデフレに対する受け身と無策からの断固たる決別を意味した。失敗することが運命付けられているという声――そのいくつかのものは彼が率いる日銀その中からのものだったが――を無視し、黒田は日銀を行動する中央銀行へと変えた。成長、雇用、そして利潤において、結果は明白である。それは彼の功績である」

最大限の賛辞である。しかし、社説はその後で「インフレ率をおよそ2年以内に2％にするとの約束は実現しなかった。2017年12月のコア・インフレは前年同月比、0・3％の上昇でしかない」と問題点を指摘しつつ、2014年4月の消費税引き上げを黒田が支持したことに対して「せっかく黒田が生み出したインフレのモメンタムをこれでつぶしてしまった」と批判した。ただ、2016年9月のイールドカーブ・コントロールの導入で「10年物国債金利を『ゼロ近く』に留め置く措置を採った。これは革新的であり、大成功だった」と称賛した。

最後に社説は、「日本は何度も景気回復の芽を摘んでしまった。こうした間違いをする余裕はもはやない」と警告し、その上で、黒田の続投を支持した。[150]

しかし、岩田は、黒田の続投に深刻な疑問を抱いていた。2014年の消費税引き上げが景気の腰を折ってしまった、増税論者の黒田にもその責任はある。何よりも2年で2％の物価上昇目標を達成できなかった結果責任がある。[151]

岩田が主張したのは、「総とっかえ論」だった。黒田も自分も「2年2％」を実現できなかった責任を取る。そして新総裁に本田悦朗を推す。[152]

本田も意欲を隠さなかった。本田は２０１６年、スイス大使兼欧州金融経済大使に就任していた。

２０１７年11月９日のロイター通信は、本田のインタビュー記事を配信した。

「日銀総裁に就任すれば、全力でデフレ脱却を実現する」の見出しが躍っている。

一時帰国の際、本田は杉田和博に呼ばれた。官房副長官室に行くと、テーブルの上にロイターの記事が置いてある。

「キミ、言葉に気を付けないといけないよ。キミが総裁の座を狙っているという人じゃないことは知っているし、こういうことを言う人じゃないということもよく知っているけど、メディアは何でも書くんだから。それにね、キミ、大使というのは天皇陛下の認証をいただいて赴任するんだから、こんなことにかかわっちゃいけない。大使としての職責を全うしてもらいたい」[153]

杉田一流の間接話法だったが、本田に対する譴責《けんせき》だった。本田は詫びた。

本田の総裁就任に対しては、本田自身の出身官庁である財務省が一貫して反対した。

本田の唱えるリフレ政策が財務省の財政健全化政策とは「真逆」だった。それよりも、財務省が考える日銀トップ人事に対して、本田がことごとく反対し、安倍を動かしている、と腹に据えかねていた。

安倍官邸主導の人事の多くは菅が仕切っていたが、日銀総裁は――審議委員も含めて――安倍は強い関心を持ち、「総理専権事項」となっていた。それまで菅が内諾を与えていた審議委員人事が安倍の一言でひっくり返った事例もあった。[154]

それでも、この時の黒田の再任人事は麻生が主導権を取り、菅がそれを背後から支えた。

２人とも密かに中曽に日銀としての「ホンネ」を質したが、「本田は止めてほしい、ぜひ黒田続投でお願いしたい」との返事だった。[155]

実際は、黒田続投のシナリオはほぼ１年前の２０１７年５月から財務省が密かに根回しし、お膳立てをしていた。

キーパーソンは佐藤慎一財務省事務次官である。5年前、政府と日銀との共同声明をつくるよう麻生から指示を受け、まとめ上げた時は大臣官房総括審議官だったが、その後、官房長、主税局長を経て２０１６年から事務次官を務めている。主税局長から事務次官への昇格は35年ぶりだった。

佐藤は5月連休明けのある日、麻生に「日銀総裁人事、どうしますか？」と単刀直入に聞いた。

「まだ、ずいぶん先のことだろう」

「そうなんですが、いろいろな名前が出ていますし、蠢《うごめ》いています。後出しじゃんけんだけは避けたいと思いますので、早めに決めておく必要があるかと……」

いろいろな名前が取り沙汰されていた。本田悦朗（スイス大使）、中曽宏（日銀副総裁）、伊藤隆敏（コロンビア大学教授）、森信親《のぶちか》（金融庁長官）……。

佐藤は黒田の再任が順当だ、との考えを述べた。麻生は頷いたが、「だけど、あいつ年だろう」と言う。

「いや、大臣より下ですよ」と答えると、「そうか、あいつオレより下か」。

「日銀総裁は総理の腹一つだと思います。ここは大臣と総理との間で早めに決めていただくのがよいと思います。周りの雑音が出てももう動かない状況をつくってしまう必要があります」

「わかった。一回、総理とやってみる」

「くれぐれも大臣、総理に了解を取りつけるんではなくて、決めるのは私に任せてくださいという了解をとってきてください」

麻生は、数日後、安倍と2人だけで会った。

安倍もそのころには本田の総裁起用は難しいと判断していた。ただ、黒田をすんなり続投させることにいささか引っかかっていた。黒田が確信犯の増税論者であることを知ったからである。安倍はもうひとつ、黒田の総裁続投の場合、本田の副総裁就任の可能性を探っていた。だが、本田の副総裁起用には麻生、菅も難色を示したため、安倍も断念せざるを得なかった。

麻生は、安倍に聞いた。

「何か今、黒田さんどこか問題ありますか？」

「いや、いいんじゃないかと思ってる」

「黒田でいいですね[156]」

ダメを押したところで、麻生は言った。

「ただ、総理、これ、早く出ると潰されますからこれは2人の約束事ということにしましょう。その時にまた再確認しましょう」

もっとも、麻生はその後、「やっぱり黒田の気持ちを確認しておきたい」と言い、黒田と密かに会った。黒田は「やれと言われればやる。そうでなければ引く」ことを決めていた。麻生の内々の続投要請に対して、黒田は受諾した。佐藤はこの人事を後任事務次官の福田淳一に引き継いで、2017年7月、退官した。[157]

この間、岩田は本田を次期日銀総裁に推薦しようと安倍に直接、手紙を書こうと思った。首相に直接出すより、政務秘書官の今井尚哉宛てに送る方が効果的だと思い直し、今井に郵送したが、返事はなかった。[158]

『2％』への招待状

黒田は、日銀総裁退任前の最後の金融政策決定会合後の記者会見（2023年3月10日）で、発言した。

「一貫して2％の物価安定目標の実現を目指して大幅な金融緩和を続けてきたことは間違ってなかった」

そう言い残して、黒田は日銀を去って行った。[159]

最後の日まで「『2％』への招待状」を出し続けて、黒田は「天命」を全うしたのである。

「『2％』への招待状」――。黒田がそのようなタイトルで経団連（日本経済団体連合会）の経営者を前に講演したのはバズーカ第2弾の後の２０１４年12月だった。

講演の最後を黒田は次のように結んだ。

「進化論を唱えたダーウィンは、『生き残るのは、強い生き物ではなく、変化に対応できる生き物だ』と言ったと伝えられています。いち早く環境変化を先取りし、『拡大均衡』の経済に対応できた企業こそが競争の『勝者』となり、新しい時代における繁栄を享受できることになるのだと思います」

デフレ脱却後の人手不足と金利上昇の時代への適応を説き、経営者たちに「早い者勝ちですよ」と促した。[160] いかにも前のめりで、時期尚早だった。「２％」の招待状は出したものの、肝心の「２％」の料理を出せなかったからである。

それでもアベノミクスの３本目の矢の構造改革の遅れが指摘されてきた中、労働市場改革は進んだ。ただ、それには10年近くを要した。それだけ余剰（スラック）が大きかったのである。そのデフレのノルム岩盤に対する認識が不足していた、と日銀幹部は反省の弁を語った。[161,162]

金融の量的緩和の限界を知り、ＹＣＣを支持した岩田も、金融政策だけではなく財政政策をもっと動員すべきだと主張するようになった浜田も、もはや純正リフレ派ではなかった。

アベノミクスの下で政府は大量に国債を発行し、日銀に引き受けさせた。

それでも岩田も浜田も安倍政権が一貫して「財政均衡を強調しすぎた」ことが間違いだったと総括した。財政と金融の合わせ技で金融政策を考えざるを得ないと思うようになった。「もう少し財政と金融の違いをわかって首相に説明できていたらなあ、というのが、参与の時代で一番の反省点」と浜田は告白した。[163]

「最初に、金融政策は量的緩和だけど、それは条件つきで、増税とか緊縮財政でプライマリー・バランスをどうのこうのとやっていたら金融政策は効かないということをもっとはっきり言うべきだった。それが私の失敗ですね」と岩田は悔やんだ。[164]

ただ、２人の間には２０１４年の増税と２０１９年の増税の是非をめぐって見解の差異がある。岩田が２０１４年の消費税引き上げが「自分で自分の首を絞めた最大の失敗。最初に躓《つまず》いてしまった」と見なしたのに対して、浜田は２０１９年の増税をやり玉に挙げた。「もう少しで２％のインフレ率に行けるところ、最後の詰めで不十分になった」と指摘するのである。

この点、岩田の見解は異なる。「高齢者対策や償還ばかりに使われる消費税が消費を冷やしてしまう。従って、その税収を若い世代、現役世代に渡してほしい。それが消費を活発にする」として使途変更を条件に支持した。本田の導きで岩田は官邸で安倍に密かに会い、そうした考えを直接、伝えた。安倍がその年10月、使途変更付きの消費税の２％引き上げを実施した時、岩田は「少しはお役に立てたのかな」と思い、心の中で喝采を送った。[165]

「アベノミクスだけやってるわけじゃないんだよ」

２０１９年4月12日。本田悦朗はスイス大使を辞職した。この間、本田のために特別につくられた欧州金融経済担当大使として欧州各国をくまなく回った。

その年の1月には安倍がダボス会議に出席した。「ダボス会議に来るのもこれが最後になると思う」と安倍は言った。２０２１年の自民党総裁任期満了の後、安倍はどうするつもりなのか。本田は安倍の顔を覗き込んで聞いたが、安倍は何も言わなかった。

一度、日の丸を背負って仕事をしてみたい。大使の仕事はもともと希望していた。「本田君のキャリアからしてスイスがいいかな」と安倍は言い、その願いをかなえてくれた。２０１６年3月、本田はスイス大使に任命された。その後、欧州金融経済担当大使も兼任した。欧州のマクロ経済状況を分析し、日本のマクロ経済政策の針路にしかるべく助言してほしいとの安倍直々の要請だった。

本田は純正リフレ派を自称していた。安倍が政権担当後、リフレ政策を採用し、アベノミクスを打ち出したことに興奮した。しかし、本田が師と仰ぐリフレ派の教祖、岩田規久男は総裁の座を得ることはできなかった。安倍は本田が反対する消費税引き上げを実施した。岩田は量的緩和への自信をなくし、金利政策（イールドカーブ・コントロール導入）を支持した。それでも、本田は赴任後も安倍に時折、直接、連絡し、助言を続けた。

消費税の再引き上げが再度延期され、２０１９年10月の引き上げが発表された後、本田は安倍に電話した。

「総理、消費税、上げるんですか？　今度はダメです」

「幼児教育のための財源というのなら、赤字国債でいいじゃないですか、なぜ、増税しなきゃいけないんですか」

安倍は答えた。

「税を社会保障に充てる、それは本来の姿だ。増税しても、それをまたお返しするんだからいいんだ」

「消費税増税すれば、あの時と同じですよ。経済の足腰は確実に弱まりますよ」

本田はなお食い下がった。「あの時」とは、２０１４年4月の増税のことである。

電話の向こう側から、いつもの安倍らしからぬきつい調子の声が返って来た。

「アベノミクスだけやってるわけじゃないんだよ。あっちを立てれば、こっちが立たない、そこをどうするか、それが政治なんだよ」

〈どうしたんだろう。自分が煙たいのか？〉

本田は、この間、プライマリー・バランスの目標年次（２０２０年）は早すぎる、それを遅らせるべきだ、と再三、説いたが、安倍はむしろアベノミクスによってプライマリー・バランスの赤字が減っていくことに「政治家としての快感」を抱いているように聞こえた。

本田は、安倍政権下で外国人労働者が増えていることに注意を促し、その流入を制限するべきだと主張した。「賃金と物価の好循環と言っているのに、外国人労働者をどんどん入れたら賃金が上がりません」と言うと、「だけど人がいなくて困っている産業があるんだから放っておけないよ。ここは本田君と意見が違うな」と一蹴された。

　しかし、この時の電話で何よりも衝撃を受けたのは「アベノミクスだけやってるわけじゃないんだよ」と言った安倍のその一言だった。

〈アベノミクスはもはやその程度の存在なのか……〉

どこか全身の力が抜けていく感じがした。

〈そうか。それでスイス大使ということだったのか、体よく飛ばされたということなのかな〉

安倍はよくやった。だが、もっと頑張ってもらいたかった。もっと手伝えたはずだった。

しかし、もう幕は下りたのだ。本田は、そう自分に言い聞かせた。[166]

1　上川龍之進『日本銀行と政治　金融政策決定の軌跡』中公新書、２０１４年、31頁
2　本田悦朗、２０２３年12月13日
3　安倍晋三、２０２０年12月16日
4　本田悦朗、２０２３年12月13日
5　白川方明『中央銀行』東洋経済新報社、２０１８年、５４７〜５４９頁
6　白川方明『中央銀行』東洋経済新報社、２０１８年、５４８頁
7　浜田宏一、２０２４年１月24日
8　安倍・浜田対談、現代ビジネス、２０１２年11月29日付／谷口智彦『誰も書かなかった安倍晋三』飛鳥新社、２０２０年、１８５頁
9　上川龍之進『日本銀行と政治　金融政策決定の軌跡』中公新書、２０１４年、２３３〜２３４頁
10　安倍晋三、２０２０年10月９日
11　元財務省幹部、２０２３年３月17日
12　元官邸スタッフ、２０２２年12月23日
13　政策委員会・金融政策決定会合議事録、２０１２年12月20日、１２４〜１２７頁
14　「２０１２年７〜12月　日銀決定会合議事録を読み解く『２％目標を』政府から圧力」日本経済新聞、２０２３年２月１日
15　「アベノミクス『危ないミックス』は困る」朝日新聞、２０１２年12月25日
16　櫻井眞、２０１７年11月21日
17　安倍晋三、２０２０年12月16日
18　西野智彦「第３章『福井時代』反転攻勢、量の膨張と収縮　２００３〜２００８」『ドキュメント　日銀漂流：試練と苦悩の四半世紀』岩波書店、２０２０年、１５０〜１５１頁／河浪武史『日本銀行　虚像と実像　検証25年緩和』日本経済新聞出版、２０２３年、１６４頁
19　Ben S. Bernanke, *The Courage to Act*, New York: W. W. Norton, 2015, p.35／白川方明『中央銀行』東洋経済新報社、２０１８年、１９０頁
20　元日銀幹部、２０１５年２月19日

21 安倍晋三、2020年12月16日
22 麻生太郎、2023年5月16日
23 政府高官、2020年4月23日
24 日銀幹部、2024年1月29日
25 元財務省幹部、2023年3月17日
26 「異次元緩和 費やした10年『デフレで低成長』当時の社会を席巻 大きかったコスト 前日本銀行総裁 白川方明さん」聞き手 編集委員・吉岡桂子、朝日新聞、2023年1月31日
27 元日銀幹部、2024年5月15日
28 甘利明、2023年8月1日
29 政府高官、2020年4月23日
30 甘利明、2023年8月1日
31 本田悦朗、2023年12月13日
32 安倍晋三、2020年12月16日
33 本田悦朗、2023年12月13日
34 麻生太郎、2023年5月16日
35 元財務省幹部、2023年3月17日／麻生太郎、2023年5月16日
36 安倍晋三、2021年5月14日
37 政策委員会・金融政策決定会合議事録、2013年1月21、22日、42～43頁
38 政策委員会・金融政策決定会合議事録、2013年1月21、22日、145頁
39 政策委員会・金融政策決定会合議事録、2013年1月21、22日、53～56頁
40 政策委員会・金融政策決定会合議事録、2013年1月21、22日、53～56頁
41 「異次元緩和11年間の真実 日銀議事録から1 物価目標 リスク今も」朝日新聞、2023年8月1日／「異次元緩和11年目の真実 日銀議事録から4 日銀独立性 退任後すぐ『骨抜き』」朝日新聞、2023年8月4日
42 「前日本銀行総裁 白川方明さん インタビュー」聞き手：原真人編集委員、朝日新聞、2018年11月3日
43 日銀幹部、2014年10月13日
44 政策委員会・金融政策決定会合議事録、2013年2月13、14日、127～128頁
45 政策委員会・金融政策決定会合議事録、2013年2月13、14日、127～129頁
46 政策委員会・金融政策決定会合議事録、2013年3月6、7日、113～115頁
47 安倍晋三、2021年5月14日
48 安倍晋三、2021年5月14日
49 河浪武史『日本銀行 虚像と実像 検証25年緩和』日本経済新聞出版、2023年、8頁
50 本田悦朗、2023年12月13日
51 麻生太郎、2023年5月16日
52 安倍晋三、2021年5月14日
53 安倍晋三、2020年10月9日
54 本田悦朗、2023年12月13日
55 安倍晋三、2020年10月9日
56 政府高官、2020年4月23日
57 衛藤晟一、2021年7月30日
58 「私の履歴書 黒田東彦（1）国益を追って」日本経済新聞、2023年11月1日
59 河浪武史『日本銀行 虚像と実像 検証25年緩和』日本経済新聞出版、2023年、86頁
60 岩田規久男、2024年1月10日
61 「私の履歴書 黒田東彦（5）分析哲学」日本経済新聞、2023年11月5日
62 「私の履歴書 黒田東彦（2）独立のサイレン」日本経済新聞、2023年11月2日
63 「私の履歴書 黒田東彦（5）分析哲学」日本経済新聞、2023年11月5日
64 「私の履歴書 黒田東彦（7）英国留学」日本経済新聞、2023年11月7日
65 「私の履歴書 黒田東彦（7）英国留学」日本経済新聞、2023年11月7日
66 「私の履歴書 黒田東彦（8）固定相場崩壊」日本経済新聞、2023年11月8日
67 八塩裕之「平成元年度から平成7年度の税制—法人税」、財務省総合政策研究所『平成財政史—平成元～12年度』大蔵財務協会、2019年、324～325頁
68 元財務省幹部、2021年10月25日
69 元財務省幹部、2017年8月9日
70 「私の履歴書 黒田東彦（23）異次元緩和」日本経済新聞、2023年11月24日／元日銀幹部、2023年5月23日
71 元日銀幹部、2023年5月23日
72 「証言ドキュメント 日銀〝異次元緩和〟の10年」NHK、2023年4月16日
73 松島茂・竹中治堅編集『日本経済の記録 時代証言集（オーラル・ヒストリー）』

バブル・デフレ期の日本経済と経済政策３』内閣府経済社会総合研究所、２０１１年、５４８頁

74 日銀幹部、２０２１年８月30日

75 白川は「高齢化の下での需要の低下」も「デフレの原因」との考えを２０１１年３月２日の衆議院財務金融委員会での答弁で示している。
「それでは、なぜ日本の成長、先々に期待が持てないのかというときに、これはもちろん因果はめぐるところはございますけれども、しかし、日本の成長力というものが徐々に低下をしてきている。その一つの要因としては、急速な高齢化のもとで需要が低下してくる、あるいは、そうしたもとでさまざまな負担、これは現役世代の負担ということも含めまして、将来の所得、実質的な所得がなかなかふえていかない、そうしたことが影響してきているということでございます。そういう意味で、私が申し上げたいことは、こうしたトレンドとしての成長率の低下、こうしたものもデフレの原因である以上、こうした問題に取り組む必要があるということを申し上げております」（衆議院 第１７７回国会 財務金融委員会第５号 平成23年３月２日）

76 元日銀幹部、２０２３年５月23日

77 元日銀幹部、２０２３年８月23日

78 日銀幹部、２０２４年１月29日

79 日銀幹部、２０２４年２月21日

80 谷垣禎一、２０１３年８月２日

81 河浪隆史『日本銀行　虚像と実像　検証25年緩和』日本経済新聞出版、２０２３年、２６１頁

82 「金融政策『手品』の限界」日本経済新聞、２０２２年７月８日

83 編集委員　清水功哉「福井元日銀総裁が口述回顧　長期国債『増やさぬ決意』」、および「福井元日銀総裁　口述回顧特集」日本経済新聞、２０１９年11月29日

84 元日銀幹部、２０２３年１月５日

85 日銀幹部、２０２４年２月21日

86 政策委員会・金融政策決定会合議事録、２０１３年４月３、４日、79頁

87 政策委員会・金融政策決定会合議事録、２０１３年４月３、４日、99～１０２頁

88 政策委員会・金融政策決定会合議事録、２０１３年４月３、４日、79～83頁

89 政策委員会・金融政策決定会合議事録、２０１３年４月３、４日、75頁

90 政策委員会・金融政策決定会合議事録、２０１３年４月３、４日、１１７頁

91 「黒田緩和　封じられた懸念　日銀前総裁　言い切った数値目標『２』」朝日新聞、２０２３年８月１日／「異次元緩和11年目の真実　日銀議事録から２　量的緩和導いた　リフレ派の強気」朝日新聞、２０２３年８月２日

92 "Japan embraces monetary change", *Financial Times*, April 5, 2013

93 日銀幹部、２０２１年８月30日

94 日銀幹部、２０１４年10月14日

95 黒田東彦「日本銀行金融研究所主催２０１５年国際コンファランスにおける開会挨拶の邦訳」日本銀行ウェブサイト、２０１５年６月４日

96 岩田規久男『日銀日記　五年間のデフレとの闘い』筑摩書房、２０１８年、７頁

97 元日銀幹部、２０２３年８月23日／元日銀幹部、２０２１年８月６日

98 岩田規久男「高橋是清翁顕彰シンポジウムにおける挨拶」日本銀行ウェブサイト、２０１３年10月27日

99 日銀幹部、２０１７年８月９日／上級論説委員・菅野幹雄「中外時評　苦闘の黒田氏、未完の『決意』」日本経済新聞、２０２３年２月８日／日銀幹部、２０１８年２月26日

100 日銀幹部、２０２４年５月23日

101 軽部謙介『ドキュメント　強権の経済政策――官僚たちのアベノミクス２』岩波新書、２０２０年、１８７頁

102 布野幸利、２０１７年11月21日

103 岩田規久男『日銀日記　五年間のデフレとの闘い』筑摩書房、２０１８年、80頁

104 岩田規久男『日銀日記　五年間のデフレとの闘い』筑摩書房、２０１８年、１４１頁

105 本田悦朗、２０２３年12月13日

106 岩田規久男『日銀日記　五年間のデフレとの闘い』筑摩書房、２０１８年、87頁

107 本田悦朗、２０２３年12月13日

108 本田悦朗、２０２３年12月13日

109 岩田規久男『日銀日記　五年間のデフレとの闘い』筑摩書房、２０１８年、74・77頁

110 岩田規久男、２０２４年１月10日

111 岩田規久男『日銀日記　五年間のデフレとの闘い』筑摩書房、２０１８年、１４６～１４７頁

112 岩田規久男、２０２４年１月10日

113 元官邸スタッフ、２０２１年５月21日

114 財務省幹部、２０２１年８月５日

115 元日銀幹部、２０２３年８月23日／菅義偉、２０２４年１月16日

116 政府高官、２０２１年４月23日

117 元日銀幹部、２０２３年8月23日
118 岩田規久男、２０２４年1月10日
119 日銀幹部、２０２４年5月23日
120 日銀幹部、２０１４年12月2日
121 本田悦朗、２０２３年12月13日
122 日銀幹部、２０１４年12月2日
123 安倍晋三、２０２０年12月16日／「真相深層　黒田日銀総裁、首相への直言」日本経済新聞、２０１５年4月15日／安倍晋三、２０２１年5月14日
124 日銀幹部、２０２１年8月30日
125 岩田規久男『日銀日記　五年間のデフレとの闘い』筑摩書房、２０１８年、２６８頁
126 岩田規久男『日銀日記　五年間のデレとの闘い』筑摩書房、２０１８年、２６５頁／岩田規久男、２０２４年1月10日
127 元日銀幹部、２０２４年5月15日
128 日銀幹部、２０２４年5月23日
129 Robin Harding, "Japan will have to double down on stimulus to save Abenomics", *Financial Times*, February 18, 2016
130 日銀幹部、２０１７年4月13日／河浪武史『日本銀行　虚像と実像　検証25年緩和』日本経済新聞出版、２０２３年、１１９〜１２０頁／Robin Harding, Reaction to rising yen will test Japan's resolve to save Abenomics, *Financial Times*, February 19, 2016
131 元日銀幹部、２０２３年8月23日
132 無垢「大機小機　アベノミクスを組み替えよ」日本経済新聞、２０１６年5月13日
133 櫻井眞、２０１７年11月21日
134 元日銀幹部、２０１８年5月7日
135 「私の履歴書　黒田東彦（24）マイナス金利」日本経済新聞、２０２３年11月25日
136 日銀幹部、２０２１年8月30日／「私の履歴書　黒田東彦（25）ＹＣＣ導入」日本経済新聞、２０２３年11月26日
137 日銀幹部、２０２４年5月23日
138 日本銀行は、２０２４年3月18、19日の金融政策決定会合で、イールドカーブ・コントロール（ＹＣＣ）、マイナス金利政策、オーバーシュート型コミットメントの「トリプル解除」を決定した。政策金利は0・0%〜0・1%へと２００７年以来の利上げとなった。日銀は、賃金と物価の好循環の強まりを確認し、2%の「物価安定の目標」が持続的・安定的に実現していくことが見通せる状況に至ったためと説明した。
139 元日銀幹部、２０２３年8月23日
140 上川龍之進「アベノミクス　首相に支配された財務省と日本銀行」『検証　安倍政権　保守とリアリズムの政治』文春新書、２０２２年、54頁
141 本田悦朗、２０２３年12月13日
142 岩田規久男『日銀日記　五年間のデフレとの闘い』筑摩書房、２０１８年、３０７〜３１１頁
143 岩田規久男、２０２４年1月10日
144 「証言ドキュメント　日銀〝異次元緩和〟の10年」ＮＨＫ、２０２３年4月16日
145 元日銀幹部、２０２３年8月23日
146 「私の履歴書　黒田東彦（25）ＹＣＣ導入」日本経済新聞、２０２３年11月26日
147 編集委員　大塚節雄「黒田日銀総裁きょう退任　政府と『異次元の蜜月』に幕」日本経済新聞、２０２３年4月8日
148 第１９２回国会における所信表明演説、２０１６年9月26日
149 菅長官と親しい経済人、２０１８年1月14日
150 Robin Harding, "Haruhiko Kuroda set for BoJ second term after Abe nomination", *Financial Times*, February 16, 2018
151 櫻井眞、２０１７年7月21日
152 元日銀幹部、２０１８年5月7日
153 本田悦朗、２０２３年12月13日
154 元日銀幹部、２０２３年8月23日
155 元日銀幹部、２０１８年5月7日
156 政府高官、２０２１年4月23日／元官邸スタッフ、２０２１年5月21日／西村康稔、２０２２年8月2日
157 元財務省幹部、２０２３年3月17日
158 岩田規久男、２０２４年1月10日
159 日本銀行総裁記者会見、２０２３年3月10日
160 黒田東彦「『2%』への招待状」日本銀行、２０１４年12月25日
161 日銀幹部、２０２４年2月21日
162 ２０２４年2月8日、内田真一日銀副総裁は奈良県金融経済懇談会で「最近の金融経済情勢と金融政策運営」と題して挨拶し、その中で以下のように述べた。「私はデフレ期のノルムというものは、『賃金や物価が上がらない』という現象に

代表されて語られているけれども、その背後にある経済的・社会的・政治的な構造も含んだ複合的なものとして捉える必要があると考えています……なかでも、『賃金を上げなくても人を雇えたこと』が決定的だったのではないかと思っています。この10年、デフレではない状況になったにもかかわらず、このノルムをなかなか解消できなかったのは、労働供給面の対応余地が残っていた中で、これが絞られ、本当の『人手不足経済』が実現するまでに、時間がかかったからだと思います」

163　浜田宏一、２０２４年1月24日
164　岩田規久男、２０２４年1月10日
165　浜田宏一、２０２４年1月24日／岩田規久男、２０２４年1月10日
166　本田悦朗、２０２１年７月７日、２０２３年12月13日

第３章　靖国神社

「総理、短いご縁でしたけど、私、やめます」

「ところで総理、３時から4時まで〈総裁用務〉となってるんですけど、これは何ですか」

２０１２年12月26日午後10時。首相官邸。政務秘書官の今井尚哉は首相執務室に入り、安倍に聞いた。

その日、安倍政権が発足した。組閣、そして認証式。すべてをつつがなく終えた。明日の日程を安倍に伝えなければならない。

政務秘書官の重要な仕事は、首相の日程の管理である。誰を首相に会わせるか、どのテーマを上げさせるか。誰を、何を、優先させるか。政務秘書官の了解なしには、誰も首相官邸で首相に会えない。政策テーマも政治案件も首相に届かない。

今井は23日から首相の日程をつくりはじめていた。

自民党の総裁の特別補佐として総裁の安倍の日程管理を担当していた衆議院議員の加藤勝信からの引継ぎの中に、「27日午後3時～4時、総裁用務」なる日程が組み込まれていた。加藤は額賀派に属するが、自民党総裁選では最初から安倍を推した。

「スケジュール担当秘書官として伺っています。これは何ですか？」

「あれ？　聞いてないの？」

「聞いてないって、誰にですか」

「飯島だよ」

「えっ？」

飯島勲。小泉純一郎内閣の政務秘書官として辣腕を振るった。今回、安倍は内閣官房参与に任命した。その飯島から今井のところには何の連絡も相談もない。

「靖国に行くんだよ」

今井は衝撃を受けた。

執務室を辞し、すぐに飯島に電話した。

飯島は言った。

「あなたからいつ電話がかかってくるかと思ってたけど、もう手配はできてるから、あとはあんたがやってよね、記者会見とか」

何のことだ、これは。今井は、内閣情報官の北村滋に電話した。第1次安倍政権の時の秘書官仲間である。民主党政権で内閣情報官を務めたが、安倍は北村をそのままのポジションで起用した。

「総理が明日、靖国に行くって、こういうの知ってた？」

「知ってた？　知らない。知ってるわけないでしょ。何なのそれは」

北村の声が上ずった。

「絶対に止めなきゃだめだよ。最初からそんな、内閣つぶれちゃう」

政権ができて最初にすることが靖国神社参拝か。それはないだろう。外交が持たない。中国との関係はどん底になる。オバマ政権との関係は極度に悪化する。なんだ、こいつ、最初から中国にケンカを売りやがってと彼らは見るに決まっている。

北村との電話を終えると、今井は再び、執務室に入った。

「いや、総理、だめですよ」

「いやいや、いいんだよ。中国との関係は最悪になるかもしれないが、そこを大底《おおぞこ》にしてそこからもとに戻していくんだよ」

「だけど、アメリカからは総スカンですよ」

ワシントンは安倍の再登板を怪訝《けげん》な面持《おもも》ちで見守っていた。ニューヨーク・タイムズ紙もワシントン・ポスト紙も、極右の歴史修正主義者が戻って来たとの厳しい論調で書いていたし、オバマ政権は戸惑いと警戒感を持って受け止めていた。日本の新政権が中国ともめごとを起こして、米国がそれに巻き込まれるのは御免蒙るという空気が支配的だった。

しかし、安倍は頑として参拝する考えを変えない。

その後も今井は、執務室に入っては安倍の説得に努めた。

「総理、どうしても行きますか？　ただ、言わせてください。やっぱりアメリカとの関係が壊れますよ。いきなりこんなことをやったら」

「アメリカは同盟国だから大丈夫です」

「だけどオバマにしてみれば、最初は麻生（自民党政権）だったかもしれませんが、ずっと民主党政権とやってきたのですから、安倍さんが出てきて、自民党ってなんだ靖国か、となりますよ。アメリカの世論も悪化すると思います」

「だけど、これは決めてあることだから」

秘書室に引き返すと、飯島から電話が入った。電話口で飯島は怒鳴った。

「あんた、何やってるんだよ。総理の判断なんだよ。秘書官は総理の言われたままやればいいんだよ。あんたが総理に盾突く話じゃないだろ。どうやってうまく参拝してもらうかがおまえの仕事だ。あんた、そんなんだったらやめたほうがいいよ」

「でも、私は反対ですから」

「関係ないでしょ、あんたは。小泉は毎年行ったんだよ」

「それは別の話でしょう」[1]

小泉純一郎が首相時代、計6回、毎年、靖国神社を参拝したことを指している。飯島は小泉政権が生まれた最初の年の２００１年の終戦記念日に小泉の靖国神社参拝を企図したが、近隣諸国との関係悪化への懸念から参拝は2日ずれ、8月13日になった。この時、小泉の盟友である加藤紘一と山崎拓（衆議院議員、福岡県）は前倒しを、官房長官の福田康夫は後倒しを主張し、それぞれ小泉の説得に努めた。[2]

この時以来、飯島と安倍は、小泉の靖国神社参拝を「うまく参拝してもらう」べく連繋した。小泉は政権最後の年の２００６年には終戦記念日の参拝を果たした。小泉劇場、最後の舞台ではあった。


今井は執務室に入った。５回目である。

「総理、短いご縁でしたけど、私、やめます。とてもお支えできません。自信がありません。初日にして首になる秘書官は、歴史上、私ひとりでしょうけど」

その時、安倍に北村から電話が入った。内閣情報官が首相にかける時の秘匿電話である。

「総理、私も反対です。絶対にやめていただきたい」

秘書官室に戻り、10分ほど経った頃、秘書官を呼び出すブザーが鳴った。

「総理、お帰りですか」。執務室に再び入った今井は尋ねた。

安倍は言った。何とも言えない恥じらいの表情を浮かべていた。

「まあ、今回はやめておこうかな。来年の秋の例大祭にしておくか[3]」

今井は、北村に電話した。

「ありがとう、止まったよ」

「総理、何と言ってた？」

「秋の例大祭には行くからねと言った[4]」

この時、安倍の靖国参拝に反対したのは今井と北村だけではなかった。官房長官の菅義偉も内閣官房参与の谷内正太郎も安倍を翻意させようとした。[5]

谷内は、2012年の総選挙後、安倍と話す機会があったが、安倍に次のように助言していた。

「総理の大きな目的として考えられているのは憲法改正でしょう。国会が発議するには衆参とも3分の2以上の議席が必要となります。そのためには保守の純化路線ではムリで、左翼・中道にもウィングを広げていかないと3分の2は取れない。だから、靖国神社には行かないほうがいいと思います[6]」

第1次政権の時、最初の外遊先に中国を希望した安倍が直面したのも、靖国神社参拝問題だった。当時、外務事務次官だった谷内はそれを実現するため、訪日した戴秉国《たいへいこく》中国外交部副部長と交渉したが、戴秉国は谷内に「新総理が靖国に行かないと保証してほしい」と要求した。谷内は「日本の総理大臣がどこに行くかどこに行かないかを他国から指示される筋合いはない」とはねつけた。それでも、その後も谷内と戴秉国は交渉を続け、2006年10月、安倍訪中が実現した。日中は「戦略的互恵関係」を謳いあげた。

しかし、谷内は首相の靖国神社参拝が日本外交の足かせになることをいやというほど思い知らされた。この日、谷内は安倍に改めて反対の意を伝え、言った。

「安倍政権が終わった時、その最後の日に行かれてはどうでしょうか」

安倍はクックッと笑っただけだった。[7]

2014年1月、谷内が国家安全保障局長に就任後、谷内と今井はいくつかの案件で意見の衝突を見ることになるが、この時は谷内によれば「今井さんと共闘し、何とか総理を思いとどまらせようとした[8]」。

「行っても、行かなくても、どのみち状況は悪い」

靖国神社は、東京都千代田区の九段坂の上の森に囲まれている。

明治政府は1879年、新政府軍と旧幕府側との間で戦われた戊辰《ぼしん》戦争で戦死した軍人を祀るためにつくられた「東京招魂社《しょうこんしゃ》」を改称して、靖国神社を創建した。ここは、戦前の日本の国家神道の中心的神社だった。明治以後の日本の対外戦争の戦没者240万人余を祀っている。

敗戦後の1945年12月、連合軍最高司令官総司令部（GHQ）は「神道指令」を発出し、国家神道を廃止した。翌1946年、日本国憲法公布。信教の自由や政教分離が規定され、靖国神社は一宗教法人となった。

戦後、自民党は靖国神社に特別な地位を与え、政府が慰霊を行う場としようとした。1969年から1974年まで5回、靖国神社を特殊法人化する靖国神社法案を提出したが、そのたびに廃案となった。法案は、政教分離を定めた憲法第20条、宗教団体への公的支出の禁止を定めた憲法89条に抵触する疑いがあり、それが壁となった。

その後、首相の靖国神社参拝が大きな政治的争点となった。

なかでも1978年、靖国神社がA級戦犯を合祀したことによって、首相の靖国神社参拝は内外の強い反発を引き起こすことになった。

歴代内閣は、合祀されたA級戦犯を分祀させることができないかどうか、裏でさまざまな工作を試みた。政教分離原則によって直接国家が介入することができないためである。

中曽根康弘内閣と橋本龍太郎内閣はそれぞれ右派の政治家を通じてそれを試みたし、小渕恵三内閣の時代は野中広務官房長官がその可能性を探った。しかし、いずれもうまくいかなかった。靖国神社は「霊を分ける訳にはいかない」との立場を取り続けた。

小泉純一郎政権時代、山崎拓自民党幹事長は分祀構想に前向きな姿勢を示したが、小泉は「死者に対してそれほど選別しなければならないのか」と述べ、分祀構想そのものへの違和感を表明した。

さらに、1986年の遊就館《ゆうしゅうかん》の再開が問題を複雑にした。

遊就館は、明治以降、日本の戦争で使用された兵器を展示する軍事博物館の機能も持った。2002年、本館改修・新館増築が完成し、再公開された。零式艦上戦闘機（復元機）、沖縄戦で使われた榴弾砲《りゅうだんほう》、ビルマの泰緬鉄道で運用された蒸気機関車などが展示されている。遊就館は、日本の過去の戦争を美化・正当化するものだとして、「靖国史観」に対する内外の批判が強まった。

さらに靖国神社問題を複雑にしているのが、東京都千代田区三番町の千鳥ヶ淵に設けられた「無名戦没者の墓」の存在である。ここは、第2次世界大戦の身元不明の戦死者や民間人犠牲者の遺骨を安置している。「千鳥ヶ淵戦没者墓苑」は１９５９年に設置された。戦没者の中には氏名の判別がつかず、遺族に引き渡すことができない遺骨も多い。そこで、政府は全戦没者の代表遺骨を納め、納骨堂の下の地下室に遺骨を安置し、海外から送還した遺骨を納骨する施設を設けたのである。ここはあくまで納骨施設であり、宗教とは関係がないとの立場である。この施設は環境省が管轄している。[9] 37万４６７柱が安置されており、１９６５年からは毎年、皇族、首相、関係閣僚、遺族などが参列し、厚生省（現・厚労省）主催の拝礼式を営んで来た。

一方、靖国神社は、敗戦まで陸軍省、海軍省の共同管轄下にあり、祭神の選定も両者が行ってきたが、戦後は厚生省が戦争による「公務死」と認定したものを神社が合祀してきた。

安倍は、小泉政権の時は官房副長官と官房長官を務めた。首相の靖国神社参拝を強く支持したものの、自ら首相となった第1次政権では一度も参拝しなかった。

中国と韓国が日本の首相の靖国神社参拝を見る目は険しかった。

２００６年10月の訪中に続いて安倍は韓国を訪問した。ソウルに向かう機中、北朝鮮の核実験の知らせが入ってきた。

安倍は、盧《ノ》武鉉《ムヒョン》大統領に北朝鮮の核実験に対する緊急共同声明を出すことを提案したが、盧はそれを遮って、靖国神社問題など歴史問題について40分近く、安倍に向かって「説教」した。共同声明は見送られた。

安倍は、首相（第2次政権）を辞めた後、在任中、靖国神社を参拝しなかったことを「痛恨の極み」と述べた。

2012年9月の自民党総裁選挙に出馬したとき、首相としての靖国神社参拝に意欲を示した。10月17日には自民党総裁として秋季例大祭に合わせて参拝した。12月の衆議院選挙でもそれを公約にし、選挙に勝った。

安倍政権の登場に、中国も韓国も再び、険しい視線を注いでいる。

「行っても、行かなくても、どのみち状況は悪い。自分が我慢していてもよくなることにはならないだろう。そうであれば早めに行ったほうがよいだろう。行けばさらに悪くなることは間違いないが、その先、回復を目指せばいい」

安倍はスタッフにはそのように漏らしていた[10]。

安倍にとって、靖国神社参拝は「選挙公約」とか「外交案件」という姿勢や政策だけの事柄ではなかった。それは、国のために尊い命を落とした英霊に対する尊崇の念を国民が自然に表す空間を、国として持つことができるのかどうか、という「国民の精神のよりどころ」、すなわち「国の形」にかかわる事柄に他ならなかった。

首相の靖国神社参拝をめぐっては、小泉政権の時、激しい議論が巻き起こった。

小泉は毎年、期日を定めずランダムに突撃するように参拝した。そのたびに、内外の批判を浴びた。小泉政権を官房副長官、官房長官として身近で支えた安倍が言うように、小泉は「自民党の中で歴史認識も含めて保守派に分類される人物ではない」[11]。

国のために命を捧げた人たちに敬意を表するべきだというただただ純粋な思いで参拝した。

小泉政権当時、靖国神社に代わる無宗教の国の追悼施設をつくるべきだという議論が起こった。2002年、福田康夫官房長官の肝いりで官房長官の私的懇談会をつくることになった。安倍はその構想に反対し、小泉に訴えた。

「なぜ、ご遺族が靖国神社に参拝をするかといえば、ご遺族はそこに行けば自分の夫や息子や父親の魂と触れ合うことができるかもしれないと思って行くわけです。一般の人が自分の家のお墓に参るのと同じなんです。国がいかに立派な施設をつくっても、魂の触れ合いがなければ誰も行きません。千鳥ヶ淵（戦没者墓苑）がいつも閑散としているのもそれだからです」[12]

懇談会は報告書を福田に提出したが、小泉は関心を示さず、「無宗教の国の追悼施設」構想は立ち消えになった。

安倍は長年、歴史問題を政治課題として取り組んできた。戦後の日本の歴史問題に関する取り組みがあまりにも自虐的であり、日本の誇りを傷つけていると不満を抱いてきた。A級戦犯に関しても、「国内法では、A級戦犯を犯罪者とは扱わない、と国民の総意で決めている」と主張してきた。安倍の母方の祖父の岸信介も起訴はされなかったが、A級戦犯として逮捕された。

安倍は自らの最初の政治マニフェストともいうべき著書『美しい国へ』の中で、A級戦犯について、次のような考え方を述べている。

１９５１年、当時の法務総裁（法務大臣）は、「国内法の適用において、これを犯罪者としてあつかうことは、いかなる意味でも適当ではない」と答弁している。また、サンフランシスコ講和条約が発効した１９５２年には、各国の了解を得た上で、戦犯の赦免の国会決議を行っている。「Ｂ／Ｃ級戦犯」といわれる方たちも同様である。ふつう禁固３年より重い刑に処せられた人の恩給は停止されるが、戦犯は国内法でいう犯罪者ではないので、恩給権は消滅していない[13]

そして、次のような逸話も合わせて紹介している。

敗戦直後、ＧＨＱが靖国神社をどうするか検討するとき、マッカーサー元帥の副官が、駐日バチカン公使代理だったブルーノ・ビッター神父に意見を求めた、すると、神父は、同僚たちと協議してこう言ったという。

「いかなる国民も、国家のために死んだ人々にたいして、敬意を払う権利と義務がある。もし靖国神社を焼き払ったとすれば、その行為は、米軍の歴史にとって、不名誉きわまる汚点となって残るでしょう。歴史はそのような行為を理解しないに違いない」

神父の提言もあって、靖国神社は難を逃れた[14]。

しかし、安倍のこのような歴史観は、日本国内では日本の戦争責任をことさらにあいまいにし戦争を美化するものだとして批判され、海外からも警戒感を持たれた。

米国からの厳しい視線については、第1章で紹介したように、ジョセフ・ナイハーバード大学教授の懸念がその典型である。安倍の「ナショナリズムが象徴的かつポピュリズム的なものとなり、日本の近隣諸国をさらに反日にさせ……日中双方とも極端なナショナリストが互いを培養する危険」に警鐘を鳴らしたものである。一言で言うと、安倍は「歴史修正主義者」であると警戒されていた。

そうした批判は民主党支持層だけでなく元国務副長官のリチャード・アーミテージのような共和党支持層にも共有されていた。

第1次政権の秘書官たちはまた、安倍が第2次政権をつくるに当たって、「戦後レジームからの脱却」といったイデオロギーを「封印」するよう求めていた。靖国神社参拝は、その「戦後レジームからの脱却」を「封印」できるか否かの試金石に他ならなかった。

「日韓の歴史問題は南北戦争とは違います」

2013年2月25日午後3時。麻生太郎副首相は朴槿恵《パククネ》韓国大統領の就任式に日本政府の使節団代表として出席し、青瓦台《せいがだい》（大統領府）で25分間、朴大統領と会談した。

挨拶の言葉を交わした後、朴は述べた。

「韓日間の真の友好関係構築のために歴史を直視し、過去の傷がこれ以上悪化せず治癒するようお互い努力していきましょう」

いきなり、麻生は言った。

「米国を見ていただきたい。米国は南と北が分かれて激しく戦った。しかし南北戦争をめぐり北部の学校では相変わらず“the Civil War（内戦）”と表現するところがある一方、南部では〝北部の侵略〟と教える。このように同じ国、同じ民族でも歴史認識は一致しないものです。異なる国の間ではなおさらそうです。日韓関係も同じです。それを前提に歴史認識を論じるべきではないでしょうか」[15]

朴は不快感を露わにした。

なぜ、寿《ことほ》ぐべき就任式にわざわざ論争を挑むような言辞を弄しなければならないのか。

韓国では右も左も関係なく、麻生の「外交的欠礼」を指弾する声が起こった。

麻生ほか外国の使節団代表との謁見に先立ち、朴は就任演説を行った。

その中で「米国、中国、日本、ロシアなどとより厚い信頼を重ねる」と述べ、日本より中国を先に置いた。[16]

3月1日。「3・1独立運動」の日である。日本の植民地支配下の朝鮮半島の独立運動は、1919年3月1日に始まった。韓国大統領は毎年この日、国民に向けて演説する。

朴槿恵は演説の中で、「加害者と被害者という歴史的立場は、1000年の歴史が流れても変わりようがない」と述べた。そして「歴史についての正直な省察がある時に、共同繁栄の未来も開いていくことができる」と指摘し、「日本は歴史を直視し、積極的な変化と責任ある行動をとらねばならない」と求めた。

この大統領演説は青瓦台が起草し、大統領に上げた。事前に外交通商部とのすり合わせはなかった。尹《ユン》炳世《ビョンセ》外相は「1000年の歴史が流れても変わりようがない」というレトリックは「いくらなんでも言い過ぎだ」と思ったが、「青瓦台は就任式での麻生発言への不快感が強く、その感情があの演説に影響した」と振り返った。[17]

3月6日。安倍は朴槿恵と最初の電話会談を行った。

朴はここで「父のことは公には言わないでいただきたい」と安倍に要請した。

「プライベートな会話の中で言うのはかまいません。ただ、公にその名前を口にするともう動けなくなってしまうので。仮に親書を出すというときでも、父の名前は入れないでいただきたい」[18]

父親の朴正熙《パクチョンヒ》は植民地時代、満州国陸軍軍官学校を卒業、日本の陸軍士官学校に留学した軍人だった。1961年、軍事クーデターで政権を奪取、1979年に側近に暗殺されるまで大統領を務めた。この間、「漢江《ハンガン》の奇跡」と呼ばれる韓国の目覚ましい発展の基礎をつくった。1965年には日本との間で日韓基本条約を批准した。

その一方で、民主化を弾圧、金大中《キムデジュン》の誘拐事件を引き起こし、とりわけ進歩派勢力からは独裁者として激しい憎悪の対象となった。彼女の現在は父の存在なしにはないのだが、いまやその存在自体が政治的重荷になっているのだった。

この点は、安倍もわきまえていた。安倍はその直前の2月22日、ワシントンでオバマ米大統領と初めての首脳会談を行ったが、オバマから朴槿恵との関係について尋ねられた。

安倍は、言葉を選び、注意深く答えた。

「お父さんが親日的な方で、私の父や祖父の親友でもありました。ただ、お父さんが親日的だったことは彼女にとって政治的に必ずしもプラスではないことは承知しています。彼女が親日的に行動することはできないということもわかっています」[19]

3月24日の参議院予算委員会で、安倍は「国のために尊い命を落とした尊い御英霊に対して尊崇の念を表する、これは当たり前のことであり、我が閣僚においては、どんな脅かしにも屈しない」と答弁した。韓国からの激しい批判に対し、麻生を弁護したのだ。[20]

朴槿恵政権が誕生してからまだ1か月近くである。この政権は、その前の李明博《イミョンバク》政権のとき急激に悪化した日韓関係の負の遺産を受け継いでいた。李明博は、政権末期の２０１２年夏、突如、竹島（韓国名、独島《ドクト》）に上陸した。しかも、その直後に「（天皇が）韓国を訪問したいようだが、独立運動をして亡くなった方たちを訪ねて心から謝罪するなら来なさい。痛惜の念だとか、そんな単語一つで訪ねて来るなら、来る必要はない」と発言した。大統領就任直後から「日本に謝罪と反省は求めない」「未来志向の韓日関係をつくる」と述べ、日本側も期待を抱いていただけに、日本の世論は激高し、嫌韓感情がさらに高まった。

靖国神社の春季例大祭（4月21～23日）には安倍政権の閣僚3人が参拝した。麻生太郎、総務相の新藤義孝（衆議院議員、埼玉県）、古屋圭司（国家公安委員長、衆議院議員、岐阜県）である。そのほか、「みんなで靖国神社に参拝する国会議員の会」の１６８人がそろって参拝した。

朴槿恵政権は、この中でも麻生の参拝を重く受け止めた。このため、4月26日から2日間の予定で組まれていた尹炳世外相の訪日を急遽、取り消した。

韓国側は、麻生の参拝を、2月の就任式での「外交的欠礼」批判への挑発的な〝意趣返し〟と見なした。

その1年後のことだが、韓国の外交官はこの時のことを振り返った。

「われわれはこれ以上、麻生太郎さんは相手にしません。ただ、日本と敵対するのがわれわれの国益になると思ったら、麻生さんを最後まで使います（笑）。しかし、日本との関係を悪くするのはわれわれの国益にならないですからね[21]」

「麻生太郎副首相は朴大統領に一体、何を言ったんですか？」

その年の7月26日。安倍は訪問中のシンガポールで、米副大統領のジョー・バイデンと1時間弱、会談した。参議院選挙で参院の自公過半数を回復し、政権基盤が固まった。バイデンは安倍の選挙勝利に祝意を表し、オバマ政権が進めるリバランシング（太平洋重視政策）とその中での日本の戦略的役割の重要性の高まりに触れた。そして、その観点からもＴＰＰ交渉を成功させる必要があると述べた。安倍は2月にワシントンでオバマと会談し、ＴＰＰ（環太平洋パートナーシップ協定）への加盟の意向を明確に伝えていた。バイデンはもう一つ、日中関係の改善を求めた。安倍は「日本のドアはつねに開いている」と返答した。[22]

安倍は野党時代の２０１０年、日米安保条約締結50周年の行事でワシントンを訪れた際、ホワイトハウスの副大統領執務室にバイデンを表敬訪問した。それがバイデンとの最初の出会いである。第2次政権になってからバイデンが副大統領として訪日した際は、公邸の和室で食事を共にした。その際、バイデンは慰安婦問題を解決するよう安倍に求めた。バイデンは歴史問題、中でも慰安婦問題に強い関心を示した。[23]

シンガポール会談はその後、2人だけのテタテ（tete-a-tete はフランス語で1対1の意味）会談に移った。バイデンは突然、安倍に聞いた。[24]

「2月の朴槿恵大統領の就任式の時、麻生太郎副首相は朴大統領に一体、何を言ったんですか？」

「あまり詳しくは承知していません」

バイデンはその年の4月、麻生がワシントンを訪問したときのことを語り始めた。

Ｇ20財務相・中央銀行総裁会議に麻生が出席した際、麻生とは初めて会ったが、彼は帰国したその日（4月21日）に靖国神社に参拝した、と苦情を漏らした。

この時のワシントンでの麻生・バイデン会談は日本側の要請で実現した。副首相と副大統領の「副」同士の大物会談を演出しようとしたのだったが、麻生の帰国後の靖国神社参拝は米側を大いに困惑させた。ホワイトハウスに会談をセットするよう進言した国務省の担当者たちは「麻生の振る舞いはけしからん」と怒った。[25]

誰よりも怒ったのがバイデンだった。その知らせを聞いた時、「オレの部屋から出て行ってその足で靖国に行った」と感情を高ぶらせた。麻生との会談では、日韓関係の重要性を説き、自らもできるだけそれに寄与したい、との思いを麻生にわかってもらおうとしただけに、裏切られたと感じた。[26]

「あれには参った。サプライズだった。あなたは止められなかったのか？」

「私は聞いていなかった」

「次もまた同じようなことになったら、これはちょっと厄介なことになるかもしれない。そこはお分かりいただいていると思うが」

「そんなことにならないよう、自分からも伝えておきます」

〈バイデンは麻生を引き合いに出しつつ、自分に対するメッセージとしても伝えようとしているのだな〉

と安倍は思った。[27]

麻生は第1次安倍政権の時の外相である。外相時代、「靖国に弥栄《いやさか》あれ」「ですからわたしは、靖国に天皇陛下のご親拝あれかしと、強く念じているのです」と発言した。[28]

また、日本の閣僚の靖国参拝に中国がいちいち文句を言うのは止めてほしいとも発言し、物議をかもした。2009年4月、麻生政権の時、麻生は靖国神社の春の例大祭に真榊《まさかき》を奉納した。中国との関係は緊張した。[29]

「安倍のどこか、いいところがあるかって？　顕微鏡で見てもひとかけらも見えないね」

米政権は過去にも似たような状況に直面したことがあった。小泉純一郎政権の時である。この時は、共和党のブッシュ政権だった。小泉は2001年から2006年まで毎年計6回、靖国神社に参拝した。そのたびに中国、そして韓国との関係がギクシャクし、ワシントンは苛立った。北朝鮮の核開発と拉致問題もあってか、日本はことさらに強硬姿勢を示し、ナショナリスティックに振舞っている。それは日本の自信の喪失と不安感の増大を物語っているのではないのか、と受け止められた。

ブッシュ政権時代のトマス・シーファー駐日米国大使は靖国神社に併設されている遊就館を訪問したが、その時感じた違和感を次のように語った。

「遊就館の歴史観には困惑している。小泉純一郎首相は遊就館ではなく靖国神社を訪れているのだと何度も強調するが、私は遊就館の歴史観にはとても納得できないし、あれは間違っていると思う」[30]

シーファーは、日本の過去の侵略戦争を美化し、反米思想の片鱗《へんりん》をのぞかせる歴史認識への拒否感を抱き、それを外交電報でワシントンに送った。

首相の靖国神社参拝は、太平洋戦争をめぐる歴史認識を問うリトマス・テストとなりつつあった。

２００６年６月、小泉は訪米し、ホワイトハウスでブッシュ大統領と日米首脳会談を行った。舞台裏で小泉の上下両院合同会議での演説が検討されていた。

ところが、訪米を1か月後に控えた5月13日、ヘンリー・ハイド米下院外交委員長（共和党）がデニス・ハスタート下院議長（共和党）宛てに送った書簡の内容が一斉に報道された。

その中に次の一文があった。

「小泉の議会演説の条件として靖国神社参拝を行わないことを求める」

ハイドは「真珠湾攻撃に踏み切った東条英機元首相ら同神社に合祀されているA級戦犯に首相が敬意を示せば、フランクリン・ルーズベルト大統領が真珠湾攻撃の直後に演説した場である米議会の権威をつぶすことになる」と断じた。

ハイドはフィリピン上陸作戦で日本軍との死闘を演じた海軍兵士の一人だった。前年10月の小泉首相の5回目の靖国神社参拝の直後から駐米日本大使に対して、小泉の靖国神社参拝への懸念を表明してきた。

小泉の議会演説構想は立ち消えとなった。

小泉政権後の日本の政治が不安定で、政権がくるくる代わった。民主党政権はあまりにもお粗末で頼りにならなかった。

ようやく自民党政権が戻って来た。安倍政権は長期政権になる可能性もある。そんな時に、日本の首相が靖国神社に行くの行かないのといったことで近隣諸国と揉めるのは避けてほしい、とオバマ政権の日本担当者たちは口々に言った。

そのうちの一人は、次のように訴えた。

靖国神社参拝で安倍政権が中国に叩かれ、韓国の不信感を買い、日本が孤立して、誰が得するのか。中国ではないか。日本が歴史問題で中韓両国を怒らせれば怒らせるほど、この問題に対する〝中韓共闘〟のような形が生まれる。それは中国を利することになる。安倍が靖国神社参拝を決行すれば日本は外交的にもイメージ的にもマイナスだ。それは日米同盟にもプラスにならない。日本は、こと靖国神社参拝問題に関して言えば、外交戦でも宣伝戦でも勝ち目はない――。

彼は最後に、ダメ押しのように付け加えた。

「過去を話さないことだ、少なければ少ないほどいい。多ければ多いほど、日本のソフトパワーは目減りする」[31]

米国がとりわけ神経を尖らせたのは、安倍の靖国神社参拝が安倍の極東軍事裁判（東京裁判）の判決（ジャッジメント）否定に裏打ちされた歴史修正主義に基づいているのではないか、との点だった。２０１３年３月12日の衆議院予算委員会で、安倍は「さきの大戦においての総括というのは、日本人自身の手によることではなくて、東京裁判という、いわば連合国側が勝者の判断によってその断罪がなされたということなんだろう、このように思うわけであります」と答弁した。[32]

ワシントンは苛立ちを隠さなかった。

ウォール・ストリート・ジャーナル紙は社説で、安倍のこの発言を取り上げ「安倍氏の恥ずべき発言は、日本を世界のどこにも友人がいない国にしている」と手厳しく批判した。[33]

「おそらくウォール・ストリート・ジャーナル紙と日本共産党の機関紙である赤旗の社説が重なり合った稀有の例だったろう」と、安倍政治の研究者であるトバイアス・ハリスは書いた。[34]

ダニー・ラッセル国務次官補は、兼原信克官房副長官補（1981年外務省入省）に対して「あなたの頭の上にダモクレスの剣がつるされている」と言った。

「歴史の剣だ。中国はこの（剣を吊るしている）糸を切ろうと思えばいつでも切ることができる。歴史問題で韓国とやり合うのはやめてほしい」[35]

ラッセルはオバマ政権2期目でホワイトハウスから国務省に移り、カート・キャンベルの後任の国務次官補に就任した。米政府きっての日本通である。

兼原は、「そんな『歴史の剣』とやらは竹刀に過ぎない」と反論してみせたが、ことはより深刻だった。米国は靖国神社参拝問題を、日本の戦略的理性と政治指導者のリーダーシップのありようをめぐる課題であるとみなしていたからである。米政府高官は、より具体的に次のような課題を示していた。

安倍という政治指導者は日本の国益と日米同盟の将来より自分の主義主張と信条を優先させるつもりなのか？　そのような指導者が、尖閣諸島をめぐる日中間の有事となった場合、理性的に対応することができるのか？

安倍こそが、安倍の日本こそが、アジア太平洋におけるリスクなのではないか、米国がそれに巻き込まれることこそがリスクなのではないか？

安倍政権が誕生したころ、オバマ政権の中枢ではそのような疑問が議論されていた。ラッセルはワシントンのシンクタンクのアジア研究者との内輪の会合で「安倍のどこか、いいところがあるかって？　顕微鏡で見てもひとかけらも見えないね」と口を滑らした。[36]　ジョン・ケリー国務長官は「安倍の日本がアジアにおける最大の問題だ」と内輪の会議で漏らした。[37]

しかし、オバマ政権中枢で安倍の歴史観にもっとも激しく反発したのは大統領補佐官（国家安全保障問題担当）のスーザン・ライスだっただろう。

彼女の日本に対する違和感は、戦後、米国が時折、感じてきた日本に対する不満や苛立ちとは異質だった。それは日本の防衛のただ乗り批判とも、ベトナム戦争の時の米国左翼の日米同盟反対とも、日米経済戦争が激化した時の日本の不公正取引非難とも、日本の市場と社会の閉鎖性を問題にした日本異質論者の攻撃とも違っていた。

一言でいうと、それはアイデンティティ政治の情念を濃厚に反映した世界観に裏打ちされていた。

元米政府高官はライスのそうした世界観に基づく外交姿勢を次のように述べている。

「スーザンは、日本に関しては進歩派の、ある種イデオロギー的な、そしてきわめて非寛容な見方を代表していた。その矛先は必ずしも日本にだけ向けられたものではなかったが、（慰安婦は）性の奴隷だとし、それを否定し、二重標準（ダブル・スタンダード）を持ち出し、ごまかし、米国との関係を緊張させるのはけしからんと安倍政権を非難していた。『日本が戦争を起こしたのだ、パールハーバーを攻撃したのは彼らじゃないか、それに彼らは中国がいう南京虐殺と植民地支配を否定している』と、そうした歴史観に染まっていた。日本の政治家の発言を政治的発言として、あるいは見解の相違として見るのではなく、許しがたい過去否定論者として、その存在そのものをキャンセルする傾向があった[38]」

「靖国神社はアーリントン墓地のような存在だ」

こうしたなか、米国は、歴史問題、なかでも靖国神社参拝に関して、一つの「回答」を日本に指し示そうとした。

２０１３年の5月、安倍が『フォーリン・アフェアーズ』誌のインタビューに答えて、「靖国神社はアーリントン墓地のような存在」と述べたことが引き金となった。[39]

靖国神社は、アーリントン墓地なのか？

いや、日本における「アーリントン墓地のような存在」は、靖国神社ではなく千鳥ヶ淵戦没者墓苑ではないのか。

安倍がアーリントン墓地で追悼、献花したいというのなら、米政府高官が千鳥ヶ淵を訪れて、戦没者を追悼してはどうか。

とりわけ2015年は戦後70周年であり、この問題が慰安婦問題とともに日韓の間で感情的な争点となる恐れがある。その前に何らかの形で収拾させるのが望ましい。

日米韓の3国間協力がますます必要になる中で、日本の戦死者への追悼が韓国側を傷つけないようにする一つのやり方になるのではないか。その場合、日本にそのようなメッセージを送ると同時に、韓国にも日本との関係を改善してほしい、とのより明確なメッセージを送る必要がある――。

国防総省はそのように主張した。[40]

こうした国防総省側の提案に対して、国務省側からは慎重論が出された。

米政府高官の千鳥ヶ淵戦没者墓苑訪問は、安倍に対する当てつけや牽制や非難と受け取られ、日本の中に反米感情を惹起し、日米関係を悪化させかねない。

そもそも他国の間の歴史問題、なかでも同盟国間の歴史問題に手を突っ込むと、双方との関係を傷つける恐れがある。日韓双方との関係を悪化させて中国を喜ばせるのははばかげている――。

議論は白熱した。[41]

最後は、国務長官のジョン・ケリーと国防長官のチャック・ヘーゲルが、2人とも千鳥ヶ淵戦没者墓苑訪問に賛同したことで決着した。

ケリーもヘーゲルもベトナム戦争に従軍した。戦争の残酷さを身をもって知っている。

ケリーは１９６８年12月、カムラン湾で高速哨戒艇《しょうかい》の艦長として任務をしている際に攻撃され、手榴弾《しゅりゅう》の破片を受けた。その後も何度も戦地で負傷し、多数の勲章を授与された。しかし、除隊後、ベトナム反戦運動に身を投じた。１９７１年には米上院外交委員会の公聴会で「米国に脅威をもたらすものは南ベトナムには存在しない」と証言し、ベトナム戦争の不正義と無益を訴えた。

ヘーゲルは１９６８年１月30日の北ベトナムのテト反撃の奇襲が始まったまさにその時、サイゴンで米軍基地守備の任務をしていた。米大使館が一時、ベトコンに占拠され、市街戦を戦った。この年の末まで弟とともに同じ部隊に属し、戦地を転々とした。この間、２人とも２回、負傷したが、生き延びた。

ヘーゲルの父は太平洋戦争ではガダルカナルやオーストラリアなど南太平洋戦線に２年半、従軍した。爆撃機の射撃手だった。叔父２人も南太平洋に出征、２人とも戦死した。

ケリーもヘーゲルも、戦争を戦った敵との戦後の和解の大切さを痛感していた。ベトナム戦争だろうが太平洋戦争だろうがそれは変わらない。

千鳥ヶ淵戦没者墓苑で２人そろって日本の戦没者を追悼することが日米の和解の一助になるのであれば、ぜひ、行おうではないか。２人はそう決めた。

日韓正常化のために何かできないか。そのこともヘーゲルの脳裏にはあった。

この年の９月、ヘーゲルは朴槿恵と会談したが、その際、朴は「歴史に逆行した発言をする日本の指導部のせいで日韓の信頼関係が築けない」と日本を手厳しく批判した[42]。

それまでも日韓の軍の首脳と会うたびに、ヘーゲルは説いた。

「中国が強大になり、その振る舞いは攻撃的になってきている。日米韓が力を合わせることが不可欠だ。そんな時にいつまで過去のことでもめているんだ。起こったことは起こったことだ。歴史は忘れてはならない。しかし、過去を克服して、前に向かおう。日韓は手を携えてほしい[43]」

ただし、千鳥ヶ淵で追悼するに当たっては、細心の注意を払う。

鳴り物入りで訪問することは控える。言葉を発しない。献花だけとする。すなわち「静かに執り行う」ことを決めた。[44]

10月3日、ケリーとヘーゲルは千鳥ヶ淵戦没者墓苑に赴き、花束を捧げ、黙禱《もくとう》した。

日本政府は、2人の千鳥ヶ淵墓苑訪問を静かに見守った。

翌4日。この日、ヘーゲルは東京で67歳の誕生日を祝った。

「敗戦国の悲哀」

安倍は、2012年12月26日の首相就任直後の参拝は断念したものの、その後、いつ参拝するか、そのタイミングについてあれこれ想を練っていた。祖父の岸信介は首相時代、春季と秋季の例大祭に参拝した。安倍はこれが本来の形であると思っていた。靖国神社に祀られている英霊は先の大戦の戦没者だけではない、戊辰戦争以来の戦没者である。「例大祭のときに神様が入って来られる、そこへ行くというのが本来のありよう」のはずだ。ただ、第2次世界大戦の敗戦日である8月15日が日本にとって特別な日であることも間違いない。その日に参拝するべきかどうか。外交関係も考えなければならないし、外交日程との兼ね合いも考慮に入れなければならない。

靖国神社参拝は、政権維持のため右派保守層をつなぎとめるためにも必要である。ただ、参拝するにしても政権発足後3年以内に行くのが望ましい。選挙を前に参拝への思いを口にしたが、それにも賞味期限というものがある[45]――。

安倍にとっては参拝をするのかしないのか、するとしてそのタイミングをいつにするかは、国家機密そのものだった。今井を初め官邸中枢の誰にもそこは明かさない。しかし、2013年を通じて、安倍が参拝の時機をうかがっていることを側近たちは感じていた。

谷内は、どうしても行かなければならないのであれば、集団的自衛権の憲法解釈と安保法制を終えてからにしてほしい、と考えていた。安倍にそう進言したこともある。[46]

この年（２０１３年）の秋以降で政治日程と外交日程を踏まえつつ、靖国神社参拝をどのタイミングで行うか。

翌２０１４年11月には北京でＡＰＥＣ（アジア太平洋経済協力会議）が開催される。それに近づけば近づくほど外交的な負荷がかかりすぎる。その前に同年の春に検討しているオバマ米大統領の訪日を成功させなければならない。それにあまり近づいたところで参拝すると訪日キャンセルの危険性もある。そう考えると年明けは避けるべきだ。ギリギリ１月の最初の週までの間だ。

歴史問題を担当する衛藤晟一首相補佐官も、飯島経由で、中国側は８月15日を外すのであれば秋の例大祭なら構わないという感触を得ていた。ただ、衛藤は中国の意向もさることながら、米国の意向をしっかりと確かめる必要があると安倍に言った。

「アメリカに少なくとも本音だけはちゃんと話してから行かなければダメだ」

「それなら衛藤さん、あなた行ってくれますか」

そんな風に話が進み、衛藤が訪米することになった。

「小泉さんのときのアメリカはこの問題ではお互いに知らんぷりしてくれたからよかったけど、オバマはそうはいきませんよね」

「アメリカに行って、本気で話をしてください。こちらの本当の気持ちも、ほんとのことを全部伝えてもらっていい」[47]

小泉純一郎政権の時、小泉は毎年靖国神社に参拝し、それもあって中韓両国との関係は緊張した。しかし、小泉・ブッシュ関係は緊密で、米国は歴史問題について日本に注文をつけることはなかった。

衛藤は党内保守派に属し、安倍とは歴史問題にともに取り組んで来た同志である。

衛藤は、ケリーとヘーゲルが千鳥ヶ淵戦没者墓苑に追悼・献花に行ったことに不快感を抱いた。

米国がこのようにあからさまな〝靖国神社外し〟の外交攻勢に出てきたのは、日本が米国に靖国神社参拝の精神と意義を正確に伝えていないからだと思い、外務省に「歴史戦」に真剣に取り組むよう求めた。

衛藤は、斎木昭隆外務事務次官に言った。

「総理は第1次政権で靖国神社に行けなかったことは『痛恨の極み』とおっしゃっている。今度こそ行かなくてはならない。行っていただかなくてはならない。中国に配慮して行けないとなったらカリスマ性を失う。どのみち、中国や韓国との関係は今、最悪の状況だから、行ってもそれほど影響はないはずだ。アメリカもそこはわかってくれるはずだ」

「アメリカはわからないですよ」

「いや、わかってくれるはずだ」

「先生、それほどおっしゃるなら、アメリカに説明に行かれたらどうですか」

安倍から同じことを言われたばかりである。

日本は「歴史戦」外交が弱い。それをこれから強化しなければならない。自らワシントンに行って、それこそ「歴史戦」を戦ってくる。そう心に決めた。

11月20日、衛藤は訪米の旅に発った（23日まで滞在）。外務省は、首相補佐官としてではなく一国会議員としての訪米を進言したが、衛藤は首相補佐官として訪米すると言って、はねつけた。

〈オレは、安倍さんの特使で行くわけではないけれども、安倍さんの気持ちだけは伝えられる〉

菅義偉官房長官は衛藤訪米には慎重姿勢だった。外務省も反対姿勢だった。「どうしても行くというのなら、行かせて、ボコボコにやられて来ればいいんだ」との声も聞かれた。最後は安倍が支持、激励し、衛藤の訪米が決まった[48]。

ワシントンではダニー・ラッセル国務次官補ほかの政府要人や連邦議員、そしてリチャード・アーミテージなどの知日派有識者に会った。ラッセルには「首相はいずれ参拝する。ぜひ理解をお願いしたい」と伝えた。

「理解」とは、具体的には「安倍が靖国神社に参拝しても、『反対』と言わないでほしい、黙っておいてほしい」ということを意味する。[49]

衛藤は、米国では次のような論理で説明し、首相の靖国神社参拝に理解を求めた。

・靖国神社にはA級戦犯も祀られている。しかし、これも「公務死」だから祀られているのであって、彼らを「崇める」ためのものではない。あくまで、亡くなった方、全員に対する鎮魂、慰霊が主体である。

・国としての慰霊・追悼は、3つの形で行って来た。最初に、8月15日に執《と》り行う第2次大戦の戦没者全員（民間、軍人を問わない）に対する追悼、次に、靖国神社における軍人・軍属、それから「公務死」の方々に対する慰霊、最後に、千鳥ヶ淵戦没者墓苑での追悼。この全体で見ていただきたい。どれかが正しくて他は要らないという考えは取らない。安倍政権は他の2つを蔑《ないがし》ろにして靖国神社だけを神聖視しているわけではない。一方で、他に成り代わって、千鳥ヶ淵戦没者墓苑での追悼だけにするということもできない。

・靖国神社参拝は、戦没者たちの尊い犠牲に思いをいたし、二度と戦争を起こさない平和への祈念と誓いを行う儀式として執り行って来た。中国や韓国などの近隣諸国との関係にも最大限、配慮しつつ行っている。ただし、そこでの参拝の中国に与える意味合いと韓国へのそれは異なる。中国とは戦争し、平和条約を締結した関係であるが、韓国はかつて日本の植民地であって、日本は韓国とは戦争をしたことはない。[50]

靖国神社に祀られている極東軍事裁判で有罪判決を下されたA級戦犯の分祀についてはどこへ行っても聞かれた。

「分祀をすれば、中国からの参拝批判は収まるのではないか」との質問である。

「ここはなかなか難しい」と答えるしかなかった。

「どの御霊も分祀したところで、本体は靖国神社に残ります」

安倍は第2次政権発足後、靖国神社に祀られているA級戦犯の判決を受けた戦時中の指導者14名の御霊《みたま》を分祀できないか密かに探求した。

A級戦犯合祀故に、外交上、首相が靖国神社を参拝できない事態を変えたいということもさることながらそれ故に天皇陛下が靖国神社を参拝できなくなってしまった状態を変えたいという気持ちが強かった。[51]

杉田和博官房副長官にその可能性を探るよう指示するとともに、首相補佐官に起用した参議院議員の衛藤晟一には分祀への働きかけを神社関係者に対して行うよう求めた。

安倍自身も、自らが分祀論者であるとの印象が一人歩きすることを警戒し、直接、動くことは避けたが、神道政治連盟を率いる打田文博にこの問題をそれとなく質した。

打田は、静岡県の小國神社（遠江国一宮）の宮司である。長らく神社本庁の政治担当として政界にも影響力を持っている。神社本庁は全国8万の神社を束ねる宗教法人である。安倍との縁は、1995年の村山談話にともに反対した頃からで浅からぬものがある。

神道政治連盟は1969年11月に神社本庁の政治団体として創設された。その趣旨に賛同する国会議員が翌1970年、神道政治連盟国会議員懇談会を発足させた。

安倍は2001年からこの議員懇談会の事務局長を務めた。第1次政権で政権を担った時も、そのまま事務局長の職にあった。この間、会長は富山県井波八幡宮の宮司でもある自民党衆議院議員の綿貫民輔（富山県）だった。衆議院議長も務めた重鎮である。

議員懇談会の会合の挨拶では「私は総理ですが、ここでは事務局長です」と言って、皆を笑わせた。2009年、会長に就任、2022年7月8日に暗殺されるまで13年間、その職にあった。安倍が第2次政権時代、会長職を維持したのは創生「日本」と神道政治連盟国会議員懇談会の2つだけである。

打田は、安倍に「神道の理解として」分祀をどう考えるか、そもそものところから説明した。

「どの御霊も分祀したところで、本体は靖国神社に残ります。（福岡県）太宰府天満宮の天神さんの御霊も、ここの総本宮から御霊分けして全国に天神さんがある、（大分県）宇佐神宮の八幡宮もそうです。ここの総本宮から御霊分けして全国の八幡様がある。もっとも、分祀ではなく合祀そのものを取り下げるということならば話は別です。ただ、その場合、神道の祭祀権への介入となりますから憲法の信教の自由に抵触する恐れがあります」

「そうだよね。なかなか難しいんだなあ……」

安倍は腕組みしたまま、この話はそこで終わった。[52]

安倍と衛藤は、日本遺族会・会長だった古賀誠が分祀に賛成の立場であると見て、古賀の力を借りられないか、と考えた。ただ、古賀に直接、この敏感な問題で相談できるほど安倍と古賀は親しくないし、むしろ歴史問題などをめぐって古賀は安倍に批判的立場である。そこで杉田は古賀とも近い自民党副総裁の高村正彦に支援を求めた。

高村は古賀を赤坂の料亭に招き、会食した。安倍周辺の意向を伝え、「安倍さんに会ってくれないか」と頼んだ。古賀は「いつでもいいよ」と前向きに答えたが、結局、古賀と安倍の会談は実現しなかった。[53]

一方、衛藤は、神社本庁の分祀反対の立場を承知した上で、それでも「A級戦犯として死刑判決を受けた7人が合祀されている以上、総理大臣は参拝できないのが国際政治の現実だ」と靖国神社関係者に働きかけたが、「それに乗る気配はまったくなかった」。

この間、衛藤は神社系の団体から2013年夏の参議院選挙では「推薦を外す」といった「激しい攻撃」を受けた。歴史問題では保守本流の立場から取り組んできただけに、衛藤はショックを受けた。そもそも、政治が宗教に直接介入することは憲法違反である。よほど注意を要する。「官邸主導」にも限界があった。[54]

ただ、安倍も衛藤も、千鳥ヶ淵戦没者墓苑のような非宗教の公的な追悼施設創立案には反対の立場を取ってきた。この頃、元首相の福田康夫が、かつて立ち上げた懇談会が提案した「国立追悼施設というのをもう一回研究してみたらどうか」と官邸中枢に進言したが、安倍は関心を示さなかった。[55]

結局、米国での反応に手ごたえを感じることができないまま、衛藤は帰国した。

「敗戦国の悲哀」を感じた、と衛藤は言った。[56]

〈このおじさん、どうあつかったらいいの〉

２０１３年11月23日。中国国防部は、中国政府の東シナ海防空識別区設定に関する声明を発表した。「この識別区を飛行する航空機は、飛行計画識別、無線識別、トランスポンダー識別、標識識別等および識別方式に必要な情報を提供しなければならない」。さらに、それら航空機は、東シナ海防空識別区を管理する機関等による命令に服従しなければならないとされ、命令に従わない場合、中国が「武力」〔原文：武装力量〕により、防御的な措置を取ると明記していた。

日本政府は、直ちに抗議した。この措置は国際法上の一般原則である公海上空の飛行の自由を不当に侵害している。しかも、日本固有の領土である尖閣諸島があたかも中国の領空であるかのごとき表示を行っていることはあまりに非常識である。こうした一方的な現状変更の措置は不測の事態を招きかねず、地域の安定を損なう行為であり容認できない。日本政府は身構えた。

中国人民解放軍は、その前年の胡錦濤《こきんとう》政権時代に新たな防空識別圏を設定するよう求めたが、党上層部に阻まれていた。しかし、習近平《しゅうきんぺい》体制になり中国は対外攻勢を強めている。日本もこの間、民主党政権から安倍政権へと交代した。

このころ、日本の航空自衛隊は、一日3回、中国の航空機の尖閣諸島接近に対して戦闘機のスクランブルをかけていた。日本政府が、同諸島の上空を飛来する中国のドローンを打ち落とす方針を決めたと報道されていた。解放軍はそのような「事態緊迫」を背景に、防空識別圏設定を党上層部に認めさせることに成功したようだった。ただ、同識別圏の中には韓国の主張する防衛識別圏も含まれたため、韓国もこれに抗議し、中国は日韓両国とにらみ合う形になった。米国は、グアムからB52爆撃機を2機、中国の防空識別圏のど真ん中に飛来させ、中国を牽制《けんせい》した。[57]

こうした緊迫した状況の中、２０１３年12月2日から7日にかけての6日間、ジョー・バイデン米副大統領が日本、中国、韓国の３か国を駆け足で訪問した。リバランシングと呼ばれる米国のアジア太平洋重視を示すねらいがあったが、訪問にはもう一つ、この地域に影を落とす歴史問題、なかでも日韓の間に横たわる歴史問題の解決に少しでも役立ちたいというバイデン個人の思いが込められていた。

安倍が総裁選で公約として掲げた首相としての靖国神社参拝を思いとどまらせるためにひと肌脱ぎたい、とバイデンは思い描いていた。

米政府部内では、慰安婦問題や靖国神社参拝問題などできしむ日韓関係を改善するため、米国から誰か「歴史問題担当特使」を派遣しようという案も検討されたが、ラッセルが退けた。[58]

日本側の中には米国が日韓の仲介役のような役割を担うことへの警戒感もあった。外務省の中にはラッセルを〝韓国寄り〟として嫌う空気もあった。ただ、ラッセルは米国務省きっての北東アジアの専門家である。米国の「歴史問題担当特使」を日韓に送って、両国間の歴史問題が解決できるほど単純ではないことをラッセルは知っていた。

12月3日。バイデンは最初の訪問地、東京で安倍と会談した。

バイデンは「歴史戦争はこの地域における米国の利益を害している」と安倍に言った。

日韓関係を改善してほしい。具体的には、１９９３年8月の河野談話と１９９５年8月の村山談話の２つの声明とその精神を踏襲してほしいと求めた。

河野談話は、宮澤喜一政権時代、河野洋平官房長官が発表した戦前の従軍慰安婦に関して「当時の軍の関与の下に、多数の女性の名誉と尊厳を深く傷つけた」とし、日本政府としての「謝罪と反省」を明確にした談話である。村山談話は、終戦50周年を機に村山富市首相が主導した内閣総理大臣談話（閣議決定）である。日本政府はここで先の戦争に対する日本の国策の誤りと反省と出直しの決意を明らかにした。

この両者は、戦後の日本の「民主主義、平和主義、国際協調主義」の理念と共に日本政府としての「歴史認識」を再確認し、それを表明したものだった。

安倍はバイデンにこの2つの談話の精神を遵守する姿勢に変わりはない、と述べたが、日韓関係に関しては、日本はこれまで韓国に対してはできるだけのことをしてきたが、何をやっても、彼らにとっては不十分なのだ、と答えた[59]。

「韓国は何を決めても、後でそのゴールポストを動かす」

「ゴールポストを動かす」――。この表現は安倍政権を通じて、日本側が韓国側に対する不信感を表す際の決まり文句となっていく。

会談後、安倍はバイデンを公邸の和室でもてなし、食事を共にした。バイデンは、この席でも日韓の歴史問題の解決の重要性を重ねて説いた[60]。


バイデンが次に向かったのは北京だった。

12月4日。人民大会堂で、バイデンは習近平中国国家主席と会談した。会談は予定の時間をはるかに超えた。ここでも歴史問題が大きなテーマとなった。

バイデンは、中国が日本に領土問題や歴史問題で圧力をかけていることが安倍を追い込んでいるとの見解を示した。

米国は安倍首相の靖国神社参拝についても、「グリーンライトを出しているわけではない」。慎重に臨むように求めている。ただ、中国が圧力をかければかけるほど安倍は国内政治の面で追い込まれてしまう。従って、そこは注意してほしい。

習近平はバイデンの長広舌をじっと聞いた。聞き置いた、といった方が正確だったかもしれない。

この会談で、習近平は安倍のことを「小人」と呼んだとのうわさがその後、中国の権力高層に流れた。

「小人」とは人物が小さい、要するに小物だ、というほどの意味である。[61]

中国側は、安倍が米国を使って中国に圧力をかけようと小細工を弄している、と受け取ったのかもしれなかった。

12月6日、バイデンは最後の訪問地、ソウルに到着した。直ちに、青瓦台で朴槿恵大統領と昼食を交え、3時間近く会談した。

バイデンは父親、ジョセフ・バイデン・シニアの話を始めた。アイルランド系カトリックであり、車のセールスマンをしていた。父親は、母国アイルランドの独立の父、マイケル・コリンズの熱烈な信奉者だった。

1920年代初頭のアイルランド独立戦争の時、アイルランドには二人の政治指導者がいた。一人は英国からの独立条約締結に反対した徹底抗戦派のデ・ヴァレラであり、もうひとりは条約締結を推進した停戦協定派のマイケル・コリンズだった。コリンズらの努力のおかげでアイルランドは自治領の地位を獲得し、独立への第一歩を踏み出した。しかし、デ・ヴァレラらはコリンズを「売国奴」「裏切り者」と弾劾し、両派の間の内戦が勃発、コリンズは暗殺された。対話による物事の解決がいかに難しいか、それを成し遂げるにはどれほどのリーダーシップを必要とするか。強硬策一本槍ではなく代案を持つことがいかに大切か……。

話し出すと止まらなくなった。

〈このおじさん、どうあつかったらいいの〉という風に、朴は側近たちをきょろきょろと見た。[62]

アイルランド物語がひとしきり終わると、バイデンは、安倍が日韓関係をどのように考えているか、どのように行動しようとしているか、について述べた。

第1に、彼は日韓関係を改善するためにできるだけのことをしたいと考えている。

第2に、彼はおそらく河野談話と村山談話の2つの談話を維持することになるだろう。

第3に、安倍首相は靖国神社に参拝しないと思う。

朴は、バイデンの話をただ黙って聞いていた。[63]

「いや、私はそんなことは申し上げていません」

東京でのバイデンとの懇談から1週間ほどしたところで、バイデンから安倍に電話がかかってきた。

「韓国で朴槿恵大統領にお会いしました。大統領は2つのことをおっしゃっていました。一つは村山談話と河野談話を踏襲していただきたい、それも公に明確に言ってもらいたい。もう一つは靖国神社に行かないでほしい。これは約束してもらえればいい、公言しなくても結構だ、と言っていました。私からは、日韓関係を改善するのにあなたもぜひ、努力していただきたい、あなたと安倍さんが話せば双方よく理解できるようになると思うと申し上げた」

安倍は言った。

「前者については、すでにもう公にしていますし、実際、引き継ぐ方向でやっています。しかし、後者に関しては、一国の政治指導者として、英霊に感謝する心の領域の事柄であると考えています。それを外に向かって、行かないと私に言わせようというのはムリです」

バイデンは続けた。

「私は朴槿恵大統領に、安倍首相は私に靖国神社には参拝しないと言ったと伝えておきました」

安倍は驚倒した。

〈そんな大事なことを勝手に推測で言うとは……〉

怒りがこみあげてくるのを抑えて、安倍は言った。

「いや、私はそんなことは申し上げていません。どの国も一国の政治指導者が国のために殉じた国民の魂を弔うのは義務であると思っています[64]」

バイデンがちょっとたじろいだように安倍は感じた。

「いや、あなたがそこまで言うのなら……もちろん、この件はあなたがお決めになることだ。本来、米国は介入すべきことではない。あくまでアドバイスとして言っていることです」

安倍はダメを押した。

「私は朴大統領に参拝しないということを約束したつもりは全くありません。するつもりもありません[65]」

電話会談は終わった。

安倍の怒りはしばらく止まらなかった。

だいたい、なぜ、オバマ政権は自分のカウンターパートを、大統領のオバマではなく副大統領のバイデンであるかのように扱うのか、その点に前から不満を覚えていた。

その後、安倍は、そうした不満を爆発させることになる。

２０１５年、米国のスパイ組織である米安全保障局（ＮＳＡ）がドイツや日本をはじめ米国の同盟国の政治指導者の電話を盗聴していることが明るみに出た。オバマ政権はうろたえた。その時、メルケルにはオバマが電話し、遺憾の意を表明したのに、安倍にはオバマではなくバイデンが電話を寄こした。

「安倍首相および日本政府にご迷惑をおかけし、大変申し訳ない」「２０１４年以降、米政府は日米同盟の信頼関係を損なう行動は行っていない」

会談は30分に及んだが、最後に安倍はバイデンに言った。

「バイデンさん、今日はわざわざ電話を頂戴し、ありがとうございました。しかし、正直なところを言わせていただくと、謝ってくるべきは大統領ではないでしょうか[66]」

年明け、産経新聞にこんな記事が掲載された。

「靖国参拝に過剰なまでに反応し、日本に自制を求めるオバマ政権は、米国内での市民団体による慰安婦像の設置など韓国側のエスカレートする『反日行為』は放置している。こうした米国の『ダブルスタンダード(二重基準)』が、結果的に日韓関係の悪化につながっている部分もある」

「靖国参拝に激怒し、日韓関係の改善をせかすバイデン副大統領について首相周辺は、(ロバート・)ゲーツ元米国防長官が今月(2014年1月)出版した回顧録の一文を引き合いに出す。そこにはこう記されている。『バイデン氏は過去40年間、すべての重要な外交政策と安全保障に関する判断でミスを犯した』。外務省筋は『一連のオバマ政権の外交はまるでアマチュアだ』と嘆く。ただそれでも、米国が死活的に重要な同盟国であることには全く変わりはない。安倍外交のジレンマは続く[67]」

この報道に副大統領オフィスは激怒した。ジェイク・サリバン補佐官(安全保障担当)は佐々江賢一郎駐米日本大使(1974年外務省入省)に抗議を申し入れた。

とりわけ、米側が神経質になったのは、ゲーツのバイデン批判のくだりだった。日本の官邸や外務省が、バイデンが信頼できないリーダーであるかのように世論誘導をしているのではないかと疑ったのである。オバマ政権の安倍不信が募った[68]。

日本側も同じようにオバマ・バイデン不信を強めた。

政府高官はこんな〝教訓〟を口にした。

「バイデンとの会話は非常に注意しなければいけないなと、そのとき思った。だからバイデンと総理がやるときは1対1ではなくて、なるべく複数でやったほうがいいなと[69]」

そのような官邸の空気を忖度してか、外務省がバイデン側の申し出て来る安倍との電話会談を断る方向で対処したいと裁可を求めてきたこともあった。

　安倍も内心、オバマが直接、出て来ずバイデン任せにしていることに不満を覚えたが、バイデンとの電話会談はすべて受け入れた。

　随分後のことになるが、２０１７年1月、トランプ政権発足の直前、安倍はバイデンに電話した。

「今度、おやめになられますが、日本にいらっしゃることがあれば必ず事前に教えていただきたい。ぜひ、お会いしたい。私は今でも、野党時代にワシントンを訪れたとき、副大統領のオフィスで私に会ってくれたことを忘れません[70]」

　バイデンの試みは、うまくいかなかった。オバマ政権で東アジアを担当した幹部たちはこぞって歴史問題に首を突っ込むことにならないよう進言したが、バイデンは日韓首脳の「正直なブローカー」役を買って出た。バイデンは後に離婚状態にあった日韓関係を修復する「離婚カウンセラー」の役回りだった、とインタビューに答えている[71]。

　ただ、この種のきわめて敏感かつ込み入った複雑な問題を手掛けるには、バイデンは〝正直すぎるか、あるいはしゃべりすぎるブローカー〟だったかもしれない。ヒラリー・クリントン国務長官の下で国務次官補を務めたカート・キャンベルは、次のような電子メールをクリントンに書き送っている。

「こんな外交、ちょっと見たことがありません。トピックはなんでもござれで、詩があれば、アイルランド民謡もある。歴史の引用の次は60年代のポップ・カルチャーとめまぐるしい。しっかりしたデータに基づく話はあっても、それが突如、脈絡なしに出てきます。すっかり楽しませてもらいましたが、話がどこへいくのやらヒヤヒヤものでした」

　２０１１年のバイデンの中国訪問に同行したときの模様をプライベートに伝えたメールだったが、ロシアのハッキングで中身が表に出てしまった[72]。

「総理も、公約だからな。1回は行かしてやらないと」

２０１３年12月22日、日曜日。その日、平成26年度（２０１４年度）予算をめぐり与党間の調整が終わった。夜、安倍から今井に電話があった。安倍は今年の年末は靖国神社に参拝すると告げた。今井は抵抗したが、安倍の決意はもはや揺るがないと悟った。

翌23日午後1時半。年末年始の行事の打ち合わせのため首相執務室に入った。27日には沖縄を訪問する予定も組んである。

「いつ行きますか？」

「26とかをとっといてくれませんか」

「27は沖縄ですし……年末年始のもっと静かなところで行けないんですか。それこそ31とか」

「31日なんて、意味がない、1年目という節目しかない」

安倍は、首相就任から1年となる12月26日に参拝することを決めていた[73]。

今井は、菅に諮った。前年はともに反対に回った。

「長官、今回はしようがないですか。どうします」

「総理も、公約だからな。1回は行かしてやらないと。今回はいいんじゃないの[74]」

今井は12月26日の参拝の日程を最終的に組み込んだ。

政権発足後、安倍がいつまでも靖国神社を参拝しないことに保守派は不満の声をあげていた。保守派の萩生田光一自民党副幹事長が「年内には行っていただけるのではないか」と安倍を急かすかのような、あるいは保守派に辛抱を求めるかのような発言を公の場でした[75]。

萩生田は今井こそが参拝をブロックしている張本人だと見て、今井に「出過ぎたマネはしないでもらいたい」と牽制した。

今井も言い返し、口論になった。

萩生田は声を荒らげた。

「どこまで口出すんだ、おまえは[76]」

この間、今井に参拝をもっとも執拗に求めたのは飯島勲内閣官房参与だった。

ある時は、「靖国に行って、不戦の誓いをするのだから」と促した。と思えば、ある時は、「総理が行かないのなら、俺は（内閣官房参与を）やめる」とすごんだ。[77]

飯島は2013年10月の靖国神社の例大祭の際にも首相の参拝を強く求めた。その後、神嘗祭《かんなめさい》に合わせての参拝を進言した。

「神嘗祭か新嘗祭《にいなめさい》に行ってくれ。中国はそれを評価する」とも言った。神嘗祭は、その年に収穫された新穀を天照大神にささげる感謝祭である。

中国共産党要路に日本の首相が靖国神社を参拝しても問題としないよう根回しをして来た、そして中国はそれを了解したというのである。

「私を信じてください。ね、政務秘書官[78]」

今井も安倍も、そんな話を信じていなかった。

ただ、安倍は自らの靖国神社参拝がもたらす日本の外交上の負荷は十分すぎるほど感じていた。なかでも、それに米中そろって反対する〝米中結託〟のリスクを感じていた。

〈靖国に行けば米国の安倍不信が強まる。気候変動問題でオバマ政権は中国を大切にしている。スーザン・ライスも日本は余計者扱いだ。飯島の言うことは誇張だろうが、もし中国が『了解』のフリをしたということであれば、中国はその実、オレを靖国に行かそうということなのか……。そうして、安倍は地域の不安定要因で困り者だと米中で対応を協議しようということなのか[79]……〉

参拝が決まった以上、「うまく参拝してもらう」のが政務秘書官の仕事である。

前日の25日、今井はひとりで靖国神社に行った。本殿だけでなく鎮霊社も訪れた。

安倍が靖国神社参拝に当たって、本殿への参拝だけでなく鎮霊社でも祈りを捧げることで安倍とは話し合い済みである。

鎮霊社は、靖国神社の境内の片隅にひっそりと建つ祠《ほこら》である。

靖国神社編の「やすくにの祈り」によると、ペリーの黒船来航があった1853（嘉永6）年以降「戦争・事変に関係して戦没し、本殿に祀られざる日本人の御霊と、世界各国の戦争・事変に関係した戦没者の御霊を祀る」ために1965年に建立したとある。会津藩の白虎隊や西南戦争で朝敵となった西郷隆盛らの霊も祀られている。

本殿から鎮霊社までどういう動線を組むのか、警護はどのような点を注意すればいいか、事前に押さえておかなければならない。[80]

次に、参拝後の声明文を日本語と英語で作成しなければならない。なかでも英語の表現には気を付ける必要がある。

ありがたかったのが、飯島のアドバイスだった。

右翼の街宣車を靖国神社に出させないようにする。街宣車が安倍の参拝を讃えれば慰霊は台無しとなる。その映像が海外に放映されるだけで安倍の参拝は軍国主義を煽る行為と見られてしまう。飯島はそういうことを一つ一つ今井に指南した。[81]

25日夜。今井のケータイに中国大使館の上層部から何度も電話が入った。今井は出なかった。

26日朝、程永華《ていえいか》中国大使が電話してきた。

「なんとか、やめていただきたい」

「もはや決まったことです」と今井は答えた。

「済んだ」

２０１３年12月26日午前11時半。安倍は靖国神社に参拝した。この日は、第２次政権発足から満１年となる日に当たった。現職首相による靖国参拝は、２００６年８月15日（終戦の日）の小泉純一郎の参拝以来、７年４か月ぶりだった。

安倍はモーニング姿で本殿に上がり、「内閣総理大臣　安倍晋三」と札をかけた花を奉納し、参拝した。その後、鎮霊社を訪れ、手を合わせた。

安倍は、参拝に当たり、「首相談話」を発表した。

「本日、靖国神社に参拝し、国のために戦い、尊い命を犠牲にされた御英霊に対して、哀悼の誠を捧げるとともに、尊崇の念を表し、御霊安らかなれとご冥福をお祈りしました。また、戦争で亡くなられ、靖国神社に合祀されない国内、及び諸外国の人々を慰霊する鎮霊社にも、参拝いたしました」

靖国神社本殿への参拝と鎮霊社への参拝と２つの参拝を行ったことを最初に明確にした。

次に安倍が強調したのは、「不戦の誓い」の堅持だった。

「日本は、二度と戦争を起こしてはならない。私は、過去への痛切な反省の上に立って、そう考えています。戦争犠牲者の方々の御霊を前に、今後とも不戦の誓いを堅持していく決意を、新たにしてまいりました。同時に、二度と戦争の惨禍に苦しむことが無い時代をつくらなければならない。アジアの友人、世界の友人と共に、世界全体の平和の実現を考える国でありたいと、誓ってまいりました」

安倍は「首相談話」を次のように結んだ。

「中国、韓国の人々の気持ちを傷つけるつもりは、全くありません。靖国神社に参拝した歴代の首相がそうであった様に、人格を尊重し、自由と民主主義を守り、中国、韓国に対して敬意を持って友好関係を築いていきたいと願っています[82]」

前日夜、今井は、斎木昭隆外務事務次官に連絡し、翌日首相が靖国神社に参拝することを密かに伝えた。海外向けに重点を置いた首相談話を作成するのに外務省の力を借りる必要があった。

斎木は言った。

「総理が靖国に行ったら、この政権終わりますよ」

今井は答えた。

「そうならないため、談話作成を手伝ってもらいたいと頼んでいるんです」

「わかりました。１００％、支援します」

斎木はそう言って、通訳官の高尾直を直ちに官邸に差し向けた。今井と高尾は深夜遅くまでかかって、英文談話を完成させた[83]。


官邸から靖国神社に行く際も、帰る際も、車の中の安倍は口を一文字に結び、沈黙したままだった[84]。

菅義偉官房長官は、その日午前、安倍がモーニング姿で靖国参拝に向かうため官邸を後にするのを見送った。その時の安倍の表情を生涯、忘れることはないだろう。

「あれほど総理が緊張していたのを見たのは初めてでした」

そして、付け加えた。

「官邸に帰ってきたとき、行く時の顔のどす黒いのが、アクがすっかり抜けていた。本当にほっとしていた。あんなほっとした顔を見たのは初めてでした」

「最初で最後でしたね[85]」

その時、岸田文雄外相は外務省の大臣室にいた。

朝方から「総理が靖国神社に参拝するらしい」との情報が流れていた。

午前9時過ぎ、官邸から参拝日程を告げられた。その後、小野寺五典防衛相が外務大臣室まで駆けつけてきた。２人は同じ自民党の派閥、宏池会に属する。岸田は、靖国神社に参拝した時の外交的な意味合いについて安倍には報告したが、安倍の参拝決定に関する相談は受けなかった。

首相が靖国神社に向かったとのニュース・フラッシュが流れた。２人とも無言のまま、テレビのニュース番組を見た。

山﨑和之大臣官房参事官（１９８３年外務省入省）はその直後、岸田に別件の報告事項があり、大臣室に入った。見たことがないほどの落胆ぶりだった。[86]

安倍の靖国神社参拝からしばらくして、杉山晋輔外務審議官は安倍と話す機会があった。

安倍は、アジア外交への意気込みを語った。中でも、中国との関係改善に意欲を燃やした。靖国神社参拝について確かに中国は厳しい反応を示している。しかし、第１次政権でも小泉純一郎首相の靖国神社参拝の後、日中の戦略的互恵関係を構築したことへの自負をのぞかせた。

「それに、もう、済んだから」

〈済んだ？〉

杉山は仰天した。

〈そういう世界なのか……〉

安倍にとって靖国神社参拝は信念でありイデオロギーなのだろうと思っていた。しかし、安倍は同時にそれを冷徹な政治として捉えている。

「済んだ」――杉山は、安倍政権では靖国神社参拝は、これが最初で最後なのだ、と受け取った。そして、安倍はそのことをそれとなく伝えようとしたのだろう、と。[87]

〈よりによって、なぜ、クリスマスの日にヤスクニなんかに行くんだ！〉

米国はその日はクリスマスに当たった。

佐々江賢一郎駐米日本大使（1974年外務省入省）はワシントンの大使公邸でホワイトハウス安全保障会議（NSC）のロバート・カイルの欧州赴任の送別と新任のレイモンド・グリーンの2人を主賓に招いてディナーを開催していた。グリーンは日本、中国勤務を経験した有望株の外交官である。

夜7時過ぎ、斎木から電話がかかってきた。

「総理がこれから靖国に行く。ついては先方に事前に知らせて欲しい。そして、よく説明しておいてほしい」。

「説明しておいてって、どうやって？」

佐々江はダイニング・ルームを出て、ラッセルに電話した。首相がこれから靖国神社参拝に向かう、と告げたところ、ラッセルは絶句した。[88]

キャロライン・ケネディ駐日米大使は、そのとき、新幹線で京都に向かっていた。広報担当のデボラ・リード首席補佐官から電話が入り、首相の靖国神社参拝を知らされた。打ちのめされた。米大使館のスタッフが3日ほど前に、「首相は参拝を考えているようだ」との情報を聞きつけてきたが、誰も注意を払わなかった。まさか参拝すると思っていなかったからである。

直ちに、ワシントンの本省と連絡を取り合ったが、誰もが不機嫌だった。

〈よりによって、なぜ、クリスマスにヤスクニなんかに行くんだ！〉

「休日を邪魔された」ことへの怒りが止まらない。

米政府としては公に意思表明をせざるを得ない。大使館で声明文を起草し、それをホワイトハウスに送った。向こうから戻って来た文面には deeply disappointed（深く失望した）とあった。ホワイトハウスの強い表現は、バイデン個人の怒りを反映していた。ＮＳＣのスタッフたちも「バイデンは少し過剰反応だ」と感じながらも、「バイデンの性格からして、しょうがない」とあきらめ顔だった。

ただ、強い表現にしたのは、安倍の参拝がこれからも続くのか、それとも今回の政治的儀式で打ち止めなのか、その見極めがつかなかったこともある。今回限りでやめてもらうためにも強い表現にした方がいいという計算も込められていた[89]。

しかし、ケネディが「なぜ、その表現を使わなければならないのか」と直接、問い質し、何度かやり取りをする中で、最後に deeply（深く）を外すことが決まった。

国務省の日本担当は、disappointed の日本訳を「失望」にしたのが強すぎたと後に振り返った。「『残念』と訳すべきだったと思う……それが我々の伝えたかったことだった[90]」

12月26日午後、米大使館は首相の靖国神社参拝に関する声明を発表した。

「日本の指導者が近隣諸国との緊張を悪化させるような行動をとったことに、米国政府は失望している」

その上で、声明は「日本と近隣諸国が過去からの微妙な問題に対応する建設的な方策を見いだし、関係を改善させ、地域の平和と安定という共通の目的を発展させるための協力を推進することを希望する」と述べた[91]。

中国外交部の秦剛《しんごう》報道局長は「強烈に抗議し、厳しく非難する」との談話を発表。王毅《おうき》外相が木寺昌人大使（１９７６年外務省入省）に抗議した。韓国政府は声明で「時代錯誤の行為」と非難した。

「失望」声明は、日本のイメージを損ない、日米関係を軋《きし》ませた。

衛藤はその声明に不満を覚えた。２０１４年2月16日、衛藤は YouTube に『約束を果たした総理の靖国参拝』のタイトルの動画を投稿し、その中で「我々の方が失望した」とコメントした。それに対して、菅官房長官は、「（衛藤氏の）個人的見解だ。日本政府の見解ではない」と述べた上で、衛藤に発言の取り消しを指示したと述べた。同日、衛藤は発言を取り消し、動画を削除した。

「安倍晋三首相の靖国参拝に抗議するために国連の韓国と中国の大使が共同記者会見をやろう」

安倍が靖国神社を参拝して3週間後のことである。

２０１４年1月19日。中国黒龍江省のハルビン駅内の一角に安重根《アンジュングン》義士記念館が開館した。初代韓国統監を務めた伊藤博文を１９０９年に暗殺した韓国の独立運動家、安重根を顕彰する記念館である。前年6月末、韓国の朴槿恵大統領が訪中し、習近平中国国家主席と会談した折、同駅内に安の石碑を建立することを直接、陳情し、実現したいきさつがある。この時は中韓共同声明で、歴史問題が地域の不安定をもたらすことへの「特別の懸念」を表明した。日本を標的にしたことは明らかだった。

その後、安倍の靖国神社参拝を受けて、中国は歴史問題で韓国とともに日本に圧力をかける〝共闘〟を演出することになる。

中国は、靖国神社参拝をきっかけに海外在勤の大使が一斉に「歴史戦」を仕掛けるため任地国のメディアを舞台に対日批判を組織的に展開した。

その代表例が「戦う外交官」として名を挙げた劉暁明《りゅうぎょうめい》駐英大使だった。劉は日本を『ハリー・ポッター』の悪役、ヴォルデモート卿と対比させるなどの攻撃を展開し、それに反論する日本の林景一大使（１９７４年外務省入省）と英メディアで舌戦を繰り広げた。劉暁明の激しい日本攻撃は、新型コロナ危機でお目見えした「戦狼外交」のはしりだった。[92]

対日「歴史戦」の司令塔は、２０１３年3月に外相に就任した王毅だった。２０１４年3月、王毅は就任後最初となった全国人民代表会議（全人代）の記者会見で、「新時代の中国外交」には「底気（底力）」「骨気（気骨）」「大気（鷹揚さ）」が必要だと定義。このうち「骨気」について、次のように述べた。

「われわれには気骨が必要だ。気骨の起源は民族の誇りだ。近代以来１００年間の歴史は永遠に過去のものとなった。われわれは国家と主権と民族の尊厳に対して強烈な情感を持ち、世界の問題に対して自己の判断を有している[93]」

中国の国営新華社通信によると、安重根義士記念館は駅の貴賓室を改造して建設。広さは約１００平方メートル。パネル展示が中心で、安重根の生涯をたどる内容である。記念館の内部から、参観者がガラス窓越しに見下ろす形で伊藤博文の狙撃現場であるプラットフォームを見渡すことができる。狙撃現場のプラットフォームに埋め込まれた表示タイルの上の天井から「安重根撃殺伊藤博文事件発生地１９０９年10月26日」と緑の字で記した看板がつるされた。

建設費はハルビン市などが負担。開館式には黒龍江省の孫堯《そんぎょう》副省長が出席した。入場料は無料。これに先立って、中国外交部は16、17の両日、北京駐在の外国メディアを対象に、遼寧省の九・一八歴史博物館などを回り、かつての日本の残虐行為を宣伝するプレスツアーを実施した。日本政府は、外務省の伊原純一アジア大洋州局長（１９７９年入省）が19日、中韓両国の在日公使に電話で抗議を行い、菅が記者会見で、「安重根はわが国の初代首相を殺害し、死刑判決を受けたテロリスト」と述べ、批判をした。「記念館の建設が北東アジア地域の平和と協力関係の構築に資するものではないとの我が国の懸念を、これまで累次にわたり大韓民国政府及び中華人民共和国政府に対し伝達してきたにもかかわらず、同記念館が建設されたことは残念であり、遺憾であると考えている[94]」。

２０１４年のことだが、韓国の外交官は、この間のいきさつを次のように詳細に語った。

１９９２年8月24日に韓国は中国と国交を樹立した。2〜3年したら、韓国から多数の観光客がハルビンに行くようになった。彼らが一番、見たいところは安重根が伊藤博文を襲撃したハルビン駅だった。90年代後半から、韓国側は中国側に同駅に碑石のような記念碑を建立できないか打診したが、中国政府は関心を示さなかった。韓国側はハルビン市や黒龍江省への投資とからめて記念碑建立を働きかけたが、黒龍江省と北京政府との間でたらいまわしにされ、実現しなかった。中国の外交官の一人は、安重根の出身地は今の北朝鮮であり韓国ではないではないか、と言い放った。そのころ、韓国側は同時に、中国側に対して、大連・旅順にあるとされる安重根の遺骨探しを要請していた。当時の韓国の金夏中《キムハジュン》駐中国大使は薄熙来《はくきらい》大連市長（後の中国共産党政治局員）と親しく、この2点に関して薄にもロビー活動を行ったが、不発に終わった。

ハルビン市内には少数民族の朝鮮族がいる。実は、彼らは自分たちで朝鮮民族芸術館を建設し、その一角に安重根義士記念館という展示コーナーを開設していた。中国の官憲は、安重根顕彰が朝鮮族の民族主義に火をつけることを警戒し、常時、監視していた。ハルビン市内で韓国系企業が経営する小さな百貨店に安重根の銅像を展示したところ、直ちに公安警察がやってきて撤去を命じたこともある。ただ、同年、ハルビン駅の1番線ホームに三角形とダイヤモンド形の2つのタイルが埋め込まれた。三角形は撃った場所、ダイヤモンド形は撃たれた場所だとされたが、説明も何もなかった。韓国側は、それらが何を意味するのか説明文を掲げるようロビーを続けた。

2013年5月、韓国外交部は、朴槿恵大統領が登場したのを機に中国との関係を強化し、安重根記念碑の建立を実現することにした。事前に中国の外交部の実務レベルとすり合わせをすれば潰されるに決まっている。そこで、中韓首脳会談の席で、尹炳世外相がハルビン駅舎内の安重根記念碑建立プロジェクトを持ち出し、朴が畳みかけて習の支援を求める二段構えの陳情作戦に訴えることにした。同年6月、中国を国賓訪問した朴は、ハルビン駅内に記念碑を設置するよう要請、習は「検討します」と答えた。会談終了後、韓国外交部は中国外交部の担当者から、自分たちの頭越しに「領導」に直訴したのはけしからんとしてすさまじい抗議を受けた。

その後、年末までこの件について中国側から韓国側に何の連絡もなかった。

中国外交部に問い合わせても、なしのつぶてである。

安倍首相の靖国参拝の後、それが一変した。

２０１４年1月18日午前8時半。土曜日。韓国の北京大使館に中国外交部から連絡が入った。

「中華人民共和国政府は大韓民国政府の要請に応えてハルビン駅に記念館をつくることにした」

「開館式は明日行う」

「記念館に展示物を用意した。その歴史的事実が正しいか正しくないか、最後の点検が必要である。韓国政府、とりわけ韓国駐北京大使館の職員にこの作業に加わって欲しい」

韓国はハルビンに総領事館を置いていない。北京から参事官を急遽、ハルビンに送った。

２０１４年1月19日。日曜日。ハルビン駅で安重根義士記念館の開館式が執り行われた[95]。

「我々が中国にお願いしていたのは記念碑でした。そして、できればバラの花１本、それも１本だけ、でした」

と、くだんの韓国外交官は言った。

「ずーっと長い間、彼らはこちらの要望にはまったく応えずに、幕を開けると記念碑ではなく大きな記念館、バラの花１本ではなくバラ園がつくられていました」

「そして、請求書が届きました。こちらに。安倍晋三首相の靖国参拝に抗議するために国連の韓国と中国の大使が共同記者会見をやろう、とね[96]」

日本政府は、この間、時折、現地に外交官を派遣し、中国と韓国との間で進められているハルビン駅の安重根記念館プロジェクトを注意深く観察していた。新たな展開があるたびに、日本側の懸念を両国に伝えてきた[97]。

韓国側は、自分たちは具体的にどのように計画が進んでいるのか十分につかめない、と回答したが、このプロジェクトのイニシアティブを取っているのは明らかに韓国側だった。ただ、「韓国は記念碑という象徴的な形式を求めていたが、中国に記念館に変えられてしまったというのはおそらく真実だろう」と日本の外交官は言った。[98]

安倍の靖国神社参拝後、王毅外相が尹炳世外相に電話を寄こした。

王毅は、怒気を含んだ声で言った。

安倍晋三首相の歴史歪曲に反対する、われわれはそれを見過ごすわけにはいかない。これは韓国と中国の人民に対する侮辱的な行為であり、戦後秩序（post war order）に対する挑戦である。韓国と中国は朋友《ポンヨウ》である、手を携えて、その挑戦に応えていこう――。

2014年3月24日。オランダ・ハーグにおける核安全保障サミットに参加した際、習と朴槿恵は首脳会談を行った。習近平は、ハルビンの安重根義士記念館開設は自分が直接、指示して開館させたことを強調した。もう一つ、吉林省長春の朝鮮の慰安婦問題に関する資料（アーカイブ）の公開も自分の指示で行ったことにも触れた。[99]

中国は、対日歴史戦の恰好の戦場として日本の政治指導者の靖国神社参拝と慰安婦問題に照準を合わせ、韓国をそこでの恰好の〝共闘〟仲間に仕立て上げようとしていた。

兼原信克は著書『安全保障戦略』の中で「昨今の世界中の韓国慰安婦像の建立にも、不思議なことに中国の影がくっきりと見える。フィリピンで撤去された慰安婦像は、香港の財閥が資金を出しており、中国人慰安婦問題を喧伝する上海の大学教授が関係していた」と述べている。[100]

2014年9月24日、習近平は抗日戦争勝利記念座談会において、「極東国際軍事法廷および、中国、ソ連などの軍事法廷の日本戦犯に対する裁判で、……戦争犯罪者が永遠に歴史の恥辱の柱に打ち付けられた」

と述べ、「この裁判の正義は揺るがず、挑戦は許されない」と警告を発した。[101]

国際政治学者のゲーリー・バースは「平和愛好の民主主義国が民族主義的で共産党の独裁国に道義的優越性でかなわないという他ではありえない不可思議な光景は、東アジアにおける第2次世界大戦のいまに及ぶ振動・波長を理解して初めてその意味するところがわかる」と記している。[102]

安倍の靖国神社参拝は、中国やロシアの戦勝国（連合国）が日本という敗戦国（枢軸国）に対して道義的優位性（モラル・ハイグラウンド）を居ながらにして手にする「他ではあり得ない不可思議な光景」を現出させる結果となった。

安倍は靖国神社参拝を「英霊に対する国家としての尊崇の念」という、戦後、失われた精神を「取り戻す」新たな政治をつくる観点から行った。

しかし、それは戦後、日本が徐々に勝ち得てきた平和愛好国、頼りになる相談相手、信頼に足る同盟国、といったソフトパワーのイメージを毀損する危険を改めて明らかにした。

その一方で、中国やロシアが民主主義国を貶める権力政治の道具として歴史戦を仕掛ければ仕掛けるほど、そして、日本を含む民主主義国がその仕掛けに反撃すればするほど、歴史問題は相互の和解プロセスの一環としてではなく、地政学的な歴史戦の対象であり材料に還元されていく力学も露わになった。

中韓の歴史戦における〝共闘〟を前に、安倍はそれを新たな地政学的な挑戦と捉え、地政学的に応戦することにした。

中国との関係改善を優先させ、その後で韓国との関係修復を図る――。

ここまでは第1次政権で学習済みのところだった。

第1次政権の時、中国に靖国神社に行かないと約束しない限り首脳会談は開催しないと条件を付けられたが、安倍はその条件を呑まなかった。それでも首脳会談は実現した。中国はパワー・バランスを見て外交をする。相手はリアリズムなのだから、こちらもリアリズムに徹する。靖国神社を参拝しても中国が日本との関係を安定させたいと思うならば、首脳会談はできる[103]――。

　２０１４年を通じて、安倍は対中関係改善を優先させて取り組んでいく。

　今後、米国のほかＧ７同志国、豪州・東南アジア、ロシアその他の国々と安全保障のネットワークを構築し、ともに対中リバランシングを図り、対中抑止力も高めていく。そして、中国がこちらの抑止力の高まりを感じ、政権安定性を認識し、日本との関係を安定させようと思うように仕向ける。

　要するに、持久戦を覚悟する。

　それには、安定政権と長期政権を目指さなければならない。総選挙に勝って国内基盤を固めれば、相手も無視しにくくなるはずである。

〈むしろ、靖国神社を参拝した首相として日中関係を改善していく、改善できるということを示したい[104]〉

　２０１３年の参議院選挙で勝利を収めたことで中国の安倍を見る目が幾分変わって来たと安倍は感じていた。その後、２０１４年暮れの衆議院選挙で大勝し、中国の安倍に対する対応が実際に変わって来ることを安倍は知ることになる。

　もっとも、そうした変化は米国も同じだった。２０１４年衆議院選挙の後、安倍に電話を寄こしたオバマ米大統領は「これだけの大勝利ですから、安倍さんももう少し、この勝利の喜びを味わってください」とオバマにしては珍しく精一杯のエールを送った。

〈本格政権でないと、そしてそう思われないと、外交も本格的に扱ってもらえない〉

　安倍にとって、「過去の克服」は何よりも「歴史戦」という外交課題に他ならなかった。そして、それを戦う上での第一の要諦は「この問題（歴史問題）では国内の大方の合意と政権の安定が肝心。これまでこの問題ではいつも後ろから飛んでくる弾でやられていたのだから」と兼原たちに言っていた[105]。

1　元官邸スタッフ、2020年10月15日／元官邸スタッフ、2020年11月25日／飯島勲、2024年5月30日
2　「15日より前の参拝　説得」朝日新聞、2001年8月12日
3　今井尚哉、牧原出「安倍政権の7年8か月を支えた首相秘書官が明かす「強い官邸」の作り方と財務省へのエール」『中央公論』2025年3月号
4　元官邸スタッフ、2020年10月15日／元官邸スタッフ、2020年11月25日
5　安倍晋三、2020年11月18日
6　谷内正太郎、2021年8月26日
7　谷内正太郎、2020年1月16日
8　谷内正太郎、2020年1月16日／元官邸スタッフ、2020年12月14日
9　船橋洋一編『いま、歴史問題にどう取り組むか』岩波書店、2001年、165～168頁
10　官邸スタッフ、2021年10月11日
11　安倍晋三、2020年11月18日
12　安倍晋三、2020年11月18日
13　安倍晋三『新しい国へ　美しい国へ　完全版』文春新書、2013年、74～75頁
14　安倍晋三『新しい国へ　美しい国へ　完全版』文春新書、2013年、77頁
15　韓国外務省幹部、2014年4月21日
16　「『漢江の奇跡、再び』朴・韓国大統領が就任演説」日本経済新聞、2013年2月25日
17　尹炳世、2024年5月1日
18　外務省幹部、2014年4月1日
19　安倍晋三、2020年10月9日
20　参議院　第183国会　参議院予算委員会　第11号　平成25年4月24日
21　韓国外務省幹部、2014年4月21日
22　安倍晋三、2020年11月18日
23　元官邸スタッフ、2022年10月4日
24　米政府高官、2013年8月21日
25　米政府高官、2013年4月25日
26　外務省幹部、2014年7月18日
27　安倍晋三、2020年11月18日
28　「靖国に弥栄（いやさか）あれ」麻生太郎オフィシャルウェブサイト、2006年8月8日
29　Michael Yahuda, *Sino-Japanese Relations after the Cold War Two tigers sharing a mountain*, London: Rougledge, 2014, p.52
30　「靖国5『戦後』からどこへ」毎日新聞、2006年8月10日
31　米政府高官、2013年3月12日
32　衆議院　第183回国会　衆議院予算委員会　平成25年3月12日
33　“One Man's Invasion Is..”, *Wall Street Journal*, April 27, 2013
34　Tobias S. Harris, *The Iconoclast Shinzo Abe and the New Japan*, London: Hurst & Company, 2020, p.201
35　兼原信克、2018年1月28日
36　Richard McGregor, *Asia's Reckoning: China, Japan, and the Fate of U.S. Power in the Pacific Century*, New York: Viking Penguin, 2017, p.300
37　元ホワイトハウス高官、2023年10月23日
38　元米政府高官、2024年3月12日
39　“Japan is Back: A Conversation with Shinzo Abe”, *Foreign Affairs*, July/August 2013
40　国防総省幹部、2023年12月7日
41　チャック・ヘーゲル、2023年12月2日
42　「特集――慰安婦問題合意、検証、朴氏は就任以来、『外圧』譲歩を迫った、『韓国、相手にせず』首相」日本経済新聞、2016年1月9日
43　チャック・ヘーゲル、2023年12月2日
44　米政府高官、2014年8月15日／チャック・ヘーゲル、2023年12月2日
45　安倍晋三、2020年11月18日
46　谷内正太郎、2014年3月5日
47　衛藤晟一、2014年7月14日
48　外務省幹部、2013年11月20日／衛藤晟一、2014年7月14日
49　衛藤晟一、2024年7月27日
50　衛藤晟一、2014年7月14日
51　元官邸スタッフ、2024年8月7日

52 打田文博、２０２４年７月２日

53 高村正彦・兼原信克・川島真・竹中治堅・細谷雄一『冷戦後の日本外交』新潮選書、２０２４年、56頁／高村正彦、２０２４年７月19日

54 衛藤晟一、２０１４年７月14日

55 官邸スタッフ、２０２１年９月21日

56 衛藤晟一、２０１４年７月14日

57 Richard McGregor, *Asia's Reckoning: China, Japan, and the Fate of U.S. Power in the Pacific Century*, New York: Viking Penguin, 2017, pp.305–306

58 Richard McGregor, *Asia's Reckoning: China, Japan, and the Fate of U.S. Power in the Pacific Century*, New York: Viking Penguin, 2017, p.302

59 Richard McGregor, *Asia's Reckoning: China, Japan, and the Fate of U.S. Power in the Pacific Century*, New York: Viking Penguin, 2017, pp.302–303

60 元官邸スタッフ、２０２２年10月４日

61 中国共産党関係者、２０１４年３月26日

62 米政府高官、２０１５年１月８日

63 韓国外務省幹部、２０１４年４月21日／韓国政府高官、２０２４年５月１日

64 元官邸スタッフ、２０２２年10月４日

65 安倍晋三、２０２０年11月18日

66 外務省幹部、２０１４年１月29日／安倍晋三、２０２０年11月18日／官邸スタッフ、２０１４年２月27日

67 「『靖国』後（上）後半　ぶれる米の対韓認識で日韓関係悪化『まるでアマチュアだ』」産経新聞、２０１４年１月30日

68 元米政府高官、２０２３年５月４日

69 政府高官、２０１７年８月17日

70 元官邸スタッフ、２０２２年10月４日

71 Steve Clemons, "The Geopolitical Therapist–A conversation with Vice President Joe Biden", *Atlantic*, August 26, 2016

72 Richard McGregor, *Asia's Reckoning: China, Japan, and the Fate of U.S. Power in the Pacific Century*, New York: Viking Penguin, 2017, p.30

73 安倍晋三、２０２０年11月18日

74 官邸スタッフ、２０２０年10月15日

75 官邸スタッフ、２０２２年８月９日

76 元官邸スタッフ、２０２１年３月16日／萩生田光一、２０２３年10月15日

77 官邸スタッフ、２０１３年11月18日

78 官邸スタッフ、２０１３年11月18日

79 安倍晋三、２０２０年11月18日

80 官邸スタッフ、２０１４年２月27日

81 官邸スタッフ、２０２１年９月21日

82 外務省「安倍内閣総理大臣の談話～恒久平和への誓い～」２０１３年12月26日

83 元官邸スタッフ、２０２２年10月４日

84 元官邸スタッフ、２０２３年９月19日

85 菅義偉、２０１７年８月17日

86 外務省幹部、２０１４年７月18日

87 杉山晋輔、２０１４年２月19日

88 外務省幹部、２０１４年２月21日

89 元米政府高官、２０２３年５月４日

90 国務省幹部、２０１４年２月20日／在日米大使館幹部、２０１４年３月18日

91 "Statement on Prime Minister Abe's December 26 Visit to Yasukuni Shrine", *U.S. Embassy & Consulates in Japan*, December 26, 2013

92 Michael J. Green, "The Real China Hands What Washington Can Learn From Its Asian Allies", *Foreign Affairs*, November/December 2022

93 城山英巳「中国の『やられたらやり返す』戦狼外交が抱く難問」ＡＰＩ地経学ブリーフィングＮＯ．99、２０２２年４月４日

94 鈴木貴子衆議院議員の質問に対する日本政府答弁書、２０１４年２月４日

95 韓国外務省幹部、２０１４年４月21日

96 韓国外務省幹部、２０１４年４月21日／米政府高官、２０１４年２月20日

97 鈴木貴子衆議院議員の質問に対する日本政府答弁書、２０１４年２月４日

98 外務省幹部、２０１４年７月15日

99 韓国外交官、２０１４年４月22日

100 兼原信克『安全保障戦略』日本経済新聞社、２０２１年、３５０頁

101 「習近平主席、抗日戦争勝利記念座談会で中日関係語る」中華人民共和国日本国大使館、２０１４年９月24日

102 Gary J. Baas, *Judgement at Tokyo World War II on trial and the making of modern Asia*, London: Picador, 2023, pp.11–12

103 安倍晋三、２０２０年11月18日

104 安倍晋三、２０２１年１月14日

105 安倍晋三、２０２０年12月16日

第４章　尖閣諸島

「中国が出て来れば下がれ、と言われました」

２０１３年１月５日。その日は土曜日だった。政権が発足してまだ1週間ほどである。安倍晋三首相は急遽、防衛省の黒江哲郎運用企画局長（１９８１年防衛庁入庁）と自衛隊の岩崎茂統合幕僚長（１９７５年入隊、第19期）らを官邸に呼んだ。民主党政権での尖閣諸島の警戒警備について報告をしてもらいたい、と招集した。

２０１２年９月、民主党の野田佳彦政権が尖閣諸島を国有化したことに中国が態度を硬化させ、その後、中国の公船による領海侵犯の事例が相次いだ。尖閣諸島をめぐる日中の緊張は極度に高まっていた。

黒江が報告した。

「民主党政権下では中国の軍艦が来たら下がれ、と言われました。相手とは一定の距離を保たないといけない、一定以上近づくと危険だから、ということでした」

安倍は質《ただ》した。

「じゃあそのまま下がり続けて、向こうが接続水域、領海に入ったらどうなるんですか」

接続水域とは、沿岸から約22キロまでの領海の外側の、さらに約22キロまでの海域であり、そこは公海扱いである。

「我々は下がり続けます。自衛隊の姿は見せるな。これが民主党政権の指示です」

黒江はそこまで話すと、黙ってしまった。一瞬、沈黙に覆われた後、安倍は、黒江の顔をまじまじと見て、信じられないという顔をした。

「いや、それは……。それじゃ、尖閣、取られちゃうじゃないですか[1]」

自衛隊の姿を相手に見せない。民主党政権はそのことを「見通し線に入るな」という言い方をしていたことを安倍は後に知ることになる。自衛隊を中国の「視野に入らないように」配置するということである。[2]

安倍は、なおも質した。

「じゃあその結果、中国の船が領海に入ろうとしたらどうするんですか」

「いま出ている指示は一定の距離をとれという指示しか出てないので、自衛隊の船は一定の距離をとります」

「自衛隊の船がいながら、みすみす取られちゃったら、そりゃ、アメリカ、助けに来ないよね。絶対、前だよ。引いちゃだめだ。一旦、引いて、それから攻めればいいじゃないかという理屈は成り立たない。下がったらもう中国にやられちゃう。下がらないで、我々が戦うことで、日米でうまくやれるんだ」

安倍は、少し間を置いてから、改めて確認するように質した。

「これって、通常のやり方ですか」

「違います」

「じゃ、直ちに本来のやり方に戻してください」

「それでは持ち帰って、検討いたします[3]」

安倍は、指揮官が指示するように言った。

「今日この時点でそれを変える。一定のところまでは一定の距離を保て。でも、それがもっと縮まってきたら逃げるな、出るな。そこは踏みとどまって、日本の国家意思を示してほしい。どんなことがあっても尖閣は日本の力で守り抜く、それを国家意思として示していただきたい[4]」

「尖閣ぐらいの島は日本単独で守るという気概を示さないと、米軍は助けに来てくれない」

ここで安倍はギアを切り替えて、自問自答するように言った。

「そもそも中国の尖閣諸島に関する意図は何なのか？」

「中国は尖閣への攻勢のレベルを徐々に上げてきている。ただ、習近平体制は経済発展を最優先課題としていると思う。軍事的衝突は望んでいないはずだ」

「おそらく尖閣諸島に対する日本の実効支配を中立化させようということなのではないか。中立化させていると見えればいいのだ、その見え方が彼らの関心事なのだ。それを執拗に続けて、最後は共同管理に持ち込もうということかもしれない」

その中で日本としてはどういうメッセージを中国に伝えるべきか。

安倍は、「中国が前例のないことをやっている以上、こちらも前例にとらわれる必要はない」と言い、領空侵犯に対する警告射撃は武器の使用ではなく警告のための信号にあたるとの見解に立ち、「信号射撃」を検討してもらいたい、と言った。

また、中国が護衛艦を周辺海域に侵入させる場合は、こちらも護衛艦を先回りして同じ海域に送りその姿を見せることが必要になるのではないか、と指摘し、それもまた「宿題」として考えてほしい、と言った。[5]

防衛省・自衛隊幹部が帰った後で、安倍は会議に同席していた秘書官の島田和久に言った。

「防衛省はどうなってるの。持ち帰って検討するって、総理大臣が言ってるのに、誰に相談するの」

「まさか民主党に相談に行くんじゃないだろうな」

そんな冗談口をたたき、笑った。[6]

尖閣諸島に関するこの日の会議を招集することを進言したのは島田だったが、防衛相に就任したばかりの小野寺五典も、尖閣諸島の警戒警備に関する現状報告を防衛省・自衛隊から一刻も早く上げさせることを安倍に助言していた。

小野寺はそのちょっと前に知人の紹介で海上自衛隊の幹部2人と食事した際、「尖閣での対処要領が民主党政権のときに非常に甘くなってしまった。（中国の公船に）近づくなという命令が出ていて、それが今でも出続けているんです」と言われた。

小野寺は政権発足の翌日、安倍に会い、事情を伝え、「総理も確認されたほうがいいです」と促した。[7]

民主党政権最後の野田佳彦内閣で防衛相を務めたのは田中直紀（参議院議員、新潟県）である。前任の防衛相の一川保夫（参議院議員、石川県）ともども問責決議を可決された。一川は「私は安全保障の素人、それが本当のシビリアンコントロールだ」と発言し、批判された。

田中の場合、1972年の日中国交正常化の立役者である田中角栄の娘、田中真紀子（衆議院議員、新潟県）の夫として有名だった。田中真紀子は2001年、小泉純一郎内閣で日本最初の女性外相に抜擢されたが、外務省事務当局と対立した。小泉は田中を更迭したが、彼女の国民的人気は高く、内閣支持率は30ポイント近く下落した。真紀子ともども自民党から民主党へ鞍替えし、2010年の参院選挙で当選した。田中は記者会見で、北朝鮮の弾道ミサイルを撃ち落とす地対空誘導弾ミサイル、PAC－3を海上自衛隊の哨戒機P－3Cと言い間違えるなど失言が多く、北朝鮮の朝鮮中央通信が「日本防衛相・田中の無知がさらけ出され、物笑いの種になっている」（2012年2月8日）と報道したほどだった。[8]

民主党はそれまでの自民党政治の官主導から政治主導へと切り替えるとの号令の下、官僚に対するトップダウン指示を連発していた。

田中は次のように指示した。

その1。中国軍艦が尖閣諸島の領海に侵入しそうなときでも、自衛隊の艦船は「先に入るな」。

その2。中国側が、巡視艇からヘリを飛ばし、領空侵犯をする恐れがある場合でも、日本側は戦闘機のスクランブル発進を控えるように。

事務方は、「領空侵犯ですよ。それでもスクランブル、ダメなんですか」と質したが、田中は「いや、でも相手はヘリだろ」と言い張る。

「ヘリであろうが、何であろうが、領空侵犯ですから、警告しなきゃ。主権侵害です」

それでも田中は頑として意見を変えない。

田中の場合、「無知」によるところが大きかっただろうが、野田政権で副首相となった岡田克也も「スクランブルは控えるように」と慎重な姿勢を示していた。というより岡田がその方針を唱え、田中はただそれをオウム返しにしていたのが実態だった。

岡田は民主党政権の最初の外相であり、政策には精通している。

当時の陸上自衛隊の幕僚の一人は、こうした民主党の対応に深刻な疑問を感じた。

民主党政権は、尖閣防衛はあくまで警備行動であるとの位置づけの下、自衛隊は後方に下げ、露出させないようにするとの考え方で臨んでいる。しかし、そんな方針で臨めば、先方は心理戦を仕掛けてくる。一旦、引くとなると弱いと見られ、抑止ができなくなる。平時における最大の抑止は、自分で守る意思と能力を示すことなのだから、最初から引くとなれば抑止はできない。民主党は抑止力の概念を理解していないのではないか[9]――。

２０１２年10月３日。野田首相、岡田副首相、藤村修官房長官、玄葉《げんば》光一郎外相（衆議院議員、福島県）、田中の後任である森本敏《さとし》防衛相が集まり、尖閣に関する関係閣僚会議を開き、対応を協議した。黒江たち防衛省幹部も呼ばれた。

冒頭、岡田が「そもそも尖閣諸島というのは守るほどの法益があるのか？」と問題提起した。

それに対して、森本が「守るほどの法益とかそういうことじゃないです。領土の主権を守るかどうか、という根本的な話です」と答えた[10]。森本は自衛官出身（航空自衛隊１９６５年入隊）。安全保障問題の専門家である。

岡田は続いて「軽微な領海侵犯については中国を刺激しないように。海上保安庁に任せればいい」との方針で臨むことを主張した。

森本は反論した。

「軽微だろうが主権侵害は主権侵害です。海上保安庁の警備行動だけで守れないときのことを考えておかねばなりません」

岡田は反撃した。

「だけど向こうは海警だろう。それに対して海上自衛隊を出すというようなことになったら、ステージが（警備行動から軍事行動へと）アップしちゃうじゃないか。軍事行動への口実にも使われかねない」

さらに岡田は続けた。

「ヘリが飛んできたとき、戦闘機で対応するといっても、入って来てから戦闘機を出すのではそもそも間に合わないじゃないか。ヘリが領空侵犯したことを確認するのも時間がかかるだろうし」

森本は、言った。

「撃墜しに行くわけじゃありません。相手に出ていけと警告を発するだけです」

岡田は、納得しない。

「ヘリに対して戦闘機というのもつり合いの観点からしてどうなのか。逆に中国に過剰反応させる口実を与えることにもなりかねない」

「スクランブルは、相手が民間航空機でも戦闘機が行くんです。これは国際ルールです。別に戦闘機が行くからバランスを失するということは国際的に見てもありませんから」

岡田と森本の議論は熱を帯び、ほとんど怒鳴りあいに近くなった。

この間、野田は一言も発しなかったが、森本の方を向いて言った。

「わかった。キミの言うこともよくわかった。今日のところはこれでいい。もう黙っておいてくれ」

閣僚会議は、空自戦闘機による緊急発進（スクランブル）についても認めない方針を申し合わせた。

会合が終わった後、森本は黒江に厳しい調子で言われた。

「森本さん、あなたね、大臣でしょ。みんなの見ている前で一大臣が副総理になんていうものの言い方するんですか。言っていいことと悪いことがありますよ」[11]

2013年3月7日の衆議院予算委員会。野党となった民主党の岡田が質問に立った。岡田は、午前中の質疑の中で自民党議員が取り上げた3月5日付の産経新聞の記事に言及した。

記事には、この日（2012年10月3日）の関係閣僚会議のやりとりが記されている。[12]

岡田「この記事の中にありました、民主党政権下で、海上自衛隊の艦船と中国軍艦との間に15海里、28キロの距離を置くことを決めていた、そういう事実が民主党政権下であったというふうにご認識ですか、総理は」

安倍「今の岡田委員のご質問は、いわばこちらの態勢の詳細にかかわることでありますから、前政権のこととはいえ、今ここでつまびらかにすることは控えさせていただきたいと思います。しかし、安倍政権ができたときに、それまでの対応を全体的に見直した結果、中国に対して過度な配慮をした結果、十分な対応ができていないと私が判断したことは事実であります」

岡田「私の承知している限り、民主党政権下で、15海里、距離をあけるべきだというようなことはなかったというふうに承知をしています……。きちんと確認したらわかるはずです、事務方に。防衛省の事務方に確認してください。そういうことはなかったわけであります。何かありますか」

安倍「私は事務方から態勢について聞きました。防衛省と海上保安庁から聞きました。この態勢は明らかに過度な配慮をした結果であろうと思って、全面的に見直しをいたしました」[13]

「何をしていたんですか、仙谷さんは！」

民主党政権は2度にわたる〝尖閣ショック〟の洗礼を浴びた。

最初は、２０１０年9月7日、尖閣諸島沖で操業をしていた中国の漁船の船長が日本の海上保安庁の巡視船に体当たりした事件である。不法操業と認め、立ち入り検査をしようとしたところ、中国船は巡視船「みずき」と「よなくに」めがけて突進、2隻に損傷を与えた。保安庁は船長を公務執行妨害の容疑で拘束、逮捕した。中国は11月に横浜で開かれるＡＰＥＣ首脳会議への胡錦濤国家主席の出席取りやめを匂わせた。

戴秉国《たいへいこく》国務委員を初め中国の外交トップは、この間、日本大使を6回も呼び出し、怒りと抗議を表明した。このような攻撃的な召喚は前代未聞だった。中国の外交が、外交的な激発と経済的威圧を辞さない強硬姿勢に一気に転じたことをこの召喚は物語っていた。１９７０年代以降の中国の尖閣諸島に対する立場の明らかなシフトにほかならなかった。[14]

菅直人首相はパニック状態に陥った。

9月18日、首相公邸で行われた前原誠司外相、仙谷由人官房長官、福山哲郎官房副長官（参議院議員、京都府）らとの会合で、菅は仙谷に怒りを爆発させた。

「何をしていたんですか、仙谷さんは！　言っておいたでしょう、私は日中関係を大事にする政治家なんです！」

菅はその直前の9月14日、民主党代表選で勝利し、内閣改造を実施。国交相の前原を岡田克也に代えて外相に充てたばかりだった。

前原が船長の釈放に異を唱えたところ、菅は激した。

「ＡＰＥＣを潰すのか。ＡＰＥＣに胡錦濤が来なくなる。オレがＡＰＥＣの議長だ。言うとおりにしろ」

菅は「超法規的措置は取れないのか」と言った。[15]

船長を処分保留にして釈放しろとの意図であることは明白だった。仙谷は法務事務次官に連絡し、「政治的

・外交的な問題もあるので自主的に検察内部で船長の身柄を釈放することをやってもらいたい」旨、求めた。[16]

この間、中国は対日レアアースの輸出を事実上禁止し、ゼネコンのフジタの社員4人を拘束するなど報復策を繰り出し、船長の釈放への圧力を強めた。日本製品の不買運動が中国全土で一斉に起こった。9月24日、那覇地検は記者会見を開き、釈放決定を発表した。その際、途中釈放を正当化する法的理由がないため「今後の日中関係も考慮した」と述べた。この決定が「超法規的」に行われたことへの抗議の意をにじませ、「検察の意地」を見せたものと受け取られた。

中国政府は日本の巡視船の方が中国漁船にぶつかってきたとの宣伝を繰り広げた。これに対して、海上保安庁は巡視船が証拠として撮影していた漁船の体当たりの録画映像を公表しようとしたが、仙谷はそれを差し止めた。船長の公務執行妨害の第1回公判期日前には証拠を表に出せないという理由を挙げた。[17]

現場には強烈な不満が渦巻いた。まもなくしてSengoku38のハンドルネームでこの衝突映像がYouTubeにアップロードされた。後に海上保安官、一色正春の投稿であることが判明、一色は国家公務員法の守秘義務違反容疑で書類送検された。Sengokuは映像公表を止めた仙谷への抗議の意を込めたものと言われた。

国会では、参議院が尖閣諸島の対応に問題があったとして仙谷と馬淵澄夫国土交通相（衆議院議員、奈良県）を問責決議の対象とし、決議案は可決。翌2011年1月、仙谷は菅によって官房長官の職を解かれた。

〝国辱モノ〟の仙谷を切らなければ国会審議に応じないと野党自民党に迫られ、退任に追い込まれたのだった。

「こんなに悔しいことはない」

秘書官全員の前で、職を解かれたことを告げる仙谷の目から大粒の涙があふれ出た。[18]

次は、2012年9月11日、日本政府が、私有地である尖閣諸島の魚釣島、北小島、南小島の3島を地権者から購入し、国有地とする閣議決定をしたことである。石原慎太郎東京都知事が都としてそれを購入し、そこに灯台や船着き場を建設することを公言し、実際そのための募金で14億円超を集めていた。野田は8月

19日、官邸に石原を招き、協議したが、その席で石原が「尖閣をめぐって日中が戦争になったとしても、日本は勝つ」と述べたことに危機感を抱き、国有化を最終的に決断した。[19]

これらの島々を石原の裁量の下に委ねた場合、本当に武力衝突になる危険があると深刻に危惧したのである。野田も石原との妥協の狙いも込め、国有化と合わせて何らかの物理的な構築物をつくることを一時、検討したが、佐々江賢一郎外務事務次官が「現状を変更することになる」と強く反対した。佐々江は「現状維持」の原則を日本が貫くことが、中国にもそれをさせない上で重要だと説いた。その結果、国有化だけの措置となった。しかし、国有化を決めても地主の承諾を得なければならない。地主を口説くのも石原と競争することになった。[20]

尖閣諸島の国有化決定は、胡錦濤総書記がこの秋、5年の任期の2期目を終え、次の指導者にバトンタッチする政治的にもっとも敏感な時期と重なった。習近平国家副主席のライバルと目されていた薄熙来重慶党委員会書記（政治局員）が前年3月にスキャンダルで解任されてからは習近平の昇格が有力とみられていたが、9月になっても党大会の日程が確定しない。最後まで激しい権力闘争が繰り広げられていることをうかがわせていた。

野田は胡錦濤政権の末期に国有化してしまう方が、次の政権が生まれてからよりも得策であると判断した。「習近平が就任してすぐやると、いきなり張り手をかますようなことになるのでもっと厳しい対応になるんじゃないか」と読んだのである。[21]

もう一つ、この時の民主党政権の対中ルートの混乱が事態をこじらせることになった。同年8月31日、山口壮《つよし》外務副大臣（衆議院議員、兵庫県）が北京・中南海で戴秉国《たいへいこく》国務委員と会談し、その席で胡錦濤と野田が近々会って話す時に、「国有化はやめてくれないかとじかに頼めば止まる」と示唆した。山口は野田の総理親書を携え、胡錦濤との会談に臨んだ。親書は野田に頼み、書いてもらった。胡錦濤はこの山口の発言を踏まえ、ウラジオストクでの立ち話で野田に「やめてほしい」と直接訴えたが、野田の拒絶に遭い、結果的に恥をかかされ、怒ったという背景もあった。[22]

山口は外交官出身であり、外交には一家言ある。国有化は日中関係を悪化させるとして反対論を唱えていた。山口は佐々江外務事務次官に「外務省はなんでこんなバカなものを認めたんだ」と詰問したが、佐々江の回答は「いまは政治主導ですから」というものだった。[23] ただ、戴秉国との会談における発言は、「野田とは事前に相談なく、山口個人の見解として先方に伝えたもの」だった。[24]

この頃、日本にいる中国人情報筋は「日本政府と石原が水面下で通じている」といった陰謀めいた情報を北京の党中央にしきりに伝えていた。

その事実はなかったが、それまで民主党政権を批判していた石原が国有化以後、一切、沈黙したことが中国にそのような陰謀論を確信させたのかもしれなかった。

なんとか地主に東京都ではなく政府に土地を売却するよう説得することができた。それはよかったが、石原にまた「暴れられちゃったらこれまた大変」だと思い、国有化後、石原を「暴れさせないよう」にする必要を感じた。そこで、読売新聞グループ本社会長兼主筆の渡邉恒雄を公邸に招き、会食をしながら、石原の「抑え」を要請した。

「歴代総理とはほんとうにいっぱい付き合ってきたけど、公邸で飯を食わせてくれたのは君が最初だ」

渡邉は上機嫌でそう言った後、「それで何なんだ。オレに何をやらせたいんだ」とずばり聞いた。

「石原さんがまた暴れるとよくないんで、抑えてください」

「わかった」[25]

「抑え」が功を奏し、石原は沈黙した。

野田と石原が「水面下で通じている」との陰謀論にいち早く反応したのが習近平だった。習は「日本の一部政治勢力は（歴史を）深く反省せず、茶番を演じた」と日本を批判した。[26]

米情報機関は、中国共産党指導部内に「釣魚島応急対策指導小組（グループ）」が設置され、習近平がこのグループのトップに就いていたことをつかんでいた。[27]

「同盟国がやってはいけないことをすべてやった」

２０１２年９月９日。ロシアのウラジオストク。ＡＰＥＣ（アジア太平洋経済協力会議）首脳会議が開かれた。首脳たちは会議場の大広間に集まり、そこから昼食に向かおうというところだった。

控室にいた野田佳彦首相は、胡錦濤中国国家主席が廊下を歩いて来るのを認めると、近寄っていき、声をかけた。

「（直前の中国雲南省の）震災、大変ですね。我々ができることがあれば何でも言ってください。東日本大震災の時は、ずいぶん、助けていただきましたから」

胡錦濤は、それを無視し、いきなり怒気を含んだ言葉を投げつけた。

「（尖閣諸島の国有化に）断固反対する」

公の場でも表情に彩りのない胡錦濤だが、この時は顔がまるで能面のように凍り付いていた。野田の目は一切、見ない。[28]

野田も目をかっと開き、胡錦濤をにらみつけた。

「問題を予防しようとしてやったことです。だから、政府として購入することにしたのです」

「そんなのは受け入れられない。そんなこと絶対にやるべきではなかった。中央政府がそれを購入するということは絶対に認められない」

「いや、われわれが所有するからこそよりよく管理ができるようになるのです。そうすることで民族主義者の手に陥ることを防ぐことが出来た」

「そんなことどうでもいい。われわれには何の関係もない」[29]

15分ほどの立ち話だった。公式の会談ではない。双方とも英語の通訳を使った。通訳が訳す2人の英語の会話を、米国務長官だったヒラリー・クリントンはその場でたまたま聞いた。彼女は「本当に信じられない光景を目の当たりに」したのである。オバマ大統領が欠席し、彼女が代理で出席していた。

実はその前日、日米でトップ会合が開かれた。

米側は、クリントン国務長官、カート・キャンベル国務次官補、ダニー・ラッセル国家安全保障会議（ＮＳＣ）日本・韓国部長ら。日本側は野田と外相の玄葉光一郎らである。

日本側は、尖閣諸島国有化について米側に改めて説明した。

中国にもさまざまなレベルでこの構想は内々、伝えてある、中国も理解しているとの「感触」を得ている——。そのように述べ、米側の理解を求めた。

キャンベルやラッセルは、日本側のそうした「感触」を疑っていた。中国側がそのように理解しているとは到底、思えない、と日本に慎重対応を求めた。

そのころ、ホワイトハウスもＰＡＣＯＭ（米太平洋軍司令部）も、中国が過剰反応をするのではないかと懸念した。日本の国有化に先んじて漁船と見せかけて一気に上陸し、占拠してしまうのではないか、海警の動きに異常はないか、連日、警戒態勢に入っていた。

野田政権が尖閣諸島の国有化を発表したその日、中国の海警の公船が6隻、二手に分かれて尖閣海域に侵入、領海を侵犯した。米国は監視体制を一段と強めた。

「朝3時、4時までオフィスに残ってＰＡＣＯＭと連携して監視を続けた時もあった」と担当者の一人は振り返る。[30]

そのころ米国は、日本の政治と統治そのものへの疑念を深めていた。

日本が実効支配していたのに、それを自らひっくり返すような馬鹿な真似をなぜ、石原はしたのか？　なぜ、日本政府は石原に正面からモノを言えないのか？　何も決められない日本というメッセージを中国やロシアに与えてしまったことを日本はどう思っているのか?[31]

オバマ政権の日本の尖閣諸島国有化に対する苛立ちは、米政府高官の次の発言にもっともよく表れている。

「スギヤマ(杉山晋輔外務省アジア大洋州局長)らの外務省幹部がわれわれのところに来たときには、すでに彼らは国有化を決定していた。ワシントンとの協議と言ってもすでに決定していたものを協議であるかのように仕立て上げるフェイク協議に過ぎなかった。不誠実だ。しかも、米国が日本の側にすっくと立ってくれていない、中国寄りだという風に民主党政権は米国を悪者に仕立てている、ひどすぎる」

「われわれは最初に、国有化をしなければならない必然性はない、石原に国有化をさせないように真剣に試みてほしい、国が買う前に石原の動きが法的に合法的なのかどうかをチェックしてみてはどうかと助言した。次に、もしそれをやった場合、中国は荒れ狂う。彼らはものすごく不快感を持つだろう。だから、彼らによほど事前に丁寧にブリーフしなければダメだと助言した」

「日本側は、中国側には説明し、理解を得たと言った。我々はそんなことはとても信じられなかった。聞き間違いをしたのではないか、さもなくば正確に説明しなかったのではないかと疑念を提起した。しかし、彼らは中国は理解したと言い張り、国有化プロセスを始動させた」

「そのプロセスが始まると、民主党政権はこう言い始めた。『もう選択肢はない。これをやるしかない』。米国にも中国にもそう言い張った。しかし、民主党政権は国内向けには別のことを言った。『見てください。われわれもれっきとしたナショナリストなんです。国有化をやり遂げました。それを守り抜きます』。こんな二枚舌のメッセージが通じるわけがない」

「最後に、我々は日本側に伝えた。『こんなやり方でやってほしくなかったが、もうやってしまったからには、米国政府が尖閣諸島の平和と安定に強くコミットメントしていることを示す日米の共同軍事訓練が必要だ、と。最初、日本側はわかった、と言っていた。しかしその後で前言を翻し、キャンセルすると伝えて来た』[32]

そう言った後で、高官は次のように括った。

「尖閣国有化問題は、同盟国としてやってはいけないことをすべてやった事例として記憶しておくべきだ」[33]

日本の外交官たちにとってそれまでに見たことがない米国の険しい顔だった。[34]

日米共同訓練に関して、日本側が「前言を翻し、キャンセルすると伝えてきた」との米政府高官の発言は重大な意味を含んでいた。

日米共同訓練案を推していたのは長島昭久首相補佐官（安全保障問題担当。衆議院議員、東京都）だった。長島は抑止力を維持するため、「南西諸島での離島奪還作戦」のための日米共同軍事訓練を政治主導で進めようとし、外務省と防衛省もこれに賛同した。それを踏まえ、長島は旧知のマーク・リッパート国防次官補にアプローチした。

沖縄県渡名喜村《となきそん》に所属する無人島、入砂島《いりすなじま》で日米共同の奪還訓練を行う計画である。[35]

リッパートは前向きに反応し、キャンベルに相談した。キャンベルも支持、ホワイトハウスの了解も得た。ところが最後の段階で、日本側は「提案撤回」を申し入れた。[36]

岡田が「待った」をかけた。

岡田は、こういう外交的に敏感な事柄は中国共産党の重要会議の政治日程もにらみながら決める必要がある、と主張した。当時、そうした会議が開催されるとの予測が専《もっぱ》らだった。

岡田は言った。

「それにだいたい、外務省のアジア大洋州局もきちんと協議に入っているのか。ちゃんと彼らと協議した上で持ってきてくれ」

しばらくして、外務省から「あの話はなかったことにしてください」と報告が来た。

アジア大洋州局が反対の立場だという。中国を刺激するべきではない、ということらしい。もっとも「島の村長の了解が取れないのでできないということにします」との返事だった。[37]

「ここで飛び出したら、にっちもさっちも立っていられなくなりますよ」

２０１２年９月11日の尖閣国有化の３日後、自民党総裁選が告示された。

安倍は総裁選の演説で「尖閣をめぐり、中国は野心を隠そうとしていない」と対中強硬姿勢を前面に押し出した。そして、尖閣諸島の防衛態勢について「灯台を建てる」「公務員が常駐する施設の設置などを検討する」と踏み込んだ発言をした[38]。

中国は日本の国有化以降、尖閣諸島周辺での政府公船の活動を活発化させた。

11～12月の衆議院解散、総選挙の期間、野田は防衛相の森本には「尖閣周辺で、中国がヘリコプターを飛ばした段階でスクランブルをかけてくれ」と密かに指示した。

「平時のときは岡田さんたちの議論でいい。慎重にも慎重に対処するのがいい。しかし、選挙期間中のようなときはこちらの隙を衝いて現状変更の既成事実をつくる可能性がある。そうさせないためにもスクランブルをかけたほうがいい」との論理だった[39]。

野田のそうした懸念は的外れではなかった。

２０１２年12月13日、中国国家海洋局所属の航空機が自衛隊の地上レーダー網をかいくぐり、尖閣諸島周辺の領海上空に侵入した。海上保安庁の巡視船が、それを確認した。中国機による領空侵犯は、１９５８年に統計を取り始めて以来、初めてのことだった[40]。

12月の総選挙で民主党は惨敗した。

総選挙の後、仙谷が盟友の前原誠司に漏らしたように「結局は、尖閣国有化と反日デモが安倍を生み出した」と言っても過言ではなかった。この時の総選挙では仙谷も自民党新人に敗《ま》け、徳島県（徳島１区）の議席を失った。比例代表復活もならなかった。選挙中、応援に駆け付けた前原は、選挙民の仙谷に対する「敵意」にショックを受けた。仙谷は民主党政権の「弱腰外交」の「負の遺産を一身に背負わされてしまったのだ」と前原は思った。[41]

２０１２年12月26日、安倍政権が発足した。今井尚哉政務秘書官は尖閣への対応について安倍に聞いた。

「総理、灯台つくるんですか、ほんとに」

「まあ様子見ながらだね[42]」

今井らの第１次政権の時の秘書官グループは、政権発足直前に作成したメモ（「政権運営の注意点」）では以下のように、尖閣への公務員の常駐には慎重論で臨むべきだ、と進言していた。

「公船同士のにらみ合いは早晩じり貧になる可能性あり。尖閣への公務員の常駐の前に、中期的に抑止力の強化。すなわち、①集団的自衛権行使の容認、②海上保安庁の増強（特別枠）、③石垣、宮古、与那国等への地対艦ミサイル（88式、12式）の配備を図るべき。米国に対しても、我が国の覚悟を示す」

今井は、「灯台の建設や公務員の常駐」は米国も反対するから得策ではない。それより米国に日本が施政権を行使している尖閣諸島には日米安保条約の第５条（武力攻撃に対する共同行動義務）が適用されることをより明確にしてもらうことが大切だ、と説いた。

この点は、総裁選で安倍を支持した高村正彦も懸念していたところだった。高村は総裁選の際、安倍に電話し「公務員なんか常駐させたらにっちもさっちもいかなくなりますよ」と注意を喚起していた。安倍は「わかりました。言い方を考えます」と返答し、その後、この言葉を口にすることはなかった。

高村は「船溜まり」にも反対だった。そんなものをつくったら「台風の時に緊急避難で中国の漁船がたくさんやってくるかもしれない。しかも乗っているのが武装漁民だったりすることだってないとは言えない」からである。[43]

メモはまた、「安倍晋三は石原慎太郎ではない」ことを明確にすることを説いていた。

尖閣諸島をめぐる対応はその試金石であるとともにそれを示す機会でもあると今井はみなした。

今井は安倍に言った。

「ここで飛び出したら、にっちもさっちも立っていられなくなりますよ」

安倍は応じた。

「そうだな。アメリカにきっちり5条適用を認めさせよう。そこからだな」[44]

安倍政権になってからも、中国の攻勢は続いた。

2013年1月30日、中国人民解放軍海軍のフリゲート艦が海上自衛隊の護衛艦「ゆうだち」に向けて火器管制レーダー（射撃管制用レーダー）を照射した。同2月5日、小野寺が緊急記者会見を行い、同年1月19日にも東シナ海で中国海軍のフリゲート艦が、海上自衛隊の護衛艦「おおなみ」搭載の哨戒ヘリコプターに向けて火器管制レーダーを照射した疑いがあると発表した。防衛省がレーダー解析をした結果、火器管制レーダー（いわゆる射撃用のレーダー）であることが判明した。中国側はレーダーの使用は認めたが、射撃管制用レーダーではなく監視（捜索）用レーダーであったと主張した。

2013年2月22日、ワシントン。安倍晋三首相はオバマ大統領と最初の首脳会談を行った。尖閣諸島をめぐる問題が話し合われた。オバマは、尖閣諸島で緊張を引き起こしているのは中国の方であるとの認識を示した。そして日本がそれに対して自制的に、また慎重に対応していることを評価した。

「中国は南シナ海でも緊張を作り出してきている。米国はこれまでも中国には南シナ海においてもみんなと同じルールに従って行動するべきである、と伝えて来た」

そう述べた上で、オバマは、日中の緊張関係が安全保障上の問題に発展することのないよう日中が互いに対話し、協力していくことを希望する、と述べた。

安倍は、連立を組んでいる公明党の山口那津男代表が訪中、習近平総書記と会談したことに触れ、日本としても日中関係の安定化に努力していると述べた。

それにしても、米国が尖閣諸島をめぐり緊張の度合を強める日中を前に、同盟国としてともに知恵を出すというのではなく、審判員であるかのように第三者然と見えた、そこがいささかひっかかった。[45]

安倍は尖閣諸島の状況をよく知ってほしい、とオバマに訴えた。

「日本は、緊張を生み出さないよう抑制的に対応しています。ただ、今もなお、中国の艦船が３日に１度のペースで日本の領海を侵犯しています。中国の航空機の領空侵犯に対してもその都度、スクランブルをかけなければなりません」

安倍はそれに関連して、１月末に中国の艦船が日本の護衛艦に火器管制レーダーを照射した際、これが「射撃管制用レーダー」だったことを確定した分析・評価作業の際の米側の支援への謝意を述べた。[46]

「広々とした太平洋には中米2つの大国がすっぽり収まる」

２０１３年６月７〜８日、習近平中国国家主席はカリフォルニア州のリゾート地サニーランドで、オバマ米大統領と８時間に及ぶマラソン会談を行った。

習近平は、会談の冒頭、「ここは太平洋に近く、海の向こう側に中国がある。昨年米国を訪問した際、広々とした太平洋には中米２つの大国がすっぽり収まるという話をしたが、今もそう思っている」と述べた。そして、今回の会談の目的は「両国関係の青写真を描き、『太平洋をまたぐ協力』を展開することだ」と説明した。

その際、習近平は米中関係を「新型の大国関係」に発展させたいと提案した。それぞれの政治体制、社会構造の違いを尊重し、大同小異、ウィンウィンの関係を構築しようというのである。「広々とした太平洋には中米２つの大国がすっぽり収まる」というこのラインは、「新型の大国関係」構想の詩的表現でもあった。

オバマは米国が中国との関係で直面している具体的問題を提起した。

中でも、中国の知的所有権の侵犯や、米国企業に対するサイバー攻撃に対する善処を求めた。お互いの政府が相手をスパイするのは古来からそういうものだろうから、そこは問わない、しかし、政府が相手国の企業の機密情報を盗むのは認められない。それはやめさせてほしい。

習の方も、米国は依然、中国を敵視していると不満を述べた。

習は宋代の京劇（「楊家将演義」）の有名なシーンについて語った。

宿屋に男が1人、泊まった。宿屋の主人は、この男は自分が匿っているある武将を殺しに来た刺客だと思い込み、深夜、この男の部屋に忍び込み男を殺そうとした。漆黒の暗闇の中、切りつけた。男も剣を抜き、振り回す。主人の妻と武将が現場に駆け付け、この男は武将を助けに来てくれたのだと知らせた。主人は想像上の敵と戦っていたのだ[47]……。

習の話が終わったところでオバマは言った。

「主席閣下、我々はその部屋にいるあなたのことは見えています[48]」

サニーランドでの首脳会談は、談笑する2人の映像が大写しに映し出されたが、実際は、違った。

習近平は小さなことにこだわり、米国に対する当てこすりのような発言をした。オバマはもう少し前向きに世界のガバナンスの課題やその中での米中の協力について話したいと思っていただけにいささか失望した。

オバマは習に質した。

「あなた方は米国といい関係をつくりたいといつも言う。われわれが会うといつも、米中関係は重要だと言う。しかし、『人民日報』を読むと、すべて反米一色ではないか。どっちが本当なんだ。あなたが私に個人的に言うことか、それとも『人民日報』か？」

習は切り返した。

「米国の新聞も、私を批判していますよ。ご存知のように」

オバマは反論した。

「彼等は、あなたを批判するよりもっと私を批判しています。私は『ワシントン・ポスト』が何を書くかについてコントロールはできませんからね[49]」

オバマは、7日の夕食のときに、尖閣諸島について「争いをエスカレートさせるべきではない。（軍事的な）行動ではなく、外交的なチャンネルを通じた対話で解決すべきだ」と強調した。トーマス・ドニロン大統領補佐官（国家安全保障担当）は、大統領は週明けにも安倍晋三首相に会談内容を直接説明すると語った（実際、オバマは6月13日、安倍に電話し、会談内容をブリーフした）。

ドニロンはこの米中会談を最後に大統領補佐官を辞任し、後任にスーザン・ライス米国連大使が就任した。

この間、中国はさまざまな機会を通じて安倍政権誕生後の「危険な日本」を声高に叫んだ。

2013年4月26日、中国外交部の華春瑩《かしゅんえい》副報道局長は記者会見で、「釣魚島（尖閣諸島の中国名）は中国の領土主権に関する問題であり、当然、中国の核心的利益に属する」と述べた。中国が尖閣諸島を、「核心的利益」と公式に位置付けたのは初めてだった。日本政府は尖閣諸島について「日本の領土であり、領有問題は存在しない」との立場を一貫して主張している。

2014年4月8日、常万全《じょうばんぜん》国防相は、訪中したチャック・ヘーゲル米国防長官との共同記者会見で、安倍政権の尖閣諸島に関する取り組みを非難した。

「米国は日本の行為を警戒すべきだ。日本は正しいことと間違ったことを混同させている。そういう国に対して寛大に応じ、助長させてはならない[50]」

2014年11月、APEC首脳会議の際に行われた米中首脳会談でも、中国はアジア太平洋における協力や気候変動などのグローバルな課題に対する共同行動などもこの「新型の大国関係」に盛り込もうとした[51]。

中国はこの間、米国の尖閣諸島に対する対応を凝視していた。

日本のベテラン外交官は、尖閣諸島問題に関するワシントンの非公開のセミナーで、中国の軍高官が次のように語ったという情報を耳にした。

「そこが日本の施政下にあるから米国は防衛義務を負うということであれば、中国がそこを施政下におけば、米国は尖閣に対する防衛義務はなくなるということになる」[52]

実際、中国の公船が尖閣諸島の接続水域に入って来て、日本の漁船を追いかけまわすようになった。それによって中国官憲の執行力を誇示し、中国が施政権を行使している姿を誇示しつつある。日本は施政権を執行できていない。従って、この「岩だらけの島」が第5条の適用範囲に義務付けられることはない。そうした認識を米国に刷り込む。中国は、そのような認知戦を仕掛けてきていた[53]。

最大の問題は、中国が「新型の大国関係」の概念の中に、「核心的利益の相互尊重」を滑り込ませていることにあった。

「核心的利益」には国家主権と領土保全が含まれるが、中国はそれまでの台湾、チベット、新疆ウイグル自治区などに加え、南シナ海や尖閣諸島をこの概念に包含することを匂わしていた。例えば、２０１２年５月の温家《おんか》宝《ほう》首相と野田首相の日中首脳会談では、温家宝は尖閣については「重大な関心事」、ウイグルについては「核心的利益」と表現した。その後、何人かの中国政府関係者が公の場で尖閣を「核心的利益」に含め始めた。

米国がこの「核心的利益」の主張を認めることになれば、それは米国の外交の選択肢や行動に制約を課すことになる。「核心的利益」を「妥協の余地のない国益」であると認めれば、それらに対する中国の言い分を米国は黙って聞くことになりかねない。台湾とは台湾関係法によって台湾の防衛基盤を維持することに米国は責任をもっている。尖閣諸島は日本が主権と領有権を主張しており、施政権を維持している。そして、日本は同盟国である――。

ホワイトハウスＮＳＣのスタッフはそのように判断し、「新型の大国関係」には懐疑的だった。

しかし、ドニロンの後任の大統領補佐官に就任したスーザン・ライスはこの「新型の大国関係」構想に関心を示した。

「その概念を実際に動かすことを試みたい」

彼女は2013年11月、ジョージタウン大学での講演でそう発言した。

日本側はライスの動きを警戒した。

「新型の大国関係」は、米中の特殊関係を上位に置き、米国の同盟システムをそこに従属させようとする狙いを込めている仕掛けであり、要するに日米分断策である、と日本の外交官たちは見ていた。オバマ大統領の訪日の直前、駐米日本大使館の幹部は「オバマ政権はまだ、あれ（新型の大国関係）に半分、乗りかかっている。危険だ」と警戒感を露わにした。[54]

ライスが「新型の大国関係」に傾斜するのに対して、大統領副補佐官（安全保障問題担当）のベン・ローズなどがブレーキをかけた。その結果、「実際に動かす」ことはお預けになった。そして、その言葉を使うのも控えることも申し合わせた。それでもジョン・ケリー国務長官はそれを使い続けたため、NSCは国務省のキャリア外交官たちと協力して、それを止めさせた。[55]

「新型の大国関係」のどこに問題があったのか？

ホワイトハウスの高官は、その問題点を次のように整理した。
1　米国はそれを頭から拒否したわけではない。しかし、双方の「核心的利益について不可侵である」とか、そういうことは合意しないし、したことはない。
2　「新型の大国関係」を一方的に考案し、一方的に定義し、それを米国に呑めと押し付けてきた。そんなやり方を受け入れることはできない。
3　「ツキジデスの罠」とかいう、既成の超大国と挑戦する台頭国の衝突を歴史的不可避と決めつける歴史観を我々は拒否する。
4　戦略的ライバル関係になるのを避ける最善の道は、このような言葉やスローガンを発明することではなく、課題を一つ、一つ、実務的に解決していくことだ。[56]

「ツキジデスの罠」は、覇権国に挑戦する新興国が登場すると戦争が起きやすいことへの戒めとして使われた言葉である。古代ギリシアの覇権国スパルタと新興国アテネのペロポネソス戦争の『戦史』を記した歴史家、ツキジデスの名にちなんで、政治学者のグレアム・アリソンハーバード大学教授が唱えていた。

「ボトムラインは、中国語を我々は使わないということだった」とホワイトハウス高官は言った。[57]

「日本はリスクと見られているのか」

2014年春、オバマ訪日の少し前のことだが、米国防総省幹部は、「尖閣諸島は政治問題として解決してほしい、軍事問題にして米国を巻き込まないでほしい」と直截に述べた。

「日本が何と言おうが、尖閣諸島の領土問題は実際に存在する。日中間でそれをめぐる紛争が実際にある以上、それを否定することはできない。日本政府がそれを認めないのはおかしい。まず、日本がそれを認めることだ。その上で鄧小平の『より賢明な将来世代に解決は委ねよう』というやり方で政治的に妥協する以外ない」

「日本がそれを軍事的問題にしてしまい、米国に軍事的協力を強く迫ってくるのは困る。コーストガード同士の海上警備のつもりが、海軍同士の衝突に発展するリスクもある。中国の増大と膨張を止めるわけにはいかない。その冷厳な現実から出発する必要がある。いま、まだ日本が力のあるうちに中国と妥協するのが得策だと思う」[58]

同盟には「巻き込まれリスク」と「見捨てられリスク」がある。戦後、長い間、日本はベトナム戦争やイラク戦争のように米国の戦争に「巻き込まれるリスク」を感じてきた。しかし、日中間の尖閣紛争の可能性を前に、米国の方が「巻き込まれリスク」を感じ始めたのである。日本のシニア外交官は「知日派の代表とされていたキャンベルも、いざとなると中国を刺激するな、とそちらに回る、ああそうなのか、日本はリスクと見られているのか、とショックだった」と告白した。[59]

もう一つ、日本側が改めて思い知らされたことがある。

米国の「中国第一主義」である。

オバマ政権のホワイトハウス高官が述べたように、米国のアジア外交は時として「やや単純化して言えば、『中国第一主義者』と『同盟第一主義者』との戦いの色彩を帯びる」[60]

台頭する中国を国際社会に受け入れ、ルールを順守させ、通商も気候変動も核不拡散も国際秩序をともにつくり、その安定関係を軸にアジア政策を進めていこうとするのが中国第一主義者たちである。それに対して、日本、韓国、オーストラリアなどの米国の同盟国との間の関係を一段と強め、それを基盤にアジア政策を構築しようとするのが同盟第一主義者である。[61]

「中国第一主義者」の代表がスーザン・ライスだった。

韓国のトップ外交官は、ライスが国連大使だった時、彼女と会った。韓国の海軍哨戒機、天安が北朝鮮の魚雷攻撃を受けて46名が犠牲となった事件に関して国連安保理に北朝鮮の責任を問う声明を出してもらおうと協議したのだが、彼女はほぼ同時期に起こったイスラエルによるトルコのガザ支援船に対する拿捕《だほ》と発砲（9人が死亡）のことで頭がいっぱいだった。中国にイスラエルを非難させないようにするため、天安に関する北朝鮮批判にはすっかり腰が引けていた。「中国を刺激したくない」との理由だった。

「彼女は安保理で中国との関係を危うくするようなものは一切、聞く耳を持たなかった。衝撃を受けた。同盟国の利益が米中の二国間関係の犠牲になるのではないかと心配した[62]」

安倍政権も似たような危惧を、ライスらの「中国第一主義者」に対して抱いた。

安倍政権が国家安全保障局を設置し、その初代局長に谷内正太郎元外務事務次官を据えてからの話だが、谷内はカウンターパートのライスとの「戦略対話」に苦労した。「谷内さんが東シナ海、南シナ海の話をしてスーザン・ライスがスルーをして、スーザン・ライスが気候変動とパンデミックの話をして谷内さんがスルーするというやりとりの連続で、全くかみ合わない状態」が続いたからである[63]。

要するに彼女は中国にとって敏感なテーマは極力、深入りしたくないのだ、と日本側は受け取った。

最後に、経済と安全保障の関係である。日米ともに中国との経済相互依存関係は深い。外交・安全保障面での対中姿勢が経済関係を傷つけないよう双方とも注意しなければならない。ただ、対中経済利害では日米はライバル関係に立つこともある。中国はそれを利用し、日米にくさびを打ち込もうとする。

オバマ政権は、日本が声高に中国脅威論を口にするくせに、その実、裏では中国との経済関係を深めているとみなした。

「日本はいつも不満ばかりだ。中国にもっと強く当たれ、そればかり。半分空っぽの攻撃性だ。米国にタフな役回りをさせておいて自分は中国にいい顔をしようとする。外務省の幹部たちはその点、みんな同じだ。そうしたガイムショー的思考は不健全だ」

国務省高官は、そのような苛立ちをぶちまけた[64]。

一方、日本は、米政府は日本に対中抑止力の強化を含む防衛負担を迫るくせに、中国との野放図な経済関与が中国経済をパワーアップさせている、それに対中ビジネスではウォール街などの中国との癒着関係は放置したままではないか、との不信感を隠さなかった。

日米間で中国への関与リスクに対する見解が分かれ、地域の国際秩序とルール構築の面で足並みが乱れる。対中脅威感にもギャップが生まれる。中国がその日米間の認識ギャップを巧みに衝き、それによって日米関係が緊張し、日米中の三辺関係が不安定化する。

アジア太平洋における〝日米中の罠〟の地政学の輪郭が再び、浮かび上がって来た[65]。

「尖閣はたいした問題ではない。日本だけで対処できる」

２０１０年代初頭の中国の東シナ海の尖閣諸島への海洋攻勢は、南シナ海における海洋攻勢と同時に進められた。

当時、この2つの海洋と太平洋、インド洋のすべての海の守りを担当していたのはサミュエル・ロックリア米太平洋軍司令官だった。２０１２年3月に就任してから２０１５年5月末までその職にあった。ロックリアは欧州米海軍司令官時代の２０１１年3月、ＮＡＴＯがリビアのカダフィ政権が反カダフィ派拠点を空爆するのを防ぐ目的で行ったリビア飛行禁止区域設定のための「オデッセイ夜明け作戦」を指揮し、成功させた。そのこともあってオバマの覚えがめでたかった。次期統合参謀本部議長の呼び声も高かった[66]。

就任1か月後、南シナ海におけるスカーボロー礁事件が起こった。フィリピンの沿岸警備隊がこの近くで操業している中国の漁船8隻を拘束した。中国は怒り狂った。中国の軍艦が出動し、フィリピン沿岸警備隊の巡視艇を礁の中へと誘い込み、閉じ込めた。中国はフィリピンのバナナの輸入を止め、中国人観光客のフィリピン訪問を禁じた。

米中は高官協議を開始した。カート・キャンベル国務次官補と傅瑩《ふえい》外交部副部長がひそかに会い、何度か議論した結果、6月中旬、妥協点を見出した。台風の季節がやってくるという口実の下、双方とも引き揚げるという案だった。フィリピンはそれを受け入れ、現場から引き揚げたが、中国はそのまま居座った[67]。

東シナ海でも米国は同じように中国にしてやられるのではないか。

日本側は不安を覚えた。尖閣諸島についても米国はそこを「ちっぽけないくつかの岩」と見なし、日本の防衛と日米安全保障上の問題と捉えていないのではないかと懸念した。

実際、その頃、ロックリアに対する深刻な疑念が、日米を問わず軍事関係者の間で表明された。

２０１４年夏のことだが、米海軍関係者はプライベートの食事の席でのロックリアの発言に仰天したと明かした。

「尖閣はたいした問題ではない。日本だけで対処できる。我々は関与する必要はない」

「台湾ももはや問題ではない。台湾は最後のところは大陸と一緒になりたいのだから、ならせればいい。米海軍は台湾近海でなくとも他の海域を回ることができる。米国軍人の血の一滴も流すべきではない[68]」

ロックリアの時代、南シナ海における米軍のFONOP（公海航行自由原則維持のための作戦）活動が縮小された。

この動きは「彼自身の判断によるものであり、ホワイトハウスは関知していなかった」とされたが、「実際はスーザン・ライスの指示によるものだった」と米政府幹部は明かした[69]。

同幹部によると、「FONOPを実施するに当たっては、司令官は国防長官とホワイトハウスに通告することになっているが、それは相当程度、自由裁量に委ねられてきた。スーザンはそれを事前に通告させることにし、事実上の許可制に変えてしまった。ロックリアはその指示に従ったまで」だった。

FONOPが再開されたのは2015年5月末、ロックリアの後任にハリー・ハリスが就任してからである。ハリスはかつてヒラリー・クリントン国務長官の軍事担当補佐官を務めたこともある。クリントンと同じく中国の攻勢を正面から受け止め、押し戻すところは押し戻すべきだとの考えの持ち主だった[70]。

2015年3月、太平洋艦隊司令官として行ったキャンベラでの演説で、ハリスは南沙諸島での中国の人工島の埋め立てを「砂の長城」と形容した。太平洋軍司令官となってからも中国への警戒感を直截に表明した。

5月、チャック・ヘーゲルに代わってアシュトン・カーターが国防長官に就任した。カーターは長年、インドと米国の戦略関係強化を主張してきた[71]。

カーターは就任早々、それまでのFONOPのやり方を検証するよう指示した[72]。

その結果、2015年10月27日午前（日本時間）、米国はFONOP作戦再開に踏み切った。米国の駆逐艦ラッセンが、中国が埋め立てたスビ礁の「領海」と主張する海域内（22キロ以内）に進入した。[73]

ラッセンの航海から数日後、国防総省は南シナ海でのＦＯＮＯＰを四半期に2回かそれ以上、実施すると述べた。ところが、それに対してホワイトハウスが巻き返し、結局、オバマ政権の最後の年の２０１６年、ＦＯＮＯＰは3回、実施されただけだった。[74]

オバマ・ホワイトハウスはむしろハリスの〝暴走〟を警戒した。「政府には政府の方針がある」と伝えた。その方針とは「首脳級会談の前、それから後の1、2日は、ＦＯＮＯＰのようなものを含む軍事的活動は慎しむ」というものだった。にもかかわらず「ハリー・ハリスは強硬論をぶち、中国を名指しする。そして、スーザン・ライスに文句をつけたりする。それでちょっと緊張した」とホワイトハウス高官は後に明かした。[75]

「彼女はキッシンジャーの呪縛にかかってしまった」

尖閣諸島に関して、米政府は「日本の施政下」にあることを認めている。しかし、１９７２年の沖縄返還以降、その主権と領有権に関しては「中立」の立場を取り続けてきた。

「返還前まで、米軍は尖閣諸島で射撃訓練をしていた。もし、その島の領有権が曖昧なままだったら、もしかしてそれは中国のものかもしれないと考えていたら、射撃訓練はしなかったのではないか」と日本の外交官たちは米側に迫ったが、むだだった。[76]

そうした米国の煮え切らない態度が中国を大胆にさせ、隙あらばこの島々を領有しようという誘惑を与えてきた、と日本側は長年、不満を募らせてきた。

外務省は１９７２年のニクソン政権の対中接近の〝頭越し外交〟のトラウマを長い間、引きずって来た。その怨念は主としてニクソンの大統領補佐官（国家安全保障担当）だったヘンリー・キッシンジャーに向けられた。キッシンジャーこそが、今日の尖閣諸島をめぐる日中間の紛争の種をまいた張本人、いや裏切り者だという感情を抱いてきた。

1951年のサンフランシスコ平和条約に基づき、米国は戦後、沖縄を統治下に置いたが、「潜在的な主権」はなお日本にあるとの見解を取って来た。その沖縄の一部には尖閣諸島が含まれると米国はみなしていた。

1969年、国連の委員会が東シナ海に大規模な海底油田がある可能性があると報告すると、尖閣諸島に注目が集まった。この時、米政府は尖閣諸島周辺で海底資源調査をしようとした米石油大手に対して、「尖閣諸島は琉球諸島の一部である。米国も中華民国もそのように扱っている」と回答している。米政府の立場は明瞭である。

しかし、1969年11月に佐藤栄作首相とニクソン米大統領が沖縄返還で合意した後、米政府の立場が微妙に変化し始めた。1970年10月の事務レベルの協議で、米大使館員が「米政府は尖閣問題からは距離を置きたい。沖縄返還協定で尖閣問題に言及することは、それが間接的であっても適切ではない」と述べた。これに対して、外務省の条約課長は「日本政府にとって、極めて重要な問題になりうる」と米国の立論に疑念を呈している。[77]

問題をさらに複雑にしたのが台湾の蔣介石政権が尖閣諸島の領有権を主張し、沖縄返還後のその扱いに留意するよう米政界にロビーを始めたことである。

中華民国（台湾）は、沖縄返還協定の条文に「尖閣諸島の施政権はどこにも属さない」という一文を入れるよう米側に要求。これを受け、ウィリアム・ロジャース国務長官やピーター・ピーターソン大統領補佐官が、中華民国側の意向を反映させるべく動いていた。しかし、ニクソンはキャンプ・デービッドでの会合で、「尖閣諸島の施政権返還は日本とすでに合意しており、今さらそんなことはできない」と強調、尖閣諸島を含めた沖縄の施政権を日本に返還する考えを明確に示した。さらに食い下がるピーターソンに対し、「黙れ！」と声を荒らげた。[78]

ニクソン政権は結局、「尖閣諸島を含めて沖縄全体を日本に返還する」が、それは「施政権のみの返還」とし、「主権争いについては中立」との立場を表明した。アイゼンハワー、ケネディ、ジョンソン政権が、尖閣諸島に対する日本の「残存主権」ないし「潜在主権」を明言してきた立場をここで大きく修正した。対中接近戦略を進める上での中国への宥和と台湾への慰撫を同時に満たすために、尖閣の主権に関して日本に「泣いてもらう」ことにしたのである。[79]

もう一つ、これに日米繊維交渉が絡みついた。当時、日米間では日本の繊維製品の対米輸出規制をめぐる繊維交渉が行われ、政治問題化していた。米側の交渉担当官であったデイビッド・ケネディは、日本との繊維交渉と並行して台湾との繊維交渉を担当していた。ケネディは、日本から繊維の輸出自主規制でより多くの譲歩を引き出すため、「日本の施政下」を認めるのは見合わせるべきだ、と進言した。そうすれば日本はショックを受け、繊維交渉で折れてくるとケネディは主張した。

最後は、ニクソンが国務省の立場を支持し、決着した。日本と尖閣諸島問題でもめると沖縄返還交渉そのものが吹っ飛ぶし、日米同盟そのものの土台を揺るがしかねない、とニクソンは危惧したのである。[80]

キッシンジャーはそもそも尖閣諸島は「日本の施政下」、その主権の帰属に米国は「中立」とする国務省の立場にも不満だった。

キッシンジャーが尖閣諸島と沖縄、というより日本をどのように見ていたか、を示す外交文書が公開されている。

1974年2月。国務長官となっていたキッシンジャーは、南シナ海情勢について国務省事務当局からブリーフを受けた。アーサー・ハメル（後、駐中国米大使）が「日本のような地域の国々は中国の海軍の動きを懸念していますす……」と言いかけたところで、キッシンジャーが制した。

「彼らを尖閣諸島におびき寄せられないかね？」

「おびき寄せるって、誰をですか？」

「中華人民共和国だよ」

「本当にそんなことを考えているのですか？　それをやりたいのですか？」

「日本に〝宗教〟を教えてやる一助になるのではないかなと思ってね」

「日本を教育しなければならないというのはわかりますが、尖閣諸島で日中をもめさせるのがその教育ですか？　そこまでやる価値ありますか？」

「いや、いや、もういいよ[81]」

日本は日米同盟の傘の下、タダ乗りを決め込み、安穏《あんのん》と、米国が日本を守るのを当たり前であるかのように思っている。少し活を入れてやる必要がある。中国が尖閣諸島に手を出すようになれば日本は国防に本気になるだろうし、米国に必死にすがってくるだろう。日中が緊張すれば、米国は中国に対しても交渉ポジションを高めることができるはずだ。キッシンジャーは尖閣をめぐる米国の対日、対中地政学的レバレッジをそう踏んだのだった。キッシンジャーが言った「日本に〝宗教〟を教えてやる」の〝宗教〟は〝地政学〟という言葉に置き換えてもよかった。


しかし、米国が「おびき寄せる」必要はなかった。中国は自ら尖閣諸島に手を出してきたからである。

１９７８年4～5月、日中両政府が日中平和友好条約の交渉をしているさなかに、13ミリ機銃を装備した中国漁船など延べ３５７隻が尖閣諸島周辺海域に押しかけた。そのうち１２３隻が日本の領海内で違法操業や徘徊・停留を繰り返し、警備中の巡視船に機銃を向けるなどの示威行為を取った。乗組員たちは軽武装をしており、民兵のようだった。短波ラジオでのやり取りを日本側は掴んだが、山東省と福建省の中国海軍の監督下の港湾からの指示を受けていた。駐北京日本大使が中国の副首相の耿飆《こうひょう》に問いただしたところ、「この事件は条約交渉とは関係ない」といわれた。後に、上海総領事を務めた中国通外交官、杉本信行は「中国党・政府内部が、日本との平和友好条約締結に関して割れていることは思いもよらないことだった」と記している[82]。

四人組の残党たちが鄧小平を政治的に攻撃するため、尖閣諸島問題での弱腰批判を使ったのではないかとも推測されている。過激派が鄧小平を引き摺り下ろそうとしたとき、最後の武器として使ったのが「尖閣カード」だったのかもしれない。

これとはまったく異なる視点からの解釈もある。安倍第2次政権で国家安全保障局次長を務めた外交官の兼原信克は、日本政府が「尖閣をめぐる領土問題はそもそも存在しない」と突っぱねていたため、業を煮やした鄧小平が、尖閣をめぐる領土問題を、実力で物理的につくりだそうとしたのではなかったかと推測する。鄧小平が言い始めた「棚上げ」とは、彼が「自らの保身のために巧妙に仕組んだ筋書き」だったのではないか、と見るのである[83]。

キッシンジャーが公職を離れてから半世紀近く経つ。しかし、その長い影がいまもワシントンを覆っている。ライスもその影響下にある。日本の外交官たちはそう感じていた[84]。

日本のキッシンジャーに対する根本的な疑念は、その同盟観だった。NATOや日本のような価値観を共有する同盟より、むしろロシア（ソ連）や中国という価値観を共有しない専制国家との関係を重視し、それをテコに同盟国に圧力をかけようとするキッシンジャーの無原則かつ打算的な外交を、外務省は警戒した。

オバマ政権の中にも日本側と同じように、ライスの背後にキッシンジャーの影を感じる向きが少なからずいた。

そのうちの一人は言った。

「スーザン・ライスが国家安全保障補佐官（NSA）に就任したとき、キッシンジャーはたちまちにして彼女と密接な関係を築き、自分がホワイトハウスにいたときにやったような役割を彼女もやるべきだと、彼女を説得した。高いレベルの高官が官僚機構の迷路に迷い込まず、個人として、中国の高官と直接話し合うのが中国との付き合いのコツだと言いくるめた」

「ＮＳＣの各省庁会合では、そうした個人プレーは一番避けるべきことであり、きちんと積み上げた関係を持つべきだと結論づけたにもかかわらず、彼女はキッシンジャーの呪縛にかかってしまった。彼女は一人で北京に行き、自分でアジェンダをつくって帰って来た[85]」

トランプ政権が誕生した時も、キッシンジャーはホワイトハウスを自らの呪縛の下に置こうと試みた。

彼は、ジャレド・クシュナーにこんな風に囁いた。

「今、米国の同盟国はどこもトランプの登場に神経質になっている。トランプはそれを上手に使うべきだ。彼らを安心させるのではなくハラハラさせ続けることだ[86]」

トランプ政権誕生後、日本のベテラン外交官がニューヨークのキッシンジャーを表敬訪問した。

一人で行ったところ、キッシンジャーは「日本の外交官でいままでたった一人で私のところに来たのはあなたが初めてだ」と言った。

〈お世辞なのか、自慢しているのか、それとも一対一を嫌う日本の集団主義への揶揄なのか〉

中国の外交攻勢への懸念と日本の対応、日米同盟の課題を中心に話した。

「ところで、キッシンジャー博士」

外交官は、文書公開されたあのやり取りを問いただした。実は、それが聞きたくて来たようなものだった。

「なぜ、あの時、あなたは『尖閣諸島に中国をおびき寄せればいい』と思ったのですか？」

表情一つ変えずに、キッシンジャーは答えた。

「もう忘れたよ」

別れ際、キッシンジャーはにやりと笑って、言った。

「中国のことを心配しているようだけど、そんなに心配する必要はないんじゃないか。中国は別に日本を取って食おうとしているわけじゃないんだから。日本を中国の勢力圏に入れたいというだけの話だ。そこさえ認めれば、日中関係は問題ないんだよ[87]」

キッシンジャーを親中だ、反日だ、といったレッテル貼りをしていた「呑気な時代」は終わった。日本と中国を競い合わせ、双方に対するレバレッジを確保する、そのような地政学的疼《うず》きと誘惑に米国は駆られていくのだろう。キッシンジャーは米国では依然、不人気かもしれないが、キッシンジャー的世界観と権力観を米国は徐々に受容していくに違いない。そこでは共和党も民主党もほとんど関係ない。米国の同盟システムもそれに適応していく以外ない。戦後の平和と同盟の条件が急速に変わりつつあるのだ――。

キッシンジャーのオフィスを後にして、ベテラン外交官はそのように考えた。

結論は一つ。「アメリカのリアリズムを正面から受け止めなければならない」ということである[88]。

もっとも彼は、キッシンジャーのかねてからの日本観を再発見しただけだったかもしれない。１９７３〜74年の石油危機後の日本の親アラブ外交への転換を見て、キッシンジャーは日本人というのは必要とあらば何にでも適合する無原則集団であるとの思いを固めた。米政府部内の会議で、キッシンジャーは「国際構造が日本にとって好ましければ、彼らは（米国にとって）ＯＫだ。好ましくなければ、彼らは転向する」「もし、我々が大国としての地位を失えば、我々は日本も失う」と述べ、日本への不信感を露わにしていた[89]。

「現場力が一番、大切だからな」

尖閣諸島の防衛の最前線で日々、戦っているのは海上保安庁である。

２０１０年の〝尖閣ショック〟の時も、領海内に突入してきた中国漁船を押し戻そうと並行して走ったのは海上保安庁の巡視船だった。この時は中国船の船長が体当たりしてきた。常に生命の危険にさらされている過酷な仕事である。

現場の士気を高めなければならない。安倍政権は海上保安庁長官人事の刷新を断行した。2013年8月1日、海上保安官の佐藤雄二（59歳）を海上保安庁長官に抜擢したのだ。海上保安庁の歴史でたたき上げの保安官が長官に初めて就任した。

佐藤は海上保安大学校を卒業後、巡視船「いず」の三等通信士を振り出しに保安官として現場一筋の道を歩んできた。長官就任前は初代の海上保安監を務めた。

政権の浮沈をかけて新たなアジェンダや政策を進める時、安倍は「人事は政策」を旨とした。

アベノミクスの号砲と合わせて発令した黒田東彦日銀総裁人事（2013年3月21日）や、集団的自衛権の憲法解釈見直しと平和安全法制制定を進めるための小松一郎内閣法制局長官人事（2013年8月8日）などいずれもそうである。

尖閣諸島防衛態勢強化のための佐藤雄二の海上保安庁長官人事もその一環だった。

舞台裏で動いたのは官房長官の菅義偉と内閣官房副長官の杉田和博である。杉田は霞が関の幹部人事のお目付け役でもある（2017年、内閣人事局長兼任となった）。

菅と杉田は、ユニフォーム（制服）の集団の士気を高めるためにどうすべきかを話すうちに結局は人事だという結論に達した。海上保安庁は、制服をナンバー2までは上げる、しかし、トップは常に背広の国土交通省の文民官僚、それも旧運輸省系で回す。

「そんな組織ではだめですよ。ともに苦労してきた仲間の一人がトップについたら現場の士気は大いに上がる。決まってます」

杉田がそういうと、菅も大きく頷いた。現場を知らない国交省キャリアが毎回長官を務めるのはおかしい。しかも、旧運輸省系で回してきただけではなくこの系統から事務次官になれない人の「第2ポスト」という位置づけ」だった。「そんな人が海上保安庁の長官になっても、現場の海上保安官たちとは共通の意識を持てないし、海上保安官たちの士気にも関わる」と菅は直ちに安倍の了解を取り付け、この人事を断行した。[90]

官邸が佐藤の長官人事を告げたとき、国土交通省事務当局トップは「文民官僚も各方面部で経験も積ませ、現場のことも知悉していますし、実働面でも汗をかいています。我々もそうやって育ててきています」と長官ポストを保安官に渡すことに抵抗したが、現場から絶大の信頼があり行政能力も高い佐藤の起用だけに最後は折れた。

「彼だけなんですよ、彼だけですよ」。そして「1回限りということで、そこはぜひ」と付け加えることを忘れなかった。

杉田は、国土交通省が長官人事発令の発表に当たって、「海上保安官から初めて」というところを抑えめにしていると感じ、そこをもっと強調するように指示した。[91]

海上保安庁は、占領時代の1948年5月1日、運輸省（現・国土交通省）の外局として設置され、海上の治安維持と航行の安全確保を担当する機関として発足した。憲法第9条の「陸海空軍その他の戦力は、これを保持せず」の理念にあくまで忠実に海上保安庁は純然たる法執行機関として発足した。海上保安庁法第25条には「この法律のいかなる規定も海上保安庁又はその職員が軍隊として組織され、訓練され、又は軍隊の機能を営むことを認めるものとこれを解釈してはならない」という非軍事規定が明記されている。

島国日本が生きていくために海上警備は、敗戦のその日から必要だった。当時、日本周辺海域は「暗黒の海」と呼ばれていた。密輸、密航、海賊などに従事する輩が跳梁《ちょうりょう》している。戦時中に日米両軍が敷設した機雷が浮流している。[92]

朝鮮戦争が起こると、GHQから機雷除去の任務を命じられた。この時、初めて殉職者が出た。韓国が李《イ》承晩《スンマン》ラインを一方的に敷き、日本の漁船を拿捕《だほ》するようになると、漁民保護のため出動した。海上保安官たちは銃を携行しなかった。まさに体当たりで漁民たちを守ったのである。

　安倍は２０１３年７月、石垣市の海上保安部で巡視船「いしがき」に乗り、船内視察を行った。船内の海保職員40人を前に、「24時間、３６５日、日本の海を守っていることに深く敬意を表します」と激励した。救助訓練などの視察を終えた時、安倍は「まさに命がけの仕事だね」と感動し、声を震わせた。[93]

　安倍は、２０１６年３月19日、海上保安大学校の卒業式に出席し、あいさつをした。現職の首相が海上保安大学校の卒業式に臨んだのは戦後、初めてだった。

「鎖国・日本の中で、いち早く『海』の重要性に着目した、林子平が、その著書『海国兵談』の中で、海の守りを強化すべきだ、と訴えたのは、２２０年ほど前のことであります」

　林子平は江戸中期の開明的な海防思想家である。その頃、欧米の船舶が日本へと度々訪れるようになった。林子平は、「江戸の日本橋より　唐《カラ》、阿蘭陀《オランダ》迄　境なしの水路也」と記した。

　安倍は続けた。

「日本の四方を取り囲む『海』は、技術進歩の前には、もはや外敵を防ぐ『砦』とはならない。江戸から、中国、ヨーロッパまで、簡単に行き来できる時代にあって、海の守りを固めなければならない、と説きました」

「しかし、鎖国政策を堅持する江戸幕府は、こうした現実から目を背けてしまった。時代の変化に対応できず、幕府は、半世紀後、滅亡することとなります」

　いま再び、海は守りを固めなければ「砦」とはならない。卒業生たちはその守りを国民に託されている。

　安倍は最後に学生たちの家族に礼を言い、結んだ。

「皆、入学前とは見違えるような、たくましい若き指揮官に成長しました。皆様の大切なお子様を、平和な海を次世代につなぐ海上保安官として送り出してくださったことに、内閣総理大臣として、心から感謝いたします。お預かりした以上、しっかりと任務が遂行できるよう、万全を期すことをお約束申し上げます」[94]

　海上保安庁は大型巡視船を含む14隻相当の「尖閣領海警備専従部隊」を発足させた。尖閣警備最前線の石垣海上保安部は横浜や神戸をしのぐ海保最大の拠点となった。[95]

「海上保安庁に『がんばれ！　がんばれ！』と声援を送るだけ」

佐藤の名前を一躍知らしめることになったのが、1992年のプルトニウムの海上輸送の護衛船の隊長（輸送船警乗隊隊長）を務めたときである。

フランスから原発の燃料であるプルトニウムを日本まで安全に輸送しなければならない。この種の任務は本来は軍隊の仕事であり、海上自衛隊の任務となるところだが、当時、自衛隊の海外派遣は認められていなかったため、海上保安庁にお鉢が回った。

ミサイルや銃撃への防御能力を持ち、テロにも対抗できる強靭さを備えた護衛船を建造する必要があった。海上哨戒のための大型ヘリを2機搭載する。35ミリ連装機関銃を2基、20ミリ多銃身機関砲を2基装備する。それから長い航続力。フランスから日本まで一度も寄港することなく帰還しなければならない。その期待を背負って建造されたのが世界最大の大型巡視船「しきしま」（6000トン）だった。海上保安庁はこの作戦を担当する専門部隊として1992年に輸送船警乗隊を創設した。

隊長となった佐藤は「遺書」を書いて、就航の途に就いた。「しきしま」は半年間の無上陸航海を、それも姿をくらましながらの秘密航海を続け、プルトニウム運搬の護衛を勤め上げた。

〈これは本来、海上自衛隊の仕事ではないか〉

佐藤は何度も、そういう思いに囚《とら》われた。

〈しかし、国としてそれができない。それを我々が肩代わりする。ならばやるしかない。それも法執行機関としてやらなければならない〉

海上保安庁の歩みは戦後、そのように海上自衛隊の「肩代わり」をさせられてきた歴史でもあった。[96]

　１９５４年６月９日、防衛庁設置法・自衛隊法を公布。同７月１日、防衛庁と自衛隊が発足した。自衛隊法には自衛隊が防衛のみならず「海上警備行動」や「治安出動」といった警察活動を行うことが明記された。さらに武力攻撃事態における防衛出動の際には、「海上保安庁の全部又は一部を防衛大臣の統制下に入れることができる」（自衛隊法第80条）という規定が盛り込まれた。

　海上保安庁の中には積年の不満が籠っていた。尖閣の海の守りは海上保安庁だけの仕事ではないはずだ、そして、海の守りは海上警備だけで収まる話ではないだろう、という不満である。

「海上保安庁に「がんばれ！　がんばれ！」と声援を送るだけで、現場の海上保安官がいざというときに後ろを振りかえってもそこには自衛隊も日本を支援する米軍の姿も見えないというだけでは心もとないだけでなく、国として無責任であると言わざるを得ません」と現場トップの警備救難監を務めた向田昌幸は記した。[97]

　軍事衝突になった場合でも自衛隊の出動があくまで海上警備行動に留まるのであれば、日本は「その持てる実力を存分に発揮」できない。自衛隊を個別的自衛権の発動で出動させる政治的決意を明確にし、その「手順を明確に策定しておく」必要がある、との問題提起である。[98]

　海上保安庁幹部は「海上自衛隊と海上保安庁の役割分担と防衛出動の際の両者のスイッチ（警備行動から防衛行動への切り替え）の手順が不明確なことが現場の長年の最大の懸念であり課題だった」と指摘した。[99]

　この点は、米国の代表的日本研究者であるシーラ・スミスが言う「日本の軍事の最大の脆弱性は、どのように、そしていつ自衛隊は動くことができるのか、が曖昧であることである」との指摘とも関わってくる。[100]

　２０１２年の尖閣諸島国有化の後、佐藤は、警備救難部長、警備救難監、初代海上保安監として尖閣諸島の警備の現場の最高責任者を務めた。

　中国は、海洋圏域を獲得するため、まず、漁民を送り込み、外国との係争海域で漁業をやらせる。次にその海域で海洋調査をする。それによって「ここは我々が自由に調査できる、我々が存分に漁業ができる海域である」との既成事実をつくる。それを非軍事的手段で行う。
それに対して、日本は非軍事化体制を維持するため法執行を武器にショック・アブソーバーの役割を果たす。中国が防衛行動の手前の「グレーゾーン」で現状を一方的に変更しようとすれば、それを〝白濁化〟させ、「ホワイトゾーン」に引き戻す。相手が「力」で押し通そうとすれば、こちらは「法」で押し戻す。中国は「自国の海洋戦略を踏まえ、国力の増強に合わせながら、計画的に尖閣諸島を含む東シナ海を『中国の海』にしようとしている」。そうはさせない。ただ、中国は「衝動的には動かない」。法執行の範囲で中国とある種の安定状態をつくることはできるのではないか――。
佐藤は、そのように考えていた。
戦後70年経っても、ロシア、北朝鮮、韓国、中国、それらの隣国との国境の境界線はどれ一つ定まっていない。これらを一つずつ解決していかなければならない。政治、外交でそれを解決してもらうまで、海上保安庁が法執行によって海の平和を保たなくてはならない――。
それが佐藤の信念だった。[101]
しかし、中国はその後、２０１８年に中国海警局を党中央軍事委員会の一元的な指揮下に編入した。さらに２０２１年に海警法を成立させ、外国の軍艦・公船に対する強制的措置やそれに伴う武器使用も可能にした。「グレーゾーン」を装いながら〝黒濁化〟、つまり法執行の軍事化を進めている。領土をめぐって対立している海域において、中国が「軍警分離の原則」に則った海上法執行活動に専念する保証はない。[102]
２０１２年９月の尖閣国有化以降、中国の海警船が尖閣領海周辺の接続海域に入って来る日数が急増した。２０１８年の年間の接続海域内確認日数は１５９日で１年の約４割強だったのに対し、２０１９年は２８２日、すなわち１年の８割、さらに２０２０年以降は、３３０日以上で１年の９割を超えるようになった。[103]
中国政府は海警をハード、ソフトの両面で「法の支配」の価値観に基づかない独自の解釈とルールに基づく力による一方的な現状変更を推し進めている。[104]

それでも、元海上保安庁長官の奥島高弘は、海上保安庁は「法執行機関としての能力強化」をすることで、尖閣問題での対応で中国海警局（海警）に負けない態勢を維持できる、と述べ、次のような論理を展開する。

海上保安庁では海警への対応が困難となれば、海上警備行動が発令され、海上保安庁に代わって海上自衛隊が出動して対応することになる。日本がフロントラインの役者を海上保安庁から海上自衛隊に変更すれば、当然中国も海警から海軍へと変更してくる。そうなると軍事機関同士の対立となり、いつ紛争に発展してもおかしくない状況になる。そうした紛争への流れをつくらないためにも、少なくとも中国が尖閣に海警を派遣してきているうちは、海上保安庁が対応し続ける必要がある。中国に〝開戦の大義〟を与えてはならない[105]

――。

「頼むから中国との間で紛争を起こさないでほしい」

オバマは2014年4月24日の日米首脳会談とその後の共同記者会見で尖閣諸島について「日米安全保障条約第5条（武力攻撃に対する共同行動）の適用対象となる」と述べ、米国の防衛義務の対象となるとの見解を明確にした。

日米共同声明にも、米国の安全保障条約のコミットメントは「尖閣諸島を含め、日本の施政の下にある全ての領域に及ぶ。この文脈において、米国は、尖閣諸島に対する日本の施政を損なおうとするいかなる一方的な行動も反対する」と記された。

政府・自民党内からは「満点」とか「満額回答」といった声が出たほど、安倍にとって大きな外交成果だった[106]。

オバマは、その際、尖閣諸島をめぐる日本と中国との対立に関連し「領有権は一方的に変更すべきではない。日米安保条約が日本の施政下のすべてに当てはまるということはこれまでも一貫して述べてきたことだ」と強調し、「中国は世界にとっても重要な国だ。平和的に台頭してほしい。正当で公正なルールに従う必要がある。これが中国に伝えたいメッセージだ」と中国への配慮と期待をにじませた。

しかし、中国外交部の秦剛報道局長は25日の定例会見で、日米首脳会談の共同声明について「他の国にあれこれ指図することは、関係する問題の適切な解決と地域の安定によくない影響をもたらすであろう」と強い不満を示した。その上で「日米同盟は冷戦時代の産物であり」、「釣魚島（尖閣諸島）が中国に属するという事実を変えることはできない」との立場を繰り返した。[107]

ライスは５条適用を公言することに慎重だったが、ＮＳＣの中ではそれを推す声が強まっていた。すでに２０１３年11月、中国がＡＤＩＺ（防空識別圏）を一方的に設定したことに対して中国への明確なメッセージを出すため、第５条適用を明言するべきだとの意見が出始めていた。[108]

この時、日本の対応は明確かつ機敏だった。日本政府は中国が設定を発表した翌日、東シナ海の哨戒艇を何事もないかのように飛ばした。日本の民間航空会社は中国側にフライトプランを出さなかった。政府が直ちに働きかけたからである。一方、米国のエアラインはフライトプランを提出した。尖閣諸島をめぐる中国の出方にもっと注意を払わなければならないとの声がオバマ政権内でも強まった。[109]

ただ、ここまでこぎつけるまで紆余曲折があった。

中国は、大統領が５条適用を公言すれば、それは米中の不安定化要因になる、とのメッセージを米国に伝えていた。[110]

ライスはそれを気にしていた。そもそもオバマ訪日の日程そのものもなかなか固まらなかった。天皇皇后両陛下主催の４月24日の宮中晩餐《ばんさん》会に間に合うように、オバマを訪日させる日程が最後まで決まらないのも、彼女が遮《さえぎ》っているからだと、日本の外交官たちは苛立った。[111]

「彼女には誰も逆らえない。ケリー（国務長官）でさえ逆らえない」と日本のベテラン外交官はため息をつきながら、言った。[112]

この時のオバマ訪日の時も翌2015年の安倍の訪米の時も、彼女が日米同盟の重要性について十分に認識していないし、評価もしていないとの思いを日本側は持った。「集団的自衛権って何のこと?」と彼女が日本側に質したという情報が流れた。

彼女はまた、日米安保条約の特徴である第5条（米国の日本防衛義務）と第6条（日本の米軍に対する基地提供義務）の、ある種の〝双務性〟の歴史的な経緯にも疎かった。それを説明したところ「何それ、そんなのって同盟国じゃないじゃない」の一言を浴びせられた。

この防衛義務の双務性の欠如の問題点を指摘した点では、彼女は間違っていなかったかもしれない。しかし、平和憲法の下では日米同盟をそのようにしか構築できなかった歴史に、彼女は無知だった。

2015年4月の日米首脳会談の際の共同声明の文案にあった「抑止力の強化」という言葉は「刺激的」だとしてこのくだりを落とすよう最後の段階でライスが要求した。日本側は押し戻し、その言葉を何とか入れた。[113]

オバマは、この時の訪日に際して「尖閣（the Senkaku islands、the Senkakus）」という言葉を3度、使った（記者会見で2回。読売新聞との書面単独会見で1度）。

「尖閣諸島」は日本が使っている言葉である。中国は「釣魚島」と呼ぶ。どちらの呼称を用いるかは、領有権にかかわる問題でもある。「なぜ、3回も使わなければいけないのか。1回で十分ではないか」。中国は不快感を米政府に伝えた。[114]

翌2015年4月の日米首脳会談では、オバマは「第5条」に触れなかった。「何度も大統領に言わせる必要はない」とライスが主張したからである。[115]

しかし、オバマは会談後の記者会見で「日米安全保障条約第5条は尖閣諸島を含む日本の施政下にあるすべての領域に適用されることを改めて述べたい」と再確認した。

実は安倍は、オバマが今回も「第5条適用」を再確認するかどうか最後まで確信が持てなかった。[116]

ただ、記者会見での発言まで漕ぎつけたのは大統領副補佐官のベン・ローズのおかげだった。オバマの外交政策スピーチライターだが、外交全般、なかでもアジアと中東に関する助言者の役回りをしていた。ＮＳＣのスタッフも国務省高官もライスのところで案件が滞ってしまうと、密かにローズに手をまわし、糸口を見出したものである。[117]

ローズは「我々は尖閣諸島で彼らが求めるものを与えた。しかし、オバマが個人的にアベに伝えたメッセージは、頼むから中国との間で紛争を起こさないでほしいということだった」と述べている。[118]

それこそ、安倍が求めていたことだった。「第5条適用」を大統領自ら口にすることが「中国との紛争を起こさない」上で最大の抑止力になると考えていたからである。

それでも安倍は、２０１３年夏の段階でもなお「構造物建設と国家公務員の常駐」の方針を米国の支持を得た上で中国側に伝える、そして米国は日本の施政下にある尖閣諸島を日米安保条約第５条の適用範囲であることを明確に打ち出す、という構想を口にしていた。

旧知の米国の日本学者、マイケル・グリーンを官邸に昼食に招いた時、「今は、それ（公務員常駐）をやらないが、米国が認めるのであれば、それも合わせてやるのが一番の抑止力になる」とも述べていた。[119]

防衛省・自衛隊には「尖閣諸島を国有化した以上、あそこに公務員を常駐することを考えるべきだ。警官、できれば自衛官を置くべきだ。はるかに確実な抑止力になる」との声があり、それは安倍の耳に入っていた。安倍はこの間、そうした選択肢も念頭に置いていたが、実際には動かなかった。[120]

東京での日米首脳会談後、安倍が「公務員常駐」を口にすることはなかった。

米大統領の「第5条適用」は安倍外交の成功との受け止め方が日本国内では広がった。

しかし、米政府が大統領レベルで「第5条適用」を言明したことは、米軍が有事の際、自動的に駆け付けることを意味しない。日本がどこまで施政権を行使しているか、それから米議会が米軍の派兵を認めるか、台湾有事のありようとの関連、そして何よりも日本自身が効果的な抑止力をどこまで構築できるか、などさまざまな要素が絡み合ってくるだろう。

さらなる抑止力は、米大統領に日本の領有権を認めさせることではないのか。

米国内にはマルコ・ルビオ上院議員（共和党、フロリダ州）のように、米国は日本の尖閣諸島に対する領有権を支持するべきだとの声も上がっていた。ルビオは２０１５年8月28日、サウスカロライナ州での演説で、尖閣諸島は「われわれの同盟国、日本の領土だ」と言明した上で、中国は同諸島をはじめとする東・南シナ海での挑発行為を停止すべきだと訴えた。[121]

過去にも日本側はそうした日本の希望を米側に伝えたことはある。しかし、主権に関して米国は「中立」との立場を取る国務省の法律顧問室の厚い壁に阻まれてきた。

安倍も一時、この問題をトップ会談に持ち出すことも考えたが、思いとどまった。

〈トップ会談にいきなり持ち出して、断られたりすると取り返しがつかない。リスクが大きすぎる。相手が理詰めのオバマではかえって危ない〉

〈誰か新しい大統領が出てきたとき、国務省からブリーフされる前に、日本側からしっかりその意義を伝えるといったときが一番のチャンスかな。それ以外はなかなかむつかしい〉

そのように判断し、この段階では「第5条適用」でよしとしたのだった。

トランプが登場したとき、安倍はどこかでその可能性を追求できないか、と考えたこともある。

〈ただ、トランプの場合は、オバマと違った不可測性がある。同盟そのものを守ることが先決だ〉

ここは無理をしないことにした。[122]

「フィリピンは米国の同盟国であることを忘れないでほしい」

尖閣諸島に対する「第5条適用」の大統領発言はそれまでのオバマ政権の「中国第一主義」的な対中関与

政策が修正に向かった第一歩だったかもしれない。そもそも、「第5条適用」の大統領発言そのものが、オバマ政権の中国に対する見方の微妙な変化を背景としていた。

オバマ政権の習近平新体制への期待がその後萎《しぼ》んでいったこととほぼパラレルに、尖閣諸島防衛態勢に対する対応も変わっていった。[123]

それはまた、習近平が提起した「新型の大国関係」への米側の疑問が深まっていく過程とも重なった。[124]

「オバマ政権の2期目は、前期と後期では大分雰囲気は違ってきた」と防衛省幹部は振り返った。[125]

国務省高官は、次のように告白した。

「我々は徐々に、これは違うぞ、と気づき始めた。反腐敗闘争は実際の腐敗とは何の関係もない権力闘争そのものだったし、口では改革を言いながら国有企業優先となった。彼の真の姿が見えてきた。だから、新型の大国関係も疑ってかかった[126]」

日本の方が米国より中国のリスクを正面から捉えていた、米国はその認識が遅れた、との批判も聞かれるようになった。

ホワイトハウス高官はこの時を振り返り、次のように言った。

「たしかに、アベの方が我々よりも中国のことをよく見ていたかもしれない。彼は中国の一番、悪いところを凝視していたから。そして、その後、中国の悪いところがどんどん出てきた。しかし、グレーゾーンでどのように対抗するか、まだいい解がないという点はあの時もいまも変わらない[127]」

米国はグレーゾーン事態、すなわち平時における中国との戦い方についてなお、解を見出せず、攻めあぐねていた。

グレーゾーン事態では、海上保安庁や警察が対処することになるが、このような状況での日米の連携については それまで手付かずだった。日本側は米側にその検討を求めたが、オバマ政権は慎重だった。それと関連して、日本側は、尖閣諸島への上陸を防ぐため、平時における尖閣諸島周辺海域での日米共同訓練を検討することも求めたが、オバマ政権は慎重姿勢を崩さなかった。[128]

オバマ政権2期目の最後の年である2016年になると、政権内部から中国に対するより厳しい見方が聞かれるようになった。

2016年3月、米海軍作戦部長（CNO）のジョン・リチャードソンは、米海軍がスカーボロー礁を中国が埋め立てしないように常時、監視していることを明言した。

同月31日、ワシントンで開かれた核安全保障サミットの際、オバマは習近平と米中首脳会談を行ったが、最後にオバマは習近平の同意を促しながら言った。

「通訳以外、全員、席を外してほしい、習主席、いいですね」

全員、退席したところでオバマは言った。

「中国は、ファイアリー・クロス礁は手にしたかもしれないが、スカーボロー礁はそうはいかない」

ファイアリー・クロス礁は、ベトナムの経済水域内にあった環礁だが、1980年代、中国がその主権を主張し、その後スプラトリー戦争でベトナム軍を破って占拠した。いま、そこは中国の軍事要塞となっている。しかし、スカーボロー礁を埋め立てることは、フィリピンの領土と主権の侵害となる。フィリピンはそれに対抗せざるをえない、とオバマは念を押した。

「フィリピンは米国の同盟国であることを忘れないでほしい」

そこがベトナムとは決定的に違う。

「ここに恒久的な施設をつくる試みをすればそれは米中関係にとって重大な事態を招くことになる」

「それが原因で米中が紛争に突入した場合、それは歴史的悲劇となるだろう」

習近平は、答えなかった。しかし、中国はそれ以後、スカーボロー礁の埋め立てはしていない。

オバマ政権は、夏に予定されている国際仲裁裁判所の判決が出る前に中国がスカーボロー礁の埋め立てをしてしまうことを恐れていた。オバマは、その前に中国に警告を発したのである。[129]

当時、ＮＳＣで対中戦略を担当していたエヴァン・メデイロスは、この時の米中首脳会談はオバマ政権の対中政策の「主要な転換点」だったと述べている。[130]

オバマが追求しようとしたのは、宣言や修辞による対中戦略ではなく、実際に効果があるのかどうか、を冷静に見極め、効果があることのみに絞り込む「スマートなアプローチ」だった。

しかし、米国の死活的な国益がかかわるとなれば、その時は、オバマがよく使うバスケットボール用語で言えば「腕を外に突き出して、ボールを絶対に奪われないようにする」ことを旨とする。ホワイトハウス高官が言うように、オバマの尺度は、「効果があるかどうかだけ」なのだった。[131]

２０１４年4月の日米首脳会談における「尖閣諸島に対する第5条適用」と２０１６年3月の米中首脳会談における「フィリピンは同盟国である」発言は、米国が日本とフィリピンを西太平洋の第一列島線「防衛ペリミーター」の中核と位置付けていることを示唆していた。

「レガシーを守るため、対中政策を変えられなかった」

オバマ政権内には、対中政策を根本的に見直すべきだ、との声が上がっていた。

その代表例は、オバマ政権最後の2年間の２０１５年2月から２０１７年1月まで国防長官を務めたアシュトン・カーターの訴えだった。

カーターは「中国、なかでも南シナ海に関する分析は甘い。もっと大統領に正確な分析を上げる必要がある」と主張し、「中国に対してもっと厳しく当たらなければダメだ」と進言したが、受け入れられなかった。

オバマはワシントンの外交プロたちが、対立と封じ込めに向かおうとする傾向があると警戒していた。カーターがアジアを訪問する時、オバマは「カネ太鼓を打ち鳴らさないように」と注意した。オバマの対中政策は、要するに「もめごとを起こさないようにという対中政策」でしかなかった、とカーターは退官後、記した[132]。

　しかし、そのオバマも大統領最後の年の２０１６年には、中国に対して厳しい見方をするようになっていた。

　２０１６年4月、オバマは『アトランティック』誌のインタビューで、国際社会の中で「ナショナリズムに訴えることを組織原則として打ち出し」、「その規模にふさわしい国際秩序維持のための責任を果たさず」、「世界をただ単に地域の勢力圏の観点からしか見ない」、そのような中国であれば紛争が起きることは避けられない、と語った[133]。

　にもかかわらず、オバマ政権は最後まで対中政策の見直しはしなかった。

「レガシーを守るため、対中政策を変えられなかった」

　ホワイトハウスのスタッフはそのように明かした。

　２０１６年春には、それまでの対中関与政策は機能しなくなっていた。中国は南シナ海と東南アジアに勢力圏を広げ、中国中心の地域秩序とルール・標準を追求しつつあった。いままでの対中政策ではそれを抑止することはできない。

　しかし、２０１６年に入ったころにはホワイトハウスはオバマ政権の外交政策のレガシーを確定する作業に入っていた。それを率いていたのがスーザン・ライスだった。

　政権の最後の年にそれまでの政策を本格的に修正するのはレガシーづくりの観点からも難しかった、というのである[134]。

　２０１６年12月27日にホノルルで行われた最後の日米首脳会談で、オバマはトランプ次期政権への引継ぎに当たっては「中国が国際的な規範から逸脱している問題については、毅然たる対応をとるよう促すが、同時に衝動的な行動をしないよう促していく」と安倍に語った。

その上で、「予見可能な形で対話を進めることこそ、すべての当事者の利益になる」との彼の対中外交観を披露した[135]。

同じ中国観をオバマは回想録で、次のように総括している。「(中国には) タフに当たりすぎないというのとタフでないというその２つの間に針を通す戦略に収まった[136]」

1 元官邸スタッフ、２０２１年10月11日
2 防衛省幹部、２０２３年６月14日
3 元防衛省幹部、２０２３年２月２日
4 元官邸スタッフ、２０２２年８月22日
5 元官邸スタッフ、２０２１年10月11日／元官邸スタッフ、２０２２年８月22日／元防衛省幹部、２０２３年２月２日／防衛省幹部、２０２３年６月14日／元防衛省幹部、２０２４年６月24日
6 島田和久、２０２４年６月19日
7 小野寺五典、２０２３年12月21日
8 元官邸スタッフ、２０２１年10月26日
9 元自衛隊幹部、２０２２年７月８日／防衛省幹部、２０２２年６月21日／秋田浩之「抗うウクライナ、日本に教訓」日本経済新聞、２０２２年４月27日／元自衛隊幹部、２０２２年８月３日
10 元防衛省幹部、２０２４年６月24日
11 森本敏、２０２４年５月20日／岡田克也、２０２４年５月30日／岡田克也、２０２４年６月11日
12 「『中国刺激するな』野田政権の尖閣での消極姿勢また判明」産経新聞、２０１３年３月５日
13 衆議院 第１８３回国会 衆議院 予算委員会 第９号 平成25年３月７日
14 Suisheng Zhao, The Dragon Roars Back, Transformational Leaders and Dynamics of Chinese Foreign Policy,Stanford University Press, 2023, pp. 105-106
15 「いらだつ首相『超法規的措置は取れないのか』」読売新聞、２０１０年９月25日
16 垂秀夫「『尖閣諸島のために戦略的臥薪嘗胆を』駐中国大使、かく戦えり」『文藝春秋』２０２４年４月号
17 元官邸スタッフ、２０２３年１月27日
18 元官邸スタッフ、２０２３年１月27日
19 長島昭久、２０２３年10月26日／野田佳彦、２０２３年９月14日
20 元外務省幹部、２０２３年10月25日／野田佳彦、２０２３年９月14日
21 野田佳彦、２０２３年９月14日
22 高村正彦・兼原信克・川島真・竹中治堅・細谷雄一『冷戦後の日本外交』新潮選書、２０２４年、１５５～１５６頁／長島昭久、２０２４年９月６日
23 山口壮、２０２４年９月６日
24 長島昭久、２０２４年９月６日
25 野田佳彦、２０２３年９月14日
26 垂秀夫「『尖閣諸島のために戦略的臥薪嘗胆を』駐中国大使、かく戦えり」『文藝春秋』２０２４年４月号
27 元米政府高官、２０２３年５月４日
28 「尖閣購入、読み違えた反発『暗黙の容認』しぼんだ楽観論」朝日新聞、２０２２年９月11日／野田佳彦、２０２３年９月14日
29 Hillary Clinton, "Speech to Goldman Sachs, IED CEO annual conference", The Inn at Palmetto Bluff, Bluffton, June 4, 2013／ホワイトハウススタッフ、２０１３年４月25日
30 元米政府高官、２０２３年５月４日
31 元米国務省高官、２０１３年３月12日／米ホワイトハウス高官、２０１３年４月25日
32 元国務相幹部、２０１３年７月17日

33 元国務省高官、２０１３年７月17日

34 外務省幹部、２０１４年７月15日

35 「岡田氏、中国に配慮『決定は駄目だ』離島奪還訓練　断念の舞台裏」産経新聞、２０１２年11月３日

36 マーク・リッパート、２０２３年11月28日／長島昭久、２０２３年10月24日

37 岡田克也、２０２４年５月30日

38 「自民副総裁、尖閣への公務員常駐も選択肢に」日本経済新聞、２０１２年12月19日／「【自民総裁選】河野談話、靖国、尖閣で各候補の違い浮き彫り」産経新聞、２０１２年９月14日

39 野田佳彦、２０２３年９月14日／森本敏、２０２４年５月20日

40 北井邦亮『日米ガイドライン　自主防衛と対米依存のジレンマ』中央公論新社、２０２４年、１３３頁

41 前原誠司、２０１３年１月16日

42 元官邸スタッフ、２０２３年５月11日

43 高村正彦・兼原信克・川島真・竹中治堅・細谷雄一『冷戦後の日本外交』新潮選書、２０２４年、１６５～１６６頁

44 元官邸スタッフ、２０２１年１月18日

45 安倍晋三、２０２１年１月14日

46 安倍晋三、２０２０年11月18日

47 演目解説「楊家将演義」

48 元米政府高官、２０２３年５月３日

49 元米政府高官、２０２３年５月３日

50 「世界新秩序　米中を追う」朝日新聞、２０１４年４月11日／Phil Stewart, "U.S. defence chief gets earful as China visit exposes tensions", *Reuters*, April 9, 2014／Helene Cooper, "Hagel Spars With Chinese Over Islands and Security", *The New York Times*, April 8, 2014

51 元ホワイトハウス高官、２０１５年１月９日

52 外務省幹部、２０１８年２月20日

53 元自衛隊幹部、２０２１年１月６日

54 外務省幹部、２０１４年４月22日

55 国務省幹部、２０１８年２月16日

56 ホワイトハウス高官、２０１５年10月23日

57 元ホワイトハウス高官、２０２３年５月３日

58 米国防総省幹部、２０１４年２月21日

59 元外務省幹部、２０２３年10月25日

60 元ホワイトハウス高官、２０１５年１月９日

61 元ホワイトハウス高官、２０１５年１月10日

62 韓国元外務省幹部、２０１６年12月13日

63 外務省幹部、２０２０年12月18日

64 元国務省高官、２０２１年１月28日

65 船橋洋一「国際秩序、地政学、戦略と統治――〝日米中の罠〟」、文春新書編『昭和史がわかるガイドブック』文春新書、２０２０年

66 元米政府高官、２０２３年５月４日

67 オバマ政権高官はその後、中国が約束を破ったのをそのままにさせたことが自分の任期中、もっとも悔いの残ることだ、と告白している。スカーボロー礁に対する中国の攻勢を初めその後の南沙諸島での７つの人工島――うち３つは３０００メートル級滑走路を敷設――をつくらせ、中国の前進軍事基地にさせてしまったことはオバマ政権のリバランシング政策の最大の失敗だったと言ってよい。Thomas J. Wright, *All measures Short of War The Contest for the 21st Century and the future of American Power*, New Haven: Yale University Press, 2017, p.69

68 米海軍関係者、２０１４年９月18日

69 元ホワイトハウス高官、２０２３年５月５日

70 元ホワイトハウス高官、２０１５年１月９日

71 元ホワイトハウス高官、２０１５年１月９日

72 Gregory B. Poling, *On Dangerous Ground: America's Century in the South China Sea*, Oxford: Oxford University Press, 2022, p.219

73 「膨張とあつれき（５）海の覇権、百年の計」日本経済新聞、２０１５年12月26日

74 北村淳「もはや効果のないアメリカの『航行の自由作戦』」朝日Globe、２０１８年11月19日／Gregory B. Poling, *On Dangerous Ground: America's Century in the South China Sea*, Oxford: Oxford University Press, 2022, p.223／２０１７年３月、トランプ政権のジェイムズ・マチス国防長官はＦＯＮＯＰの実施をケースごとにホワイトハウスに申請することを取りやめる決定をした。その代わりに、年次ごとの定期的実施計画を作成した。ＦＯＮＯＰへの政治介入を防ぐためである。翌月、マティスはトランプにその案を報告、その場で決まった。５月24日、デューイが作戦に就航、ミスチフリーフの12海里の中を航海し、ここが国際的海域であることを示す船から落ちた人の緊急救助訓練を行った。Gregory B. Poling, *On Dangerous Ground: America's Century in the South China*

Sea, Oxford: Oxford University Press, 2022, p.236
75 元ホワイトハウス高官、２０２１年1月28日
76 官邸幹部、２０１５年1月8日
77 「尖閣帰属 日米台駆け引き」「米公文書五千枚・高官の会話記録分析」「尖閣と沖縄返還」朝日新聞、２０１５年10月20日
78 「米『尖閣は日本に施政権』沖縄返還直前決断…安保適用の論拠」産経新聞、２０１２年9月29日
79 矢吹晋『尖閣衝突は沖縄返還に始まる――日米中三角関係の頂点としての尖閣』花伝社、２０１３年、77頁
80 Richard McGregor, *Asia's Reckoning: China, Japan, and the Fate of U.S. Power in the Pacific Century*, New York: Penguin Viking, 2017, p.68
81 Richard McGregor, *Asia's Reckoning: China, Japan, and the Fate of U.S. Power in the Pacific Century*, New York: Penguin Viking, 2017, p.69
82 杉本信行『大地の咆哮』ＰＨＰ研究所、２００６年、66・72～73頁
83 兼原信克『安全保障戦略』日本経済新聞社、２０２１年、３９８頁
84 外務省幹部、２０１６年8月26日
85 元ホワイトハウス高官、２０１８年2月16日
86 Peter Baker, "Even at 100, a Player On the World Stage", *New York Times*, December 1, 2023
87 官邸幹部、２０１７年7月19日／外務省幹部、２０１８年2月20日
88 ベテラン外交官、２０２４年5月24日
89 奥山俊宏『秘密解除 ロッキード事件 田中角栄はなぜアメリカに嫌われたのか』岩波書店、２０１６年、34・42頁
90 菅義偉『政治家の覚悟』文春新書、２０２０年、１９５頁／小松成美「【菅義偉】「国を動かす人事」たった一つの基準」Newspicks、２０２０年9月19日
91 元政府高官、２０２１年12月22日
92 朝日新聞取材班『自壊する官邸 「一強」の落とし穴』朝日新書、２０２１年、32～33頁
93 元官邸スタッフ、２０２４年8月7日
94 「海上保安学校卒業式 内閣総理大臣祝辞―平成28年3月19日」政府広報オンライン、２０１６年3月19日
95 「尖閣購入、読み違えた反発『暗黙の容認』しぼんだ楽観論」朝日新聞、２０２２年、9月11日
96 佐藤雄二、２０１６年3月1日
97 向田昌幸『尖閣問題の現状と展望～元海上保安庁現場トップが語る尖閣問題のすべて～』ＩＭＯＳ、２０２１年、54～55頁
98 向田昌幸『尖閣問題の現状と展望～元海上保安庁現場トップが語る尖閣問題のすべて～』ＩＭＯＳ、２０２１年、１５１・１５２～１５３頁
99 海上保安庁幹部、２０２４年7月23日
100 Sheila A. Smith, *Japan Rearmed The Politics of Military Power*, Cambridge: Harvard University Press, 2019, p.224
101 佐藤雄二『波濤を超えて 叩き上げ海保長官の重大事案ファイル』文藝春秋、２０１９年、１９８頁／佐藤雄二、２０１６年3月1日
102 向田昌幸『尖閣問題の現状と展望～元海上保安庁現場トップが語る尖閣問題のすべて～』ＩＭＯＳ、２０２１年、52頁
103 奥島高弘『知られざる海上保安庁 安全保障最前線』ワニブックス、２０２４年、１６８頁
104 奥島高弘『知られざる海上保安庁 安全保障最前線』ワニブックス、２０２４年、１８０頁
105 奥島高弘『知られざる海上保安庁 安全保障最前線』ワニブックス、２０２４年、１６６-１６７頁
106 「日米共同声明 政府『安保は満点』集団的自衛権 米がお墨付き」毎日新聞、２０１４年4月26日
107 国立国会図書館調査及び立法考査局「【各国議会】日本関係情報」『外国の立法』２０１４年7月、45頁
108 元ホワイトハウススタッフ、２０２３年6月6日
109 元官邸幹部、２０２３年11月24日
110 元ホワイトハウス高官、２０１５年1月8日
111 菅義偉、２０１４年5月8日
112 外務省幹部、２０１４年5月28日
113 外務省幹部、２０２０年12月2日／ホワイトハウススタッフ、２０２３年5月5日
114 ホワイトハウススタッフ、２０１８年2月16日
115 元外務省幹部、２０２３年10月25日
116 安倍晋三、２０２０年12月16日
117 ホワイトハウススタッフ、２０１８年2月16日
118 Richard McGregor, *Asia's Reckoning: China, Japan, and the Fate of U.S. Power in the Pacific Century*, New York: Penguin Viking, 2017, p.321

119 安倍晋三、２０１３年７月24日

120 元自衛隊幹部、２０２３年11月10日

121 「『尖閣は日本領』共和ルビオ氏＝中国批判を展開―米大統領選」時事通信、２０１５年８月29日

122 安倍晋三、２０２０年12月16日

123 外務省幹部、２０１４年７月15日

124 外務省幹部、２０２１年１月19日

125 防衛省幹部、２０２３年６月14日

126 元国務省高官、２０２１年１月28日／元ホワイトハウス高官、２０２３年５月３日

127 元米政府高官、２０２３年５月３日

128 安倍晋三、２０２１年３月11日

129 Richard McGregor, *Asia's Reckoning: China, Japan, and the Fate of U.S. Power in the Pacific Century*, New York: Penguin Viking, 2017, p.343／元ホワイトハウス高官、２０２１年１月28日／Gregory B. Poling, *On Dangerous Ground: America's Century in the South China Sea*, Oxford: Oxford University Press, 2022, p.225

130 Demetri Sevastopulo, Geoff Dyer, and Tom Mitchell, "Obama Forced Xi to Back Down over South China Sea Dispute", *Financial Times*, July 12, 2016

131 元米政府高官、２０２３年５月３日

132 Gregory B. Poling, *On Dangerous Ground: America's Century in the South China Sea*, Oxford: Oxford University Press, 2022, p.219

133 Jeffery Goldberg, "The Obama Doctrine", *The Atlantic*, April 2016

134 元米政府高官、２０２３年５月４日

135 安倍晋三、２０２０年12月16日

136 Barak Obama, *A Promised Land*, New York: Random House, 2020, p.476

第5章　TPP

「バカか、お前は」

2012年12月25日のクリスマス。その夜、兼原信克外務省国際法局長のところに河相周夫《かわいちかお》外務事務次官（1975年外務省入省）から電話が入った。

明日から官邸で官房副長官補（外政）として働いてもらう。すぐ行ってほしい、とのことである。

河相は言った。

「至急、ホテルでTPP（環太平洋経済連携協定）関係の会合を官房長官が開くことになった。それを手伝ってほしい」

官房長官に就任した菅義偉が外相、農水相、経産相などのTPP関係大臣を招集し、初会合をホテルで開くという。

TPPとは、アジア太平洋地域の参加国の間で相互の経済連携を促す自由貿易協定（FTA、Free Trade Agreement）である。交渉参加国は、シンガポール、ニュージーランド、チリ、ブルネイ、米国、オーストラリア、ペルー、ベトナム、マレーシア、メキシコ、カナダ。交渉は、2010年3月から21分野で始まっていた。日本はまだ加盟していない。

翌日、政権発足の日。兼原が官邸に行くと、経産省の幹部がすぐさまやってきた。

「総理には年明けにも訪米していただく。そこで日本のTPP加盟を宣言してもらおうと思っている」

その直後に農水省の幹部がやってきた。

「兼原さん、だまされちゃいけませんよ。国内はすごい反対が強いですよ」

兼原はこれまた就任したばかりの杉田和博官房副長官の部屋に行き、TPP加盟論をぶち、その足で菅義偉官房長官のところに行こうとしたら、杉田が兼原の後を追ってきて「バカ、待て待て待て」と制したが、そのまま官房長官室に突入した。

「長官。日本は、TPP加盟に向けて即時、交渉に入るべきです。戦略的に絶好の機会だと思います」

とのっけから言ったところで「バカか、お前は」と菅に怒鳴られた。

選挙公約では「聖域なき関税撤廃」反対の立場で選挙を戦った。選挙公約を何と心得ているのか。党内調整もできていない段階で「即時、交渉に入るべき」など大声で言うバカがあるか、と菅は怒った。

兼原は、菅に「キミは来なくていいから」とその場で言い渡され、TPP閣僚会合担当から外された。

兼原はTPP参加支持の立場を述べたに過ぎなかったが、政権発足早々、御用済みを宣告されたのも同然だった。兼原にとって「悲しい一日」だった。[1]

TPP担当の官房副長官補は兼原ではなく、佐々木豊成（1976年大蔵省入省）となった。民主党政権時代の2010年から官房副長官補（内政）を担当している。

菅は、TPP加盟に向けての方針は決めたとしても、交渉参加を決めるのは2013年7月の参議院選挙が「とにかく終わってからだ」と考えていた。

安倍も、政権に復帰した時点では、TPP加盟交渉に向けての具体的道筋まではまだ思い描いていなかった。[2]

「聖域なき関税撤廃を前提とする限り交渉参加に反対である」

TPPは2005年、シンガポール、ニュージーランド、チリ、ブルネイの4か国が提唱し、米国は

2010年に交渉に参加した。

米国がTPPへの加盟交渉に参加するきっかけは、リー・クアン・ユーシンガポール首相の訪米の際のオバマとの会談だった。

リーはオバマとの会談に先立ってその前夜、旧知のフレッド・バーグステンPIIE（ピーターソン国際経済研究所）所長と食事をした。

リーは言った。

「米国がいない間にアジアで中国はやりたい放題です。こんなことでいいんですか。もし、米国がアジアに経済面で改めて関与しないと中国がアジアだけでなく世界で米国を凌駕してしまいますよ。私はそれを心配しているんです」

「その懸念をそのままオバマに伝えたらどうですか」

「私の方から大統領に第三国のことをあまり露骨に言うのは外交上非礼になりませんかね」

「いや、違います。はっきり言わないとメッセージは伝わらない。ぜひ、明確に言うべきです」

翌日、リーとオバマとの会談が終わって、1時間もしないうちに、ローレンス・サマーズ国家経済会議（NEC）委員長からバーグステンに電話が入った。

「大統領はアジアに向けての新たな経済イニシアティブを始めたいと思っている。ついてはこの分野の専門家を集めてもらえないか。できれば明日の夜に」

米国のTPP加盟への動きはここから始まった。[3]

米国が加盟すれば90％以上の品目を無関税にするなど水準の高い自由貿易圏が生まれる。そこに日本が参加すれば12か国となり、世界の貿易の約4割を占める巨大な経済連携ゾーンができる。日本でもTPP加盟への関心が高まった。

２０１０年11月、横浜ＡＰＥＣ首脳会議に臨むに当たって、菅直人民主党政権が初めてＴＰＰ加盟への前向き姿勢を打ち出した。しかし、これには１１４人もの民主党議員が反対の意思表示をした。翌年３月11日、東日本大震災が発生し、ＴＰＰどころではなくなった。ただ、９月に野田佳彦政権が発足するに及んでＴＰＰが再浮上した。野田は「社会保障と税の一体改革」と原発再稼働とＴＰＰ加盟の３つを主要アジェンダに据えた。ＴＰＰ加盟を打ち出した背景には、それに反対し、身動きが取れなくなっている自民党との違いを出すという狙いもあった。[4]

もっとも、野田政権はＴＰＰ加盟に前向き姿勢を示したものの、政府としての立場を決めることができなかった。全国農業協同組合中央会（ＪＡ全中）がＴＰＰ加盟に立ちはだかったからである。２０１１年11月、ＪＡ全中はＴＰＰ交渉参加反対を求める１１６６万人分の署名を民主党に提出した。併せて「（賛成）議員のお名前は広く農家・組合員に周知する予定です」とする文書を民主党議員全員に送りつけた。当選回数の少ない地方の民主党議員はパニック状態に陥り、ＴＰＰ反対を声高に叫んだ。[5]

「社会保障と税の一体改革」をめぐり小沢グループが離反し、原発再稼働をめぐって鳩山グループが距離を置いていた。野田政権にはＴＰＰ加盟に踏み切るだけの政治体力はもはや残っていなかった。

ＴＰＰに対する態度を決めなければならない点は、野党自民党も同じだった。

高村正彦副総裁がその方向付けをする役割を担うことになった。

２０１１年10月、高村は茂木敏充政調会長に「ＴＰＰを議論してほしい」と頼まれ、党内でＴＰＰの議論をする外交・経済連携調査会長に就任した。ヒラ場での発言では党内の９割が反対だったが、ＴＰＰ推進派も隠れ推進派も、党内には相当数存在した。

高村は会合には反対派、賛成派の幹部を等しく招き、右側には反対派の山田俊男参議院議員（比例区）、左側には賛成派の川口順子《よりこ》参議院議員（比例区、元外相）をそれぞれ配した。

山田はＪＡ全中専務理事から２００７年夏の参議院選挙で当選した、いわば農協代表である。川口はもともとは通産官僚。自由貿易派の代表である。

その上で、高村は「聖域なき関税撤廃を前提とする限り交渉参加に反対である」との対処方針を示した。米、麦、牛・豚肉、乳製品、甘味資源作物の「重要５品目」は「聖域」として扱う。「聖域」への配慮のない関税撤廃には応じられない。「聖域なき関税撤廃」を約束させられて貿易交渉に臨むことはしない、ということである。

山田は農協が主張した文言がそのまま入っているので「それで結構です」と答えた。川口は「ちょっと考えさせてください」と留保した。高村は「考えるって、何を考えるんですか。聖域なき関税撤廃を前提としないということが確認できたら入っていいということですよ。川口さんのためにつくったような文章じゃないですか」と迫ると、川口は「それで結構です」と応じた。すると、さっきは「結構です」と答えた山田が「いや、ちょっと考えさせてください」と言い出した。高村が「聖域なき関税撤廃が前提でなくても入っちゃいけないということはこれまで言ってきてないじゃないですか」と突っぱねると、「いいです。これで結構です」と折れた。[6]

「聖域なき関税撤廃を前提とする限り交渉参加に反対である」――。高村のコピーになるこの言葉は「使える」というので、経産省の幹部が政権党の民主党に呑ませようと密かに動いたが、うまくいかなかった。

「野党でもまとまる自民党ってすごいですね」

彼は高村にそう言った。[7]

２０１２年12月の衆議院総選挙のさなかに、麻生太郎から野田佳彦のもとへ電話がかかって来た。

麻生「総理、ぜひ、ＴＰＰを決断していただきたい」

野田「決断していただきたいって。選挙中ですよ。自民党はどうなんですか？　反対してる人がいるんじゃないですか？」
麻生「いや、私はやらなきゃいけないと思ってるんです。だけど政権党はあなたがた民主党なのだから。自民党はなかなか難しいんですよ」
野田「いくら何でも、それはないでしょう。民主党にやってほしい、と言うのならせめて批判しないで下さいよ」
麻生「それは我々は野党ですから、批判はします」
野田「それはないでしょう」[8]
自民党が政権を再び担う前に、民主党にＴＰＰ加盟を決めさせて、庭先を掃いておいてもらおうという魂胆なのか。それは余りにも身勝手というものでしょう、と野田はやんわり抗議したのである。

「最初にオバマに会う時が勝負だと思います」

自民党が２０１２年12月16日の総選挙で勝利した直後、安倍は、ＪＲ東海会長の葛西敬之の紹介で元米上院院内総務のトム・ダシュルと東京で会い、食事を交え、ＴＰＰについて話し合った。安倍は表向きは自民党の「聖域なき関税撤廃反対」の立場を支持していたが、内心では、ＴＰＰ加盟に賛成だった。ダシュルは１９９５年から２００５年まで米上院民主党トップの院内総務を務めた。２００８年の大統領選挙ではオバマ支援に回り、オバマとも近い。

ダシュルは日本がＴＰＰに加盟する意義を説いた。

中国が経済で大躍進している。それは結構なことだが、自由で開かれた国際貿易のルールを守ってもらう必要がある。中国の国有企業、補助金、輸出ダンピングがルールと市場を攪乱している。それに対して日米が提携して対応することが急がれる。日本がＴＰＰに加盟すれば、ＴＰＰは日米基軸を基に中国と十分に競争、対抗できる存在になる。日本の長期的国益にとってもそれは望ましいはずだ、日本は加盟する時である、TPPと日米同盟強化とその2つが必要だ。それは車の両輪である。それらを成し遂げるのがあなたの使命であり役割ではないのか。[9]

ダシュルはそのような趣旨を述べた後、「ただ、オバマ政権の中には日本の加盟に消極的な連中もいる」と注意を促した。TPPの新規メンバーは締め出すべきだと考えている者もいる。日本を入れると、農産物、とくにコメを自由化の例外にしろと交渉をかき回す、すると妥結は先送りになる、だから日本は入れるなという声もある、というのである。

この点は、ダシュルの言う通りだった。マイケル・フローマン通商代表はホワイトハウスのNEC（国家経済会議）委員長から横滑りする形でUSTR（通商代表部）代表になった。NECは議会対策上もTPPを小さくまとめ上げたほうがいい、政治資本を使わなくて済む、といった考えが支配的だった。[10]

ダシュルは安倍に言った。

「最初にオバマに会う時が勝負だと思います。全てをかなぐり捨ててでも米国を説得するというぐらいの強い意思と姿勢で臨まないと動かせない。ただ、それができればあとは一気に進むと思います[11]」

しかし、「聖域なき関税撤廃」を約束させられて貿易交渉に臨むことには、自民党内から強い反発が噴き出す。それは目に見えている。そこは米国に柔軟に対応してもらわないことには土俵に上れない。

政権発足後、安倍は外務省に対して「聖域なき関税撤廃」を日本の加盟交渉参加の条件にしないことの確約を取り付けることを指示した。佐々江賢一郎駐米大使が中心となり、「熾烈な激しい事前交渉」（佐々江賢一郎）が繰り広げられた。[12]

この間、米USTRは今井尚哉政務秘書官と接触を図っていた。今井と旧知のウェンディ・カトラーUSTR次席代表代行が今井にアプローチをしてきた。上司のマイケル・フローマンUSTR代表の指示によるものだった。安倍の許可を得て、今井はカトラーには官邸裏口から入ってもらい、密かに会った。

今井は、日米双方に貿易自由化に対するセンシティビティ（敏感性）がある、TPP加盟交渉に先だってすべての関税撤廃を約束することはできない、最終的な結果は交渉の中で決まる、という「3つの原則」を双方の共通認識にしたいとの点をカトラーに強調した。交渉の中身について云々する権限は今井には与えられていない。どのような「枠組み」で日本が交渉の土俵に上がるか、をめぐる意見交換に絞られた。[13]

駐米日本大使館からも「大統領は、事務方が事前にすり合わせできるのであれば、それを尊重する、ということである程度、先方と合意できた」という情報が官邸に入って来たが、「それでもどうなるかわからない。その時は首脳会談の時に、何とか総理ご自身で『聖域なき関税撤廃』の前提を外すところを勝ち取っていただきたい」とのことだった。[14]

安倍の表現を使えば、ここは安倍とオバマの出たとこ勝負の「ガチンコ」となった。[15]

「日本の政治的センシティビティには配慮する」

2013年2月22日。安倍とオバマの最初の首脳会談がワシントンで行われた。

安倍は自分の方からTPPを持ち出そうと思っていたが、オバマが冒頭から「今日は、TPPへの日本の加盟について総理がどのように考えているのか、ぜひ、聞きたいと思っている」と切り出し、「米国は、日本と米国がいずれもTPP交渉に参加するのを望んでいる」と前向きの姿勢を明確にした。

そう言った後で、オバマはすぐ条件に触れた。

「TPPへの参加は、高い水準で、厳格な貿易合意を受けいれることであり、日本が参加すれば、日本を含めすべての参加国が、難しい措置をとり、時には大幅な譲歩をしなければならない」

具体的条件は次のようなものだった。

第1に、日本の参加によって交渉が振り出しに戻るとか、再交渉を必要とするとかいったことにならないようにする。

第2に、日本がＴＰＰ参加を発表する場合、その発表ぶりや言葉使いは「共同声明」の文言に沿って正確に説明してほしい。そこを曖昧にすると、他の参加国の中から日本だけが裏で何かを得たのではないかといった疑心が起こる恐れがある。

第3に、日本の交渉参加のタイミングについては、米側とよく調整してもらいたい。

最後の点について、オバマは「米国の自動車業界は、日本の参加を快く思っていない」と注意を呼び掛けた。

安倍の発言の番である。

安倍は最初に「日米両国で、アジア太平洋地域の経済秩序を共に構築していくことは、戦略的に重要であると考えている」と述べた。前年末、ダシュルと話したとき、ダシュルが強調した「ＴＰＰの戦略的意義」を安倍はにじませようとしたのだ。

次に、前年末の衆議院選挙で、自民党は『聖域なき関税撤廃』を前提にする限り、ＴＰＰ交渉参加に反対する」という公約を掲げて勝利したいきさつに触れながら、次の3点について了解を得たいと要請した。

第1、日本には一定の農産物、米国には一定の工業製品といった2国間貿易のセンシティビティがある。

第2、最終的な結果は交渉の中で決めていく。

第3、ＴＰＰ交渉参加に先立って、一方的にすべての関税を撤廃することをあらかじめ約束することはない。

この3つの点は、首脳会談に先立って日米事務当局で事前に協議し、「ある程度の共通理解」で合意していた内容だった。

オバマは、これらに関しては自分としても「結構だ」と述べた。

安倍は、いまここで交渉は「聖域なき関税撤廃」を前提とするものではないとの確信が得られたので、国民にしっかり説明し、交渉参加を発表したい、と踏み込んだ。

「もっとも、日本の農業団体は日本のTPP参加に強力に反対するでしょうが」

安倍の言葉を通訳が訳し終わらないうちに、オバマは「こっちも同じ」と相槌を打った。米国内にも日本の参加に強力に反対する自動車業界のような勢力がいる、お互いそうした抵抗を乗り越えて行こうという〝連帯の挨拶〟だった。

安倍の言う日本の農業団体とは、全国農業協同組合中央会のことを指す。

安倍「農業団体は自民党の支持母体でもある。そこで彼らが国会議員にプレッシャーをかけ、反対運動を展開する前に発表したいと思っている」

オバマ「日本の政治的センシティビティには配慮する」

安倍「我々が交渉参加を発表する時には『歓迎する』と言っていただきたい」

オバマ「了解した」[16]

その上で、オバマは一言、付け加えた。

「日本の参加は、戦略的のみならず経済的にも重要なステップである。高いレベルの自由貿易市場を実現するための国際協力だというはっきりとしたメッセージを太平洋地域の諸国に対して標榜《ひょうぼう》することになる」

安倍が冒頭、「日米両国で、アジア太平洋地域の経済秩序を共に構築していくことは、戦略的に重要であると考えている」と述べたのに対して、オバマは、TPPは「戦略的」という観点もさることながら「国際協力」というナラティブで語りたい、と言おうとしているかのようだった。

〈「戦略的」の言葉にためらいがあるのか……中国に気を遣っているのか……〉

安倍は、そう思いながら、オバマの言葉を頷いて聞いた。[17]

「取れたよ」

安倍は、ホワイトハウスから大統領の賓客用宿舎であるブレアハウスに戻ってくるなり、留守番役として待機していた首相秘書官の柳瀬唯夫（１９８４年通産省入省）に高らかに声をかけた。顔が上気していた。[18]

日米首脳会談の共同声明は「ＴＰＰ交渉参加に際し、一方的に全ての関税撤廃をあらかじめ約束するよう求められるものではないことを確認」したと謳《うた》った。「交渉参加に先立って、一方的にすべての関税を撤廃することをあらかじめ約束することはない」、つまりは「聖域なき関税撤廃」を求めることはないという確証を安倍はオバマからもぎ取った。

「甘利さんと運命共同体で行こうと思いました」

日米首脳会談から帰国してしばらく経った頃、安倍はＴＰＰ加盟交渉に参加するだけでなく、７月に予定されている参議院選挙の前に加盟交渉に入るべきだ、と思うようになった。

次のような理由からである。

一部の議員が反対のまま参議院選挙を迎えると、党内で激しい議論になる。反対派は選挙のときに「私は反対です」とキャンペーンし、それで当選してくると後が大変だ。だから先に決めて、農業対策も方向性を出し、そして参議院で勝って正当性をかち得た上で交渉を進めていくのがいい。だから参院選挙前に党内的な議論を終わらせたい。それを踏まえて参議院を戦う。勝てば勢いがつく、その勢いで反対派を抑えていく。それに、選挙前の参加表明の方が米国に対してより強いメッセージになる。日本はなかなか物事を進められないと米国は思っている。そうではないということを示し、こっちが引っ張っていくぐらいの勢いにしたい。[19]

ＪＡ全中傘下の農協は、ＴＰＰ加盟交渉に賛成する議員は選挙で落選させる、と脅しをかけていた。

この時点で、参議院選挙前に決断すべきだと主張したのは、安倍ひとりだった。

菅も麻生も慎重論だった。幹事長の石破茂は「加盟表明は、７月の選挙（参議院選挙）を待ってからにするのがいい」と牽制してきた。それが党内コンセンサスだった。

しかし、安倍は菅にはあっけらかんとして言った。

「やっちゃおうよ。もう、これ電光石火だよ、菅ちゃん。むしろ参院選のはるか前のほうがいいよ」

「総理の作戦がそういうことであれば、体制をつくりましょう」

菅はそれ以後、一気に体制づくりに取り掛かった。[20]

麻生に説いたところ、麻生は「いい度胸だな」と呻《うめ》いたが、それでも、「総理がお決めになるのであればそれに従います」と賛同した。

安倍は石破には相談せず、「政府として決めさせてもらった」と通知した。異論はなかった。[21]

次に交渉体制である。従来の日本の貿易交渉、なかでも対米貿易交渉は各省バラバラで対応してきた。だから、相手に各個撃破されてしまう。その繰り返しだった。
こうした日本の通商交渉体制の弱さを、兼原信克は次のように語っている。
「国際交渉になると経産省と外務省は主導権争いで喧嘩になるし、加えて経産省と農水省が行司役の外務省に言いたいことだけ言って帰っていく。それだけならまだしも、経産大臣と農水大臣が勝手にワシントンに行って、違うことを言って帰って来る。国務省が怒って『どっちが本当の日本の立場だ?』って聞いてくるわけです。みんな自分の利益だけを守って勝手にしゃべりまくっているので、日本の交渉ポジションも敵に筒抜け。これじゃ外交になんかならないわけです」[22]
安倍は、ワシントンから帰国した後、内閣官房にTPP交渉のための対策本部をつくり、TPP対策本部長に内閣府特命担当大臣（経済財政政策）に任命した甘利明を据えることにした。甘利をTPP加盟交渉の「担当大臣」とする。要するに「司令塔」になってもらうということである。[23]
甘利は1983年、衆議院議員を2期務めた父の甘利正が引退したのに伴い、勤めていたソニーを辞め、政界に転じた。自民党「商工族のボス」であり、中小企業政策にも経済政策全般にも明るい。第1次安倍政権で経産相を務めた。貿易交渉を成功させる上でもっとも重要な「党内に対する力」もある。「任せるときには徹底的に任せる」ことにした。

安倍は後に、甘利起用について次のように述べている。

「交渉においては、1対1でやりますし、あと相手が、この人はどれぐらいマンデート（権限委任）を与えられていて、どれぐらい判断できるかと、向こうも見てますから。交渉者としての力を持っていて自分で判断できるということでないと力を発揮できないと思うんですね。甘利さんがそう判断するんだったらそれはどうぞと。これについては甘利さんと運命共同体でいこうと思いました」[24]

安倍から、大役を託された甘利は、その夜、議員宿舎の自室で壁に向かって正座した。

〈野党は、安倍政権は昨日までTPPに入らないと言っていたのに何でオバマと約束してきたんだ、というところから攻撃してくるだろう。アゲインストの風を受ける。農業団体は反対をして来る。アメリカに対してノーと言うところは言いながら、それでもまとめなきゃならない。大変な交渉になる〉

甘利は自分に言い聞かせた。

〈日米貿易交渉は戦後、一度として米国と対等に交渉できたことはない。交渉と言いながら最後は通告だった。交渉に臨んだ以上、米国と対等にやる。自分がひるんだ時は、日本は負けだ。その時は大臣をやめる〉[25]

省庁間のタコツボ構造と縄張り体制を克服しなければならない。TPP交渉を委ねられた以上、内閣にオールジャパンの体制をつくり、自分のところで一元的に管掌し、戦略的に決断することが不可欠だ。

甘利は菅に「できるだけ早く、関係大臣を密かに集めてほしい」と要請した。

菅は安倍の指示を受けて、内閣のTPPに関する意思統一を図るため、関係閣僚（菅、林、茂木、岸田）による大臣会合をすでに赤坂の議員宿舎で秘密裡に開催していた。ここだと記者に気づかれにくい。そこに官房副長官補の佐々木豊成と農水省の針原寿朗食料産業局長（1980年農水省入省）を臨席させた。佐々木は財務省出身である。この会合は、２０１３年1月17日に初回を開催。その後、甘利と麻生も加わり、３月27日まで合計5回、開かれた（1月17日、1月30日、3月4日、3月13日、3月27日）。

この非公式会合は、その後も重要局面でその都度、開かれることになる。[26]

甘利もそこに出席することになった。その最初の大臣会合の席で、甘利は言った。

「安倍総理の指示の下、この交渉は私に一本化されている。外務大臣でも、経産大臣でも、農水大臣でもない。私が決める。総理はそう思っていないとか、自分がここはやるという人がいたら、大臣、代わってあげます」

甘利は続けた。

「ワンボイスにしないと交渉は負ける。一人が全責任を持たないと必ず蟻の一穴から崩壊する」「官房長官、いいですね」

「それで結構です」

菅が最後に引き取り、ダメ押しの確認をした。[27]

甘利は米側が政務秘書官の今井尚哉に激しくアプローチしていることをつかんでいた。今井はエネルギーとともに通商のプロでもあり、欧米の人脈も広い。それを許してはこれまでと同じ米国の各個撃破と分断統治工作の餌食になりかねない。ＴＰＰに関するメディアへのリークも今井が漏らしているのではないか、と疑ったこともある。

少し後のことだが、首相執務室でＴＰＰ問題を議論した際、甘利は同席していた今井をにらみつけ「秘書官は出て行ってもらいたい」と言った。

今井は「先生。お言葉ですが、先生に総理の首席秘書官に出て行けと言う権限はありませんよ」と反撃した。「総理が出ていけと言うのなら、私は従いますが」。

困り果てた安倍が「今井さん、ここはちょっと外してくれる」と言い、今井は退席した。[28]

安倍は後に「私と今井さんとの距離の近さですよね。普通の政治家と役人（の関係）と違って、ほとんど一心同体だったですから。それは相手（米国）側も見てますのでね」と振り返り、付け加えた。「多少、甘利さんも今井さんが前に出るということを嫌がったところがありました。自分がやるべき領分を奪われるのではないかという心配をされたんでしょうけど、じきにそうではないということをわかっていただけた」。[29]

甘利にとって幸いしたのは、岸田文雄外相、茂木敏充経産相、林芳正農水相という安倍政権の中核の閣僚たちが、第1次安倍政権で甘利が経産相をしていた時以来、甘利との縁が深かったことである。それに第2次安倍政権誕生の原動力となったこともあって甘利の「党内に対する力」は漲《みなぎ》っていた。[30]

甘利は米側代表のフローマンとの最初の協議の際、言った。

「私がノーと言ったら、総理はノーと言います。私がイエスと言ったら、総理はイエスと言います」

自分が日本側代表をしている限り、各個撃破はあきらめてもらいたいと言い渡したのである。[31]

甘利が、交渉の体制づくりを進める上で、もう一つ心掛けたのは、本部にスカウトする霞が関の官僚たちの意識改革である。外務省、経産省、農水省から優秀な官僚を出向させることになるが、優秀なだけでは強いチームはできない。強大な司令塔をつくるには「各省から召し上げたスタッフが本省の方ではなく自分の方を向いて仕事をするかどうか」である。そこを徹底させることにした。[32]

安倍と甘利は、TPP加盟は日本の戦略そのものだという点で意見が一致していた。

もちろん、国内政治的には農産品の関税の扱いに関心が集中するし、そこは最大限、配慮して交渉に臨む必要がある。しかし、TPPの本質は「関税よりルールが最大のポイント」だと考えていた。「関税はどのみちゼロに向かっていく。そこまでの手順といざというときのセーフガードを決めるだけの話に過ぎない」と甘利は考えていた。[33]

甘利は大臣会合でも、日本のTPP加盟を単に貿易自由化の課題としてではなくアジア太平洋の国際秩序構築とその土台であるルール形成への参画という「戦略的意義」を説いた。

「WTOが漂流し、2国間取り決めのような方向へと流れてしまう。その中でTPPが多国間貿易交渉の希望の星になった。TPPのマルチの協議と世界のルールを日本がリードし、日米でテンプレート（鋳型）をつくっていくチャンスだ。中国と対抗するには、日米がTPPで組んで米国のアジアにおけるプレゼンスを強化しなければならない[34]」

「戦略的意義」の中には、対中交渉力を高めるテコになりうるとの計算も含まれている。少し後のことになるが、その点の効用を甘利自身感じることになる。2014年11月、中国・北京でAPEC首脳会議が開かれた際、この地でTPP首脳会合を並行して行った。中国は強い関心を示した。習近平国家主席がTPP加盟への関心を初めて、表明した[35]。

それから、米国をアジア太平洋の国際秩序とルール形成に深く関わらせ、中国にルールを守らせる外圧としても使える。

ポール・ライアン下院議長（共和党）らと会談した際、甘利は、「米国が太平洋国家宣言をしてもアジアに参入していくルートがないのであれば、太平洋国家宣言は机上の空論に過ぎない。また、アジアにルールを敷いても、中国がそれを無視するのであれば意味がない。TPPルールを世界標準にし、そのルールの実効性を高めるために怖い国が入っているということが大事だ。その意味からも米国が入っていなければならない」と論じた。

その上で「TPPができれば米国はアジアの〝準会員〟になることができる」と畳みかけた[36]。

「下に対しても上に対しても上から目線の男です」

「官界のエースを参集する」との甘利の号令の下、官邸は対策本部づくりに取り掛かった。交渉官たちは全員、内閣官房審議官の併任をかけられ、首席交渉官の指揮下に入る[37]。

その肝心の首席交渉官を誰にするか。

安倍が思案投げ首でいるところへ、麻生が「鶴岡がいい」と提案した。

鶴岡公二外務審議官（1976年外務省入省）のことである。ハーバード大学法科大学院修士号取得。経済交渉を長年担当してきた。英語の達人でもある。麻生は外相時代に鶴岡の異能ぶりを知った。

「すごくできます。英語はネイティブです。そして、その英語よりフランス語の方がうまい。あれは上から目線の男です。しかし、下に対しても上に対しても上から目線の男です。アメリカとやるにはああいうのじゃなきゃダメです[38]」

安倍も鶴岡のことは随分、前から知っていた。安倍は、父の安倍晋太郎が外相をしていたときに秘書官を務めたが、鶴岡は外相の通訳を数多く務めた。

たしかに、鶴岡は不遜なところがある。安倍自身、不遜な態度を示され、カチンと来たこともある。ただ、彼は誰に対しても不遜なので、悪気はない。アメリカに対して位負けをせずに、場の雰囲気に呑まれず、ふてぶてしくやるハードライナーとしての役割を果たしてくれればいい。安倍は鶴岡起用案に賛成した。[39]

首席交渉官に決めた後、鶴岡に閣僚会合に来てもらった。時間調整がつかず、夜10時半、ホテルの一室を借りた。閣僚全員そろい着席したところ、それを見計らったように最後に鶴岡が姿を現した。一言も言わずに、平然と部屋に入り、平然と着席した。

後に、鶴岡とやり合うことになるマイケル・フローマンUSTR代表が「あんなアロガント（傲慢）な男は見たことがない」と甘利に苦情を言ったことがある。それまでフローマンのそれこそアロガントなしぐさにカリカリ来ていた甘利は〈あんたにそれを言われたくないよ〉といささかの小気味よさを感じた。[40]

2013年4月、鶴岡は内閣官房内閣審議官兼TPP政府対策本部首席交渉官に就任した。

内閣府と農水省から副官が就いた。澁谷和久（1979年建設省入省）と大澤誠（1984年農水省入省）である。澁谷は、当時、内閣府大臣官房審議官（経済社会システム担当）兼国土強靭化推進室審議官を務めていた。大澤は、パリやジュネーブでの勤務もあり、ＷＴＯのドーハ・ラウンドを初め、数多くの国際交渉に携わってきたベテランである。農水省大臣官房国際部長（市場アクセス全体）のままＴＰＰ政府対策本部員に任命された。ここに、すでに菅が一本釣りしていた官房副長官補の佐々木豊成も加わり、この４人の審議官クラスの幹部が本部司令塔の中核となった。

佐々木は対策本部の国内調整総括官に就任した。「外に対してはタフ・ネゴシエーターの鶴岡で臨むが、彼だと中がついて行けない。そこで国内は佐々木にやらせよう」という狙いのようだった。[41]

この人事を決めたところで、菅は佐々木をはじめとする担当者たちを鉄板焼の店に誘った。

「お前も来るか」と菅は兼原にも声をかけた。一瞬、戸惑ったら「来なくてもいいんだ」。

「いや、何があっても絶対行きます」

〈やっと長官の勘気が解けたということか……〉

兼原は思った。[42]

経済交渉は総じて国内の利害の調整、なかでも各省庁との調整である。ＴＰＰは30の交渉分野がある。それぞれの分野をそれぞれの省庁が担当する。本部はそのすべてを担当各省、そして財務省と調整しなければならない。

交渉官が交渉する立場は、この内政における調整力次第で強くも弱くもなる。農産品の自由化を進めるにも、あらかじめ財務省の主計官と議論し、財務省がここまで国内農業への財政的手当を保証しているから、ここまでは交渉で言える、といったことを農水省とすり合わせる。審議官クラスの４人は、各省庁の事務次官クラスと直接、話をする体制を整えた。対策本部の職員のうち３割近くが自民党対策委員会や農業関連団体との意見交換や情報提供などの国内調整を担当することになった。[43]

次に、官邸と与党との調整がある。ここでは、佐々木が菅と常時、連携を取った。今井とも内々に打ち合わせする必要も出て来る。自民党との調整は、農産品の自由化への理解を求めるのが眼目である。ここも財務省を巻き込んだ対策を練って、当たらなければならない。
そして、関係業界団体との調整である。自動車分野の交渉では自動車工業会などと事前の協議が欠かせない。
この4人が甘利を囲み、方針を決め、進行状況を確認した。[44]
内閣人事局がフル稼働し、各省庁に交渉官候補を挙げさせた。鶴岡は全員を英語で面接し、採用を決めていった。鶴岡はアクセスが可能になったTPP交渉関係文書を読み解くため、交渉官全員を埼玉県入間市の人事院公務員研修所に集め、泊まり込みの合宿を行った。日本は最後に参加するハンディキャップを負っている。それを克服するには交渉官たちが専門性と状況把握力をフルに発揮する以外ない。そのための特訓だった。[45]
こうして各省から19人の交渉官が本部職員として選ばれた。甘利は、これらの本部職員に対して「省益を離れてつねに国益の視点で取り組んでもらいたい」と訓示した。[46]

2013年3月15日、安倍は日本のTPP加盟交渉参加を正式に発表した。
そこで強調された加盟交渉の意義は、以下の通りである。
1　TPPの意義は同盟国である米国とともに、日本が新しい経済圏を作ること。
2　TPPには自由、民主主義、基本的人権、法の支配といった普遍的価値を共有する国々が加わること。
3　これらの価値観を共有する国々と共に、アジア太平洋地域における新たな経済・貿易ルールをつくり上げること。
4　TPPによる共通の経済秩序の下に、こうした国々と経済的な相互依存関係を深め、日本の安全保障とアジア・太平洋地域の安定にも大きく寄与すること。
ここに示されるように、安倍はTPPを同盟、価値観、ルール、安全保障の観点から捉え、それを日本の戦略的な課題であり機会であるとみなしていた。

安倍は記者会見で「ここで交渉に参加しないと、TPPそのものを事実上、諦めなければならない。交渉にまったく参加できない、まったく日本はルール作りに参加できないということになってしまっては国益にかなわない。その先にRCEP、FTAAPという、TPPで決めたことを核に新しい体制ができていく」と述べた。

ＲＣＥＰ（地域的な包括経済連携）協定は、ＡＳＥＡN10か国と日中韓、オーストラリア、ニュージーランドが貿易・投資の促進やサプライチェーンの効率化に向けて市場アクセスの改善や知的財産、電子商取引などの幅広い分野のルールを整備することを目的として２０１２年に交渉を開始した（２０２０年、署名）。

ＦＴＡＡＰ（アジア太平洋自由貿易圏）は、アジア太平洋地域において貿易や投資の円滑化を通し、経済連携の強化を図ることを目的としている。

「族をもって族を制する」

安倍は山陰の山口県を選挙区とする自民党の政治家であり、農業の現場で何が起こっているか、「土地カン的には」かなり通じている。それでも、農業・漁業問題に専門に取り組む、いわゆる農水族に属したことはなかった。これからTPP加盟交渉を進めていくには、農水族の中に味方をつくらなければならない。安倍は「（自分が官房長官として仕えた）小泉さんの、敵を峻別し敵味方に分かれて戦う方法」ではなく、「敵味方にならずにともに改革を進め、ともに農林水産の新たな地平を開くやり方」にしたいと考えた。[47]

そもそも、ＴＰＰは農産物の市場開放を促すが、それを農政改革と合わせ技で進める必要がある。安倍は農協改革と減反廃止をアピールすることにした。農協改革を大きな旗印としたことで、生産者団体の反対運動の圧力が分散され、ＴＰＰ交渉を進める環境づくりに役立った。[48]

肝心なことは、農水族の中に味方をつくり、ＴＰＰ加盟交渉を成功させるために一緒に知恵を出し、汗をかいてもらうことである。安倍は、そういう役回りをする農水族のモデルを知っていた。第１次政権の時に農水相に起用した松岡利勝（衆議院議員、熊本県）である。農林官僚出身の農水族。ドンのような存在だった。

安倍は農業自由化を進めようとしたが、農協が反対する中で松岡はドーハ・ラウンドの農水産品交渉に当たってコメの７００％関税を１００％にするべきだと主張した。

「日本のコメは大丈夫だ。輸出で取る分のほうが絶対に大きい」

松岡はそう言い、安倍を支えた。

農業を改革しなければ農民の基盤そのものがなくなってしまう、と危機感を募らせていた。「族を極めれば改革派になる」と彼は言ったものである。

「松岡しかいないんだって。族をもって族を制するんだよ」と安倍は当時、今井に言ったことがある。[49]

松岡は２００７年５月、赤坂の議員宿舎で首つり自殺をした。官製談合問題で摘発された独立行政法人の受注業者から多額の献金を受けていた疑いがもたれていた。現職大臣の自殺は第２次世界大戦末期の阿《あ》南《なみ》惟《これ》幾《ちか》陸相の自殺以来で、戦後初めてだった。

ＴＰＰ交渉で「族を極めれば改革派になる」のは誰か？

安倍は、衆議院議員の西川公也《こうや》（栃木県）にアプローチした。西川は70歳。２０１２年末の衆議院総選挙で国政復帰を果たした。選挙戦では「ＴＰＰ参加の即時撤回を求める会」に所属、選挙でも「農業分野の関税はすべて守るべきだ」と主張し、加盟に反対の立場を打ち出していた。

しかし、安倍は西川に松岡と同じ「改革派」、いや「隠れ改革派」の匂いをかぎ取っていた。

２月22日の日米首脳会談を終え、意気軒高、ホテルに戻って来た安倍が部屋に入ると最初に電話した相手が西川だった。安倍はここでオバマに「聖域なき関税撤廃」を下ろさせたことを報告し、加盟交渉の意向を伝え、協力を求めた。[50]

安倍は、西川を新設する自民党のＴＰＰ対策委員会の委員長に据えた。農水族はツワモノぞろいである。強引にやらなければ引っ張れない。その点、西川には腕力がある。[51]

西川に加えて、安倍の意を受け、菅が吉川貴盛（自民党、北海道）をも引きつけた。菅は西川、吉川の2人と当選同期で懇意にしていた。[52]

もっとも、交渉が進むにつれ、西川は農水族議員から〈官邸に取り込まれているのではないか〉との疑惑の目で見られるようになった。西川は「官邸族」と呼ばれるようになる。[53]

安倍が頼りにした農水族のもう一人が農水副大臣の江藤拓（衆議院議員、宮崎県）だった。当選4回。52歳。安倍より6歳、年下である。

安倍はオバマと会談した後、ワシントンのホテルからまず西川に電話したが、次が江藤だった。

「取れたよ。『聖域なき関税撤廃』を突き付けられることはない。TPP加盟交渉、やります。これで決まり。キミには同じ船に乗ってもらいたい。大変苦しいとは思うが、反対派を責任持って口説いてほしい」[54]

江藤は、自民党の野党時代に「TPP参加の即時撤回を求める会」の会長を務めるなど、TPP参加反対の急先鋒だったが、安倍が目をかけてきた弟分のような存在である。

2005年、江藤は郵政民営化法案に反対したことで自民党を追われた。無所属の悲哀を味わった。2006年9月の延岡市の竜巻被害では、地元国会議員として災害対策特別委員会での質疑を希望したがそれすら叶わなかった。その年の12月、安倍は自民党総裁として江藤ら追放組の復党を認めた。内閣支持率は7ポイントも急落した。江藤はこの時の「政治家として一生の御恩」を胸に刻んでいた。[55]

第2次政権組閣の際、安倍はTPP加盟交渉を念頭に、農水相に国会答弁の手堅さでは定評のある林芳正を起用した。林は農水族ではない上、党外交経済連携調査会会長としてTPPに賛成の立場を表明していた。そこで副大臣に農水族の江藤を配置した。TPP加盟交渉となった時は、反対派の江藤に反対派の〝抑え〟の役回りをしてもらおうと考えてのことだった。[56]

その後江藤には何度も官邸の裏口から来てもらい、TPPに関する党内の反応を把握することに努めた。[57]

ただ、江藤は牛肉の市場開放では安倍を支えたが、豚肉では最後まで抵抗側に留まった。「牛肉はブランドが英語で世界に知られている。マツサカ、ヨネザワ、タジマ、ミヤザキ……みなそれぞれの土地で違いがあり、国際競争力がある。しかし、豚肉は牛肉のように差別化できないから、やられてしまう」との危機感を抱いていた。[58]

西川と江藤には「族をもって族を制する」役割を果たしてもらった。

ただ、最後のところは森山裕《ひろし》（衆議院議員、鹿児島県）に仕切ってもらった。

森山は２０１４年９月、西川が農水相として入閣した後、自民党ＴＰＰ対策委員長に就き、翌２０１５年10月、西川、林の後の農水相に就任した。長年、国会対策を担当し、調整力に長けている（２０１７年８月、自民党国対委員長に就任。４年以上、その職にあった）。

菅とも二階とも近く、安倍政権で着実に政治力を増していた。

甘利は、「農産品ごとに、どこまでだったら党が耐えられるか、ここまでだったら何とか党を説得します、というのを森山さんとやった。それを頭に入れ、交渉ではその手前で何とかまとめることを心掛けた」。甘利にとって「農水族の本当のドンは森山さんだった[59]」。

安倍に言わせると、森山は市場開放には「慎重派」だが、「昔の農林族みたいに暴れたりはしない」。理屈ではわかるけどまだ現場が追いついていけないのではないか、といった風に淡々と論理を展開する。森山はどんな時でも「真ん中をとる」政治に徹していた。

「二枚腰で熟練した味を持っている。農水族から自分たちと違う敵だと思われちゃえば、もう説得力はない。その絶妙のポジション取りに徹したからこそ、説得もできたのだろう」

安倍は森山の政治力の秘密についてそんな風に語った。

「ああいう東北弁や薩摩弁の人というのは純朴そうに見えて実は大変な戦略家なんですよ[60]」

東北弁は宮城県選出の小野寺五典、薩摩弁は鹿児島県選出の森山裕を念頭に置いている。

２０１８年８月26日、安倍は自民党総裁選に先立ち、森山の地元の鹿児島県垂水《たるみず》市を訪れ、錦江湾《きんこうわん》越しに見える雄大な桜島をバックに3選出馬を正式に表明した。[61]
その後、安倍が向かったのが宮崎県だった。江藤の地元である。江藤はその時はふるさと振興と農業輸出振興担当の首相補佐官。安倍は、児湯《こゆ》郡の子牛の模擬競《せ》り市を江藤の案内で視察。和牛繁殖農家、肥育農家、野菜農家などを営む住民と意見交換をした。[62]
江藤が、若い農民の一人に「最近はどうだ？」と聞くと、彼は「まあ何とかやっています」と答えた。
「何とかじゃなくて、売り上げ増えているんだろう」
「いや、まあまあですよ」
「だけど、止まっている車が軽トラックからレクサスに代わっているじゃないか。ちゃんと言わなきゃだめだよ」
「はい、レクサス買わせていただきました」[63]
農村を走る車を見れば農業の盛衰が分かる、とは森山の言葉である。日本は高品質農業輸出国への道に向かって走り始めていたのである。[64]
「族をもって族を制する」作戦を成功させるには、「味方」に引き込んだ族にそれなりのタマを持たせ、それなりの処遇をする必要がある。市場開放対策費の予算をどこに、どれほどつけるのか、その「カネを配る」役回りを味方となった農水族にしてもらうことである。[65]
2016年1月に発表された初年度のTPP関連の国内対策費は約3400億円、畜産の競争力強化に向けた基金設立など、実質上、単年度使用を超える予算もつくなど、潤沢な予算獲得となった。[66]
もう一つは、人事である。
農水族にとっては、農林部会長、農水副大臣と上り詰め、農水大臣で上がり、が出世スゴロクである。農水族が政府の掲げる農協改革とTPP加盟交渉を支え、それに抵抗する農水族を説得することに成功した場合、安倍は人事の論功行賞で報いた。農水相に西川（２０１４年９月）、森山（２０１５年10月）、江藤（２０１９年9月）を起用したのはいずれもそうした人事である。安倍は派閥に囚われず、かなり自由に自らの閣僚人事を行った。[67]

「今後、農業交渉は鶴岡にはタッチさせない」

鶴岡を首席交渉官とする交渉チームに、２か月もしないうちに、深刻な問題が発生した。農水省の中に鶴岡に対するアレルギーが噴き出したのである。

鶴岡は、ＴＰＰ交渉に臨むにあたって以下のような交渉方針を内々に示していた。

1　日本から、これはできない、あれはできないということは言わない。従って交渉に入るに当たって衆参農林水産委員会が採決した国会決議（「重要５品目は関税撤廃の除外又は再協議の対象とする」）についても言及しない。

2　マイルストーン（中間目標地点）で、（関税撤廃を）92％、95％、98％と高めていくオファー案をつくってほしい。

3　農水省が十分なオファーを出してこないときには、官邸の力を借りて押し切る。

鶴岡は、農水省職員のいる前で「99％を超えてもダメだというのなら、さすがに、日本も尻をまくらないといけないかもしれない」と発言した。この発言を聞いた農水省の幹部たちは「鶴岡は、98％から99％まで関税撤廃しようとしているのではないか……」と疑心暗鬼に駆られた。鶴岡が「農水省は要らない。経産省と合併して昔の農商務省になればいいんだ」と発言したことが伝えられると、農水省幹部は、農水省を軽んじ、蔑《さげす》んでいると受け取った。[68]

「首席交渉官を交代させない限り、農水省としては内閣官房に協力できません」

農水省生産局を中心とする事務方は、林芳正農水相に訴えた。林は西川ＴＰＰ対策委員長と相談した結果、「首席交渉官はそのままにするが、今後、農業交渉は鶴岡にはタッチさせない」立場で臨むことにした。[69]

甘利も、農業交渉から鶴岡を外すことに同意した。

２０１３年６月、駐パキスタン大使をしていた大江博（１９７９年外務省入省）が急遽、呼び戻された。大江は条約畑や経済担当が長く、日本の最初のＦＴＡ（自由貿易協定）となったシンガポールとのＦＴＡ交渉を指揮するなど貿易交渉の経験も豊富だった。首席交渉官の鶴岡はルール形成交渉に専念し、大江博と大澤誠が農業交渉を担当することになった（２０１６年５月、大江は鶴岡の後任の首席交渉官に就任）。

２０１３年７月23日。日本はＴＰＰ交渉に参加した。原加盟国の中では最後の参加メンバーである。大江は当初、日本は遅れて参加したため主導権を取れないのではないかと心配したが、実際のところマーケット・アクセスの具体的な交渉はまだ始まっていなかった。

２０１３年11月、大江はワシントンを訪問し、ＵＳＴＲ次席代表代行のウェンディ・カトラーと協議した。１９９５年から３年間、ワシントンの日本大使館で経済担当参事官を務めた際、カトラーと何度もやり取りをした。ただ、話すうちに「双方のイメージする落としどころにはあまりにも距離がある」ことを思い知らされた。オバマは安倍に「日本の農業のセンシティビティを尊重する」と言ったが、その趣旨は、関税撤廃に当たっては、長いステージング（削減期間）を許容するということであって、関税を撤廃しなくてもよいということではない、とカトラーは繰り返した。[70]

２０１４年４月にはオバマの訪日が予定されている。

〈訪日が近づけば官邸から圧力がかかって日本側は降りる、とフローマンは読んでいるのだろう〉

もし、そうであれば、お門違いもいいところだ、と大江は思った。

「米国の大統領が訪日するから、日本側でお土産を用意する」といったかつての日本の対米観は、今の安倍政権にはない。その逆に、「大統領の訪日の際のＴＰＰ交渉で成果がなければ、オバマはなぜ、訪日したのか米国内で非難される」、オバマ訪日はむしろ米国への圧力となるだろう、と安倍官邸はみなしている。

〈かつての保守党政権と際立った違いだ〉

大江にとって、それは新鮮な発見だった[71]。

当面、米側から最も大きな圧力がかかっていたのは米国産豚肉の市場開放だった。

日本の豚肉消費量は国産が87万5000トン、輸入が81万6000トンである。輸入にかかる関税は分岐点価格（ゲートプライス）を導入、キロあたり524円にセットしている。これより価格の高い豚肉は4・3%が従価税としてかかる。一方、これより価格の低い豚肉は基準輸入価格546・53円との差額が従量税としてかかる。それを課すことで輸入豚肉の価格を上げ、国内の豚肉産業を保護する仕組みである。米側の関心事は、日本側がこの従量税、すなわち差額関税をどこまで削減するかに注がれていた。

フローマンは米国内の豚肉生産者のすさまじい圧力に晒されていた。しかも、米国産豚肉の対世界輸出のうち67%近くが日本向けである。日本の豚肉市場は彼らにとって特別な意味を持つ。

豚肉生産者は、米国の全国組織を持つ農業業界団体（farm bureau）の中でも最強の政治力を誇る。ロビー力だけでなく広告・宣伝力も長けている。フローマンは米国の豚肉産業について、「ビジネスがトントンかそれとも黒字かの違いを決するのは輸出次第。輸出が生き死にを決める」と言ったことがある[72]。

2013年12月1日。フローマンが来日し、甘利とホテルオークラ「山里」で昼食を兼ねた交渉に臨んだ。ちょっとしたハプニングが起こった。

甘利が「関税撤廃案については、今回出した案は、譲歩の余地はない。ぎりぎりの案である」と発言した。この「ぎりぎりの案」を日本側通訳が「最後通牒（ultimatum）」と訳したため、フローマンは激昂した。この会合が、赴任したばかりで同席したキャロライン・ケネディ米駐日大使の初めての公務だった。昼食会を兼ねたはずだったが、食事は仕事が終わってからということにしていたため、お茶一つ出ないまま協議が終わった。興奮冷めやらぬフローマンは、その後の茂木との会談でも「同盟国の間で最後通牒を突き付けるとは何事か」と怒りをぶちまけた。[73]

２０１４年2月15日、土曜日。甘利は、ワシントン滞在時間数時間というスケジュールで訪米し、フローマンと交渉した。

甘利は豚肉について「数量セーフガードに加え、価格セーフガードもつけることができれば、差額関税をキロ当たり１００円以下に下げることを検討してみる。米側が70円を受け入れるのであれば、国内を説得してみる」と譲歩案を提示したが、フローマンは差額関税は10～20円まで下げなければ受け入れることはできないとの立場を変えなかった。

彼我の隔たりはまだまだ大きい。この話はなかったことになった。

２０１４年2月22日。シンガポールのＴＰＰ閣僚会議の際、甘利・フローマン会談が行われた。

牛肉の関税引き下げの協議だったが、ここでもハプニングが起こった。

「牛肉について20％を切る水準になることは大変である。米側が2～３％を主張し、日本側が20％と言っていても埒があかない。２人で狭いレンジをつくろう」

甘利が、そのように提案すると、フローマンが言った。

「日本から非公式に最後は7％くらいまで関税を下げられるという話を聞いている」

「そんなことは誰が言っているのか！」

甘利は、フローマンを問い詰め、交渉は行き止まりとなった。

どうやらウェンディ・カトラーが訪日の際、今井と接触し、その感触に基づき「日本は7％くらいまで関税を下げられると思っているみたいだ」との報告をフローマンに上げたらしい。[74]

２０１４年4月のオバマ訪日が近づいてきた。官邸はできれば首脳会談前に日米ＴＰＰ交渉を決着させたいと考えていた。その直前の17、18の両日、ワシントンで甘利・フローマン交渉が行われた。甘利は豚肉について「米側が差額関税を80円で呑むならば、国内を説得できる」と言い、「フローマンがそれを決断すれば、自分のリスクで70円で国内説得を試みる」と提案したが、フローマンは「25円以上は無理」との立場を繰り返し、交渉は決裂した。17日夜、甘利は菅と電話で話し、日本側のボトムラインは「65円」との方針を聞かされていた。[75]

４月23日。甘利とフローマンは再度、交渉に臨んだ。フローマンは甘利との２人だけの会談の席では、牛肉の関税は５％から10％の間で決着させたいと踏み込んで来た。甘利も「日本としては10％を切るということは難しいが、ギリギリ９％。これ以下は無理だ」と踏み込んだ。フローマンはあっさり９％を受け入れた。

一方、豚肉は双方の違いを埋めることはできなかった。

ところが、その後、日米ＴＰＰ交渉の中で最大のハプニングが起こった。

「いやあ、まいった、まいった、最初から最後まで豚肉の話だけだった」

２０１４年４月23日午後８時半過ぎ。東京・銀座の寿司屋「すきやばし次郎」のカウンターは貸し切り客で埋まっていた。座席は６人分しかない。

奥の方にケネディ駐日米大使と佐々江賢一郎駐米日本大使、入り口に近いところにスーザン・ライス米大統領補佐官（国家安全保障問題担当）と谷内正太郎国家安全保障局長、真ん中にオバマと安倍の６人である。

翌日、赤坂・迎賓館で日米首脳会談が開催される。その前に、すしが好きだというオバマを寿司屋に招き、寛《くつろ》いだ雰囲気の下、家族や趣味のことも含め懇談しようと安倍は考えていた。

ところが、オバマはいきなりＴＰＰ交渉を持ち出した。

「豚肉にかかる関税の引き下げは、少なくとも50円でどうか？　50円まで下げなくては意味がない」

安倍は仰天した。米国の大統領がまさか豚肉の差額関税のキロ当たりの引き下げ額を持ち出して来るとは夢にも思っていなかった。

「いや、それは難しい。非常に難しい」

安倍はそう答えたが、すぐその後で「日本としては、本来、50円まで下げるということはできないと考えている。しかし、ＴＰＰをまとめるという観点から、首脳同士の政治決断として、あなたの提案を重く受け止める。50円で手を打とう」

オバマは、「ん？」という表情をした。安倍がその場で即決したことをやや奇異に感じたのかもしれなかった。自分が何か間違ったことを言ったのか、何か裏があるのか、とのかすかな疑念が頭をかすめたようだった。

「少なくとも50円でどうか？」とオバマが言った時、安倍は奥のテーブル席に陪席している今井の方をちらっと見やり、「おい、聞いたか、いまの」という目つきをした。[76]

安倍は、官邸で甘利からＴＰＰ交渉の説明を受けたばかりだった。甘利はその際、従量税をめぐる交渉の実情も伝えた。差額関税の引き下げ額については40円から60円のレンジで戦わされている。60円なら御の字、50円なら呑める。45円がギリギリの数字、それ以下の数字ならもう話にならない、と言った。

甘利はその際、下げ幅に関する安倍の見解を質《ただ》した。[77]

農水族や農業者の「温度感」がわからないから判断のしようがない、と安倍は答えたが、その際、50円よりさらに低い数字を甘利が覚悟していることを知った。だから、オバマが「少なくとも50円でどうか？」と提案した時、〈これはいける、食いついてやれ〉と反射的に対応したのだった。

「すきやばし次郎」での会食は1時間半で終わった。

官邸に戻ると、安倍は言った。

「いやあ、まいった、まいった、最初から最後まで豚肉の話だけだった」

甘利に電話し、オバマとの話を伝えた。

「甘利さん、オバマ大統領から最低でも50円って言われたんだけど、これっていただきじゃない？」

甘利はびっくりしたが、「bingo（当たり）、その通りです」と思わず叫んだ。

安倍は、甘利に含めるように言った。

「フローマンに直ちに言ってほしい。『非常に困難な状況だけど、大統領に直接、言われたから総理大臣として判断を下した』と」

甘利からフローマンに安倍の「決断」を伝えさせ、50円で「押し切って」しまおうと考えたのである。[78]

甘利はフローマンにホテルオークラの会議室で会いたい、と申し入れた。夜11時。フローマンは上機嫌でやってきた。

「今、うちのボスから電話がかかってきた。おたくの大統領から豚肉の関税を最低でも50円でどうだと提案されたとのことだ。総理から、せっかくお客さまをお招きしたんだから、呑んではどうかという連絡が来ました。交渉担当大臣としては極めて不本意ではあるが、大統領の提案に対する総理の決断ですから、それに従います。これが日本政府の最後の回答です[79]」

フローマンはすっかり狼狽した。

「自分はそんなことは何も聞いていない。米国としては50円などという数字はとても呑めない。大統領がそんなことを言うはずはない」

「いや、ないかどうか、それは大統領に確認してください」

フローマンはその後連絡が取れなくなった。

午前2時すぎ。甘利とフローマンはホテルオークラで再度、会った。[80]

「事実、確認してもらいました？」

「大統領がそのように言ったことは事実だ。ただ、その時のやり取りには誤解があった。大統領の発言は十分に準備して行った発言ではない。あの会話は社交の場のものであり、交渉をしたわけではない。取り消してもらえないか」

「大統領はすでにその発言をしている。それをあなたは大統領の発言ではないと言う。あなたは大統領より偉いのか[81]」

「わかった。今回のは事故のようなものだ。それを呑む。ただ、その代わりに牛肉についての価格セーフガードは受け入れないことにする」

〈江戸の仇を長崎で討つということか……〉

甘利は「それとこれとは話が違う」と押し戻したが、ここは「双方の立場を確認する」ことで切り抜けた。

その報告を甘利から受けた安倍は、言った。

「でも、これはもう言ったんだから。大統領が私に言って、私が判断したと言ったんだからこれはもう変えられないよ。その旨、フローマンに念を押しといて[82]」

米国務省幹部は「オバマはこの時の日本滞在中にTPP合意に漕ぎつけようと考えていた。すきやばし次郎での唐突な提案も、その気持ちの表れではなかったか」と振り返ったが[83]、日本側交渉官の一人は、オバマとフローマンの意思疎通がうまくいかなかったことに起因したらしい、と明かした。

オバマが空港到着後、フローマンは大統領専用車に同乗し、そこで豚肉交渉についてブリーフしたが、オバマはニュアンスを十分に理解しないまま、安倍との会食に向かったというのである[84]。

翌日午前の日米首脳会談で、オバマは安倍に訴えた。

「安倍総理、あなたは支持率が60％と高い。それに比べて私は45％ちょっとしかない。あなたは政治的に非常に強い立場だけど、こちらは今ちょっときつい立場だ。TPP交渉もあなたの方でもう少し柔軟に対応してもらえるとありがたい[85]」

安倍は、オバマはTPP交渉全体について語っているが、「少なくとも50円」のところは再考してもらえないかという意味を込めているに違いない、と思った。

〈（オバマは）プライドの高い人だから、自分では絶対に口にしないということなのだろう〉

その日の晩餐会。スーザン・ライスが安倍に直接、「あの寿司屋での話はなかったことにしてほしい」と直訴してきた。

安倍はライスの目を見て、言った。

「私はあなたのカウンターパートではありません。従って、あなたとは交渉しません」

結局、豚肉の引き下げ額は50円、牛肉の関税引き下げは９％で合意となった。


フローマンにとっては散々な東京のハプニングだった。しかし、一つだけすがすがしい経験をした。米国政府代表団の一員として天皇陛下に謁見したことである。

事前に国務省から注意事項が伝えられた。

「天皇陛下にお会いするに際しては、こちらから握手しようとしてはなりません。こちらから話しかけてもいけません」

ところが、天皇がフローマンの方に寄って来て、フローマンに尋ねた。

「ＴＰＰはどうですか？　大丈夫ですか？」

一瞬、耳を疑った。

〈天皇がＴＰＰに関心を持っている？〉

咄嗟《とっさ》にどうこたえていいかわからず、「ええ、なんとか、やっています」と言葉を濁すと、「そういうことではなく、ＴＰＰは本当にどこまでできるのですか？」と踏み込んだ質問である。

「コメがとっても難しいです。それを乗り越えられるかどうか、です」と答えたところ、天皇は「コメが難しいというのは私にはよく理解できます。農民は、丹精をこめて、一粒一粒、稲を植え、育てるのです。私も毎年、ここの田んぼで、稲穂を3粒植えますのでよくわかります。コメは日本の文化であり、歴史なのです。だから、その市場開放が難しいということはよく理解できます」

フローマンは、天皇の優雅な物腰に感銘を覚えた。

皇后とも話す機会があった。皇后はフローマンに言った。

「まったく不眠不休のお仕事ですね、お疲れでしょう。お休みになる時間はありますか？」

その少し前、日本のテレビ報道で甘利TPP担当相の部屋にフローマンが午前2時に出たり入ったりする姿が映った。

〈皇后はそれをご覧になって、ああおっしゃってくださったのか……〉

皇后も優雅な物腰で、フローマンはすっかり恐縮した。[86]

「ここにいる意味はない。私は帰ります」

2014年9月にワシントンで開かれた交渉は自動車部品の関税をめぐって膠着状態になった。

甘利が交渉団の事務方控室に行くと、荒れている。

「前回、大臣がまとめたのを米側はまた反故にしようとしてるんです」

〈またか〉

甘利は、その夜、フローマンからステーキハウスでの夕食会に招待されていた。

「そんな状態で、ステーキ食って、酒を飲むわけにはいかない。おれは今晩のステーキハウスには行かない、と先方に伝えてくれ、君たちで行ってくれ」

スタッフにそう言った。

米側からは、反故にするつもりはない。ぜひ、甘利に出席してほしい、と重ねての要請である。甘利は結局、出ることにした。フローマンとは和気あいあい、まとめ上げようとの意気込みでその夜は別れた。

ところが、翌朝、米通商代表部で行われた交渉で、フローマンはまた最初の要求を持ち出して来た。

〈もうたくさんだ。いつもゼロからやり直しだ。エンドレスだ〉

甘利は、フローマンに言った。

「もうこういうゲームはやめましょう。私は1泊3日で予算委員会のさなかを縫って来ている。こんなゲームをしに来てるわけじゃない。ここにいても意味がないから、私は帰ります」

そう言うと、立ち上がってドアの方に歩き出した。

「大臣が席を立つ以上、全員席を立て」と日本側交渉団員に声をかけた。全員、立ち上がり、部屋を出た。通訳の宮本新吾駐米大使館参事官だけがそのまま残って甘利の発言を最後まで通訳した。

マサチューセッツ通りの日本大使館までの間、車の中では誰も一言も言わない。重苦しい空気が垂れ込めた。大使館の盗聴予防の特別室に幹部全員、入った。お通夜のように静まっていた。

「とにかくスピーカーフォンにしてくれ」と甘利は指示した。

安倍に報告しなければならない。日本は深夜である。安倍が電話口に出た。

「総理、申しわけありません。会談は決裂しました……私は席を蹴りました」

安倍の声が響き渡った。

「いいんですよ、甘利さん。それでいいんですよ。全然間違ってなんかないですよ」

ウォーっという喚声が上がった。「そうだ、アメリカ、なめんじゃねえぞ」。誰かが叫んだ。

〈「それは困りましたね」と安倍さんが言ったら辞表だな〉

そう思っていただけに、安倍の言葉に甘利は胸が熱くなった。[87]

同じ週、安倍はニューヨークの国連総会に出席、その折、バイデン副大統領の表敬を受けた。

甘利もフローマンも、ニューヨークに飛び、会談に同席した。

ＴＰＰに話が及ぶと、バイデンの隣に座ったフローマンは次々とメモを書いては差し出したが、バイデンは目もくれない。

「自分もフローマンと話すときにはフラストレーションの塊になるときがある。だから甘利大臣の気持ちもよくわかる。ただ、総理、ＴＰＰは重要な交渉なので忍耐強くフローマンと交渉するように甘利大臣に指示してほしい」

バイデンはそう言って、にっこりした。フローマンはぶすっとした顔のままだ。[88]

自動車部品交渉は膠着《こうちゃく》状態のままである。

「一体、針原は何をしゃべったんだ？」

２０１５年10月5日。米国ジョージア州の州都、アトランタ。午前中、ＴＰＰ閣僚会議が開かれ、ＴＰＰ交渉の合意宣言を発表した。交渉がついに妥結したのだ。

甘利が、席を立った自動車部品交渉もまとまった。

米国は、日本が米国へ輸出しているラジエーター、マフラー、エアバックなど〈２・５%、即時撤廃〉のほか、２０００cc超エンジン（2・5%、5年目撤廃）、タイヤ（3・4〜4%、10年目撤廃）などの全部品の関税を撤廃することで合意した。[89]

会議場は祝福に沸いていた。フローマンが談笑していた大江に近寄り、言った。

「日本は今後ともバター不足に悩まされるよ。バターについては、また、ゼロから交渉しなおそうか」

バターについては、関税削減・撤廃は行わないことになった。ＴＰＰ枠を設定し、最近の追加輸入量の範囲内で合意した。日本側の完勝に近い。

〈一言、嫌味を言いたかったのかなあ〉[90]

この閣僚会議に先立つ日米交渉で、最大の懸案とされたコメも最終決着に持ち込まれるだろう、との観測記事が出回った。

「全体会合に先立ち、甘利氏は29日夜にオーストラリアのロブ貿易・投資相と夕食をともにし、事実上の2国間協議を開いた。そのほか、期間中にはUSTRのフローマン代表とも2国間で協議し、日米間で焦点となっているコメの最終的な決着を図る予定だ」と日本経済新聞は書いた。[91]

しかし、コメをめぐっては、その年4月、ワシントンでの日米首脳会談で事実上、交渉を終えていた。

もっとも、そこに至るまでここでもハプニングがあった。

1年前に遡るが、2014年9月23日、ワシントンでの交渉の際、フローマンがコメに関して意味不明なことを口にした。

「日本側の農水大臣が交代したという事情はあるにせよ、今になって10万トンは無理だというのは困る」

〈フローマンは一体、何をしゃべっているんだ〉

日本側は、戸惑った。コメについて、日本側は米国からの輸入枠として5万トン＋αを内々に考えていた。10万トンなどという数字がどこから出てくるのか。甘利も誰も皆目、見当がつかない。この後、フローマンは17万5000トンを要求してきた。甘利は5万トン＋αの立場を繰り返すにとどまり、交渉はそこで終わった。

その後、議題は自動車部品に移った。そこでの交渉の際、甘利が席を立ったことは先に述べた通りである。

どうやら針原寿朗農林水産審議官が10万トンという数字を米側に伝えたらしいという疑念が広まり、農水省は大騒ぎになった。針原は、農水族が固執するコメの関税化拒否に批判的なことも含めて改革派のエースと目されている。[92]

大江はしばらくしてUSTRの農業首席交渉官のダルシー・ベッターに会った際、問い詰めた。

「一体、針原は何をしゃべったんですか」

ベッターは最初、その会談内容に立ち入るのを渋っていたが、最後にUSTR本部のベッターの部屋で針原が次のように話したと打ち明けた。

「この+αがミソだ。どこまで上積みできるかだが、自分は最低5万トンはできると思っている。従って、合計10万トン以上となる。この数字は事務方からは出てこない。しかし、自分には政治家との信頼関係がある。政治家の理解を得ることは可能だ」

針原がベッターに言ったように、針原は官房長官の菅からは評価されていたし、地方創生相の石破茂とは石破が農水相の時以来、親しい。農水相の林からも信頼されている。

ベッターは、針原のこの発言を直ちにフローマンに報告した。フローマンは小躍りして喜び、言った。

「これなら足して2で割って14万トン近くまで行けるんじゃないか」

ところが、最近、針原が「農水相が林大臣から西川大臣に代わり、自分との関係がぎくしゃくしており、また石破幹事長も替わり、10万トンは難しいかもしれない」と言ってきたという。大後退である。このことを念頭にフローマンは甘利に苦情を言ったのである（2014年9月3日の内閣改造で西川は農水相、石破は地方創生担当相にそれぞれ就任[93]）。

針原は民主党政権時代の2011年8月、菅と安倍から昼食に誘われたことがある。

菅は「自分は安倍さんをもう一度、総理にしたい。安倍さんが総理になったら、TPPをやりたい。協力してほしい」と針原に言った。

針原はその時はぜひ、お手伝いすると答えたが、「TPPをやるなら、農政改革を先行させてください」と進言した。

「改革は開放と同時に成立しません」

それは針原が7年間にわたって担当したウルグアイ・ラウンドの農産物交渉の「苦い経験」からの教訓だった。同ラウンドは、農業分野は原則、輸入制限を撤廃し、関税化することを決めたが、コメは6年間は関税化を免れ部分開放に留まった。

しかし、問題はウルグアイ・ラウンドによる農業開放の代価としての「6兆円の関連対策」の性格だった。その多くは公共事業に注ぎ込まれ、農政改革をむしろ遅らせた。

USTRは改革派の針原を放っておかなかった。ベッターと針原との〝事前のすり合わせ〟はDH（ダルシーと針原の頭文字）協議などと呼ばれることになった。[94]

しかし、その針原が今回はどうやら勇み足をしたようである。農水省内での針原に対する不満が爆発し、生産局幹部が事務次官の皆川芳嗣に「コメを含む農産物の交渉は針原にはやらせずに今後、一切、大江にやらせてほしい」と強く求めた。これを受け、皆川は大江に「5品目全部の交渉」を要請した。[95]

このころ農水省は「米国、豪州、ベトナムの3か国合計で10万トンで収めてもらいたい」との立場だった。国内のコメ価格は大きく下がっていた。日本が5万トンまではオファーしたという話が日本国内に流れたため、5万トン以上はまかりならぬ、という声が農水族の間で強まっていた。[96]

2015年4月の総理訪米に先立ち、何回か交渉官同士で詰めの交渉をした。米側は対米枠を、9万トン以下、ギリギリ8万トンまで譲歩するというシグナルを送って来た。大江は森山自民党TPP対策委員長から「米、豪州、ベトナム合わせて10万トン以下に抑えてほしい」とクギを刺されていた。農水省と農水族は岩盤の姿勢を崩さない。[97]

最後は、ワシントンで行われた甘利・フローマン交渉で、甘利がコメの枠を7万トンで押し切り、妥結した。米国からのコメの枠は5万トンで始まり、13年目に7万トンになる案である。甘利はマンデート（委任された範囲）をかなり下回る数字を勝ち取った。日米首脳会談の数時間前だった。

甘利の交渉スタイルは、それまでの日本の政治家とは異質だった。

従来、彼らはマンデートを全部、使い切ってしまうのが常だったが、酪農交渉なども甘利はわずかではあっても、それ以下の数字を勝ち取った。農水省にとっては初めての経験だった。

「大臣は、どこかの省庁や産業の代表ではない。それらの利害を超えている。純然たる交渉者だ」

「大臣にカードを全部、渡しても大丈夫だ。全部、切らないから」

農水省幹部たちはささやきあった。[98]

オバマもフローマンも上機嫌だった。

フローマンは安倍に向かって言った。

「甘利大臣はタフ・ネゴシエーターだが、素晴らしい交渉者だ。交渉をまとめてくれたお礼に、甘利さんにプレゼントを差し上げたいと思う」

「うちの大臣をお褒めいただき、光栄です。ところで、プレゼントって何ですか？」

「おいしいカリフォルニアのコメです。それをアメリカの車で甘利大臣にお届けします」

安倍は打ち返した。

「それは嬉しいです。ただ、そのコメは、アメリカ米の輸入枠の枠内でお願いしますね」

日本側は爆笑した。[99]

安倍は一体、何を言ったんだ、と米側の全員が安倍の通訳の高尾直の顔を見た。

Please do so within the country's specific quota.

高尾が瞬時に訳すと、米側一同、爆笑に包まれた。[100]

コメに関する合意は、極秘とされ、その年10月5日、アトランタでのＴＰＰ閣僚会議の直前、甘利とフローマンが会議場で20分、立ち話をし、そこで「最終決着」となったことにされた。

最後の最後まで、日本はコメをめぐって米国に抵抗したことを演出する儀式ではあった。[101]

「日本が円安介入すると、米議会がＴＰＰを承認するのが難しくなる」

アトランタでのＴＰＰ合意（２０１５年10月）に「為替政策の原則について協議する」ことが盛り込まれたことを日本側は警戒した。米国の自動車メーカーの間では日本が自国の自動車産業などに有利になるように円安誘導しているとの懸念が依然、強く、その突き上げで議会からＴＰＰ合意に対する反発が出ていること、そしてオバマ政権がそれを抑え込むのに躍起になっていることをそれは物語っていた。

ＴＰＰ合意の中で為替条項をどのように扱うかをめぐっては、２０１５年７月ごろから交渉が本格化した。大統領貿易促進権限（ＴＰＡ）法が成立し、ＴＰＰ交渉が最終段階に入ったからである。米国は憲法上、議会が通商権を持っている。外国との貿易交渉のたびに議会は大統領に通商交渉権限を与える。その際、為替を貿易交渉の主要なテーマとすることを条件としている。[102]

浅川雅嗣《まさつぐ》財務官（１９８１年大蔵省入省）は、米財務省の交渉相手に対して、①為替に関する合意事項をＴＰＰ協定本体とリンクさせないようにしてほしい②為替に関する合意は法的拘束力を持たないようにしてほしい、と求め、その線で合意に持ち込んだ。それを踏まえて、11月、ＴＰＰ参加12か国は「ＴＰＰマクロ経済政策当局による共同宣言」を公表した。

宣言は、「実質為替水準を経済ファンダメンタルに即して調整することが円滑なマクロ経済の調整に資し、対外不均衡を無用に長引かせることを回避する上で役立ち、強く、持続的で、均衡のとれたグローバルな成長を促進する」ことを確認した。そして、通貨当局は、「競争的為替切り下げを控え、競争目的のために各国の為替水準を標的化しない」ことを申し合わせた。[103]

為替関連の合意事項は、ＴＰＰ協定本体と切り離された。日本は、「貿易と為替を絡めない」立場を貫き通した。[104]

ところが、翌2016年3月31日、ワシントンでの日米首脳会談でオバマが突如、為替問題を持ち出した。日本が為替の切り下げ競争に向かわないように、くれぐれも注意してほしいと注意を促した。「長年にわたって、G7の加盟国の中で為替介入した国はない」とオバマは言った。その年は日本が伊勢志摩G7サミットの議長国を務める。それだけに責任も大きい、として、円安操作や円安介入をしないよう牽制してきたのである。[105]

それから2週間ほどした2016年4月15日深夜。オバマは安倍に電話を寄こした。

「ルー長官の方から麻生副首相に私自身の懸念を伝えて来たところだが、この問題はとても重要なので、自分からもシンゾーに直接、伝えた方がいいと思い、電話した」

「円安介入をすることになれば、それは、世界経済に攪乱的な影響を与えかねないので、シンゾーから財務当局に対して、くれぐれも注意を喚起してほしいと指示してもらいたい」

ジャック・ルー財務長官が麻生に「大統領レベルでの懸念」を重ねて伝えたにもかかわらず、麻生と財務省が真剣に取り扱おうとしていない、と言わんばかりだった。

ルーは夜の8時から10時の間に、麻生に電話をかけて寄こす。[106]

日米の財務当局の間で円ドルの為替相場に関して、「認識の不一致」が生じていた。

4月にワシントンで開かれたG20財務相・中央銀行総裁会議のときの日米財務相会談で、麻生は「最近の為替相場での一方的に偏った動きに強い懸念を持っている」と発言した。さらに「偏った動き」をすればその時は円安介入も辞さないとの姿勢を示したのだが、ルーは記者会見で「最近円高が進んだが、秩序的だ」とあえて指摘し、円安介入は不要であり、逆効果であることを強く示唆した。[107]

円相場は、その春の〝中国ショック〟のあおりで円高に振れていた。世界で何か大事件や異変があるとセイフ・ヘイブン（安全地帯）と見なされる円が買われる。一時、円相場は1ドル＝102円まで円高に跳ね上がった。市場ではもっぱら日本の通貨当局の円安誘導介入説が流れていた。

そのころ、官邸は1ドル＝１１０円程度で安定させたいという意向を内々に持っていた。[108]

オバマは日本政府が円の介入を控えてきたこと、また、G20での合意にコミットしてきたことは評価しているとし、そういうこともあり、オバマ政権は日本を為替操作国とはみなさないで来たと述べた。

しかし、その後で「もし、日本が円安介入をしたり、そう見られたりするようなことになれば、米議会がＴＰＰを承認するのが難しくなる」と言った。オバマ政権は前年（２０１５年）秋のＴＰＰ合意の後、米議会の民主党内の保護主義的な反対論に阻まれ、苦戦していた。

オバマはもう一つ、日本が為替介入をすれば、中国がそれを口実にして為替介入を行う可能性が強い、と指摘した。最後に、そのようなことになれば、伊勢志摩Ｇ７サミットでの政策協調に亀裂が生じる、そう見られるだけでもそれは問題だ、と注意を促した。

安倍は、市場が不規則的な動きをしており、急激な円高となっていることに注意を促した。

2月上旬には、ドル円は10営業日で約11円の円高となった。そして、4月初めには、8営業日で約6円の円高が進行した。これは、２０１１年3月の東日本大震災の後のＧ７によるドル買い円売りの協調介入を行った際のペースを上回る異常なペースである――。

安倍政権誕生後の3年間で円高は是正されてきた。しかし、この間、一度も円安介入をしたことはない。この間の円高是正はリフレを志向した金融政策の結果である。そして、為替水準もリーマン・ショック前の水準に戻っただけでありその後は安定的に推移してきている――。

安倍は、これらの点を縷々《るる》オバマに説明した後で、言った。

「為替市場において円高圧力が生じ、投機的な動きが見られれば、口先介入のトーンを強めていく必要があることをご理解いただきたい。さらに円高が急速に進めば、実際に介入を考えざるを得ない」

オバマの牽制をはじき返した形である。

もっとも、安倍はこの時、「為替介入を考えざるをえない」と口にしたが、財務省はその点はもう少し慎重な姿勢だった。日本が一方的に為替介入をしたとしても、米国がそれを批判すれば介入効果は減殺されてしまうし、むしろ逆効果である。介入に関しては「了解は取らないが、理解を求める」、それを阿吽《あうん》の呼吸でスムーズに行うことが必要である。

財務官の浅川は、麻生財務相が首相だった時の首相秘書官で、麻生の信頼も厚い。[109]

オバマも、引かない。安倍が市場の「円高圧力」に言及したのに対して、オバマは現在、米国が「ドル高」であり、米国の輸出産業にとって困難な状況をもたらしているとの認識を示した。

安倍は改めて安倍政権のマクロ経済政策の基本方針を語った。

「アベノミクスは、円安により日本の輸出を促進し、経済成長を実現しようというものではない。むしろ、企業投資の拡大、賃上げ、消費の拡大といった好循環を通じて、デフレからの脱却を図るものである。これは、米国経済や世界経済にも資すると確信している」

オバマも潮時と思ったようである。

「わかった。両国のチームで互いに協議させることにしよう。これからG7サミットに向けて、ここは注意深く見守りたい」

安倍はこの時の電話会談ほど「不愉快」だった国際電話はなかった、と後に振り返った。為替の具体的水準について大統領が首相に直接、電話し、〝口先介入〟をして来るとは思ってもいなかった。

「為替は米国の大統領が日本の総理大臣に言う事柄ではないはずだ」と安倍はその後も不快感を口にした。[110]

安倍はこの時の苦い経験をトランプ政権が誕生した時に生かすことになる。

「TPPを批准するのはもう一つ空母を配置するように重要なこと」

アトランタでのＴＰＰ合意の後、オバマは勝ち誇ったように宣言した。

「中国のような国にグローバル経済のルールをつくらせてはならない。それは我々がつくるべきなのだ。それによって労働者の権利を守り、環境を保護しつつ、米製品の新たな市場を切り開くのだ」

ＴＰＰの戦略的意義を大統領レベルで公に言明し始めたのである。

それまでＵＳＴＲは、ＴＰＰを戦略的修辞で語ることを警戒し、それを前面に出さないように努めてきた。戦略的考慮を重視することは時に経済的かつ商業的利害を抑えることにもなりかねず、交渉上、不利になる恐れがあるし、官僚機構の中でのＵＳＴＲの発言力を殺ぎかねない。

しかし、オバマ政権は中国の「一帯一路」、ＡＩＩＢ（アジアインフラ投資銀行）、さらにはＲＣＥＰなどの地経学的攻勢に対して正面から競争、対抗する必要を感じていた。

アシュトン・カーター国防長官はこの年の4月、日本、ベトナムなどのアジア歴訪に先立ち演説し、ＴＰＰを批准できなければ、米国は「アジアでの大きなゲームに取り残されてしまう。時間はもはやない」と警告し、言った。「ＴＰＰを批准することは、私にとってはもう一つ空母を配置するのと同じくらい重要なことなのだ[111]」。

ダニエル・ラッセル国務次官補は国務省ブログで、このカーター発言を紹介しつつ、「ＴＰＰは『ルールに基づいた秩序』を強化する。これは単なるキャッチフレーズではない。この協定は公平の原則を実践的に応用し、米国および太平洋アジア諸国が必要とする安全保障と安定の中枢をなすのだ」とその戦略的意義を強調した[112]。

この戦略的意義こそ、安倍が２０１３年2月のオバマとの最初の首脳会談で訴えたことにほかならなかった。日本は、米国がＴＰＰに加盟することが米国のアジア太平洋重視のリバランシングの錨になることを期待した。それから3年半。米国がようやくそうした認識を共有するようになった。

ＴＰＰの戦略的意義はもう一つ、米国と日本それぞれがＴＰＰ加盟を通じて新たな戦略的パートナーを発見するという効果をもたらした。

米国の場合はベトナムである。フローマンは、ＴＰＰ交渉で一番、難しかったのは日本の農業だったが、次がベトナムの国有企業だった、と述懐した。「もっともきつかったのは国有企業、労働組合、知的財産などのルールであり、市場アクセスの数字ではなかった」というのである。

関税引き下げについて、ベトナムの交渉相手とこんな会話をしたこともある。

「米国の国内産業の抵抗でベトナムからの輸入品には12年の関税撤廃削減期間を課さざるをえない。しかし、心配しなくていい。12年経てば完全なアクセスを満喫できるのだから」

フローマンがそう言うと、ベトナム側は反論した。

「12年、待てというのか。我々は12年後も繊維や服飾で食っていこうとは考えていない。もっと付加価値の高い産業へとシフトしていく」

その発言を聞きながら、フローマンは〈この国は伸びる〉と思った[113]。

ベトナムのＴＰＰ加盟の戦略的目的は、明確だった。

まず、国有企業を改革する。ＴＰＰ加盟をその外圧に使う。次に、米国をアジア太平洋に引き続き関与させ、貿易体制に組み込ませる。そして、中国との関係を安定させつつ、経済で呑み込まれないようにする。

彼らは、ホー・チミン国家主席が１９４５年にハリー・トルーマン大統領に送った書簡のことをフローマンに語った。

ホー・チミンはその中で「アメリカとベトナムは自然のパートナー」という表現を使った。しかし、トルーマンは返事を出さなかった。「失われた機会」だったことを米側に伝えようとしているのだろう、とフローマンは思った[114]。

日本の場合、戦略的パートナーはオーストラリアである。日本は、２０１３年7月にＴＰＰ加盟交渉に参加したが、同時に日豪経済連携協定（ＥＰＡ）締結交渉に乗り出した。２００７年4月、第１次安倍政権の時、交渉を開始したがその後、立ち枯れ状態にあった。今回、そこにＴＰＰ交渉部隊である甘利チームを投入し、ＥＰＡ交渉を再起動させ一気にまとめ上げ、２０１４年7月、安倍がオーストラリアを訪問した際に署名した。

甘利とアンドリュー・ロブ豪貿易・投資相が以前から交友関係があったことや大江とジャン・アダムズ豪首席交渉官の信頼関係が交渉を加速化させる上で役に立った。

牛肉関税の撤廃を要求する米国に対し、米国との交渉に先んじて豪州産牛肉に低関税率を特恵的に付与し、関税撤廃から関税引き下げに転じさせる作戦を取った。その結果、冷凍牛肉の関税を現行の38・5％から18年目に19・5％に下げることで妥結した（輸入量が一定量を超えた場合に輸入量を制限できるセーフガードを導入）[115]。

オーストラリアは日本車にかける5％の関税を撤廃した。日本から豪州への完成車輸出額の75％の関税が即時、ゼロとなる[116]。

このままでは豪州産牛肉が日本市場でさらにシェアを高めてしまう。米国の牛肉生産者は対日ＴＰＰ交渉における牛肉の早期妥結を求めて、米政府を突き上げた。関税撤廃から関税引き下げへの圧力をかけ始めた。戦術は功を奏した[117]。

甘利は、「日豪ＥＰＡがＴＰＰ交渉で（日本との交渉妥結に向けて）米国の背中を押したというのは事実だと思います。ある意味、互いに情報交換をしながら日豪が組んで米国に当たった」と振り返る[118]。

もう一つ、ここでの日豪連携はトランプ政権がＴＰＰ脱退を表明した後のＴＰＰ11（ＣＰＴＰＰ）に向けての日豪連携とＱＵＡＤなどのインド太平洋地域における戦略的提携の先駆けともなった。

「オバマは優柔不断だった」

２０１６年11月8日。この日、投開票された米大統領選挙で共和党のトランプ候補が勝利を手にした。

その直後、ペルーのリマで開かれたアジア太平洋協力会議（ＡＰＥＣ）首脳会議は、「あらゆる保護主義に対抗する」との宣言を採択し、閉幕した。

リマではＴＰＰ加盟12か国の首脳会議も開催されたが、首脳の誰もが動揺していた。トランプは、大統領になればＴＰＰから米国は離脱することを公言していた。

「静かに見守ってほしい。時間を与えてやってほしい」

オバマはそう語るのが精いっぱいだった。[119]

すでに陰の主役はトランプだった。

議長国ペルーのペドロ・パブロ・クチンスキー大統領は20日の記者会見で、東アジア地域包括的経済連携（ＲＣＥＰ）に参加するための協議を中国と始めたことを明らかにした。中国がもう一人の影の主役として立ち現れていた。[120]

貿易をめぐって米国の国内政治が激的に変化していた。

兆候はあった。２０１５年10月のアトランタＴＰＰ閣僚会議での合意直後の８日、民主党大統領候補のヒラリー・クリントンが「ＴＰＰに反対」の声明を出した。彼女は国務長官時代はＴＰＰを「最高の標準」と呼び、その素晴らしさを説いていた。しかし、選挙参謀から「ＴＰＰ支持は労組票はあきらめるということ。それでいいのか」との警告を受け、反対を表明したのだった。[121]

大統領選挙予備選たけなわの２０１６年３月末、日米首脳会談がワシントンで行われた。

オバマは顔に深い縦皺を浮かべ、安倍にＴＰＰについて語った。

「現在、トランプをはじめ、あらゆる政治的狂気がこの町を覆っているが、我々はＴＰＰを法案の最優先案件と位置づけている。年末に向けて、とりわけ大統領選挙終了から年末までに何とかしたいと考えている」

オバマは続けた。

「これに関連して一つ、とても心配していることがある。日本の豚肉の補助金と農業政策のあり方についてである」

オバマは前年11月、マニラで行われた首脳会談でも日本の豚肉の補助金が大きすぎることに不満を述べていた。それを蒸し返したのである。

「ゴールまでもう少しだ。ここは連携してやっていきたい」

安倍は日本では同月８日、ＴＰＰの承認案と関連法案を国会に提出したこと、そして日本も年内の国会承認を目指していることを説明した。その上で、豚肉の補助金に関してはＴＰＰ協定への国会での支持を得るために必要な措置であると主張した。

「ＴＰＰ協定には各国の国内措置についての規定はない。また、日本の措置はＷＴＯのルールとも整合的である。変えるつもりはない」とオバマの問題提起を退けた。[122]

オバマはそれ以上追及しなかった。

２０１６年９月、安倍は、ニューヨークでクリントンと会談した。会談が終わった後、クリントンは安倍の傍らに来て小さな声で真顔になって「ＴＰＰについては十分、配慮していきますから」とつぶやいた。安倍は、「大統領になれば修正する」ということをそれとなく伝えようとしたのだろうと推測した。実際、ヒラリーは大統領になれば労働にしても医薬にしても議会工作によってある程度修正してＴＰＰを可決することができると考えていたし、そうした意図を安倍に伝えようとしてこの会談を所望したのだった。[123]

しかし翌10月。ラスベガスでの大統領選挙の最後の公開討論で、クリントンはＴＰＰ攻撃に躍起となった。

「それ（ＴＰＰ）はテストに合格できていません。雇用を産むのか、所得を増すのか、国家安全保障を高めるのか？　落第でした。いま、これには反対です。選挙後も反対です。大統領になっても反対です[124]」

公開討論のクリントンはもはや別人のようだった。[125]

安倍も甘利も、オバマ・ホワイトハウスの議会対策は不十分だと懸念していた。安倍は、ＴＰＰが議会共和党によって政治フットボールの渦に投げ込まれるのではないか、と心配していた。

「政策とは離れて、共和党の中にオバマ大統領というパーソナリティに対する反感はあるだろうなと思ったんですね。オバマ政権に成果を上げさせたくないという感がちょっとあるのかもしれないと。オバマさんはあまり議会対策をやるような人じゃないじゃないですか。そこはちょっと心配ではあり続けてたんですね」[126]

フローマンとともにナンシー・ペロシほかの有力議員への根回しをした米政府高官は、議員たちの関心が貿易政策そのものというより専《もっぱ》ら労働問題に絞られてしまっていることを痛感した。[127]

甘利は、米議会の有力議員と話し合う中で、ホワイトハウスが議会に十分に根回しをしていないことを知った。「本当にオバマはＴＰＰをやりたいのか？」という声を聞き、衝撃を受けた。「オバマから電話一つかかってこない」という有力議員もいた。

「1年前か1年半前に、もっと本腰を入れて議会工作に乗り出しておくべきだった。オバマは優柔不断だった」と甘利は振り返った。[128]

ほかならぬフローマン自身、後に次のように反省の弁を述べている。

「ＴＰＰは1年半は早くできた。選挙に近づく前、トランプが出てくる前に、やっておくべきだった」[129]

米国の外交政策における通商戦略の重要性を重視する元ＵＳＴＲ代表のロバート・ゼーリック（世界銀行総裁）は次のように記している。

「オバマ政権は1期目、クリントンやブッシュ政権と異なり、貿易に背を向けた。フランクリン・ルーズベルト（大統領）とコーデル・ハル（国務長官）は不況の後の経済回復と貿易開放を結びつけ成功したが、オバマ政権はそうした機会を逃した。オバマ政権の最初の通商代表は、交渉による協定そのものを不必要と見なしたほどだった」[130]

初代の通商代表は、ロン・カーク。元テキサス州ダラス市長である。

「我々が互いに密接に連携できたことは、希望の灯となっている」

２０１６年12月。安倍がパールハーバーを訪問し、オバマとの最後の首脳会談を行ったとき、２人が語り合ったのはＴＰＰについてだった。

オバマは言った。

「シンゾーはＴＰＰ妥結への動きを加速させた。ＴＰＰ交渉で日本が果たした役割は世界が尊敬している。次の米国の政権がどのような対応をするかは分からない。しかし、自分としてはＴＰＰが、戦略的にも経済的にも差し迫った重要性を持っていると思っている」

「世界各地でリベラルな民主主義が攻撃され、傷つけられている中で、Ｇ７を含め、我々が互いに密接に連携できたことは、希望の灯となっていると思う」

思えば、オバマは『合衆国再生　大いなる希望を抱いて（The Audacity of Hope: Thoughts on Reclaiming the American Dream）』（２００６年）の言葉を引っ提げて国政に登場した。そのオバマが大統領として最後に安倍に語った言葉も「希望」だった。

安倍もアップビートに応じた。

「ＴＰＰについては、このたび臨時国会でＴＰＰ協定や関連法案が承認された。正直なところ、次期トランプ政権の反ＴＰＰ的な姿勢が明らかとなっている中で、国会審議は極めて困難だったが、何とか成立させることができた」

その上で、安倍はトランプ次期政権のアジア太平洋政策の方向への懸念を口にした。

「日米が主導する形でルールを確立していく必要がある。そうでなければ、アジア太平洋の経済の主役として中国が彼らのルール作りを進めてしまう。そうした戦略的意義を米国の次期政権にも理解してほしいと思っている。この間トランプ次期大統領と会った際にも、この点を強調したが、今のところ、まだご理解いただいていない[131]」

1 官邸幹部、２０１８年２月６日／外務省幹部、２０１３年４月22日／兼原信克、２０２３年12月11日
2 元官邸スタッフ、２０２０年11月25日
3 フレッド・バーグステン、２０２４年５月21日／船橋洋一『シンクタンクとは何か　政策起業家の時代』中公新書、２０１９年、85～86頁
4 元官邸幹部、２０２１年10月６日／長島昭久、２０１２年12月26日
5 寺田貴「ＴＰＰ・通商　世界でも有数のＦＴＡ国家に」『検証　安倍政権　保守とリアリズムの政治』文春新書、２０２２年、２１０～２１１頁
6 「私の履歴書　高村正彦（25）ＴＰＰ言葉の力で党まとめる 民主政権の行き詰まり確信」日経新聞、２０１７年８月25日／Forum8「高村正彦の政治外交講座」／高村正彦、２０２４年２月７日
7 高村正彦、２０２４年２月７日
8 野田佳彦、２０１３年８月２日
9 元官邸スタッフ、２０２０年10月15日
10 ジェフリー・ショット、２０２４年４月12日
11 元官邸スタッフ、２０２０年10月15日
12 寺田貴「ＴＰＰ・通商　世界でも有数のＦＴＡ国家に」『検証　安倍政権　保守とリアリズムの政治』文春新書、２０２２年、２００頁
13 元官邸スタッフ、２０２０年12月14日
14 安倍晋三、２０２０年11月18日
15 安倍晋三、２０２０年11月18日
16 安倍晋三、２０２０年11月18日
17 安倍晋三、２０２０年11月18日
18 元官邸スタッフ、２０２３年２月21日
19 安倍晋三、２０２０年11月18日
20 元官邸スタッフ、２０２３年５月11日／菅義偉、２０１７年８月17日
21 安倍晋三、２０２０年11月18日
22 兼原信克・佐々木豊成・曾我豪・高見澤将林『官邸官僚が本音で語る　権力の使い方』新潮新書、２０２３年、１８５～１８６頁
23 安倍晋三、２０２０年10月９日
24 安倍晋三、２０２０年12月16日
25 甘利明、２０２３年８月１日
26 菅義偉、２０１７年８月17日／元官邸幹部、２０２３年７月20日
27 甘利明、２０２３年８月１日
28 安倍晋三、２０２０年11月18日／元官邸スタッフ、２０２０年11月25日
29 安倍晋三、２０２０年11月18日
30 甘利明、２０１８年１月11日
31 甘利明、２０１８年１月11日
32 甘利明、２０１８年１月11日
33 甘利明、２０１７年７月６日
34 甘利明、２０２１年７月29日
35 「第27回ＡＰＥＣ首脳非公式会合における習近平氏の演説」新華社通信日本語版、２０２０年11月20日／甘利明、２０２１年７月29日
36 甘利明、２０１７年７月６日
37 鶴岡公二、２０２１年７月26日
38 安倍晋三、２０２０年12月16日
39 安倍晋三、２０２０年12月16日
40 甘利明、２０１８年１月11日
41 元官邸幹部、２０２１年10月６日
42 兼原信克、２０２３年12月11日
43 寺田貴「ＴＰＰ・通商　世界でも有数のＦＴＡ国家に」『検証　安倍政権　保守とリアリズムの政治』文春新書、２０２２年、２０３～２０４頁／元内閣府幹部、２０２１年９月６日
44 元内閣府幹部、２０２１年９月６日

45　寺田貢「ＴＰＰ・通商　世界でも有数のＦＴＡ国家に」『検証　安倍政権　保守とリアリズムの政治』文春新書、２０２２年、２０５頁
46　元内閣府幹部、２０２１年９月６日
47　安倍晋三、２０２０年12月16日／元官邸スタッフ、２０１７年10月13日
48　針原寿朗、２０２４年６月24日
49　元官邸スタッフ、２０２０年10月15日
50　元官邸スタッフ、２０１７年10月13日
51　安倍晋三、２０２２年１月12日
52　元官邸スタッフ、２０２１年10月22日
53　元官邸幹部、２０２３年７月20日
54　安倍晋三、２０２０年10月９日
55　江藤拓「日常活動報告　安倍総理来県」２０１８年８月28日
56　安倍晋三、２０２０年12月16日
57　元官邸スタッフ、２０２１年10月22日
58　元官邸スタッフ、２０２０年11月25日／元官邸スタッフ、２０２３年５月11日
59　甘利明、２０２３年８月１日
60　安倍晋三、２０２０年12月16日
61　「自民党２０１８総裁選　安倍首相、立候補表明」朝日新聞、２０１８年８月27日
62　江藤拓「日常活動報告　安倍総理来県」２０１８年８月28日
63　安倍晋三、２０２１年７月26日
64　森山裕、２０２３年10月13日
65　齋藤健、２０２１年８月30日
66　寺田貢「ＴＰＰ・通商　世界でも有数のＦＴＡ国家に」『検証　安倍政権　保守とリアリズムの政治』文春新書、２０２２年、２０７頁
67　齋藤健、２０２１年８月30日
68　元官邸幹部、２０２３年７月20日
69　日本政府ＴＰＰ交渉者の個人メモ、２０１６年６月／林芳正、２０２３年12月18日
70　元内閣府幹部、２０２３年10月11日
71　元内閣府幹部、２０２３年10月11日
72　マイケル・フローマン、２０１７年10月12日
73　日本政府ＴＰＰ交渉者の個人メモ、２０１６年６月
74　日本政府ＴＰＰ交渉者の個人メモ、２０１６年６月
75　日本政府ＴＰＰ交渉者の個人メモ、２０１６年６月
76　元官邸スタッフ、２０２０年10月15日
77　元官邸スタッフ、２０２０年12月14日
78　安倍晋三、２０２１年２月18日
79　甘利明、２０２３年８月１日
80　日本政府ＴＰＰ交渉者の個人メモ、２０１６年６月
81　甘利明、２０２３年８月１日／元官邸スタッフ、２０２０年12月２日
82　安倍晋三、２０２０年12月16日／安倍晋三、２０２１年２月18日
83　米国務省幹部、２０１４年５月12日
84　日本政府ＴＰＰ交渉者の個人メモ、２０１６年６月
85　世耕弘成、２０１７年２月９日
86　マイケル・フローマン、２０２３年12月４日
87　甘利明、２０２３年８月１日／安倍晋三、２０２２年４月22日
88　日本政府ＴＰＰ交渉者の個人メモ、２０１６年６月
89　「環太平洋パートナーシップ協定（ＴＰＰ協定）における工業製品関税（経済産業省関連分）に関する大筋合意結果」、経済産業省、２０１５年10月
90　日本政府ＴＰＰ交渉者の個人メモ、２０１６年６月
91　「ＴＰＰ交渉、経財相『最後の最後』、知財・乳製品決着図る」日本経済新聞、２０１５年９月20日
92　日本政府ＴＰＰ交渉者の個人メモ、２０１６年６月
93　元内閣府幹部、２０２３年10月11日
94　針原寿朗、２０２４年６月24日
95　元内閣府幹部、２０２３年10月11日
96　日本政府ＴＰＰ交渉者の個人メモ、２０１６年６月
97　元内閣府幹部、２０２３年10月11日
98　元農水省幹部、２０２４年６月11日
99　日本政府ＴＰＰ交渉者の個人メモ、２０１６年６月／甘利明、２０２３年８月１日
100　外務省幹部、２０２４年３月15日
101　日本政府ＴＰＰ交渉者の個人メモ、２０１６年６月
102　浅川雅嗣［著］・清水功哉［聞き手］『通貨・租税外交　協調と攻防の真実』日本経済新聞出版、２０２０年、22頁
103　「ＴＰＰマクロ経済政策当局による共同宣言の公表に関するステートメント」
104　浅川雅嗣［著］・清水功哉［聞き手］『通貨・租税外交　協調と攻防の真実』日本

経済新聞出版、２０２０年、22〜23頁

105 安倍晋三、２０２０年12月16日

106 麻生太郎、２０２３年５月16日

107 浅川雅嗣［著］・清水功哉［聞き手］『通貨・租税外交　協調と攻防の真実』日本経済新聞出版、２０２０年、31〜32頁

108 元官邸スタッフ、２０２１年10月22日

109 元財務省幹部、２０２４年１月24日／浅川雅嗣［著］・清水功哉［聞き手］『通貨・租税外交　協調と攻防の真実』日本経済新聞出版、２０２０年、47頁

110 安倍晋三、２０２１年６月15日／麻生太郎、２０２３年５月16日

111 Helen Cooper, U.S. Defense Secretary Supports Trade Deal With Asia, *New York Times*, April 6, 2015

112 Daniel Russel, DIPNOTE, October 30, 2015

113 元米政府高官、２０１７年10月12日

114 元米政府高官、２０１７年10月12日

115 元農水省幹部、２０２１年10月11日

116 「アジア地域の安定築く日豪ＥＰＡ合意」日本経済新聞、２０１４年４月８日

117 Michael Froman, At the Council of Councils Annual Conference, May 8, 2017

118 甘利明、２０２１年７月29日

119 元米政府高官、２０２３年５月３日

120 「時時刻刻　ＡＰＥＣ閉幕　トランプ時代　探る各国」朝日新聞、２０１６年11月22日

121 "Backing the TPP 'would be lethal with labor', Clinton aids struggled over trade stance, e-mails show", *The Straits Times*, October 28, 2018

122 安倍晋三、２０２０年12月16日

123 ヒラリー・クリントン、２０２３年10月16日

124 Peter Nicholas, "Hacked Emails Show Hillary Clinton Advisers Worried TPP Stand Would Be Seen as Flip-Flop", *Wall Street Journal*, October 20, 2016

125 安倍晋三、２０２０年12月16日

126 安倍晋三、２０２０年12月16日

127 元米政府高官、２０２１年１月28日

128 甘利明、２０１８年８月30日

129 マイケル・フローマン、２０１７年10月12日

130 Robert B. Zoellick, *America in the World: A History of U.S. Diplomacy and Foreign Policy*, Twelve, 2020, p.465

131 安倍晋三、２０２０年12月16日

第6章　慰安婦

〈これは、決定打だ〉

２０１４年2月20日。この日の衆議院予算委員会は、１９９３年8月に宮澤喜一政権が発表したいわゆる河野談話について審議した。河野談話（「慰安婦関係調査結果発表に関する河野内閣官房長官談話」）とは、日本政府が韓国政府の要請を受け、日韓関係を緊張させていた慰安婦問題に関する調査結果を発表した際、河野洋平官房長官（衆議院議員、神奈川県）が記者会見で述べた談話のことを指す。

河野はその中で、慰安婦たちは「本人たちの意に反して」、慰安婦として戦場に行かされたことを指摘し、日本政府としての「謝罪と反省」の気持ちを表明した。

しかし、この発言をめぐってはその後、日本の国内で激しい批判が巻き起こった。

それから20年が経つ。

しかし、慰安婦問題は解決せず、日韓関係をきしませていた。

予算委員会は、石原信雄（１９５２年地方自治庁入庁。87歳）を参考人として招いていた。石原は河野談話作成時の内閣官房副長官である。

石原は次のように発言した。

１　河野談話の根拠とされる元慰安婦の聞き取り調査結果について、裏付け調査は行っていない。

２　河野談話の作成過程で韓国側との意見のすり合わせがあった可能性がある。

3　河野談話の発表によりいったん決着した日韓間の過去の問題が最近になり再び韓国政府から提起される状況を見て、当時の日本政府の善意が活かされておらず非常に残念である。

石原はかつて「日本の前途と歴史教育を考える若手議員の会」（会長中川昭一、事務局長安倍晋三）の勉強会に招かれた時、河野談話に関して自分として悔いていると涙ながらに話したことがあった。[1]

しかし、今回の発言は国会の参考人招致の場での証言である。重みが違う。

〈これは決定打だ〉

安倍は、石原の証言を聞きながら、それまでの疑念が確信になった気がした。

河野談話は、事実に基づいていないのではないか。そこでの記述は日韓両政府が裏で「すり合わせ」をしていたに違いない、と。[2]

菅義偉官房長官は、安倍の意向を受け、「河野談話の作成過程について、実態を把握し、それを然るべき形で明らかにすべきと考えている」と答弁した。

2014年4月25日、政府は、談話の「作成過程」を検証するため、但木《ただき》敬一弁護士（元検事総長。1969年検事任官）を座長とする「河野談話作成過程等に関する検討チーム」を発足させた。

安倍が但木を座長に選んだのは、但木が法曹界の重鎮であることに加え、但木が中立の立場であることを高く評価していたからである。小渕恵三政権の時、国会に上程した「犯罪捜査のための通信傍受に関する法律」の法案を通す際、法務省で中心的に政党行脚に汗をかいたのが官房長の但木だった。

安倍はその折、但木と何度もやり取りをし、但木の行政能力の高さも知っていた。

「但木チーム」の立ち上げに先立ち、安倍は但木と総理執務室で会った。

但木は「徹頭徹尾、厳正に臨むつもりであります」と安倍に宣言するように言った。

安倍もまた「ファクトでは決して負けない。ファクトで行ってください」と応えた。[3]

但木を座長とするこの「但木チーム」の任務は、「河野談話作成過程における韓国とのやりとりを中心に、その後の後続措置であるアジア女性基金までの一連の過程について、実態の把握を行う」ことであり、「慰安婦問題の歴史的事実そのものを把握するための調査・検討」ではない。

「但木チーム」は、２０１４年４月25日の準備会合を皮切りに、５月14日の第１回会合から６月10日の第４回会合まで計４回、会合を持った。

「もう勘弁してくれ、これ以上は読めない」

第２次世界大戦中、日本の軍隊は戦地に多数の慰安婦を連れて行った。その中には当時、日本の植民地だった朝鮮半島の女性たちも数多く含まれた。冷戦の終結を機に、彼女たちの人権と人間としての尊厳の蹂躙《じゅうりん》とそこにおける日本の責任を問いただす動きが日本と韓国を中心に生まれた。１９９１年、最初の元慰安婦が名乗り出た。その年12月、韓国の元慰安婦たちは日本政府に補償を求め、日本の裁判所に提訴した。翌１９９２年１月の宮澤喜一首相の訪韓を前に、慰安婦問題が初めて日韓首脳会談のテーマとなった。韓国は日本に対して「徹底的な真相究明とこれに伴う適切な補償等の措置」を求め、日本はそれを受け入れた。

１９９２年７月、宮澤政権の加藤紘一官房長官は、半年間にわたる調査結果を踏まえ、謝罪した。

ただ、この調査では日本軍の「強制徴用」を裏付ける資料は見つからなかった。韓国側は納得せず、日本側に元慰安婦への直接の聞き取りを求め、日本側も同意した。韓国では１９９３年２月、金泳三《キムヨンサム》政権が生まれた。金泳三は金大中と並ぶ民主化運動出身の政治家であり、「文民政府」の看板を背負って登場してきた。そういう背景もあり、日本との関係では歴史問題を重視する姿勢を打ち出した。

加藤の後の官房長官となった河野洋平は内閣官房に特別調査チームを編成した。この調査チームを指揮したのは内閣官房外政審議室長だった谷野《たにの》作太郎（１９６０年外務省入省、57歳）だった。韓国公使も経験し、インド大使と中国大使を歴任した練達の外交官である。

「谷野チーム」の作業は大変な難事業となった。国内の資料集めは難航した。進んで協力する省庁はなかった。防衛庁は当初、「わが防衛庁は、旧軍とは縁を切ったので、そういう資料はありません」と言い放った。それでも警察庁、防衛庁、法務省などの官庁及び国立公文書館が、慰安婦問題に関する戦犯裁判資料などの文書19件１８２点を内閣官房に提出した。それも含め河野談話発表までに慰安婦問題に関する文書２３６件を集めた（その後も、81件の文書を収集している）[4]。

「谷野チーム」は、済州島《チェジュ》の〝慰安婦狩り〟の〝証言〟で有名になった吉田清治にも複数回、面談した。その結果、その〝証言〟は「虚偽の発言が多くとても信を置きうるものではない」と見極め、早々にボツにした。面談した担当者は「あの人は妄想の世界に生きています」と谷野に報告した[5]。

吉田清治については朝日新聞が１９８２年に「済州島で２００人近い朝鮮人女性を『狩り出した』」と最初に報じたのをはじめ１９９０年代にかけて計16回、記事として取り上げた。しかし、その内容については早い段階から歴史学者の吉見義明や秦郁彦によって疑問が投げかけられていた[6]。

「谷野チーム」は「軍と軍人の関与」に関しては、元慰安所経営者への面談で、彼やその輩下の者が軍人の服装をして女性たちを買いに行ったケースが多々あったとの証言を得た。

彼はまたこんな話も明かした。

町に食料の買い出しに行っている間、慰安婦30人近くが塹壕に手榴弾を投げ込まれ始末された、逃走の足《あし》手《で》纏《まと》いになるからとのことだった。

１９９３年7月末、谷野は、元慰安婦16人への聞き取り調査のため、ソウルに調査チームの政府職員を派遣した。元慰安婦への聞き取り調査は、「日本政府の真相究明に関する真摯な姿勢を示すことと、元慰安婦に寄り添いその気持ちを深く理解する」ことを企図し、韓国政府が要望したものだった。しかし、職員たちがソウルで聞き取りを始める段になると、韓国側の運動家たちの怒声を浴びせられた。彼らは、日本政府が謝罪して賠償せよと運動していた。16人は「出所や中身を公表しない」との約束でようやく口を開いた。[7]

韓国政府は「この件は日本が解決する問題」であるとして直接、関与しなかった。毎日朝、聞き取り調査が始まる時、韓国外務省の職員が顔を見せるが、すぐ姿を消した。冒頭で聞き取りの内容は非公開である旨を告げた上で、聞き取りを行った。「聞き取り」と言っても、「やっぱり親に売られたんじゃないかと元慰安婦の方も思っている。調査している方も状況を聞いているとそれはわかる。でもお互いそれは言っちゃいけない」、そういう心情の間合いの中での会話だった。[8]

これは少し後のことだが、こんなケースもあった。アジア女性基金が設立され、その事業として元慰安婦を日本に招待したときのことだが、外務省の担当官は日曜日午前中にそのうちの一人に都内の公民館で会った。「今日はこれからどうされるのですか？」と聞いたところ、「靖国神社に行きます」との答えが返って来た。

自分は南方にやられた。最後は激戦になり、兵士とともに逃げ惑った。慰安所どころではなく野戦病院の看護婦のようなことを頼まれ、必死に看病した。何人もが「死んだら靖国神社に祀られるんだ」と言い、「お母さん」とつぶやいて死んでいった。自分の境遇は恨んでいるが、兵隊さんには同情している。あの兵隊さんたちのお参りに行きます……。彼女はか細い声でそう言った。[9]

元慰安婦16人の聞き取り報告書を宮澤首相に手渡したところ、宮澤は半分ほどのところまで目を通し「もう勘弁してくれ、これ以上は読めない」と言い、報告書を戻し、深く、深く嘆息した。[10]

谷野は、河野談話作成に当たっての基本的軸は「真実のみを記述する」を旨とした。最高裁民事局から「谷野チーム」に加わった定塚《じょうづか》誠は、報告書のとりまとめの責任者に任命された。谷野はその際、2つの心構えで臨んでほしい、と言った。一つは、彼女たちの人権と境遇に身を寄せて取り組む、もう一つは、事実の認定に徹する。「せっかく裁判官が来たんだから、証拠に基づいて事実を記載する。証拠にないことは一切書かないでほしい」と指示した。

16人の慰安婦の聞き取りも、話す内容は茫漠としており、証拠としての価値は低かった。報告書にはほとんど反映しなかった。聞き取りそのものが「真相究明に関する真摯な姿勢」と「元慰安婦に寄り添いその気持ちを深く理解する」ための証のようなものだった。[11]

報告書文案作成の過程で、外政審議室と外務省担当部局との間で時折、激しい議論があった。外務省は在日韓国大使館との間で「強制性」をめぐる表現と文言のぎりぎりのやりとりを行っていた。外務省アジア局の担当者は、韓国側の要請を受けて「この表現でどうか」と外政審議室に質し、外政審議室は「事実に照らしてそこまではムリ」「この言葉ならどうか」「それならアリ」といったやりとりを毎晩深夜まで行った。[12]

韓国外務省側の要望は事実に照らして受け入れられないものも多い。その要望を取り次ぐ外務省からの問い合わせに対して、谷野は必ず、定塚に「証拠から認定できるか？」と確認を求めた。

「証拠から認定するのは無理です」と定塚が答えた件はすべて相手の要請を退けた。谷野が外務省アジア局の幹部と電話で話すうち、激して「どこに証拠があるんだ」と怒鳴りつけたこともあった。[13]

「そういう事実があったと。結構です」

1993年8月4日。政府は「いわゆる従軍慰安婦問題について」と題する報告書を発表した。河野はこの調査結果を踏まえて、記者会見を行い、「謝罪と反省の談話」を公表した。いわゆる河野談話である。

その内容は次のようなものだった。

・慰安所は、「当時の軍当局の要請により設営された」

・慰安所の設置、管理及び慰安婦の移送については、「旧日本軍が直接あるいは間接にこれに関与した」

・慰安婦の募集については、「軍の要請を受けた業者が主としてこれに当たったが、その場合も、甘言、強圧による等、本人たちの意思に反して集められた事例が数多くあり」「官憲等が直接これに加担したこともあったことが明らかになった」
・慰安所における生活は、「強制的な状況の下での痛ましいものであった」

その上で、河野は「当時の軍の関与の下に、多数の女性の名誉と尊厳を深く傷つけた」として、元従軍慰安婦に「心からお詫びと反省の気持ち」を表明した。

河野が談話を読み終えると、記者が質問した。

「強制連行の事実があったという認識なのですか？」

河野は答えた。

「そういう事実があったと。結構です」

「強制連行の事実があった」との文言は談話のどこにもない。記者は続けて質した。

「ただ、『強制』という言葉は慰安婦の募集の文脈ではなく、慰安所の生活の記述で使われているのではないですか？」

「『甘言、強圧による等、本人たちの意思に反して集められた』というふうに書いてあるんです。意思に反して集められたというのはどういう意味か。お分かりだと思います」

「公文書で強制連行を裏付ける記述は見つからなかったのですか」

「いずれにしても、ここに書きましたように、ご本人の意思に反して、連れられたという事例が数多くある……集められた後の生活についても、本人の意思が認められない状況があったということも調査の中ではっきりしております」

河野談話の発表に対して、韓国外務省は「日本政府が今次発表を通じ、軍隊慰安婦の募集、移送、管理等において全体的な強制性を認定し、また軍隊慰安婦被害者に対する謝罪と反省の意とともに、これを歴史の教訓として直視していく等の決意を表明した点」を評価したい旨の声明を発表した。

慰安婦問題への対応は、当時の外政審議室が担当した案件の中でも、最もつらい仕事だった。一部の省庁からは「あそこは社会党の手先。協力はほどほどに」などという心ない中傷も聞こえてきた。[14]

しかし、「谷野チーム」の実働部隊にとって「最もつらい」瞬間は、報告書を世に送り出したその日にやってきた。

「そういう事実があったと。結構です」

河野の記者会見での最初の質問に対する回答を聞いて、彼らは愕然とした。

前日に河野には32問の質疑応答の紙を提出し、項目ごとに説明した。

「強制性」に関する質問に対しては『強制連行』ではありません。総じて本人の意思に反して、ということです」と答える発言要領を用意していた。

「どうしちゃったんだろう」

「参ったね」

全員、言いようのない徒労感に囚われた。[15]

「河野談話はそのままにしておいて、その上に乗ればいい」

慰安婦問題、なかでも河野談話はその後、自民党の保守派の中に歴史問題〝新人類〟とでも呼ぶべき若手の派閥横断的なグループを生み出す契機となった。その中心的役割を担った一人が安倍だった。安倍は自民党の中川昭一、衛藤晟一、古屋圭司、高市早苗などとともに1997年2月、「日本の前途と歴史教育を考える若手議員の会」を立ち上げ、慰安婦問題、河野談話、村山談話、靖国神社参拝問題などに対する保守派の新たなアジェンダを設定していく。そして、第1次安倍政権の時の2007年3月、慰安婦問題に関して「軍や官憲によるいわゆる強制連行を直接示すような記述も見当たらなかった」との答弁書を閣議決定した。

これに対して、米国のマイク・ホンダ下院議員（カリフォルニア州）らが「旧日本軍が若い女性を強制連行し、性的奴隷としていたことを公式に認め、（日本は）謝罪し、歴史的責任を受け入れるべきだ」との趣旨の決議案を議会に提出、首相としての公式謝罪を安倍に求めた。

安倍たちは、「韓国系のアメリカ人が sex slaves（性奴隷）の碑をたくさんつくり始めている」こと、そして、『河野談話』がその根拠の一つになっている」ことに危機感を抱いて来た。

2012年9月の自民党総裁選に立候補した安倍は、日本記者クラブでの討論会で河野談話の根拠となる慰安婦の証言について「それ（強制性）は裏づけがとれたもの」ではないとし、「河野談話によって、強制的に軍が人の家に入り込んでいって女性を人さらいのように連れていって、そして慰安婦にした、この不名誉を日本は背負っていくことになってしまった」と述べた。

政権復帰後の2013年3月1日、安倍は慰安婦問題に関して記者団に次のように言った。

「（慰安婦の）強制性を証明する証言や裏付けるものはなかった。だから強制性の定義については大きく変わったということを前提に考えなければならない」

もう一度、あの談話の作成過程を検証することで事実を確定する必要がある。「私たちの子や孫の代にもこの不名誉を背負わせるわけにはいかない」と安倍は言った。

同時に、安倍は、政府としては河野談話を踏襲していかなくてはならないだろうとも内心では思っていた。ただ、その際にもその問題点について国民にも国際社会にも理解してもらう必要がある。その問題点は、河野談話そのものよりむしろ談話を発表した時の河野洋平官房長官の「記者会見における一言」、つまり「そういう事実があったと。結構です」との「一言」にある。「強制連行」という言葉は報告書の本文には入っていないのにあたかも入っているかのように記者会見で発言したこと、そして、それを独り歩きさせたことを許しがたいと安倍は思っていた。[16]

河野談話の〝からくり〟を明るみに出し、法的、組織的な「強制性」が認められなかったことを「確定」し、この談話がもたらした「日本の不名誉」を晴らすべく、「修正」するものは「修正」するべく、それを改めて検証する。「河野談話はそのままにしておいて、その上に乗ればいい、つまり、河野談話を検証すればいい」と安倍はスタッフに言った。[17]

「これが報告書です。事実のみに着目して作成しました」

２０１４年６月。「但木チーム」の報告書の発表の日が迫っていた。但木は官邸の首相執務室で安倍に会い、報告書を手渡した。

但木は安倍に言った。

「これが報告書です。事実のみに着目して作成しました」

「まず、お話ししたいことは、資料は、今度検証したのが全てで、これから出てくる見込みはないということです。日本にはない。韓国にもない。もう絶対ないですね。だから、勝負はつかない。この問題を考えるときに、そこをわかっておく必要があります」

「強制性については、これを裏付ける証拠はありません。ただ、まったく強制性がなかったということではありません。慰安所で働かされるようになった女性たちから見た場合は、それはほとんど『意に反していた』ということになります。総じてそうだということです。ですから河野談話の有効性がなくなるということではありません」[18]

最後に但木は言った。

「これが日韓関係の改善に資するものになればいいと願っています」

安倍は、「本当に事実だけでがっちりやっていただき、ありがとうございました」と労をねぎらった。[19]

2014年6月20日。但木は検証報告書（「慰安婦問題を巡る日韓間のやりとりの経緯～河野談話作成からアジア女性基金まで～」）を発表した。

その結果、分かったことは日韓両政府で調査報告書の発表に至る事前調整が綿密に行われたということだった。

主な論点は3つあった。

・慰安所の設置に関する軍の関与

・慰安婦募集の際の軍の関与

・慰安婦募集に際しての「強制性」

の3点である。

慰安所の設置に関する軍の関与について、日本側が提示した軍当局の「意向」という表現に対して、韓国側は、「指示」との表現を求めてきたが、日本側は、軍の「指示」は確認できないとしてこれを受け入れず、「要望」との表現を提案した。

次に、慰安婦募集の際の軍の関与についても、韓国側は「軍又は軍の指示を受けた業者」がこれに当たったとの文言を提案してきたが、日本側はそのいずれも確認できないとして、軍の「要望」を受けた業者との表現を提案した。韓国側は改めて軍の「指図《さしず》」という表現を求めてきたが、日本側は受け入れず、設置は、軍当局の「要請」により設営された、募集は、軍の「要請」を受けた業者がこれに当たった、との表現で決着した。

最後まで難航したのは、慰安婦募集に際しての「強制性」に関する表現と文言だった。

この点に関して、韓国側は、韓国としての「超えられない限界」がある、との立場を取った。

「韓国国民に対して一部の慰安婦は自発的に慰安婦になったとの印象を与えることはできない」こと、それが「超えられない限界」であると明言した。

これに対して、日本側は「すべてが意思に反していた事例であると認定することは困難である」との立場に立った。日本側は「（業者の）甘言、強圧による等本人の意思に反して集められた事例が数多くあり」との案を示したが、韓国側は、「事例が数多くあり」の部分の削除を求めた。日本側はすべてが意思に反していた事例であると認定することは困難であるとしてこれを拒否した。しかし、当時の朝鮮半島が日本の植民地下にあったことを踏まえ、全体として個人の意思に反して行われたことは否めないとして、「総じて本人たちの意思に反して」との表現を提示し、最終的に決着した。

さらに、「お詫びと反省」について、日本側は、「いわゆる従軍慰安婦として数多《あまた》の苦痛を経験され、心身にわたり癒しがたい傷を負われた方々ひとりひとりに対し、心からお詫び申し上げる」との文案を提示したが、韓国側は、「お詫び」に加えて「反省の気持ち」を追加することを求め、日本側はこれを受け入れた。

日本側は宮澤首相、韓国側は金泳三大統領に案文を上げ、最終了解を取った。[20]

「河野談話」の検証は、１９９７年1月に始まった元慰安婦に対する「アジア女性基金」の事業をも対象にした。これは、元慰安婦に対して償いをしようと運動した日本の市民社会と日本政府が連携して設立した事業である。元慰安婦に民間による寄付を原資とする「償い金」２００万円を支給し、政府拠出金を原資とする医療・福祉支援事業として３００万円の支給を実施（1人当たり合計５００万円）するとともに、これらを受け取ったすべての元慰安婦に対し、当時の首相の署名入りの「お詫びの手紙」を届けた。この事業の対象となった元慰安婦は総計61名。橋本龍太郎政権27件、小渕恵三政権24件、森喜朗政権1件、小泉純一郎政権9件である。

韓国政府は、①関係団体と被害者の両方が満足する形で事業が実施されるのでなければ解決にはならない、②何人かの元慰安婦だけに実施されるのであれば、関係団体が厳しい反応を示すことになろう、と慎重な姿勢を示したが、「アジア女性基金」代表団はソウルに赴き、元慰安婦7名に対し首相の「お詫びの手紙」を渡した。メディアには説明文を送り、新聞に広告を出した。

これに対して、韓国のメディアは一斉に「アジア女性基金」事業を非難した。「償い金」を受け取った元慰安婦や受け入れを表明した元慰安婦へのハラスメントが始まった。被害者団体は、7名の実名を公開した上、本人に電話をかけ、「民間基金」からのカネを受け取ることは、自ら「売春婦」であったことを認める行為であると非難した。その後、新たに受け入れを表明した元慰安婦に対しては、団体関係者が家まで来て、「日本の汚いカネ」を受け取らないように迫った。[21]

慰安婦への補償問題は、金大中政権が発足した後の1998年3月、日本政府に国家補償は要求しない代わりに韓国政府が「生活支援金」を元慰安婦に支給することを決めたことで一応、収まった。同時に、金大中政権は、「アジア女性基金」については「政府間の問題にならないよう終止符を打つべきだ」と求め、基金を通じた解決の道は以後、閉ざされた。[22]

安倍が〈これは決定打だ〉と思った石原の証言は、「但木チーム」の検証によってほぼ確かめられた。要するに、元慰安婦の聞き取り調査結果は裏付け調査は行っていない。そして、河野談話の作成過程で韓国側との意見のすり合わせがあった。

「但木チーム」の検証報告書が発表された後、但木のもとに河野洋平から電話が入った。

「ありがとうございました」

河野は但木に礼を言った。

「談話の全文を載せていただいたことに感謝します」

但木チームの検証報告書は、河野談話の全文をそのまま掲載した。その全文をしっかりと読み、その上で慰安婦問題の背景を理解すべきだ、と但木は考え、全文を載せたのである。その行き届いた配慮を河野は多としたのだった。[23]

「全部オープンにしちゃえ。外国にちゃんと見てもらえばいいじゃないか」

安倍をはじめ、歴史問題の〝新人類〟国会議員たちは、宮澤や河野らのリベラル派が歴史問題で「お詫び」と「反省」を乱発することへの強い違和感を抱いていた。

宮澤は1992年の訪韓時の3日間に13回も「お詫び」と「反省」の意を表したことが確認されている。慰安婦問題にしても、なぜ、調査・検証を厳密に行う前にこれほどまでに「お詫び」と「反省」を繰り出すのか。おそらくそれは、日韓基本条約によって韓国とその国民に対する請求権の問題が最終的に解決されたと規定している以上、「反省」をいくら表明しても補償などの財政的負担が生じないという法的解釈に安住してのことだったのかもしれない。[24]

しかし、韓国の若い世代は「請求権の問題が最終的に解決された」との立場そのものを否定し、日韓基本条約と請求権放棄の枠組みそのものに挑戦し始めた。

そうなれば、謝罪は直ちに請求権要求として跳ね返ってくる。2010年代になってからは韓国の司法機関がこうした立場を尊重し、日韓の歴史問題についてそれこそ「被害者中心アプローチ」に基づく判決を下す傾向が強まった。

歴史問題では安倍と同志的関係にあった衛藤晟一参議院議員は河野談話の検証結果が発表された直後、次のように語った。

「韓国の場合、日本は、謝ればこれが最後、認めればこれで最後、で歴史問題に取り組んできたが、結局、何回やってもおさまらない。金泳三の時も金大中の時も李明博の時もこれで終わりと言いながら終わらない。そういうおさめ方をしようと思っても全部ひっくり返されてきた。だから、もういいじゃないかと。河野談話にしても見直すということはない。しかし、全部オープンにしちゃえ、そして、外国にちゃんと見てもらえばいいじゃないか」[25]

外交当局にも〝コリア・ファティーグ〟（韓国疲れ）がたまっていた。外務省幹部は、「但木チーム」の検証報告書を読んで初めてこの疲労感から抜け出たような感じを抱いた、と言った。

「検証は、河野談話をキズモノにしようとする人たちに対する一定の答えを出したんですね。検証した結果、河野談話の本文もしっかり読んでみて、しっかり調べていたことが分かった。ああいう形で河野談話の信頼性を確保し、政府は河野談話を継承するという立場を取ることができた」

逆説的だが、検証したからこそ河野談話を毀損させずに済んだ。むしろ、毀損させないためにも検証報告書が必要だったというのである。[26]

安倍自身は、「但木チーム」の検証報告書を世界に出すことを「歴史戦」の新たな戦い方として捉えようとしていた。

「但木チーム」の検証を河野談話の作成過程だけにとどめず、1995年に設立された「アジア女性基金」の活動をもスコープに含めたのも、強制性の有無だけでなく日本の真摯な取り組みに対する韓国からの反発と妨害をも明らかにしたいとの思いもあった。「但木チーム」にジャーナリストの有馬真喜子を加えたのは、有馬が「アジア女性基金」理事を務めたことも背景にあった。[27]

もう一つ、安倍は「歴史戦」を戦うには国内でしっかり戦う必要があると考えていた。

「外務省自体、こういう問題にチャレンジすることにきわめて臆病というか反対に近かった」と不満を抱いていた。それを変え、「歴史戦」を戦い抜く体制をつくることにし、兼原信克官房副長官補と長谷川榮一内閣広報官（1976年通産省入省）にそれぞれ戦略と作戦を託した。

兼原は、慰安婦問題の「歴史戦」に臨む上での原則を打ち立てた。

1　国内の見解を統一させる。
2　女性の人権を尊重する。
3　歴史修正主義的なアプローチを取らない。

の三本柱である。[28]

それは韓国に対してだけでなく米国などの韓国系の人々が展開する慰安婦像や慰安婦碑の建立に対する対抗ナラティブの普及の戦いともなった。それを最前線で戦った長谷川に言わせれば「韓国系の人々にとっての慰安婦問題は世代を超えての最重要事項であり、歴史問題というより国民運動に見えた[29]」。

「あれを武器に韓国と闘うということではなくて、この問題について国内を統一するという、その覚悟を固める作業だったんです。こっちを固めないといけない。そうしないと、韓国と闘う前に後ろから撃たれて倒れるというのが大体それまでのパターンでしたから」

安倍は後に、そう言って、笑った。[30]

「大統領が来日する時、これが問題になっていないようにお願いします」

安倍政権による河野談話の「見直し」の動きを怪訝な面持ちで見守っていたのがワシントンだった。とりわけ、安倍が靖国神社を参拝した後、歴史問題、なかでも慰安婦問題に関する警戒感を強めた。

慰安婦問題の解決の重要性を誰よりも熱心に日本側に説いたのがキャロライン・ケネディ米駐日大使だった。

ケネディは2013年11月に赴任した。着任早々、安倍が靖国神社に参拝し、米大使館はそれに対して「失望した」との声明を出さざるを得なかった。日米関係を一度、仕切り直しさせなければならない。2014年4月にオバマが日本を国賓待遇で訪問することが決まっている。その前に慰安婦問題の解決の糸口をつかみたい。まず、河野談話の「見直し」を止めさせることが先決だ、とケネディは思った。

2014年3月5日、菅義偉官房長官はケネディ大使と朝食を共にした。ケネディが大使に赴任して以後、この月例朝食会が官邸裏のザ・キャピトルホテル東急で始まったのだが、安倍の靖国神社参拝後の米政府の「失望」声明で中断していた。

主題は、河野談話の「見直し」に関してだった。

菅は「河野談話の内容そのものの検証をするわけではない。あくまで談話の作成過程の検証をするだけだ」と言った[31]。

ケネディの首席補佐官のデボラ・リードが口をさしはさんだ。リードはもともとPRの専門家である。

「ちょっと待ってください。その違いを米国の連邦議会の議員たちに説明してもまったく理解されないか、まったく受け入れられないかのどちらかでしょう」

リードはその数日前に、官邸スタッフとこの問題で意見交換した時、こんなやり取りをしたばかりだった。

「この問題では日本は米国内のPR戦争に完敗している。日本側はこの問題を取り上げ、弁護しようとしているが、それはまさに韓国系米国人が望んでいることで、やればやるほど彼らの思うつぼにはまる。絶対に勝ち目のない戦いですから」

「日本はアフリカで何十億ドルもの援助をしている。世界でもやっている。核不拡散で一生懸命やっている。日本はなぜ、そうした前向きの話を世界に語らず、慰安婦の問題を取り上げるのですか、勝てない戦いなのに[32]」

菅は、河野談話を「見直し」することにはならないだろう、とケネディに示唆した。

2日後の3月7日。官邸。安倍はケネディを昼食に招き、懇談した。安倍のほかは北村滋内閣情報官だけである。ケネディはデボラ・リードだけを同伴した。

その日はちょうどオバマ大統領との電話会談が入っており、それを終えてから安倍は官邸4階の応接室裏の食堂に姿を現した。

「今日はアメリカン・デイ！」

そんな挨拶から入り、安倍は「ウクライナ情勢はきわめて複雑であり、対応が非常に難しい」とひとしきり語った。直前の2月20日、ロシアがクリミア半島を占領し始め、世界は騒然としていた。

ケネディは安倍に直截に聞いた。

「河野談話は見直し（review）をするのですか？　大統領が来日する時、これが問題になっていないようにお願いします」

「見直しをするつもりはありません」と安倍は即答した。後は和やかな談笑となった。[33]

河野談話を「見直し」しないというのなら、それでは検証は何のために行うのか。韓国政府が実際に談話作成に関与していることが分かれば、韓国政府は難しい立場に立たされる、それが目的なのか？

オバマ政権は、日韓関係改善に向けて直接、介入することにした。

２０１４年３月24～25日、オランダのハーグで核セキュリティーサミットが行われる。それに出席する安倍晋三と朴槿恵を招き、日米韓首脳会議を開催する。


２０１４年３月14日の参議院予算委員会。自民党の有村治子（参議院議員、比例区）が質問に立った。

「その河野談話の内容、かなり強い表現が河野談話には出てくるわけですが、その内容の一つ一つを歴史的事実として安倍内閣、受け止めていらっしゃるのでしょうか、お答えくださいませ」

安倍が答えた。

「慰安婦問題については、筆舌に尽くし難いつらい思いをされた方々のことを思い、非常に心が痛みます。この点についての思いは私も歴代総理と変わりはありません。この問題については、いわゆる河野談話があります。この談話は官房長官の談話ではありますが、菅官房長官が記者会見で述べているとおり、安倍内閣でそれを見直すことは考えていないわけであります」[34]
安倍が河野談話を継承すると明確に答えたことで、朴槿恵は日米韓首脳会議に出席することを決めた。[35]

「朴槿恵大統領は外国に行くと必ず日本を批判した。これは、我々の戦術です」

2014年3月25日。日米韓首脳会議がオランダ・ハーグの駐オランダ米大使公邸で開かれた。

安倍は朴槿恵に韓国語で挨拶したが、うまく朴に伝わらなかったようだ。朴は反応せず、ぎこちない出会いとなった。

丸テーブルに着席する時、オバマは彼女の椅子を後ろに引くなど気を使った。

〈オバマはメルケルにはこんなしぐさはしないのに。よほど気を使っているんだな〉

と安倍は思った。

オバマは必ず彼女に先に発言するよう促し、雰囲気をほぐそうと試みたが、彼女の表情は終始、硬かった。

オバマは日韓の首脳会談をぜひ、早期に行い、関係の改善にそれぞれ指導力を発揮してほしい、と述べたが、彼女はその点については無言のままだった。米側は、この日米韓の三者会談を受けて日韓首脳の二者会談を期待したが、朴は関心を示さなかった。

オバマは北東アジアの戦略的状況の厳しさと日米韓の協力の重要性を説き、朴にも発言を促したが、朴は進んで会話に入って来なかった。米側は失望を隠さなかった。[36]

彼女は前年の2013年の3・1独立記念日に「加害者と被害者という歴史的立場は、1000年の歴史が流れても変わらない」との演説を行って以降、対日強硬政策を進めて来た。慰安婦問題の解決なしに日韓関係の改善はない、外交・安保と分けては扱わない、という方針を打ち出した。[37]

しかも、米国をはじめ世界を巻き込み、慰安婦問題で日本に圧力をかける国際的な対日包囲網を形成しようとした。中でも米国のオバマ大統領とドイツのメルケル首相との首脳会談の折には、必ず、慰安婦問題と日本の歴史問題に関する認識の問題点を提起し、韓国の立場への理解を求めた。[38]

「朴槿恵大統領は外国に行くと必ず日本を批判した。これは、我々の戦術です。それを1年以上続けました。その過程を経て、ようやくハーグでの日米韓首脳会談が実現した」と韓国の外交官はそのころ明かした。[39]

米側は、オバマ訪日に加えてもう一つ、翌2015年4月末の安倍の訪米と安倍が希望している米議会演説を成功させるためにも、日韓の間で慰安婦問題を解決することが望ましい、とのメッセージを日本側に伝えた。

それまでに慰安婦問題が解決できればそれに越したことはない。そこは日本側も同じだった。2015年は戦後70周年の年である。その年に戦後の平和と日米同盟の価値と日米和解の軌跡を振り返り、日米が手を携えて次の挑戦に立ち向かうメッセージを米国民に向けて送りたい、そのためにもそれまでに慰安婦問題を解決したい、と安倍は考えていた。[40]

米側は、この間、安倍の戦略思考の中のある特徴を感じ始めていた。どうやら安倍は、中国との関係を安定させ、日中関係を前進させれば、韓国は日本との関係を安定させようとする、と思っているのではないか[41]――。

図星だった。第1次政権の時、安倍は中国と韓国の首脳と会談を行うにあたって韓国を先に訪問することを考えたが、盧武鉉政権から色よい返事がなかった。そこで中国を優先させようとしたとたんに、韓国側から招きたいとの回答が寄せられた。安倍はそれを無視して中国を最初に訪れた。それ以来、日中が安定すれば韓国はついてくると思うようになった。

2014年11月、北京でAPEC（アジア太平洋経済協力会議）首脳会議が開催される。その際、日中首脳会談に持ち込み、尖閣諸島をめぐる衝突以来、さらには安倍の靖国神社参拝以来、首脳間の交流が途絶えている日中関係を正常に戻すことを最優先順位に据えていた。中国の姿勢はなお硬かったが、安倍は微妙な変化を感じ始めていた。[42]

ＡＰＥＣ首脳会議の晩餐会で安倍と朴槿恵は隣り合わせで着席した。Japan と korea の国名の頭文字のアルファベットが隣りあわせであることが幸いした。

それまでの朴は表情が硬かった。多数国間の首脳会議でも彼女は立ってみんなと握手をすることはしない。ずっと座席に座っている。

〈私に気安く話しかけないでね、みたいななんかそんなオーラ〉

を安倍は感じていた[43]。

その朴と図らずも２時間、隣り合わせで話す機会を持った。彼女の横顔は涼しく、端正だった[44]。ワイングラスを傾け、乾杯をした。朴は盃を掲げたものの、口をつけなかった。彼女は酒は嗜《たしな》まない[45]。朴が笑みをこぼすこともあった。安倍が初めて間近に見た朴槿恵の笑顔だった。

この間、青瓦台は、日本と中国が関係正常化に向けて歩み始めたことを注視していた。安倍の信頼の厚い国家安全保障局長、すなわち谷内正太郎が水面下で大きな役割を果たしているのを見て、日韓関係においても同じように首脳の信頼する補佐官同士で密かに交渉することができないか検討し始めていた。

その１か月前の２０１４年10月、谷内は国家安全保障局長として初めて韓国を訪問し、金寛鎮《キムグアンジン》国家安保室長と会った。この訪韓時、谷内は旧知の李丙琪《イビョンギ》国家情報院院長と食事をした。２人は局長級協議ではこれ以上、進むのは難しい、ハイレベル会合を検討するべきだ、との点で一致した。その情報が朴槿恵に上がり、賛同した朴が李をハイレベル交渉者に指名した。李は「自分はインテリジェンスであり、政策当局者ではない」といったん固辞したが、朴に改めて求められ、受けた[46]。

安倍も直ちに賛成し、谷内に担当させることに決めた。

安倍と朴は、北京での晩餐会の席で慰安婦問題解決のためのハイレベル協議を立ち上げることを確認しあった[47]。

ここでの隣り合わせの会話は、「初めて、日韓の関係を正常化に向かわせる第一歩」を踏み出すステップとなった。[48]

「まず大統領から委任を受けてもらえますか。私は総理から受けますから」

2015年2月8日。谷内正太郎は仁川《インチョン》国際空港に降り立った。

そこで韓国政府が差し回した車に乗り込んだ。車は海の方へ向かって走り出した。橋を渡り、10キロほど走り、人工島の松島《ソンド》のパラダイスシティ・ホテルに直行した。再開発でできた人口10万人ほどの新都心である。すべて隠密に事を運ばなければならない。ソウルではどこで会っても誰かに見られる恐れがある。ホテルで李丙琪が待っていた。

谷内は李に言った。

「まず大統領から委任を受けてもらえますか。私は総理から受けますから」

「もちろんです。この問題さえ解決すれば日韓関係は解決します。徴用工の問題は韓国の方で解決しますから[49]」

李丙琪はこのとき、「2回目は私が東京に行きます、1回ずつ行ったり来たりしましょう」と言ったが、その直後、青瓦台の秘書室長に任命された。韓国の大統領秘書室長のポストは首相と同格と言われるほど重きをなす。引き続きハイレベル協議を担当することになったが、身動きが取れない。谷内がそれ以後も松島に通うことになった。

谷内と李は、李が駐日韓国大使を務めていた時からの付き合いである。李が「慰安婦問題を何とか解決したい」と言うので、谷内が「官僚と政治家で慰安婦問題に命を懸けてやるという人はいませんよ」と返答すると、「いや、私がやります」と言った。その後、国家情報院院長に就任した。谷内がソウルで会った時も、

「やらなければならない。私はやります」と変わらない。

〈腹の据わった人だ〉

谷内は敬意を抱いた。

李は外交官出身。２０１３年６月から２０１４年７月まで駐日韓国大使を務めた。かつて慶應義塾大学の客員教授を務め、日本との縁も深い。

このハイレベル協議に先立ち、日韓両政府はその少し前に局長級協議を開き、それぞれの「核心的な要求事項」を確認し合った。

２０１５年４月11日。第４回のハイレベル協議で、谷内と李は双方のこの「中核的な要求事項」のうち「中核的」の大部分の争点において妥結し、暫定的に合意した。

合意内容は、日本政府の責任問題、謝罪、金銭的措置、及び最終的・不可逆的な解決、少女像問題、国際社会における相互非難・批判の自制、を含んだ公開内容と、関連団体の説得、第三国の記念碑、「性奴隷」用語の取り扱いを扱った非公開内容の二層で構成されていた。

しかし、ここでの合意はあくまで「暫定的」でしかなかった。

「forced to work under harsh conditions（厳しい環境の下で働かされた）」

ところがその後、国連教育・科学・文化機関（ユネスコ）の世界遺産委員会が「明治日本の産業革命遺産」を世界文化遺産に登録するに当たって、朝鮮半島出身の徴用工が日本で強制労働されていたとして韓国政府が登録に反対し、日韓が対立する事態となった。

「明治日本の産業革命遺産」の対象となるのは九州の５県と山口、岩手、静岡の計８県にまたがる製鉄・製鋼、造船、石炭産業関係の23件の遺産。韓国側はこのうち７件については、朝鮮半島出身の徴用工が戦時中に強制労働させせられていたとして、反対を表明した。日本側は「遺産の対象は1850年代から1910年代までで、徴用工問題とは年代、歴史的な位置づけ、背景が異なる」と反論した。「強制労働」は国際労働機関（ILO）の強制労働条約で禁じられているが、国際法の解釈では戦時中の徴用は例外とされている。日本政府はこれまで「植民地時代の朝鮮半島出身者の徴用は国際条約が禁じる強制労働にあたらない」との立場を取ってきている。韓国がこの委員会で徴用工を「強制労働」と表明すれば、国際機関の公式な会議の場で日本の立場に正面から挑戦することになる。このまま双方が集票ロビー活動を繰り広げたまま、決選投票にもつれ込む可能性が出て来た。

２０１５年6月19日。岸田文雄外相は、杉山晋輔外務審議官をソウルに急遽、派遣した。杉山は韓国勤務経験もあり、人脈もある。

杉山は韓国側に「日本は、１９４０年代に、その意思に反して連れて来られ、厳しい環境の下で働かされた（forced to work under harsh conditions）多くの朝鮮半島出身者等がいたこと、また、第2次世界大戦中に日本政府としても徴用政策を実施していたことを何らかの形で施設に明記する措置を講じる」との提案を示した。

趙兌《チョテ》烈《ヨル》外交部第2次官との協議では、趙が「forced labor と forced to work のどこがどう違うのか。そんな言い換えはごまかしにすぎない」と反論し、緊張したが、最後は「大臣に上げてほしい」との杉山の要請を趙が受け入れ、杉山は尹炳世と面会。尹が杉山の提案を受け入れ、なんとか合意した。[50]

そして、世界遺産委員会の日本側代表はこの合意を表明し、韓国側代表は、この日本側の発言を引用し、日本が表明した措置を「誠意を持って実行する」ことを信じると発言することにした。

それを報告した杉山に、安倍は不満をぶちまけた。

「forced labor と forced to work とどこがどう違うんだ。強制連行の語感じゃないか、どちらも」

杉山は、岸田がこの決着を受け入れたことを伝えるとともに、「自分も不満だが、相手も不満、外交だから双方が不満を持って妥結するのは致し方ありません」と答えた。安倍は「岸田外務大臣も了解しているのなら、しょうがない。しかし、不愉快だね」と吐き捨てるように言った。[51]

21日、東京で岸田外相と尹炳世韓国外相が会談を行った。

韓国外相の訪日は4年ぶり。朴政権発足後、初めてだった。双方は、日本側の「明治日本の産業革命遺産」と韓国側の「百済《ペクチェ》歴史地区」という両国の推薦案件が共に登録されるように協力していくことで合意した。

会談後の夕食会で、岸田と尹炳世は天ぷらを食べながら談笑した。岸田はかつて文科副大臣として日韓共催のサッカーW杯（2002年）を担当したことを懐かしそうに話し、尹も日韓の地方自治体同士の交流に携わったことに触れた。

初対面の外相会談の時、会場に入ろうとする2人にテレビカメラが向けられると、その頭撮りのところで尹が「歴史は魂である」と大演説をぶつのを傍らで神妙に聞かされた苦い思い出もある。ただ、こうやって寛いで話すと、その昔、バイクで日本一周したとか、いしだあゆみの「ブルー・ライト・ヨコハマ」がカラオケの持ち歌だと言ってみたり、尹の別の面も窺われ、座は和んだ。[52]

6月22日。日韓両政府は、日韓国交正常化から50周年となるこの日、それぞれ記念行事を行った。韓国政府が東京で開く記念イベントに安倍首相が出席し、日本政府がソウルで開く記念イベントに朴大統領が出席した。朴は挨拶の中で「一人の夢は夢に過ぎないが、万人の夢は現実になるという言葉がある。韓日両国が1965年に始まった和解の旅路を続け、両国民が韓日関係の新たな未来に対する夢を見られるよう、その道をともに築いていくことを望む」と述べた。

日韓基本条約を結んだ1965年、両国間の年間の人の往来は1万人に過ぎなかった。それがいまでは500万人に達している。

ところが、その1週間後、ハプニングが起こった。

6月28日。ドイツ・ボンでユネスコ世界遺産委員会が始まった。日本政府代表団の手元に、韓国側がこの日の委員会審議にかける声明案が配布された。

それを読んで、日本代表団は驚倒した。

声明の案文には、徴用工について、「強制労働（forced labor）と日本が認めた」と2か所に書かれてあった。

この日までの事務レベル協議では、「brought against their will and forced to work」（外務省訳＝その意思に反して連れてこられ、働かされた）という表現で折り合いがついていた。「強制性」に固執する韓国側と「強制労働」とは一線を画したい日本の双方の要請をかろうじて満たす苦心の作だった。

それが一方的に、踏みにじられた。

徴用工を強制労働（forced labor）と日本が認めた？　いつ、日本の誰が、そんなことを認めたんだ！

岸田は激怒した。普段、温厚な岸田がこれほど怒るのを見るのは誰もが初めてだった。

韓国側と交渉してきた杉山に対する批判も噴き出した。[53]

萩生田光一党副幹事長や衛藤晟一首相補佐官らが韓国に批判的立場を鮮明にした。

菅義偉官房長官は「韓国はもうほっておけ」と言い捨てた。菅のこの言葉は、徴用工問題だけでなく慰安婦問題に関する日韓の話し合いも「ほっておけ」ということを意味しかねない。[54]

しかし、韓国とは慰安婦問題の解決に向けて秘密交渉を続け、暫定合意まで漕ぎつけている。ここで対決すれば慰安婦問題の進展もご破算となる。[55]

さしあたっての最大のリスクは、ボンで開かれる世界遺産委員会の審査の場で、朝鮮人戦時徴用の表現に関して、韓国が「強制労働（forced labor）」の文言にこだわり、日本の登録申請に異議を唱えた場合、票決で敗れる恐れがあることだった。

今井尚哉政務秘書官はドイツのボンで指揮を執っている和泉洋人首相補佐官（1976年建設省入省）に電話した。

和泉は、各国への賛成票の取り付けの根回しと働きかけをするため現地に張り付いている。

「和泉さん、負けたら腹切ると言って出て行ったけど、どうなの？　票読みは」

「勝てる状況じゃないよ」

「自爆しに行ったようなもんだね、これ」

「そうだよ」

和泉は、韓国が異議を唱えた場合、日韓どちらにも嫌われたくないため多くの国が棄権する公算が大きい、そうなると日本が票決で負けてしまう、と言った。[56]

杉山を再び、韓国に派遣し、韓国政府と話をつけてから最終決断をする、そのためには7月4日に予定されている登録決定日を1日延ばし、5日にしてもらう必要がある。今井は、安倍にそのように進言した。

この間、安倍は外務省のこの問題への対処の仕方に苛立っていた。

保守勢力も岸田と杉山と外務省への攻撃を始めていた。[57]

「岸田は韓国を甘やかしている。安倍は何で手を拱《こまね》いて見ているんだ」

安倍がそういう意見を気にする様を見て、今井は、安倍に進言した。

「韓国を甘やかしたと批判されるリスクと、世界遺産がつぶれるリスクと、どっちが大きいリスクですか。決まってますよね[58]」

7月1日。杉山はソウルで、金烘均《キムホンギュン》外交部次官補はじめ複数の韓国政府高官と会った。事前の日程調整もせず、飛び込みだった。

「日本側は驚きを通り越して、驚愕している。非友好的な表現を使いたくないが、韓国に騙され、裏切られたと思っている。このままでは取り返しがつかなくなり、歴史遺産に関して日韓の推薦案件の同時登録協力もダメになるかもしれない。さらに、慰安婦問題の交渉や首脳会談ができない状況に陥るかもしれない[59]」

日本側の懸念は朴槿恵の耳に入り、朴は尹に説明を求めた。

尹によれば、日本との間では公式には「brought against their will and forced to work」の表現で合意したが、現場ではそれを約《つづ》めて forced labor と表記した、という。[60]

2日には岸田が尹に電話し、「会談で合意した基本認識に立ち戻ってもらいたい」と要請した。尹は韓国政府の公式の立場は変わっていない、ただ、メディアに伝えるなど一般に用いる時は長すぎるので、現場は略して表現していたようだと説明し、「そこは現場にも周知させる」と確約した。[61]

7月4日。投票の前日、マーク・リッパート駐韓米大使に別所浩郎駐韓日本大使（1975年外務省入省）から電話が入った。

ここまでようやく折り合ったので、韓国側が最後のところで後退しないよう米国からもクギを刺してほしい、との趣旨だった。リッパートは尹に「せっかく、日韓が協力に向けて歩み出したのだから、それを不必要に壊すことのないよう注意していこう」と促した。[62]

翌日午前2時、尹から別所に「最終的にまとまった」との返電があった。

7月5日。会場の大きなスクリーンに前日の日韓双方の合意文書が映し出され、その文章のどこを、どのように修正したのかが各国代表に分かるように示された。[63]

その後、議長の差配により、審議なしで「明治日本の産業革命遺産」の世界遺産登録が決議された。それを受けて両政府はそれぞれ声明を発した。

韓国外務省は、「1940年代に韓国人が本人の意思に反して動員され、過酷な条件下において、強制的な労役（forced to work）をしたという厳然たる歴史的事実を日本に事実上初めて言及させた」ことを第一の成果として特筆する資料を公表した。

一方、岸田は記者会見で「forced to work（働かされた）」とは「強制労働」を意味するものではないと念を押した。

韓国外務省は7月7日、「against their will（意思に反して）、forced to work（強制的な労役）という部分は、強制労働を指す一般的表現」であると反論した。

外務省は7月14日、日本代表団の発言全文をホームページに掲載し、今回の日本代表団の発言は違法な

「強制労働」があったと認めるものではなく、その点は韓国側にも明確に伝達していると主張した。

後味の悪い顛末だった。徴用工の英語表記をめぐるさや当てが引き起こした余波は、暫定合意に漕ぎつけた慰安婦問題の交渉に水を差した。[64]

「昼食はどうされるのですか」

２０１５年11月２日。ソウル。安倍晋三と朴槿恵の日韓首脳会談が行われた。前日、日中韓首脳会議が開かれた。その機会に日韓首脳会談を行った。両国の首脳会談が行われたのは３年半ぶりだった。慰安婦問題をめぐる交渉は暫定合意までたどり着いたもののその後、徴用工問題が割り込み、モメンタム（勢い）を失った。それでも秋口から李と谷内のハイレベル協議が再開し、「８合目」まで話は煮詰まりつつあった。

首脳会談の時間は１時間40分だったが、安倍は朴とサシでじっくり話し合いたいとの希望を先方に伝えるよう外務省に指示した。当初、30分の予定だった首脳２人だけのテタテ会談は２倍近くに時間が延びた。

２人は全体会合に姿を現した。朴槿恵はにこやかな表情を湛えていた。

〈ガスが抜けたんだな〉

〈合意ができたんだ〉

随員たちはそれぞれに想像をたくましくした。[65]

安倍と朴はこの日、互いに言いたいこと、言わなければならないことを言った。

１９６５年の日韓基本条約と日韓請求権協定で慰安婦問題をはじめ賠償権に関わる問題は一切、解決済みであるというのが日本の立場である。安倍は再確認するかのようにそれに言及した。

「（日韓基本条約の交渉が開始された１９５２年から条約に署名する１９６５年まで）14年間交渉しても、慰安婦については１回も出てないじゃないですか。それは（韓国側がこの問題を）問題視していなかったからだと思います」

朴はすかさず切り返した。

「その通りです。まさに14年間、この問題を出していなかった。だから、いま、出しているんです」[66]

安倍は、日本の「責任」の取り方についても考えを率直に述べた。

「ハイレベル協議で『責任』の文言をめぐって議論になっている。私たちは、国家責任や法的責任を負っていると世間に受け止められることを危惧している。この問題に無関係な将来の世代にまで、謝罪の宿命を負わせることはしたくない」[67]

在韓日本大使館前の慰安婦像の撤去についても議論が交わされた。「それを撤去します」と彼女は約束したが、韓国の内政事情からしてそれを公には書けない、そのことをわかってほしい、と理解を求めた。

朴も安倍も「最終的かつ不可逆的な」合意と「未来志向の日韓関係」を目指してあと一息、互いに努力しようと確認しあった。[68]

朴は「（慰安婦問題が）年内に解決できなければ、この問題は永遠に続くことになる。ぜひ、日韓正常化50周年である今年のうちにまとめ上げよう」と安倍を促した。安倍も「自分もまったく同じ考えである」と賛成し、交渉を加速化させることで合意した。[69]

全体会議が終わると、朴は安倍に聞いた。

「お昼のお食事はどうされるのですか」

「ええ、ありがとうございます。外へ焼肉を食べに行きます」

安倍は軽やかに答えた。[70]

11月1日の日中韓首脳会議に出席した李克強《りこつきょう》中国首相の韓国訪問は公式訪問だった。朴はその日、李を晩餐会に招待した。安倍の訪問は実務訪問である。日韓首脳会談直前になって、韓国の外交当局は朴槿恵主催の昼食会を打診してきた。

ところが、慰安婦問題での譲歩を交換条件に付けてきた。日本側はこれを拒否した。安倍は「昼飯で国益を削るわけにはいかないよ」と側近に語った。

「お昼のお食事はどうなさるのですか」と安倍に聞いた朴槿恵はおそらくそのいきさつを知らなかったのだろう。

萩生田はそれまで手厳しく韓国政府のやり方を批判していたこともあり、韓国側から安倍に続く「右翼の巨頭」と見なされ、警戒対象にされていた。

安倍の訪韓に際しても、韓国側は萩生田を同行から外してもらえないか、水面下で求めてきた。

「それは内政干渉だ」と安倍が即座に拒否したいきさつがある。

出発直前になって、萩生田は外務省から出向していた秘書官に言われた。

「副長官、恐縮ですが、背広の着替えをもっていってください」

「1泊2日だろう。1着でいいよ。もしシワになったらホテルでアイロンかければいいよ」

「いや、生卵をぶつけられる恐れがありますので、もう1着、持っていかれたほうがいいかと[71]」

首脳会談後、安倍に同行した随行団員と在韓日本大使の一行8人は、仁寺洞《インサドン》にある景福宮《キョンボックン》という焼肉屋でプルコギ（焼肉）を頬張った。

客たちはすぐに安倍と分かったようだ。安倍は握手攻めに合った。安倍の韓国での支持率は2％と絶望的に低い。しかし、この日、韓国の人々の安倍を見る目は温かかった[72]。

谷内と李の出番が、再び、やってきた。両首脳が2人に「交渉の加速化」を指示したからである。

もっとも、安倍は谷内と李のハイレベル協議にはいささか疑問を抱いていた。

２０１５年4月の首相訪米までに仕上げたいと思っていた慰安婦問題合意がずるずると延びてしまった。

谷内が安倍に打開案を上げ、安倍が「それでいけるならやってみろ、いけなかったら考え直そう」と言って下ろしても結局、うまくいかない。その連続だった。「谷内さん、ちょっとコレだめだね」と安倍が谷内に言ったのは一度や二度ではない[73]。

李が朴槿恵にどこまで信頼されているのかについても安倍はいささか不安に思っていた。

実際、朴と李は必ずしも円滑な関係ではなかったし、2人だけで親しく話すことはほとんどなかった。それでも朴は慰安婦問題交渉に関しては最後まで李に交渉を任せ、まとめ上げさせた。尹炳世はこの問題から距離を置こうとしていた。朴としては李以外にこの交渉を委ねる高官はいなかった[74]。

一つ厄介な問題が立ちはだかっていた。産経新聞のソウル支局長、加藤達也の裁判である。加藤は前年4月のセウォル号沈没事件に関する報道の中で、朴槿恵がその日に7時間にわたって姿をくらました「空白の7時間」をコラムの中で書いた。韓国の大統領府である青瓦台は激怒。加藤は在宅起訴され、２０１５年10月19日、検察から懲役1年6か月の求刑を受けた。地方裁判所の判決が近々下される予定である。安倍は、もし、加藤の有罪が言い渡されるような事態になれば、慰安婦合意の締結はありえない、と今井に言い渡していた。判決の前に何とか基本合意に持ち込み、韓国側が判決に関して高度の判断を下すことのできる余地をつくる必要がある。

今井は谷内に言った。

「産経新聞の加藤（達也）の判決が17日にありますよね。あの前に握れば韓国は下ろします。それを過ぎると、多分しばらく漂流しますね。有罪になったら、総理はおそらく呑まないですよ[75]」

「世界が証人になります」

12月17日。韓国ソウル中央地方裁判所が加藤の無罪判決を言い渡した。22日、検察は控訴を断念、無罪が確定した。岸田は「これは大きなシグナルだ」と受けとめた。

それでも安倍はなお慰安婦合意をためらっている。

最後の段階で安倍を説得する役回りを担ったのは岸田だった。

12月に入って、岸田は足しげく官邸に通い、安倍と2人だけで議論した。岸田に言わせれば、この頃、「ずいぶん、総理とにらめっこさせていただきました」。

安倍は悩んでいるように見えた。慰安婦合意に反対する右派勢力から凄まじい圧力がかかっているように岸田は感じた。[76]

12月23日、谷内と李丙琪の8回目の、そして最後のハイレベル会合が松島のホテルで行われ、大筋合意に達した。後は、元慰安婦を財政的に支援する財団の資金規模についても最後の詰めを行わなくてはならない。それが済めば、あとは外相同士で正式に政府間の合意とする形を整えなければならない。そのために岸田がソウルに飛ぶ。そうした段取りを安倍に認めてもらわなければならない。

12月24日。首相執務室。岸田、谷内、今井、それに斎木昭隆外務事務次官らが安倍を囲んだ。

安倍は慰安婦問題で「日本政府は責任を痛感」と記述した合意案になおも難色を示した。

岸田は言った。

「総理、ご心配はわかります。ただ、このまま何もせずに、このまま新しい年を迎えてしまい、韓国に言われっ放しでやられたら、もうずっとうちは守りに撤しなきゃいけなくなります。ここでまとめるべきです」

安倍は答えない。

岸田は続けた。

「ここは握って、韓国の政府当局者をテレビカメラの前に引っ張り出して一緒に共同会見で合意を発表することにしましょう。そうすれば世界が証人になります」

安倍がかすかにうなずいた。

「いや、確かに政権が代わったらどうなるんだとか、少女像を建てている民間（団体）は政府の言うことを聞かないんじゃないかといった心配はあります。ただ、韓国政府はこう言明したということを消すことはできません。騙されるかもしれない、またひっくり返されるかもしれないけれど、世界が今度は見ていますから。この内容であれば、各国から支持されますよ」

岸田の言葉に熱がこもった。

「岸田さんの言う通りだ」

安倍が同意した[77]。

谷内の表現を使えば、「最後は岸田さんはじめみんなで総がかりで苦渋する総理を説得した」[78]。

岸田、菅、谷内、そして今井、誰もが合意案に賛成した。それこそ総がかりだった[79]。

それでも、ソウルに出発する前日の12月27日午後10時、岸田の携帯電話に安倍から電話が入った。

「大丈夫だろうか。最後にまた、難癖をつけてくることはないか[80]」

2015年12月28日。岸田と尹炳世はソウルで会談を行い、合意内容を確認した。その後、共同記者会見を開き、これを発表した。

同日、両国首脳は電話会談で合意内容を確認した。

安倍は電話で朴に伝えた。

「改めて、慰安婦として数多の苦痛を経験され、心身にわたり癒しがたい傷を負われた全ての方々に対し、心から謝罪と反省の気持ちを表明します[81]」。

その後、朴は慰安婦問題に関する韓国の国民に対するメッセージを発表した[82]。

「男と男の約束」

何が合意されたのか。合意までの間にどんな議論があったのか。そして、それはどのように合意したのか。その舞台裏で何が話されていたのか。

合意は、日本政府の「責任」、日本政府の謝罪、日本政府の金銭的措置、最終的かつ不可逆的な解決、駐韓日本大使館前の少女像、国際社会における非難・批判の自制にわたっている。

日本政府の「責任」

「慰安婦問題は、当時の軍の関与の下に、多数の女性の名誉と尊厳を深く傷つけた問題であり、かかる観点から、日本政府は責任を痛感している」（共同記者会見における日本側の発表内容）

慰安婦問題の難しさは、日本の責任をどのような責任として認識し、それを表現するか、という点にあった。

韓国側は、「法的責任」や「責任を認める」という言葉を盛り込もうとした。また、被害者への訪問や、被害者の気持ちを得ることのできる措置を日本側に要求した。

しかし、日本側は1965年の日韓請求権協定で慰安婦問題は解決済みであり、法的責任は存在しないという立場を今回も貫いた。ただ、それまで日本側が認めてきた「道義的責任」という修辞語を今回、落とした。

合意では、「慰安婦問題は、当時の軍の関与の下に、多数の女性の名誉と尊厳を深く傷つけた問題であり、かかる観点から、日本政府は責任を痛感している」と述べており、「道義的」との言葉は入っていない。この「責任」の意味についてメディアの問い合わせを受けた場合は、上記の「表現に尽きるのであって、それ以上でもそれ以下でもない」と応答することで調整した[83]。

官邸スタッフは、慰安婦合意は「責任という文言が裸で書いてある」点が重要だ、と説明した。

「法的な責任は65年で解決済み。村山政権は人道的な観点から解決しようとした。法的に一旦解決して、人道的にも解決して、それでも解決にならない。安倍総理はそれを政治的に解決されようとしたんだと思う」

「ただ、政治的解決も政治的という修飾語がついている、修飾語は韓国側が一切、認めないからダメ。そこで責任については何の修飾もなしに裸で責任と入れたわけです[84]」は、日本側が難色を示し、織り込まれなかった。

「被害者の訪問や被害者の気持ちを得ることができる措置」

日本政府の謝罪

「安倍内閣総理大臣は、日本国の内閣総理大臣として改めて、慰安婦として数多の苦痛を経験され、心身にわたり癒しがたい傷を負われた全ての方々に対し、心から謝罪と反省の気持ちを表明する」（共同記者会見における日本側の発表内容）

韓国の被害者は、日本政府の「翻すことのできない」謝罪を要求していた。それを受けて韓国政府も交渉過程で「不可逆的かつ公式性の高い内閣の決定（閣議決定）の形での謝罪」を日本側に求めた。

それまでも日本の首相から慰安婦に宛てた手紙の中には「謝罪と反省の気持ち」という表現が含まれていた。今回、合意の中で明確にそれを表明した。

謝罪をするのに、安倍は「自分を納得させなければならなかった」。最終的にして不可逆的な解決という約束、そしてこの解決合意を透明にして世界に証人になってもらう、そのような枠組みの中で、謝罪をするのだ、と自分に言い聞かせた[85]。

安倍は「謝罪」は受け入れたが、「総理からの手紙」や「元慰安婦の抱擁」といった「象徴的な動作」や「感性的措置」は受け付けなかった。「総理からの手紙」については、「すでにこれまでに4人の首相がお詫びの手紙を出している。出せば出すほど要求がエスカレートする」と拒否反応を示した[86]。

それまでに橋本龍太郎、小渕恵三、森喜朗、小泉純一郎の4人の首相が計61人の元慰安婦にお詫びの手紙を出している。

後に、安倍は振り返って言った。

「総理として謝りましたが、それは『強制連行』ということに対してではない。ただ、日本の統治下において女性をこういう境遇に置く状況をつくった、女性の人権を踏みにじったということは事実なのだから、そこついては謝罪しなきゃいけないだろうと思って、総理として謝罪するということにした」[87]

個人への金銭的措置

「日本政府は、これまでも本問題に真摯に取り組んできたところ、その経験に立って、今般、日本政府の予算により、全ての元慰安婦の方々の心の傷をいやす措置を講じる」（共同記者会見における日本側の発表内容）

「具体的には、韓国政府が、元慰安婦の方々の支援を目的とした財団を設立し、これに日本政府の予算で資金を一括で拠出し、日韓両政府が協力し、全ての元慰安婦の方々の名誉と尊厳の回復、心の癒しのための事業を行うこととする」（同日本側の発表内容）

元慰安婦たちが、日本政府の予算のみを財源として個人に対して支給される償い金を受け取るのは初めてのことだった。同年12月27日の時点で生存者47名のうち36名と死亡者199名の遺族68名がこの財団を通じ、償い金を受け取るか、受け取る意思を表明した。アジア女性基金の場合は、国民の寄付と政府予算のハイブリッドだったが、今回は全額国民の税金から賄われることになった。日本側は、1965年の請求権協定により賠償問題は解決済みで法的責任がないとの立場に立つが、それでも償い金は相当程度、公的な性格を帯びることになった。もっとも、韓国の元慰安婦支援団体の中にはこれが公式の賠償ではないため、受け取ることができないとの立場を取るところもある。

谷内と李の協議では、最初、総額2億～3億円の相場観で話を進めていたが、李は「自分の住んでいるマンションも2億ほどです。それではいくらなんでも……」と嵩上げを求めた。そのうち「いま、ソウルのマンションの一室を買うと5億円のものがありますよ。大国日本がそんなもので済ませるんですか」と李の言い値が上がって来た。[88]

谷内は、安倍に言った。

「3億は何かケチだと言われてるので、5億ぐらいまでお願いしたいと思います。ただ、向こうはもっと言ってくるかもしれません。でも、ぎりぎり7とか8ぐらいで手を打ちたいと思います」

安倍は答えた。

「まあしょうがないね。でも2桁はだめだよ。2桁出して、少女の像があったらもたないよ」

その後、韓国側は10億円を提示してきた。岸田は安倍にそれを相談するが、安倍は納得しない。

「使い切れないのではないの」

最後まで渋る安倍を説得したのは岸田である。

もっとも、岸田が財務相の麻生太郎に了承を得るため「10億で手を打ちたい」と報告したところ、「そんなんでいいのか」との反応が返ってきた。

李丙琪もまた朴槿恵に10億円で合意したことを報告した。朴は「そんな高額で決まったのか」と驚きを口にした。[89]

日本側はまた、財団事業の資金用途に関して、全額が被害者の尊厳と名誉回復、そして心の傷を癒すことにのみ限定して使用されると特定し、韓国側はそれを了承した。[90]

谷内は李に「反日運動の象徴的な存在として利用されるのは御免蒙《ごめんこうむ》る」と念を押した。「それは当然です。よくわかります」と李は応じた。[91]

2016年8月31日、10億円が振り込まれた。その段階でも、韓国政府は大使館前の慰安婦像を撤去しない。萩生田は金杉憲治外務省アジア大洋州局長（1983年外務省入省）を呼び、「韓国が約束を守らないのなら、こっちが振り込む必要はないじゃないか」と問いただしたが、金杉は「それぞれの約束ですから、こちらも約束を果たさなければならないので、そこはご了解いただきたい」と言った。

萩生田は、一言、言わずには気が済まなかった。

「わかった。だけど、これで慰安婦像をどかさなかったら、世界一の振り込め詐欺になるぞ、これは[92]」

「私が謝罪したら、それが最後だから」

最終的かつ不可逆的な解決

「以上申し上げた措置を着実に実施するとの前提で、今回の発表により、この問題が最終的かつ不可逆的に解決されることを確認する」（共同記者会見における日本側の発表内容）
「韓国政府は、日本政府の表明と今回の発表に至るまでの取り組みを評価し、日本政府が先ほど表明した措置を着実に実施するとの前提で、今回の発表により、日本政府とともに、この問題が最終的かつ不可逆的に解決されることを確認する。韓国政府は、日本政府の実施する措置に協力する」（同韓国側の発表内容）

日韓の間の歴史問題は、その解決に向けて歴代政権が何度も交渉し、合意に至ったものの、その都度、ひっくり返されてきた歴史だった。

日本側は、韓国側の政権が代わるたびに、前の合意を反故にし、つまり「ゴールポスト」を動かし、新たな要求とさらなる謝罪を求めてくることにうんざりしていた。韓国側は、日本側の謝罪が形式的であり、心がこもっていないとして不信感を募らせてきた。韓国では民主化以降、かつての権威主義体制が日本と結んだ条約や協定は韓国の力が弱い時代の不平等な取り決めであり、それらは「清算」されるべきであるとの考えが勢いを増した。

１９９８年10月の金大中大統領の訪日は日韓共同宣言により日韓の歴史的わだかまりを解消する大きな一歩と受け止められた。金大中は「今後、過去の問題は持ち出さないようにしたい。将来についても自分が責任を持つ」と宣言した。小渕恵三首相は日韓首脳会談で「過去の一時期、植民地支配により、多大な損害と苦痛を与えたという歴史的事実を謙虚に受け止める」と謝罪した。共同宣言には、日本の「痛切な反省とおわび」が盛り込まれた。[93]

しかし、日韓和解のプロセスは根付かなかった。

２０１１年10月、李明博大統領は、訪韓した野田佳彦首相を歓待した。初対面だった。その年の８月に、韓国の憲法裁判所が元慰安婦の賠償請求権に関する判決を下した。彼女たちが賠償を得られるように行動していない政府の不作為は憲法違反であるとの内容だった。李・野田会談は、この判決後の最初の日韓首脳会談となったが、李はこの問題を取り上げず、むしろ鷹揚なところを見せた。「歴代の韓国政権は、当初未来志向を語りながら、支持率が下がって後半になると、必ず歴史問題の対日カードを切ってきた。愛国心をあおりながら支持率を上げるのだ。しかし、私はそういうことはやらない」。野田は「すごい指導者だ」と感銘を覚えた。[94]

ところが、２か月後の同年12月、京都で開かれた首脳会談の席での李明博はまるで別人のようだった。李はベトナムと韓国の間の歴史問題について話した。ベトナム戦争の時、韓国は米国の要請で軍を派遣したが、その中で無《む》辜《こ》の民衆を殺害した。それに対して自分は大統領として被害者や家族に直接、謝罪した。大統領からの直接の謝罪の言葉に相手側は驚き、かえって感謝された……。

李の言わんとすることは明白だった。しかし、野田はそれに正面から応じなかった。

李の顔色が変わった。彼は慰安婦問題に話を絞り込み、日本の責任を問い始めた。野田は聞き終わると「この問題は日韓請求権協定ですでに解決済みです」と言い、「ところで、大統領閣下、日本大使館前の少女像の撤去をお願いしたい」と逆襲した。李はその後も、執拗に慰安婦問題を追及し、会談の４分の３はこの問題に費やされた。[95]

野田が言及した日韓請求権協定は「完全かつ最終的な解決」を法的枠組みとしたサンフランシスコ講和条約を下敷きにしている。

谷内が李との間でハイレベル協議を始めたときに求めたのも、この「完全にして最終的な解決」の枠組みだった。谷内は李には「最終的」の言葉を示したが、李は「不可逆的」の言葉を入れた文案を提示した。その直前の1月19日の第6回局長級協議で、韓国側がこの用語を使用したのを受けたものだが、これは日本の首相の閣議決定を経た公式の謝罪を求めたものだった。被害者団体が、日本の謝罪を「後戻りのできない謝罪」にピン止めするようにとの要求を取り入れたのである。

谷内と李のハイレベル協議は、最初の会合で「最終的かつ不可逆の解決」の枠組みをつくることで一致した。[96]

安倍は谷内に「私が謝罪したら、それが最後だから」と重ねて念を押した。「私が最後というのではなく次の総理も一切この問題について話題にすらしない。相手の大統領にいくら言われても、それは終わったからということを明確にする。安倍政権が代わったらまた元に戻るということなら意味がない」と念を押した。「最終的かつ不可逆的」の解決にせよ、ということに他ならなかった。[97]

韓国側の「不可逆的」は、元々は謝罪のあり方に照準を合わせての提案だったが、日本側の「不可逆的」は解決のあり方に主眼を置き、受諾したものだった。結果的に、それは「後戻りのできない」解決を担保する誓約となった。

「不可逆的」の言葉を入れることにこだわる安倍に、菅はそこまでダメ押しをしなくてもいいのではないか、と思ったが、後に文在寅《ムンジェイン》政権になり、慰安婦合意が踏みにじられるのを見て「ここは安倍さんが一枚上手でしたね」と振り返った。[98]

駐韓日本大使館前の少女像

「韓国政府は、日本政府が駐韓日本大使館前の少女像に対し公館の安寧・威厳の維持という観点から憂慮している点を認知し、韓国政府としても可能な対応方針に対し関連団体との協議等を通じ、適切に解決されるよう努力する」（共同記者会見の韓国側発表内容）

谷内と李の協議の中でももっとも難しかったのが、駐韓日本大使館前の慰安婦少女像の撤去をめぐる交渉だった。「謝罪」や「反省」は言葉の世界である。ニュアンスとぼかしの余地がある。しかし、少女像の「撤去」は物理的な世界の話である。あるかないか、どちらかしかない。

この少女像が建立されたのは2011年12月である。

日本側は韓国側に一貫してその撤去を求めたが、韓国側は言葉を濁し、取り組まなかった。谷内は李に少女像の撤去を強く求めた。安倍が谷内にその点をくどいくらい申し渡していたからである。安倍は「紙で相手の確約を取り付けてくるよう」谷内に指示した。李は「それはできない」と述べ、「撤去するよう努力する」との表現がギリギリのところだ、と答えた。谷内は、「撤去するとはっきり書いてほしい、それを破棄しろとは言わない、公園とかに持っていくのは構わない」となおも押し返したが、李は「撤去するも努力するも同じ意味を持っている。ただ、国内事情として『撤去する』とはとても書けない。そこはわかってほしい」と言った。[99]

最後に李は、谷内の目を見て言った。

「約束は果たします。これは男と男の約束です」

その一言が谷内の琴線に触れた。谷内は「努力する」で妥協した。[100]

谷内は帰国後、安倍にその言葉を報告した。安倍は「男と男のなんとかって、それってポリティカリー・コレクトネスの点、大丈夫なのかな」と冗談を言った後、「でも、彼が失脚したらどうなるんだ、終わりじゃないか、その約束は」と言った。

安倍はなおも得心がいかない様子だったが、「ただ、彼がその地位にある限り、力強く要求しよう。それしかないだろう」とゴーサインを出した。[101]

そのうち、李丙琪が弱音を吐くようになった。

「地合いが悪くなってきたので少し時間を貸してもらいたい。必ずやるから」

最初1か月と言っていたが、それは難しいと言い始めた。「6か月でどうだ？」と聞くと「6か月なら大丈夫だ」と自信たっぷりに答えた。しかし、その後で、「岸田発言や安倍発言で、ちょっと難しくなった」と言い始めた。

岸田の発言とは、「日本は何も譲っていない」と岸田が述べた言葉尻を捉えられた。

安倍の発言は、慰安婦に対する新たな謝罪の手紙など「追加的な感性的措置」を求める韓国内の声に対して「毛頭考えていない」と述べた国会での発言である。[102]

谷内は〈韓国のことだから、ギリギリの段階になれば、強権発動して撤去するのかな〉と思っていたが強権発動どころではなく、市民団体の監視の前にたじろいでいると感じるようになった。[103]

慰安婦少女像の移転に関して、韓国政府が慰安婦問題に取り組んできた韓国の市民団体とどのように対話し、どのように説得するのか。日本側は、その点に懸念を持っていた。

日韓双方は、この点に関しても共通理解に達した。

ただ、この部分は非公開部分とした。

そこには次のような趣旨が書かれている。

日本側は「今回の発表に基づき、慰安婦問題は最終的かつ不可逆的に解決されることから、挺対協等各種団体等が不満を表明する場合にも韓国政府としてはこれに同調せず、説得してほしい。駐韓日本大使館前の少女像をいかに移転するか、具体的な韓国政府の計画を聞きたい」と質したのに対して、韓国側は「関連団体等の意見表明がある場合、韓国政府としては説得のために努力する」こと、そして少女像についても「可能な対応方向に関し関連団体との協議等を通じて適切に解決されるよう努力する」と約束した。

日本側は大使館前の少女像の移転を交渉の当初から提起し、協議内容の公開部分に含ませることを求めた。しかし、韓国側はこの問題を交渉対象にしたという国内の批判を恐れて、公開部分に入れることに反対した。その結果、非公開部分で日本側の「少女像をいかに移転するのか、具体的な韓国政府の計画を聞きたい」との質問に応える形でその約束を記した。

朴槿恵政権は、この合意に至る過程で元慰安婦を支援する「各種関連団体」と合意内容について何度も話し合い、それを踏まえて交渉していた。彼らとの対話を担当した外交部の李《イ》相徳《サンドク》東北アジア局長の場合、20回近く、そのような会合を重ねた。合意に臨んで朴槿恵が元慰安婦に直接、語りかける「被害者中心アプローチ」を内心、期待した者もいたが、それを進言する者はいなかった。[104]

後に文在寅政権で設置された「日本軍慰安婦被害者問題合意検討タスクフォース」の座長を務めた呉泰奎《オテギュ》は、この「関連団体等の意見表明がある場合、韓国政府としては説得のために努力する」との「非公開部分の合意」の存在を知った時、やっぱりだと思った。要するに日韓両政府が裏で「すり合わせ」をしていたのだ、と。[105]

谷内は、日本大使館前の少女像の撤去をめぐって苦悩する李の姿を見て、「少女像」とは政治とイデオロギーとアイデンティティの偶像にほかならないのではないか、と思うようになった。

少し前に韓国の歴史家、朴裕河《パクユハ》の『帝国の慰安婦　植民地支配と記憶の闘い』（朝日新聞出版、2014年）を読んだ。谷内は本の中のある一節に吸い寄せられた。[106]

「韓国の〈公的記憶〉を集約する形で出現した少女像」の一節で、朴裕河はこう記している。

記念碑は、性労働を強制された慰安婦像でありながら、性的イメージとは無関係に見える可憐な「少女」の像である。

つまり、大使館の前に立っているのは、慰安婦になった以後の実際の慰安婦というよりは、慰安婦になる前の姿である。

少女のヘアスタイルは、慰安婦像に学生のような端正なイメージをもたらしている。少女像がつくる学生イメージは実際の朝鮮人慰安婦とは距離があると言うほかない。さらにその端正さは、彼女がいまだ踏みにじられたことのない、「処女」であることを象徴していよう。

少女が裸足でいるのは、何の準備もなく「いきなり連行」されていったことを想起させるはずだ。拳をにぎって力を込めた目つきでまっすぐに日本大使館を見つめているのも「強制的に連れて行かれた」ことに対する怒りを表明する。

少女像がチマ・チョゴリを着ているのも、リアリティーの表現というよりは、慰安婦をあるべき〈民族の娘〉とするためだ。

少女像には「平和碑」という名前がついている。しかし、実際は少女像は、差別されながらも戦争遂行の同志だった記憶や許しの記憶を消去したまま、怨みだけを込めた目で、日本に対する敵対状況に連なることを要求する。したがって、〈日本軍より業者が憎い〉とする慰安婦もそこには存在し得ない。結果的にそこに〈朝鮮人慰安婦はいない〉[107]。

「基本的に国際舞台で慰安婦関連の発言をしないよう」

国際社会で本問題に対し、相互に非難・批判を自制する

ソウルでの両国外相の共同記者会見に至るまでの間、日韓両国は慰安婦問題に関して国連をはじめ国際機関や世界のメディアで相手に対する非難と批判を応酬した。2015年夏の日本の近代産業施設のユネスコ世界遺産の登録をめぐって両国政府の対立が激化し、慰安婦問題交渉も暗礁に乗り上げかけた。両国の関係は傷つき、両国民の感情はささくれだった。

両外相は、このような不毛な外交に終止符を打つことを共同記者会見で誓約した。

日本側は「日本政府は、韓国政府とともに、今後、国連等国際社会で本問題に対し、相互に非難・批判することを自制する」（日本側発表内容）と述べた。

韓国側も、「今般日本政府が表明した措置の着実な実施が行われるということを前提に、日本政府とともに、今後、国連等国際社会で本問題に対し、相互に非難・批判を自制する」と述べた。

日本側は米国はじめ世界で慰安婦像が建ち始めたことに神経を尖らせていた。米国では、2010年に米ニュージャージー州で韓国系米国人のロビー活動によって初めて慰安婦碑が設置されたのを皮切りに、その後ニューヨーク州、カリフォルニア州などで像や碑を建てる動きが続いた。民間の動きではあるが、韓国政府が背後で糸を引いているのではないか、との受け止め方が日本には広がっていた。

日本側はこうした動きの「自制」を韓国政府に期待した。韓国側は当初は、国際社会におけるこの種の動きは、慰安婦問題が解決されれば自然に収束するだろうと主張したが、日本側は双方が継続してその努力をすることの意義を説き、韓国側も同意した。

谷内に言わせれば、韓国が第三国で行っている慰安婦問題に関する日本批判の「自制」は大使館前の少女像と並んですべての慰安婦問題交渉の「キモ」だった。

李丙琪はその2つの「キモ」のところに関して、「民間団体が建てる慰安婦の像や碑は韓国政府としては反対です」と言い、「大使館前の像は責任を持って撤去します」と踏み込んだが、その後、その件を朴槿恵に打診したところ、そこまでは公に約束できないと言われ、後退した。[108]

安倍はこの「キモ」のところに関して「本当にそれでまとまるのかね」と最初から半信半疑だった。しかし、李丙琪が「第三国での慰安婦像の問題に関して、韓国政府も一緒に解決に取り組む」との考えを明確に示してから柔軟な姿勢に転じた。[109]

もし、韓国政府が第三国の慰安婦像問題に踏み込むのであればこちらもそれに応える。それで最終的かつ不可逆的解決となるならば、その合意過程と合意内容を世界に周知させ、ガラス張りで世界に見てもらう。韓国がこれまでのようにゴールポストを動かすならそれも見てもらう。ただ、韓国政府にはそれを明確に公約として公表してもらう必要がある。安倍はそのようなゲームプランを考えていた。[110]

それでも安倍は、最後の「首脳の追認を受ける段階で」、第三国での慰安婦碑建立の動きを「韓国政府が支持しない」との誓約を追加することを改めて希望したが、韓国側は「そのような内容を追加することは、すでに妥結された内容に関する本質的修正であり、受け入れられない」と拒否した。結局、韓国政府の第三国の慰安婦像の問題解決への関与は「努力」目標へと薄まり、しかも、この部分は非公開とすることで妥協した。

合意後、青瓦台は韓国外務省に対して「基本的に国際舞台で慰安婦関連の発言をしないよう」指示した。[111]

岸田にとって、慰安婦合意問題をはじめとする日韓関係は外相としてもっとも神経がすり減り、気骨の折れる仕事だった。保守派の強い圧力と世論の険しい視線を感じながらの交渉だった。

交渉で韓国に押し切られたところも多かった。しかし、「テレビカメラの前で、韓国の外相が、国際社会においてお互いに非難や批判はしないということを明言した。このことは大きかった」と受け止めた。[112]

「100点は採れないんだよ、60点、よくて70点なんだ」

12月28日の夜。首相官邸の前に右翼の街宣車が次々と横付けされた。

「安倍!」

「裏切り者!」

メガフォンでがなる怒声が響き渡った[113]。

右翼が安倍官邸を取り巻き、これほど激しく攻撃したのは政権発足後、初めてだった[114]。

慰安婦問題合意に対する抗議のツイッターとメールが10万件以上、官邸に殺到した。安倍政権誕生後、これほど激烈なメール攻撃を浴びたことはなかった。

「十何万件も来た。こんなの官邸始まって以来だよ」

安倍は内閣官房副長官補の兼原信克に言った[115]。

安倍は、保守派から「韓国に金を出すなんて、安倍は血迷ったのか」と厳しく批判された[116]。

合意からしばらくして、安倍は櫻井よしこと電話で話した。

櫻井は、合意に批判的だった。果たして韓国が約束を守る国なのか、とくに政権が交代したらどうなのか。それに慰安婦支援のための財団の拠出金10億円やその運営についても疑問点を質した。

安倍は言った。

「あなたたちは100点を採ってもらいたいと言うけど、100点は採れないんだよ、60点、よくて70点なんだ。じゃあ今、皆さんが安倍はだめだと言って攻撃した場合、政権にマイナスになっちゃうかもしれない。我々も、民主党政権経験ってあるんでね。あんなことになっていいのか。そこもよく考えておいてほしい」

この点は、櫻井も前向きに応じた。

「たしかに安倍1次政権の時、私たちは少し要求が強過ぎた。あれができない、これができないと言って結局、政権を倒してしまって、その後、民主党政権が出てきた。その悪夢をみんな経験した。政治は何をやらないかということも大切だということを私たちは学んだ。我慢するところは我慢しなきゃいけない、それはその通りです[117]」

安倍は、後に振り返った。

「保守派からの批判のピークは慰安婦問題合意のとき。圧倒的でした。しかし、これはしょうがない。保守政権でなければできない合意だと思いますからね[118]」

安倍は最後まで慎重な姿勢を崩さなかったが、最後は合意に踏み切った。

「安倍さんは最後まで慎重だったが、一度として交渉を止めろと言われたことはなかった」

谷内は、そのように証言した[119]。

「日韓の指導者の勇気とビジョンを称賛する」

日韓慰安婦合意は、国際的に好意をもって迎えられた。

オバマ大統領の大統領補佐官スーザン・ライスは「我々は、この合意とその十全たる履行を支持する。この包括的な決断は癒しと和解の重要なジェスチャーであり、国際社会によって歓迎されるべきであると信じる……困難な問題で恒久的な解決に至った。日韓の指導者の勇気とビジョンを称賛する」との声明を発表した[120]。

国連の潘基文《パンギムン》事務総長もまた、「日韓両政府が慰安婦合意に達したことを歓迎する。この合意が両国関係の改善に貢献することを望む」との声明を出した[121]。

岸田は安倍を説得する際、「世界が証人になります」とのセリフを口にした。その言葉が安倍の心をとらえた。

合意が成立した場合、米国政府に歓迎声明を出してもらうべく、安倍は「外交ルートで調整し、〝証人〟となって」もらうよう指示した。菅の言う「外堀を埋める外交」を身をもって実践したのである。[122]
日本はいままで韓国に対して、歴史問題で、「向こうが何かを言うたびに、こちらが何か言いわけめいたことを言う」関係だった。しかし、慰安婦合意に関しては「こっちが相手に約束を守るように言って、向こうが言い訳めいたことを言う」関係へと変わった、それに伴ってワシントンのこの問題を見る目も変わり始めた、と安倍は感じた。[123]
韓国では、政治的立場とイデオロギーで反応が分かれた。
12月31日昼。ソウルの日本大使館が入るビルで、学生30人が「合意は無効だ」と叫び、警察に連行された。最大野党の「共に民主党」の文在寅《ムンジェイン》代表は同日、ソウル郊外の元慰安婦の支援施設「ナヌムの家」を訪れ「わが党は日本の法的責任を問い、公式的な謝罪と賠償を必ず勝ち取る」とアピールした。左翼系の新聞、ハンギョレは「法的責任なき最終解決は存在しない」と主張し、新たな交渉を始めるべきだと主張した。
しかし、主要紙は、日本政府が責任を認め、安倍首相が総理大臣の資格で謝罪したことなどを挙げ、一歩進んだ合意と評価した。法的責任の認定が曖昧な点など、韓国側としては不満が残る部分についても、「外交では本質的に完勝というものは存在しない」（中央日報）など、理解を示す論調が目立った。
合意直後に行われた世論調査（リアルメーター）では、肯定的評価が43・2％、否定的評価が50・7％となった。[124]
リッパート駐韓米大使は、40％以上もの韓国国民が合意を支持したことを知って驚いた。それまでの韓国の常識からすれば考えられないほどの高い評価である。慰安婦に実際、日本政府から補償が支払われたことを評価する声が強かった。
〈生きているうちに何とか、補償したい、との気持ちが韓国国民に伝わったのだろう〉
リッパートはそのように捉えた。[125]

２０１６年７月28日。元慰安婦への償いと支援のための「和解・癒し財団」が設立された。

「被害者たちが受け入れない限り、『最終的・不可逆的』解決を宣言しても、問題は再燃するしかない」

しかし、日韓の慰安婦問題合意は長続きしなかった。

合意は、発表された直後から、野党と市民団体と左派系メディアの批判の大合唱に晒され続けた。その年の10月末、朴槿恵大統領の親友の崔順実《チェスンシル》が国政に介入した事件をめぐって毎週、数十万人が抗議デモに参加、慰安婦合意も抗議の対象となった。

２０１６年11月23日。朴政権はこの日、ＧＳＯＭＩＡ（日韓軍事情報包括保護協定）を締結、署名した。「韓国軍は情報能力強化のため締結を望み、米国は韓日が円滑に情報共有できない状況に苦慮していた」ため、朴は踏み切ったと後に明かしている。[126]

朴の決断には、政治的苦境の中にあっても安倍との約束はしっかり果たすことを示したいという思いもあった。[127]

その思いは安倍に伝わった。

慰安婦合意を執行できない中で、このＧＳＯＭＩＡの締結、署名は「彼女なりに操《みさお》を立てたのだろう」と安倍は秘書官たちと話した。[128]

朴槿恵が後に述べたように、「安倍は約束を守った」し、安倍もまた朴が弾劾の危機のさなか、最後まで約束を守ろうとしたことを多とした。[129]

２０１６年12月９日。韓国国会は、崔順実の事件に関連し「大統領の地位と権限の濫用」をしたとして大統領を弾劾訴追した。朴の大統領としての職務は停止させられた。

朴は、韓国の大統領としては現職中、一度も訪日しないまま職を終えた。

２０１６年12月27日、ホノルルで行われた日米首脳会談では、安倍もオバマも韓国の野党の動きに懸念を表明した。

安倍「慰安婦問題については、昨年、日韓で合意し、以来、日韓関係は急速に改善している。ただ、後継候補と言われる関係者が日韓合意の見直しに言及している。現在の韓国の国内情勢を憂慮している」

オバマ「次の韓国政権に対して、歴史的な問題に関する日韓の合意を維持するよう促すため、米国としても影響力を行使したい。新しい米国政権に対しては、我々が今まで行って来たことの重要性について引継ぎを行っていく[130]」

２０１６年12月30日。釜山の日本総領事館に面した歩道に少女像が置かれた。朴は弾劾訴追された身ではあったが、安倍に電話し「合意を支持し、それを互いに着実に履行していこう」と述べ、合意を守る決意を語った[131]。

２０１７年2月11日。フロリダ州マーラ・ラゴ。安倍は大統領になって間もないトランプと一緒にゴルフ場に向かう車の中で思いもよらない質問を受けた。

「慰安婦って何のことだ。韓国の大統領代行と電話で話したが、彼は慰安婦、慰安婦と繰り返していた。何を言っているのかチンプンカンプンだった」

トランプは、朴槿恵の代行を務める黄教安《ファンギョアン》首相と電話会談をしたばかりだった。朴は職務を停止されている。

安倍は慰安婦合意の概要を説明した。その後、中国系団体がカリフォルニア州で新たな慰安婦像をつくっていると言うと、トランプは「そんなことをさせておくのはまずい」と言い、自分が手伝うことがあれば言ってほしいと申し出た。安倍は感謝しつつ、「機微にわたる問題なので、大統領が直接、関わるのは控えたほうがいい」と答えた。[132]

2017年3月10日。韓国の憲法裁判所は、国会の弾劾訴追を妥当と認め、朴は即時、罷免された。同月31日未明、収賄容疑で逮捕。

2017年5月の大統領選挙では、与野党の主要政党候補がそろって慰安婦問題合意の無効化、あるいは再交渉の公約を打ち出した。同月、文在寅政権が誕生した。

2017年7月、韓国外務省は大臣直属の「日韓日本軍慰安婦被害者問題合意検討タスクフォース」を設置した。慰安婦合意の経緯と内容を検討・評価するためである。

2017年11月。李丙琪が、国家情報院長として、情報収集のための活動費を大統領府幹部らに渡した容疑で逮捕された（その後、懲役3年6カ月の実刑判決）。

2017年12月27日。タスクフォースは報告書を発表した。そこでは次のように結論付けた。

「被害者中心のアプローチが交渉過程において、十分に反映されておらず、一般の外交案件のようにギブアンドテイクの交渉により合意が出来上がった。韓国政府は……被害者の意見を十分に収斂させないまま、政府の立場を主として合意を終えた。今回の場合のように、被害者たちが受け入れない限り、政府間で慰安婦問題の『最終的・不可逆的』解決を宣言しても、問題は再燃するしかない」

韓国の長老外交官は、「歯には歯を、といいますが、これは検証には検証ですね」と語った。[133]

河野談話を「検証」した日本政府に対して、慰安婦問題合意を「検証」した、ある種の意趣返しだったというのである。日本の韓国通外交官は「リベンジ・マッチ」と形容した。[134]

文在寅政権は、日韓慰安婦合意に関しては「『日韓間の正式な合意』ではあるが、元慰安婦本人の同意を得ていないので『解決にならない』」との立場を取った。

2018年11月21日。同政権は「和解・癒し財団」の解散を決定した。

財団の解散は、この合意に基づく事業を再開する基盤の喪失を意味する。

韓国内では慰安婦合意を破棄し、日本の財団からの拠出金の残金——当時、5億円強残っていた——を日本に返却しろ、といった声が上がった。

安倍は「金は決して受け取るな」と外務省に指示した。

「財団が解散されようが何であろうが、慰安婦合意は最後まで韓国側に守らせるという姿勢で韓国側と協議してくれ」[135]

韓国の日本大使館前の慰安婦像は、いまなお撤去されていない。

〈民族の娘〉として彼女はまっすぐに日本を睨み続けている。

---

1 衛藤晟一、2014年7月14日／元官邸スタッフ、2021年10月11日
2 安倍晋三、2020年12月16日
3 安倍晋三、2020年12月16日／元官邸幹部、2023年12月11日
4 外政審議室スタッフ、2014年7月17日／北野隆一「慰安婦関連文書19件を提出」朝日新聞、2017年4月18日
5 谷野作太郎、2024年2月29日
6 この点に関して、安倍は2012年11月の日本記者クラブ主催の党首討論会で「朝日新聞の誤報による吉田清治という詐欺師のような男がつくった本がまるで事実かのように日本中に伝わって問題が大きくなった」と朝日新聞を批判した。朝日新聞は、その後、済州島で古老を中心に取材したが、日本軍部による〝慰安婦狩り〟は確認できなかった。2014年8月5日、同紙は「読者のみなさま」に宛てて、「吉田氏が済州島で慰安婦を強制連行したとする証言は虚偽だと判断し、記事を取り消します。当時、虚偽の証言を見抜けませんでした。済州島を再取材しましたが、証言を裏付ける話は得られませんでした。研究者への取材でも証言の核心部分についての矛盾がいくつも明らかになりました」と述べ、それまでの虚報を詫びた。(「『済州島で連行』証言　裏付け得られず虚偽と判断」朝日新聞、2014年8月5日)
7 「時代の証言者　河野談話『内閣の意志』保守・ハト派　河野洋平　16」読売新聞、2012年10月8日
8 外政審議室スタッフ、2014年7月17日
9 官邸スタッフ、2014年7月18日
10 谷野作太郎、2014年7月4日
11 外政審議室スタッフ、2014年7月17日
12 谷野作太郎個人メモ「いわゆる（従軍）慰安婦について」2014年6月
13 外政審議室スタッフ、2014年7月17日
14 谷野作太郎個人メモ「いわゆる（従軍）慰安婦について」2014年6月
15 外政審議室スタッフ、2014年7月17日
16 安倍晋三、2020年12月16日
17 元官邸スタッフ、2021年10月11日
18 但木敬一、2014年11月4日

19　安倍晋三、2020年12月16日
20　河野談話作成過程等に関する検討チーム「慰安婦問題を巡る日韓間のやりとりの経緯～河野談話作成からアジア女性基金まで」平成26年6月20日、11～12頁
21　https://www.awf.or.jp/3/korea.html
22　河野談話作成過程等に関する検討チーム「慰安婦問題を巡る日韓間のやりとりの経緯～河野談話作成からアジア女性基金まで」平成26年6月20日、17～19頁
23　但木敬一、2023年12月25日
24　21世紀構想懇談会編『戦後70年談話の論点』日本経済新聞社、2015年、233頁
25　衛藤晟一、2014年7月14日
26　外務省幹部、2014年7月15日
27　元官邸幹部、2023年12月11日
28　安倍晋三、2020年12月16日
29　長谷川榮一『首相官邸の2800日』新潮新書、2022年、52～53頁
30　安倍晋三、2020年12月16日
31　元米国務省幹部、2023年11月30日
32　米国務省幹部、2014年3月18日
33　米国務省幹部、2014年3月18日／元官邸スタッフ、2020年11月25日／米政府高官、2024年3月29日
34　第186回国会 参議院 予算委員会 第13号 平成26年3月14日
35　韓国外務省幹部、2014年4月21日
36　元米政府高官、2023年5月4日
37　韓・日 日本軍慰安婦被害者問題合意検討タスクフォース「検討結果報告書」2017年12月27日
38　朴槿恵、2024年5月2日
39　韓国外務省幹部、2014年4月21日
40　元官邸スタッフ、2020年10月15日
41　米国務省幹部、2014年11月26日
42　元官邸スタッフ、2020年10月15日
43　安倍晋三、2020年11月18日
44　安倍晋三、2020年11月18日
45　安倍晋三、2020年11月18日
46　元韓国政府高官、2023年4月13日
47　外務省幹部、2023年4月3日
48　朴槿恵、2024年5月2日
49　元官邸幹部、2021年8月26日
50　尹炳世、2024年5月1日／杉山晋輔、2024年7月17日
51　杉山晋輔、2024年7月17日
52　岸田文雄、2016年3月15日／尹炳世、2024年5月1日
53　元官邸幹部、2024年5月9日
54　萩生田光一、2023年10月15日
55　外務省幹部、2015年7月24日
56　元官邸幹部、2024年3月4日
57　櫻井よしこ、2024年6月26日
58　元官邸スタッフ、2020年12月14日
59　岩田明子『安倍晋三実録』文藝春秋、2023年、82頁／元外務省幹部、2023年11月22日
60　外務省幹部、2023年11月22日
61　元官邸スタッフ、2020年12月14日／尹炳世、2024年5月1日
62　マーク・リッパート、2023年11月28日
63　元官邸幹部、2024年3月4日
64　韓・日 日本軍慰安婦被害者問題合意検討タスクフォース「韓・日 日本軍慰安婦被害者問題合意（2015.12.28）検討結果報告書」2017年12月27日、仮訳、5～6頁／「（検証）『韓国、相手にせず』首相：朴氏は就任以来『外圧』で譲歩を迫った」日本経済新聞、2016年1月9日
65　外務省幹部、2021年9月4日
66　安倍晋三、2020年11月18日／外務省幹部、2016年3月10日
67　岩田明子『安倍晋三実録』文藝春秋、2023年、84～85頁
68　萩生田光一、2023年10月15日
69　朴槿恵、2024年5月2日
70　萩生田光一2023年10月15日
71　萩生田光一、2023年10月15日／「見送られた朴大統領との昼食会 安倍首相が蹴っていた…『おもてなし』がなかった裏側」産経新聞、2015年11月6日
72　元官邸スタッフ、2024年1月23日／外務省幹部、2023年4月3日／萩生田光一、2023年10月15日
73　安倍晋三、2021年1月14日
74　元政府高官、2023年4月13日
75　官邸スタッフ、2015年12月8日／元官邸スタッフ、2020年12月14日

76 岸田文雄、２０１６年３月15日
77 岸田文雄、２０１６年３月15日／元官邸幹部、２０２４年５月９日／朝日新聞取材班『自壊する官邸 「一強」の落とし穴』朝日新書、２０２１年、１１３〜１１４頁
78 谷内正太郎、２０２３年４月14日
79 元官邸スタッフ、２０２４年４月18日
80 元官邸スタッフ、２０２４年４月18日
81 朴槿恵、２０２４年５月２日
82 韓・日 日本軍慰安婦被害者問題合意検討タスクフォース「韓・日 日本軍慰安婦被害者問題合意（2015.12.28）検討結果報告書」２０１７年12月27日、仮訳、５〜６頁
83 韓・日 日本軍慰安婦被害者問題合意検討タスクフォース「韓・日 日本軍慰安婦被害者問題合意（2015.12.28）検討結果報告書」２０１７年12月27日、仮訳
84 元官邸スタッフ、２０２１年10月11日
85 安倍晋三、２０２０年11月18日
86 外務省幹部、２０２１年10月24日
87 安倍晋三、２０２０年12月16日
88 元韓国政府高官、２０２３年４月14日
89 元韓国政府高官、２０２３年４月14日
90 「慰安婦合意と『和解・癒し財団』の事業推進方向」、日韓国際シンポジウム「政府間合意以後の慰安婦問題」２０１６年７月31日
91 外務省幹部、２０１６年８月１日／外務省幹部、２０２１年10月24日／元官邸幹部、２０２１年８月26日
92 萩生田光一、２０２３年10月15日
93 「私の履歴書 高村正彦（13）日中韓 江氏 訪日延期に胸騒ぎ 態度硬化 歯車狂わせた洪水」日本経済新聞、２０１７年８月13日
94 野田佳彦、２０１３年８月２日／編集委員 秋田浩之「韓国、なぜ急に反日に 解けぬ野田氏の疑問」日本経済新聞、２０１３年11月24日
95 外務省幹部、２０１９年７月23日
96 官邸幹部、２０１５年１月８日
97 安倍晋三、２０２０年11月18日
98 菅義偉、２０２３年４月13日
99 元官邸幹部、２０２１年８月26日
100 元官邸幹部、２０２１年８月26日
101 安倍晋三、２０２０年11月18日
102 外務省幹部、２０２１年10月24日／外務省幹部、２０２３年11月22日
103 谷内正太郎、２０１７年７月19日
104 韓国政府高官、２０２４年５月１日／韓・日 日本軍慰安婦被害者問題合意検討タスクフォース「韓・日 日本軍慰安婦被害者問題合意（2015.12.28）検討結果報告書」２０１７年12月27日、仮訳
105 呉泰奎、２０２４年４月30日
106 谷内正太郎、２０１７年７月19日
107 朴裕河『帝国の慰安婦 植民地支配と記憶の闘い』朝日新聞出版、２０１４年、１５３〜１５５頁
108 元官邸スタッフ、２０２０年12月14日
109 元官邸幹部、２０２１年８月26日
110 元官邸スタッフ、２０２１年10月11日
111 韓・日 日本軍慰安婦被害者問題合意検討タスクフォース「韓・日 日本軍慰安婦被害者問題合意（2015.12.28）検討結果報告書」２０１７年12月27日、仮訳、15頁
112 岸田文雄、２０１６年３月15日
113 元官邸スタッフ、２０２０年12月２日
114 「慰安婦合意、警戒した安倍氏 前夜も念押し『大丈夫か』」朝日新聞デジタル、２０２１年５月21日
115 兼原信克、２０２３年12月11日
116 安倍晋三『安倍晋三 回顧録』中央公論新社、２０２２年、３８４頁
117 安倍晋三、２０２０年11月18日／安倍晋三、２０２１年８月25日／櫻井よしこ、２０２４年６月26日
118 安倍晋三、２０２１年８月25日
119 谷内正太郎、２０１７年７月19日
120 “Statement by National Security Advisor Susan E. Rice on the Republic of Korea-Japan Agreement on ‘Comfort Women’”, December 28, 2015
121 “Statement attributable to the Spokesman for the Secretary-General on the agreement between Japan and the Republic of Korea on issues related to ‘Comfort Women’”, December 28, 2015
122 菅義偉『政治家の覚悟』文春新書、２０２０年、２３５頁
123 安倍晋三、２０２０年11月18日／朝日新聞取材班『自壊する官邸 「一強」の落とし穴』朝日新書、２０２１年、１１６頁

124　菊池勇次「日本関係情報　韓国　慰安婦問題合意に対する韓国側の反応及び評価」『外国の立法』2016年

125　マーク・リッパート、2023年11月28日

126　「朴槿恵元大統領インタビュー　日韓情報協定『軍が望んだ』」中央日報、2023年9月26日

127　朴槿恵、2024年5月2日／外務省幹部、2023年4月3日

128　外務省幹部、2023年4月3日

129　朴槿恵、2024年5月2日／外務省幹部、2023年4月3日

130　安倍晋三、2021年8月25日

131　編集委員・峰岸博「風見鶏　バイデン調停委員の影」日本経済新聞、2020年12月6日

132　安倍晋三、2021年8月25日

133　韓国元外交官、2024年5月1日

134　外務省幹部、2021年8月5日

135　外務省幹部、2021年10月24日

第７章　戦後70年首相談話

「日本はもはや戦争で行ったことに対して謝り続ける必要はない」

「15分でいいですから、ちょっとお会いできますか？」

トニー・アボット豪首相からの突然の伝言を聞いた時、安倍晋三首相は、

〈靖国神社参拝について苦言を呈されるのかな〉

と一瞬、思った。

２０１４年１月22日。安倍は、スイスのダボス会議に来ていた。

毎年、３０００人近い世界の各界の有力者が集い、２５０ものパネルが開かれる。安倍は、22日夕、基調講演を行う予定である。「既得権益の岩盤を打ち破る、ドリルの刃になる」との覚悟を示し、構造改革メニューを山ほど盛り込んだアベノミクスを大いに売り込むことにしている。

その前年まで日本関連のパネルは閑古鳥が鳴いていた。ようやく日本への関心が高まりつつあったが、それでもどこかひんやりした空気を安倍は感じた。前年12月末の靖国神社参拝が影を落としているようだった。[1]

その日の午後、各国有力記者との懇談の席で「日中が武力衝突に発展する可能性はないのか？」と質問された。

「今年は第１次世界大戦１００年を迎える年だ。当時英独は多くの経済的関係があったにもかかわらず第１次世界大戦に至った。質問のようなことが起きると、日中双方に大きな損失であるのみならず、世界にとっ

て大きな損失になる」

そう答えたところ、「安倍晋三は、日中の軍事的対立を煽ろうとしているのか？」とのセンセーショナルな見出しでファイナンシャル・タイムズ紙に報道された。第1次世界大戦に言及したことが中国に喧嘩を売っているかのように受け止められたのだ。「安倍は軍国主義者で修正主義者」というイメージで見られていることを側近たちは痛感させられた。やはりダボス会議に招かれていた朴槿恵韓国大統領のスピーチを安倍は最前列で聞いたが、朴は安倍を無視するかのように足早に会場を後にした。

午後5時前。アボットはお付きを1人伴って安倍の宿泊するコングレス・ホテルにやってきた。コングレスは会議場の真ん前にある。安倍はその直前までジョージ・ソロスの表敬訪問を受けていた。[2]

ロビーのソファーに2人は腰かけた。挨拶もそこそこに、アボットは開口一番、言った。

「今日はどうしても一つ、お伝えしたいと思って押しかけた次第です。私はつくづく思うのですが、日本は戦後、平和国家として立派にやってきた。世界はそれを真正面から認めるべきです」

アボットは、一呼吸置いて、続けた。

「日本はもはや戦争で行ったことに対して謝り続ける必要はない」[3]

安倍がキャンベラを訪れたのはその半年後である。

2014年7月8日。安倍とアボットは日豪EPA（経済連携協定）に調印した。7年前の安倍第1次政権の時に始まった交渉はその後、豪州の農産品輸入に対する日本の農業団体の抵抗で前進しなかった。安倍はそれを動かし、一気に交渉妥結に漕ぎつけた。

調印式に先立って、安倍はオーストラリア国会議事堂で演説を行った。

―― 私たちの父や、祖父の時代に、ココダがあり、サンダカンがありました。

何人の、将来あるオーストラリアの若者が命を落としたか。生き残った人々が、戦後長く、苦痛の記憶を抱え、どれほど苦しんだか。
歴史の暴戻《ぼうれい》を前に、私は語るべき言葉をもちません。

ココダは、1942年から1943年のニューギニア戦線でポートモレスビーの支配をめぐって日本軍と米豪軍が戦った激戦地である。サンダカンは1945年、日本軍がマレーシア・サンダカンの捕虜収容所から英豪の捕虜を強制移動させ、多くの死者を出した「サンダカン死の行進」で知られる。
日本は1951年のサンフランシスコ平和条約（1952年4月発効）で主権を回復したが、当時のロバート・メンジーズ豪首相は、「彼ら（日本人）を信用するな」「日本を再軍備させるな」がオーストラリア人の一致した思いであるとし、「再軍備した日本がいつか我々を攻撃しないという保証はない」と『フォーリン・アフェアーズ』誌に書いた。彼はまた、「敗戦と占領により日本が民主化した」という米国で当時、支配的だった見方に懐疑的であり、「土壌無きところに民主主義は育たない」と主張した。それでも、メンジーズは、現在のより深刻な危機は日本ではなく共産主義の攻勢であるとし、「問題はむしろ、今日本が民主的か否かではなく、機能する民主主義を促進するために最も重要な『自尊心』と『経済的自立』を日本が取り戻すことを認めるか否かだ」と論じた。
安倍は演説の中でメンジーズが戦後、語った言葉を引用した。

日本に対する敵意はもうやめにしなければならない。常に記憶を呼び戻すより、未来への希望を持つほうがよい。

安倍は、この言葉に込められた「寛容の精神」に感謝の意を表明した。

満場の拍手が鳴りやまぬまま、安倍は続けた。

――メンジーズ首相は、戦後初めて、日本の首相をお国に迎えます。57年前のことでした。通商協定が成立し、日本と豪州の、いまに続く繁栄の道が始まりました。結んだのは岸信介、私の祖父です。

これがきっかけとなって、豪州の石炭が、鉄鉱石や、天然ガスが、日本に入ってきました。戦後日本産業の復興は、豪州という隣人を得て、初めて可能になりました。

この両国の経済関係の深まりが、1980年代末のAPEC（アジア太平洋経済協力会議）創設に向けての協力につながった。そうしたことに触れた後、安倍は言った。

――ビジョンはいつも、東経135度から生まれるのです。違いますか？

やんやの喝采である。

オーストラリアのほぼ中央を日本の標準時子午線である東経135度の経線が通っている。何をするにせよ、まず東経135度の隣人と相談してから地域外交を進めるとの呼びかけである。

そして、安倍はこの演説の最大のメッセージを宣言した。

――こうして経済の連携を深めた日本と豪州は、地域と、世界の秩序をつくり、平和を守っていくためにも、スクラムをラグビーのように組もうとしています。

本日は、いまや日豪が、歴史の試練に耐えたその信頼関係を、いよいよ安全保障における協力に活か

――していくのだということを、豪州国民を代表する皆さまを前に、厳かに、宣したいと思います。

アボットは、安倍の演説後の記者会見で、日本は「模範的な国際市民」であり、そうした国がこの地域においてより能力を発揮する戦略的パートナーとなることを決めたことを歓迎すると述べた上で、日本は fair to go（もっとしかるべき扱い）を与えられるべきだとの点を2度、繰り返した。[4]

「歴史はよき教師にはなるが支配者になるべきではない」

その年の11月、APEC（中国・北京）、東アジアサミット（ミャンマー・ネーピドー）、G20（オーストラリア・ブリスベン）と立て続けに首脳会議が開かれ、安倍はアボットと再び、会うことになる。ネーピドーでのことだが、朝、会議場で安倍はアボットとブルネイのボルキア国王と立ち話をしていた。そこへ李克強中国首相が「やあ、やあ」という感じで近づいてきた。アボット、ボルキアと握手して、安倍のいることに気付いた。ちょっと顔をこわばらせたが、安倍がすかさず手を出し、2人は握手をした。

安倍が「日中関係を改善させていきたい」と述べたところ、李は「歴史を鏡として、未来に目を向ける精神が大切だ」と、人差し指を立て、説教を始めた。

「日本は歴史問題を克服できていない。真剣に反省していないし、謝罪もしていない」

すると、アボットが突如、ボルキアの方を見て、言った。

「歴史問題といえば、あなたのところも英国に植民地にされ、それは大変な目にあいましたからね。ただ、どうですか。歴史はよき教師にはなるが支配者になるべきではない、と私は思うのですが」

李に聞かせるために、アボットが言ったことは明らかだった。

李は不愉快そうな顔を隠そうともせずに立ち去った。

アボットは「オレはピースメーカーの役割を果たせたかな」と安倍に言い、笑った。[5]

「歴史はよき教師にはなりうるが支配者になるべきではない」

アボットは安倍をキャンベラに国賓で迎えた時の挨拶でも「メンジーズ首相と岸首相は、歴史には支配者としてではなく教師として向かい合うことにしたのです。そうすることでいつの時代においても全人類に対する寛容の教訓を与えたのです」と述べ、この表現を使った。[6]

安倍がそれまで感じてきたことをアボットは見事に言葉に結晶化してくれた。安倍はアボットに感謝した。[7]

安倍や安倍の側近たちは、2014年7月のオーストラリア議会の演説をホップ、2015年4月のワシントンでの演説をステップ、そして2015年8月の戦後70年首相談話をジャンプ、という〝3段跳び〟で日本の戦後70年の歴史認識を内外に示し、戦後に区切りをつけたいと考えていた。[8]

キャンベラでのホップは思い切り、飛び出せた。次は、ワシントンでのステップである。

だが、ワシントンは安倍の歴史認識になお疑念を抱いていた。

その年11月、ブリスベーンで行われたG20サミットの際に行われた日米豪首脳会議の終了後、オバマは安倍を引き留め、2人だけで話したいと提案した。

「日本が歴史問題をこのまま引きずっていけば、それによって得をする国は唯一、中国だけだ。この問題に関しては日本だけが悪いのではないことはわかっている。そして、この問題が複雑であることも知っている。しかし、われわれはこの問題を片付ける必要がある」

安倍はそれに対してほとんど答えなかった。

オバマが後にも先にも、安倍に歴史問題でアドバイスをしたのはこの時だけである。[9]

オバマ政権は戦後70周年となる2015年の政治・外交カレンダーに米国の歴史問題への対応を組み込み

始めていた。中ロ双方とも、中でも中国が安倍政権の登場後、歴史問題を使って日本を孤立させ、日米関係を分断させようとしている、それだけに日本はこの問題に真剣に取り組み、細心の注意を持って臨むべきであるとし、日本にそうした懸念を伝える方針を決めた。オバマの安倍に対する忠告はこの方針を踏まえたものだった。それに安倍がこの問題で躓くと、２０１５年４月の安倍のワシントン訪問に影を落とすだけでなく日米関係にマイナスになることをオバマは懸念していた[10]。

米政府高官はこの時の歴史問題をめぐる米政府の対応に関して次のように証言している。

「中国は２０１４年に入ると、日本の軍国主義が戻って来た、そして高まっているとのキャンペーンを韓国や東南アジアで加速させた。それが日本のイメージを損ない、日本の立場を弱くしていることを我々は懸念していた。日本が弱まることは米国のアジアでの足場が弱まることを意味する。注意してほしい、中国の仕掛けた罠に嵌《はま》らないように、彼らのナラティブに乗せられないように、と安倍に忠告すべきときだ、と我々は考えた。それを戦略的課題であるとみなしたからだ[11]」

「地元のことより米国と日米関係全体のことを優先させた」

安倍は第2次政権の発足と同時に、米議会で演説したいとの思いを口にした。外務省を通じて議会サイドに働きかけを始めたが、確かな感触は得られない。

日本の首相が米議会の上下両院の合同会議で演説したことはそれまでなかった。１９８５年から２０１５年3月までの上下両院の合同会議での非西欧各国の政治指導者の演説回数は、イスラエル6、韓国5、インド4、イラク1、パキスタン1、シンガポール1、フィリピン1。この間、日本はゼロ[12]。

外国の政治指導者の議会演説を決めるのは議会であり、ホワイトハウスや国務省ではない。議会に食い込まなければ物事は進まない。しかし、安倍は靖国神社を参拝し、駐日米大使館が「失望」を表明した。その後は、慰安婦問題に焦点が当たった。ホワイトハウス高官は「慰安婦問題で何らかの日韓合意ができるかどうかが、アベが議会で演説できるかどうかのカギとなるだろう」との見解を述べていた[13]。

外国の政治指導者の議会演説は下院議長の正式な招待が必要である。当時の下院議長は、ジョン・ベイナー下院議員（共和党、オハイオ州）だった。中道の共和党の流れに属する。

ただ、議長は下院外交委員長の推薦を受けてそれを決定するのが慣行となっている。

しかし、エド・ロイス外交委員長（共和党、カリフォルニア州）はいつまでもベイナーに安倍の演説を提案する書簡を送らない。

ロイスの選挙区はオレンジ郡北部やロサンゼルス郡南部で、そこには韓国系住民も多い。韓国系団体が慰安婦問題に絡めて安倍の米議会演説を阻止する運動を全米で展開していた。その上、ロイスは選挙に弱いと見られていた（ロイスは２０１８年に政界を引退した）。

ロイスはベイナーに「安倍の議会演説ということになれば、うちの選挙区の連中が黙っていない」と述べ、慎重に取り扱うよう求めていた[14]。

オバマ政権が安倍の靖国神社参拝に「失望」の念を表明したこともあり、何人かの議員はそれを問題視していた。

しかし、ベイナーは安倍を招待することを心に決めていた。

靖国神社参拝についても「それとこれは関係ない」と割り切った。ベイナーのスタッフはすでにホワイトハウスと国務省と協議を始めていた[15]。

ベイナーは「地元の利害より米国全体の、そして日米関係全体のことを優先させる。今は日米関係をもっと成長させなければならない時なのだ」とロイスに伝え、安倍招請を決めた[16]。

「日本が、世界の自由主義国と提携しているのも、民主主義の原則と理想を確信しているからであります」

２０１５年4月29日。安倍晋三首相は米国の首都、ワシントンの米議会上下両院合同会議で演説を行った。ジョー・バイデン副大統領（民主党）とジョン・ベイナー下院議長（共和党）がそろって、演台の安倍を上の座席から見守っている。上院議員と下院議員が議場を埋め尽くし、着席している。日本側関係者は3階のギャラリーに特別に席を与えられた。妻の昭恵もその中にいる。前日、安倍はオバマ米大統領との首脳会談を終えたばかりである。

安倍の英語が朗々と議場に響いた。

１９５７年6月、日本の総理大臣としてこの演台に立った私の祖父、岸信介は、次のように述べて演説を始めました。

「日本が、世界の自由主義国と提携しているのも、民主主義の原則と理想を確信しているからであります」

以来58年、このたびは上下両院合同会議に日本国総理として初めてお話しする機会を与えられましたことを、光栄に存じます。お招きに、感謝申し上げます。

安倍の母方の祖父である岸信介は、太平洋戦争の開戦を決めた東条英機内閣の商工大臣だった。戦後、A級戦犯容疑者として巣鴨プリズンに収容されたが、不起訴、釈放、政界復帰を果たした。１９５７年2月、首相に就任。１９６０年、日米安全保障条約改定を強行し、国会を取り巻く安保反対デモの渦の中、退陣に追い込まれた。

安倍は、この演説に先立ってワシントン記念塔とリンカーン記念館の間にある記念碑、第2次大戦メモリアルを訪れ、そこで黙禱を捧げた。

真珠湾、バターン・コレヒドール、珊瑚海……、メモリアルに刻まれた戦場の名が心をよぎり、私はアメリカの若者の、失われた夢、未来を思いました。

歴史とは実に取り返しのつかない、苛烈なものです。私は深い悔悟を胸に、しばしその場に立って、黙禱を捧げました。

「深い悔悟」は英語では、deep repentance である。

その後、安倍は、左手の3階ギャラリーの方を見上げ、太平洋戦争の最後で最大の激戦地、硫黄島の戦いの2人の勇士の名前を挙げた。ローレンス・スノーデン海兵隊退役中将と硫黄島守備隊司令官だった栗林忠道大将である。スノーデンは当時23歳。1945年2月、海兵隊大尉として中隊を率い、硫黄島に上陸した。もう一人の勇士、栗林忠道は自決した。ギャラリーには栗林の孫の新藤義孝（衆議院議員、埼玉県）が座っている。第2次安倍政権で総務大臣を務めた。

安倍はスノーデンが、硫黄島で開く日米合同の慰霊祭にしばしば参加してきたことに触れた。そして、「硫黄島には、勝利を祝うため行ったのではない、行っているのでもない。その厳かなる目的は、双方の戦死者を追悼し、栄誉を称えることだ」とのスノーデンの言葉を引用し、和解の努力に感謝の気持ちを表した。

「祖父の演説は独立国としての誇りと自信に満ちていました」

2012年末、谷口智彦は、首相官邸の総理執務室を訪れた。1957年、祖父の岸信介首相が米議会で演説したときの肉声テープを持参していた。

谷口は『日経ビジネス』の記者を20年務めたあと、第1次安倍政権の時の外相を務めた麻生太郎のスピーチライターとして採用され、副報道官、広報担当参事官となった。２００７年、安倍がインドを訪問した際、インド議会で演説した「2つの海の交わり」を起草したのも谷口だった。インド洋と太平洋の2つの海洋が21世紀の文明を形作る。第2次政権で打ち出した「自由で開かれたインド太平洋」（ＦＯＩＰ）構想の先駆けとなる鮮明なビジョンを打ち上げた演説だった。[17]

谷口は第2次安倍政権で、安倍の対外向け演説専属のスピーチライターとなる。

安倍とごく少人数の側近が、首相執務用デスクの上に置かれたカセットレコーダーから流れて来る音声に聞き入った。

スースーというテープのノイズの向こうから、岸信介の声が流れてきた。[18]

「日本が、世界の自由主義国と提携しているのも、民主主義の原則と理想を確信しているからであります」

その後に、通訳の逐語訳の声が聞こえる。[19]

岸の演説は独立国としての誇りと自信に満ちていた。議員たちも折に触れ、万雷の拍手で応えていた。[20]

安倍には盛り込みたい物語がたくさんあった。

米国に留学した時のホストファミリーのキャサリン・デル・フランシア夫人、舌もとろける彼女のイタリア料理、留学中、落ち込んだとき聞いたキャロル・キングのヒット曲である「You've got a friend」、東日本大震災が発生した時、直ちに世耕弘成参議院議員（和歌山県）とともにトラックの助手席に座って7時間かけて現地に入り、救援物資を配った活動、そして、その時にはすでに米軍が被災地での住民救出を全力投球で行っていた……。

谷口はフィリピン戦線における米比の捕虜の移動中に多数の死者を出したバターン死の行進の生存者のストーリーを差し挟んではどうか、と考えたこともある。バターン死の行進で悲惨な目にあったが、戦後、日米関係の改善に尽くしている米国の旧軍人がいるということだった。「バターンは話が暗い」。安倍は気乗りがしない。むしろ硫黄島にしてはどうだろう、と安倍が逆提案した。「アメリカというのはある種フェアで、戦った相手が強ければ強いとそこは評価する国だから、日本の武士道と同じようなところがある、となると硫黄島がいいのではないか」

谷口が外務省に硫黄島の戦いの生存者を探してもらったが、作業は難航した。しかし、その後、ローレンス・スノーデン中将の事績と足跡が分かり、本人に要請したところ、何か和解に役立つことならばお手伝いしたい、是非、出席したい、との前向きの返事だった。

スノーデンは、太平洋戦争では海兵隊員としてクェゼリン、サイパン、テニヤンを転戦した後、中隊長として硫黄島で戦い、負傷した。中隊の半数が戦死する凄惨な戦いだった。戦後、朝鮮戦争、さらにはベトナム戦争にも従軍。生涯を通じて米国のアジアの戦争を戦ってきた軍人である。

もっとも、安倍訪米の10日前にスノーデンが急遽、入院したとの知らせが入って来た。安倍はヒヤヒヤしたが、スノーデンは「私は軍人だ。これが最後のミッションだと思っている。そのミッションはやり遂げる」と言って、病院から駆けつけてくれた。[21][22]

「私ももう年老いたので、最後は日本の名誉のために発言しなければならないと思っている」

演説には、先の戦争で米国だけでなく「アジアの諸国民に与えた苦しみ」にも言及し、戦争に対する「痛切な反省（deep remorse）」を表明した。

——戦後の日本は、先の大戦に対する痛切な反省を胸に、歩みを刻みました。自らの行いが、アジア諸国民に苦しみを与えた事実から目をそむけてはならない。これらの点についての思いは、歴代総理と全く

——変わるものではありません。

「これらの点についての思いは、歴代総理と全く変わるものではありません」は、１９９５年の戦後50周年の際の内閣総理大臣談話（村山談話）を安倍政権も踏襲することを示唆していた。

その上で、安倍は戦後、日本がアジアの発展と地域の平和と繁栄に寄与してきたことを語り、その歩みを「誇りに思う」と述べた。

演説の最後のところで、安倍は語った。

——紛争下、常に傷ついたのは、女性でした。わたしたちの時代にこそ、女性の人権が侵されない世の中を実現しなくてはいけません。

ワシントンは日韓の間でこじれている従軍慰安婦問題への関心を強めていた。

韓国系米国人らでつくる「ワシントン慰安婦問題連合」という団体が安倍の議会演説に先立つ4月24日、元慰安婦の李《イ》容洙《ヨンス》をワシントンに招き、米連邦議事堂前で抗議集会を開いた。

李は、安倍に慰安婦問題について「公式に謝罪するよう」求めた。安倍の演説の後、李は「安倍首相が議会演説で慰安婦問題に言及しなかったのは、私やこの問題の存在を恐れているからだ」と指摘し、「恥を知らず真実に背いてうそをついた」との批判声明を同団体を通じて発表した。[23]

演説は、慰安婦そのものについては言及していない。ただ、慰安婦問題を女性の人権問題として真摯に取り組んでいる姿勢を示す文言を入れたい、と安倍は思った。

実は、谷口は元慰安婦に対する「お詫びの気持ち」を表明し、彼女たちの心の葛藤とその克服、そして日韓の和解についてのストーリーを演説の最初の方にもってきてはどうだろうか、と今井尚哉政務秘書官に持ち掛けたが、今井は乗らなかった。日本政府は当時、韓国との間で慰安婦問題に関するハイレベル協議を秘密裡に行っていた。その交渉に影響を与えてはならない、との判断だった。[24]

第1次政権で安倍がワシントンを訪問した際、上院長老のダニエル・イノウエ上院議員（民主党、ハワイ州）が米連邦議員を超党派で招き、安倍を囲んで慰安婦問題を議論する内輪の会合を催してくれたことがある。ナンシー・ペロシ下院議員（民主党、カリフォルニア州）も顔を出した。

イノウエはその時、沈痛な面持ちで語った。

第2次世界大戦では自分も欧州戦線に行き、命をかけて戦った。多くの戦友が戦死した。戦争は残酷だ。そして、日本が戦時中、残虐な行為をしたことは間違いない。しかし、今、日本はあまりにも戦時中の行為で貶められている。それがとても悲しい——。

イノウエは安倍に「私ももう年老いたので、最後は日本の名誉のために発言しなければならないと思っている」と言った。

——残念に思いますのは、ダニエル・イノウエ上院議員がこの場においでにならないことです。日系アメリカ人の栄誉とその達成を、一身に象徴された方でした。

安倍は、最後まで日本を温かく見守り、手を差し伸べてくれたイノウエに対する深い尊敬と感謝の念を表すことを心に決めていた。イノウエは3年前に他界していた。[25]

安倍は、米議会演説の草案を谷口と二人三脚で練り上げた。時に政務秘書官の今井尚哉や秘書官の鈴木浩が加わった。鈴木は外交官出身である。

安倍が口述し、谷口が文章にし、何度もやり取りをした。安倍が夜遅く、谷口に書き直しを求め、谷口はそれを徹夜で仕上げ、翌日、安倍に届けるということもあった。安倍が指示し、谷口がそれを文章にするというより2人が自由にアイデアを出し合いながら草案を練り上げていった。こうしたやり取りは合計19回に上ったと、谷口は後に記している。[26]

演説草案を作るに当たって、谷口は最初、「どうなさいますか。日本語という手もあります」と聞いたが、安倍は間髪を入れず「あ、英語でやろう」と、そこは迷いがなかった。[27]

安倍は若い頃、南カリフォルニア大学に留学したし、社会に出てからは神戸製鋼のニューヨーク駐在で働いたこともある。ただ、しゃべる方は得意ではない。安倍の特訓が始まった。

発音だけではない。どこを向いて話すか、目線をどこに定めるか。谷口から次々と注文が付いた。

演説の最初の岸信介の演説の一節、「民主主義の原則と理想を確信しているからであります」というところは、頭を上げてしゃべったほうがいい、と谷口に言われ、頭を上げるとテキストの文字を追えない。そのために丸暗記して頭を上げて話すようにした。そこがうまくいくと、落ち着いた。[28]

米国に向かう政府専用機の機内でも、安倍は谷口と鈴木浩らの秘書官を前に「あと1回やろうか」「じゃ、あともう1回」と、何度も読み上げ、練習をした。ワシントンに到着してからも、ホワイトハウスの向いにある迎賓館「ブレアハウス」の書斎で演説草稿を手にしつつ、声を張り上げた。[29]

特訓のところは、安倍に語ってもらおう。

「ドラフトについては私は何回も書き直させるんだけど、練習では谷口さんにも何回も直されて、何回も練習したけど発音しにくいものはこれは悪いけど替えてくれと言ったこともありますね。この練習は長いです。40分ぐらいかかりますからね。やっぱり聴衆がいなきゃいけないので、女房を聴衆にしてね。すごく嫌がってたけど。風呂の中でもやりましたけどね」

練習につき合わされた妻の昭恵は「学生時代、あれぐらい英語をやっていればもっといい大学に行けたのにね」と言って、笑った。[30]

「これ、希望の同盟って言いたいんだけど、どうかな」

安倍がこの演説で最も力を込めたのは、日米同盟の死活的重要性についてだった。

米国は日本にとって唯一の同盟国である。

冷戦時代に生まれたその同盟は冷戦後、それまでの存在意義を見失い、漂流し始めた。9・11テロ後、米国はグローバルテロ戦争にのめり込んだ。しかし、いま、日米は新たな地政学的な挑戦のただなかにいる。北朝鮮の核・ミサイル脅威と中国の海洋への攻勢と勢力圏拡大という挑戦を前に、オバマ政権は、アジア太平洋へのプレゼンスと関与を深めていくリバランシング政策を打ち出した。安倍はそれを「徹頭徹尾支持する」と明言した。アジア太平洋の平和は海の平和にほかならない。法の支配を確立し、武力や威嚇を許さず、紛争を平和的手段で解決することが大切である。

「太平洋から、インド洋にかけての広い海を、自由で、法の支配が貫徹する平和の海にしなければなりません」と安倍は訴え、「そのためにこそ、日米同盟を強くしなくてはなりません。私達には、その責任があります」と述べた。この法整備によって自衛隊と米軍の協力関係が強化され、「地域の平和のため、確かな抑止力をもたらす」ことができる。

安倍はすでに平和安全法制の制定に着手していた。

「戦後、初めての大改革です。この夏までに、成就させます」と安倍は大見得を切った。

平和安全法制は、戦後の日本の安全保障政策の「大改革」にほかならない。

演説の最後のところで、安倍は3・11東日本大震災の「日本のいちばん暗い夜」が来た時のことを語った。

そして、そのときでした。米軍は、未曾有の規模で救難作戦を展開してくれました。本当にたくさんの米国人の皆さんが、東北の子供たちに、支援の手を差し伸べてくれました。
私たちには、トモダチがいました。（中略）
被災した人々と、一緒に涙を流してくれた。そしてなにものにもかえられない、大切なものを与えてくれた。
——希望、です。（中略）
米国国民を代表する皆様。私たちの同盟を、「希望の同盟」と呼びましょう。

日米同盟を「希望の同盟」と名付けたのは、ほかならぬ安倍だった。

21世紀の日米同盟のビジョンを一言で言い表したい。ある時、谷口とのブレーンストーミングの中で、安倍がつぶやいた。

「これ、希望の同盟って言いたいんだけど、どうかな」

その場で、議会演説のタイトルは「希望の同盟」と決まった。[31]

戦後の日米同盟は条約的には1951年の吉田茂内閣の時の日米安全保障条約締結をもって始まるが、それが実際に同盟として姿を現すのは、米国の日本に対する条約上の防衛義務と日本の米軍に対する条約上の基地提供義務を対の形で組み立てた岸信介内閣の安保改定によってである。岸が固めた「西側の一員」としての同盟強化路線は当時、反民主主義であり軍国主義の復活だとして野党とメディアの批判を浴び、岸政権は崩壊したが、その後の日本の平和と繁栄の礎となった——。

安倍はその路線の正しさを固く信じていた。

谷口は、安倍には「岸がこのとき、岸自身にあったかもしれないありとあらゆる米国に対する雑念や複雑な心境を脇に置き、日本の統治者として何が最も合理的で、国益にかなうかの判断に立ってワシントンに乗り込ん」で、演説をした「勇気、決断力とその重みが、わが事のようにわかったのだと思います」と著書で記している。[32]

「侵略という定義については、これは学界的にも国際的にも定まっていない」

その年（2015年）1月5日の年頭記者会見で、安倍は次のように述べた。

「戦後70年の節目を迎えるにあたりまして、安倍政権として、先の戦争への反省、そして、戦後の平和国家としての歩み、そして、今後、日本としてアジア太平洋地域や世界のために、さらに、どのような貢献を果たしていくのか、世界に発信できるようなものを、英知を結集して考え、新たな談話に書き込んでいく考えであります」

戦後70年の新たな首相談話を出すことを明言した。そのために有識者による懇談会（20世紀を振り返り21世紀の世界秩序と日本の役割を構想するための有識者懇談会。略称「21世紀構想懇談会」）を設けた。座長には西室泰三日本郵政社長、座長代理に北岡伸一国際大学学長が就任した。

背景には、1995年に社会党の村山富市首相が自社さ連立政権を率いて発表した内閣総理大臣談話、いわゆる村山談話をめぐる安倍の20年に及ぶ格闘があった。

安倍は、第1次政権を担った時、「村山さんの個人的な歴史観に日本がいつまでも縛られることはない。その時々の首相が必要に応じて独自の談話を出すようにすればいい」と考え、「村山談話の継承ではない新しい首相談話」を出したいと模索した。[33]

ところが、安倍に言わせれば「とんでもない落とし穴が待っていた」。

1998年の日中共同宣言に、日本側は、「1972年の日中共同声明及び1995年8月15日の内閣総理大臣談話を遵守」すると明記されていることを知った。「日本が一方的に反故にすることは国際信義上できない」。

ただ、「村山談話はあまりにも一面的なので、もう少しバランスのとれたものにしたい」。国会答弁でも村山談話への違和感を表明した。

２０１３年4月23日。参議院予算委員会で、自民党の丸山和也参議院議員（比例区）が、村山談話の次のくだりをやり玉に挙げた。丸山は弁護士兼タレント出身である。

「わが国は、遠くない過去の一時期、国策を誤り、戦争への道を歩んで国民を存亡の危機に陥れ、植民地支配と侵略によって、多くの国々、とりわけアジア諸国の人々に対して多大の損害と苦痛を与えたことに、『痛切な反省の意を表し、心からのお詫びの気持ちを表明』した」

まず、「遠くない過去の一時期」がいつからいつまでを指すのか明らかになっていない。次に、「国策を誤り」と言うが、どういう国策を誤ったのか、どういう国策を取るべきだったのか、触れていない。そして、「植民地支配と侵略によって」とあるが、植民地支配には英国のインドの支配のようなものもあれば、日本の植民地と言われている日韓併合、国と国との合意によってなされたものもある。

そのように指摘した上で、丸山は安倍に質した。

「要するに、中身を吟味しないまま、曖昧なまま済みませんというような、事なかれ主義でうまく仲よくやりましょうよみたいな文章になっているんですね。こういう談話であっては歴史的価値は全くないと私は思うんですね。これについて総理はどのように思われますか」

安倍は答えた。

「まさにこれは曖昧な点と言ってもいいと思います。特に侵略という定義については、これは学界的にも国際的にも定まっていないと言ってもいいんだろうと思うわけでございますし、それは国と国との関係において、どちら側から見るかということにおいて違うわけでございます。そういう観点からも、この談話においてはそういう問題が指摘をされているというのは事実ではないかと、このように思います」

安倍の村山談話に対する違和感、より正確にはそこに示される歴史認識に対する違和感はおおよそ、次のような点に凝縮された。

まず、先の大戦においては日本だけに焦点を合わせるべきではなく当時の世界の状況について語らなければならない。この戦争の背景にしても日本の責任にしても１００年ほど遡った歴史の連続性の中で位置づけるべきである。「１００年のスパンで歴史を捉え、当時の国際社会のありようを踏まえて議論を展開」しなければならない。19世紀末、「世界に帝国主義諸国の植民地が広がる中で、日本は何とか必死に独立を守り抜いてきた、そのような世界からの作用があって、日本の反作用があった、その闘争の中での日本の歩み」という視点を持つべきだ[34]。

次に、その歴史の中で何を、どう誤ったかを書くにしても、それを善悪としてとらえるのではなく、政策的な判断の誤りという観点で書くべきである。

「悪いことしてすみませんということでなくて、政策を誤ったというのと、世界はどういう世界だったかということをしっかりと書いて。立派な人たちと戦ってましたということではなくて、政策を誤った、世界情勢を見誤った。それで敗戦した。同じことをやってはいけませんということを書かなければならない[35]」

そして最後に、村山談話の言う「国策を誤った」という表現に関して、どの国策を誤ったかについての記述がまったくないことである。従って、談話の中の「心からのお詫び」が、一体、何に対しての「お詫び」なのかが説明できていない[36]。

官邸スタッフの一人は、安倍の村山談話批判に当初は疑問を抱いたが、ある時、安倍の言わんとすることもある程度理解するようになったと言う。

「要するに、アジア周辺諸国に空謝りしない、ということなんです。彼が村山談話を批判するのは、薄いからなんです。どこに問題があったかを国民に説明もせずにただ謝り続けるのは、謝罪が軽いだろうということなんです。そこなんです。そこはすごく共鳴しました[37]」

「戦後80年の時には（首相談話を）やる必要はない」

ところで、安倍は戦後70年の首相談話を閣議決定せずに個人としての談話で発出することを一時、検討した。第１次政権の際、村山談話に代わるものを出そうとした時考えたのも、そうした個人の談話だった。その方が「踏み絵を踏まされる」ことなしに、自分の言いたいことを書けると思ったからである。今回も安倍は「歴代の総理談話の表現に縛られない」という意向を明らかにした[38]。

しかし、与党の公明党が異議を申し立てた。

その年の２月、公明党の井上義久幹事長（衆議院議員、東北ブロック）は「政府・与党の間でコンセンサスが必要」と強調し、作成過程の事前協議を求めた[39]。これに対して、自民党の萩生田光一総裁特別補佐が記者団に「与党で事前検閲のような機運が高まっている」と述べ、公明党を牽制した。これには、公明党の漆原良夫中央幹事会長（衆議院議員、北陸信越ブロック）が記者会見で嚙みついた。

「検閲という言葉遣いは問題だ。（政府は）考えを公明党にも示し、コンセンサス（合意）を得る努力は当然すると思う」

安倍政権は自民党と公明党の連立政権であり、公明党は太田昭宏国土交通相（衆議院議員、東京都）を閣僚に送り込んでいる。従って、70年の首相談話が閣議決定の場合は、太田の同意が必要となる。太田が同意を拒否すれば閣議決定はできない。それでも公明党は首相談話に「安倍カラー」が色濃く反映されることを警戒し、事前協議を要求したのである。[40]

安倍は、閣議決定に持ち込む最後の段階でそうした公明党との調整を迫られ、妥協するくらいなら閣議決定ではなく個人の見解にして出してしまおうと思ったのだった。

今井は、安倍に対して「個人としての談話」という考え方そのものに疑念を呈し、翻意を促したが、安倍はその考えを変えなかった。

6月に入って「70年談話、閣議決定見送り浮上　首相個人の見解に」[41]、「『個人の談話』あえて選択　安倍首相、閣議決定見送りへ　村山談話『上書き』せず」[42]といった記事が相次いで報道された。「首相談話」ではなく「首相の談話」とする意向を首相が固めた、という内容である。

今井は安倍に言った。

「総理、これ岸田外務大臣が『総理の談話どう思います？』と記者に聞かれ、『いや、あれは総理の談話ですから、私はかかわってません』と答えたらどうなるんでしょうか。公明党の太田国交大臣が『どう思いますか？』と国会で聞かれて『いや、あれは安倍さんが書いた話ですから、私はコメントしません』と言ったら、どうでしょうか。その談話は日本国として何の意味があるんですか」

「だけど、閣議決定すると、丸まっちゃうからね」

安倍はなおもこだわった。

今井は、官房長官の菅義偉の力を借りることにした。菅も閣議決定で行うべきだと考えていた。

「もうこれで最後の謝罪だということであるのであれば、やはり閣議決定ということでいきましょう」

菅はそのように安倍を説得した。[43]

菅のこの言葉は、安倍の胸にずしりと響いた。

安倍は後に、振り返った。

「戦後80年の時には（首相談話を）やる必要はない、ここで止めなきゃいけないと思ったんですよ。私のやりたいようにできるわけではない、それは当然なわけです。好きにやればまたオーバーライドされるだけの話ですから。これでやっぱり終えることなんですね。ここで終えて、歴史戦の道具にされないということですね[44]」

「歴史があって歴史認識が存在するのではなく、歴史認識があって初めて『歴史』が存在する」

安倍は、戦後70年首相談話を21世紀の日本の国民の基本的歴史認識の大枠をつくる国家事業であると考えていた。自分もその過程にしっかりと入って首相談話を作成しなければならない。安倍は、その作業を複線で進めることにした。

まず、21世紀構想懇談会（西室泰三座長）を中心に基本的な歴史認識の中身と枠組みを議論してもらう。そこでの議論を踏まえて結論の方向性を出す。懇談会の運営責任は、兼原信克官房副長官補とする。安倍も会議に出席するが、冒頭か最後のあいさつに留める。

次に、懇談会には今井と佐伯耕三副参事官を中心に、時に兼原も入り、会議での議論のポイントを安倍に伝える。それを受けて安倍が自らの考えを述べる。佐伯が起草し、今井が手を入れ、それを下敷きにして、3人で談話の形にまとめ上げる[45]。

懇談会の議論をリードしたのは、座長代理の北岡伸一だった。北岡は日本の近現代政治史を専攻する歴史学者である。通常、この種の懇談会の場合、関係官庁の官僚が報告書の原案を起草するが、近現代政治外交史に関わることでもあり、起草作業も北岡に委ねられた。

北岡は、座長代理を引き受けるに当たってこの懇談会の基本的認識と方向性に関する次のようなポイントを兼原に伝えた[46]。

1　村山談話は日本が膨張、侵略に至った背景を説明していない。それを書かなければ反省したことにはならない。

2 謝罪すればよいという姿勢で臨むべきではない。何を間違ったのかを明確にして、反省することは反省する姿勢で臨む。
3 戦争責任については当時の政権指導層の責任であり、今日の日本の政権や国民が負っているわけではない。
4 今日の日本の責任は、先の大戦の反省を踏まえて、法の支配とルール順守の国際社会を支えることである。
5 歴史認識に関する未来志向の国民的合意をつくりたい。この談話は何よりも日本の国民に向けてのメッセージであるべきである。

ただ、メディアの主たる関心は、これまでの首相談話である「村山談話」（戦後50年）や「小泉談話」（戦後60年）に明示されていた4つのキーワードの「お詫び」、「反省」、「侵略」、「植民地支配」を、安倍首相が新しい談話に入れるかどうかに注がれた。

懇談会は2月25日に第1回会合を開いた。政府側から安倍と菅がそろって出席した。

3月13日の第2回会合。北岡が所見を述べた。テーマは「20世紀の世界と日本の歩みをどう考えるか。私たちが20世紀の経験から汲むべき教訓は何か」。

先の戦争が侵略であったことと戦前の日本の政治指導者の責任に関して、北岡の論旨は一点の曇りもなかった。

「日本は、世界でそれまでにあったような脱植民地化とか、戦争違法化とか、あるいは、経済的発展主義という流れから逸脱して、世界の大勢を見失った、かつ、無謀な戦争でアジアを中心に多くの犠牲者を出してしまった。また、日本は、多くの兵士をろくな補給も武器も無しに戦場に送り出し、死なせてしまった……1930年代以後の日本の政府、軍の指導者の責任は誠に重いと言わざるを得ない」（3月13日、第2回会合）

北岡はまた、日本のアジアでの戦争が欧米に対する解放のための戦争だったとの見方を否定した。

「多くの意思決定において、日本は、自存自衛、日本の自衛のために――その自衛の感覚、方向は間違っていたのであるが――多くの決断をしたのであって、アジア解放のために、決断をしたことはほとんどない……日本がアジア解放のために戦ったということは、誤りだと考える」（同[47]）

4月2日の第3回会合。外交評論家の岡本行夫は、中国が歴史認識のナラティブの戦いにおいて、日本の歴史問題をテコに日米分断を図っていることに注意を喚起した。

「いま、深刻なのは、中国が日米の分断に動いていることである。特に70周年の今年、中国は『反ファシスト戦線』で世界がもう一度結束しようと呼びかけている。つまり日本というファシストに対して戦った近代的な価値を信奉していた中国、北米、欧州、豪州、そういった国々がもう一回まとまろうというもので、取りも直さず日米の分断策である[48]」

6月25日。第6回会合。東京大学名誉教授の山内昌之（イスラム学者）が、「歴史があって歴史認識が存在するのではなく、歴史認識があって初めて『歴史』が存在する」、そのような「歴史戦」の登場が和解を難しくしている現実について語った。

「（2013年の三・一独立運動記念式典において）朴槿恵大統領は『（日本と韓国の）加害者と被害者という歴史的立場は、1000年の歴史が流れても変わることがない』と語った……1000年を過ぎても両者の関係は変わらないとするならば、政治外交における彼我の妥協や譲歩は本質的に難しいということになる。何をしても歴史認識では表面だけの和解にすぎないことになる」

「実際、2015年3月3日、韓国外務省高官が日本との歴史問題に関して『加害者というものは（被害者に）100回でも詫びるべきではないのか。何回（謝罪を）しようと関係ない』と述べたと伝えられている。これは韓国の歴史認識へのこだわりが、史実、歴史的事実の厳密な確定よりも、政治外交の場で『加害者』

や『謝罪』といったキー概念を未来にかけても使い続ける権利を留保または示唆したと受け止めるのが自然ではないかと思う[49]」

「安倍さんに『日本は侵略した』と言ってほしい」

これに先立って、北岡は２０１５年３月９日、都内でのシンポジウムで「たくさんの中国人を殺して誠に申し訳ない、ということは、日本の歴史研究者に聞けば、99％がそう言う。私は、安倍首相に『日本は侵略した』と言ってほしい」と発言した。

この発言で右翼の脅しに晒された北岡に身辺警護がついた[50]。

北岡は、３月13日の懇談会でも先の「無謀な戦争」と「アジアを中心とした多くの犠牲者」と「１９３０年代以後の日本の政治と軍の指導者の誠に重い責任」を明確に述べた[51]。

ただ、この点をめぐっては、保守論壇を代表する形で委員に加わった国際政治学者の中西輝政京都大学名誉教授が北岡の考えに挑み、２人の間で論争が繰り広げられた[52]。

「侵略だった」と言い切る北岡に対して、中西は、満州事変後、１９３３年の塘沽《タンクー》停戦協定から１９３７年の日中戦争まで安定期間があったと主張し、「侵略はなかった」と反論した。これに対して、北岡は満州事変から華北工作まで中国の軍事プレゼンスを一貫して拡大してきた日本がわずか３年間の安定期間を保持したからと言って侵略はなかったとするのは無理があると反駁した[53]。

２０１５年４月20日、安倍はＢＳフジの番組に出演した。談話に「侵略」や「おわび」を盛り込むかとの質問に安倍は「戦後50年の村山談話と60年の小泉談話と同じことを言うなら談話を出す必要はない」と答えた。「侵略」も「おわび」も触れないということを言おうとしていると受け取られ、多くの批判が上がった。

読売新聞は社説で「戦後日本が侵略の非を認めたところから出発した、という歴史認識を抜きにして、この70年を総括することはできまい」と批判した上で、「談話が『侵略』に言及しないことは、その事実を消したがっているとの誤解を招かないか。政治は自己満足の産物であってはならない……70年談話はもはや、首相ひとりのものではない」とくぎを刺した。[54] 安全保障政策などでは安倍路線を支持している読売新聞から「待った」がかかった形である。

その2日後、安倍はインドネシア・ジャカルタでのアジア・アフリカ会議（バンドン会議）60周年記念首脳会議で演説した。

バンドン会議は1955年にインドネシアのバンドンでアジア・アフリカの新興独立国の指導者が集まって開いた最初の国際会議で、後の非同盟運動の源流となった。この会議には主催国のインドネシア（スカルノ大統領）のほか中国（周恩来首相）、インド（ネルー首相）、エジプト（ナセル大統領）などの創設国をはじめ約29か国の代表が参加した。今回の60周年記念の会議には90か国以上の首脳、閣僚が参加した。

安倍はその中で、バンドン会議で採択した「バンドン10原則」のうち「侵略または侵略の脅威、武力の行使によって他国の領土保全や政治的独立を侵さない」「国際紛争は平和的手段によって解決する」の２つの原則を取り上げ、「この原則を日本は先の大戦の深い反省とともに、いかなる時でも守り抜く国であろうと誓った」と述べた。戦前の日本が「この原則」に逸脱し、他国を侵略したことへの「深い反省」を表明したわけである。

後に、官邸スタッフは「バンドン原則の中に出てくる侵略という言葉を使うわけですが、それも実は発案は総理なんです」と明かした。「侵略」を一般的に否定されるべきものとする文脈をつくり、その文脈の下で日本の「侵略」への反省を表明する修辞である。

韓国政府が「（２００５年のバンドン会議50周年首脳会議で）小泉純一郎元首相が明確に表明した『植民地支配と

侵略に対する謝罪と反省』という核心的な表現が抜け落ちたことに、深い遺憾の意」を表明したのを例外としてバンドン会議での演説はおおむね好感をもって迎えられた。

安倍は、「侵略への反省」を特殊日本的な文脈で語るのではなく、普遍的な文脈で訴えることに手ごたえを感じた。日本の戦後の出直しと和解が、米国や欧州の民主主義と市場にひまわりのように顔を向けて始められたのではなく、アジア・アフリカとの連帯を求めた平和国家への出直しでもあったことを感じさせたところが響いたのかもしれない、とも感じた。

懇談会の報告書づくりが大詰めになるにつれ、北岡と中西の「侵略」と先の大戦の性格をめぐる議論の対立が深刻になり、中西が辞任の意向を漏らすまでになった。兼原が引き続き委員を務めるよう説得に当たったが、中西は「明確な定義のない言葉（侵略）を使うべきではない」となお主張し、納得しない。

安倍は、中西を首相公邸に招き、会食の機会をつくり、直接、中西の慰留に努めた。中西は「私の考えは変えませんが、総理のお立場はよく理解しています」と言い、自らの意見を「少数意見」として付記することを条件に委員に留まることを約した。[55]

8月6日。懇談会の報告書が公表された。

報告書は「こうして日本は、満州事変以後、大陸への侵略を拡大し、第1次世界大戦後の民族自決、戦争違法化、民主化、経済的発展主義という流れから逸脱して、世界の大勢を見失い、無謀な戦争でアジアを中心とする諸国に多くの被害を与えた」と結論づけた。「侵略」であることを明記したのである。[56]

報告書は、「1930年代以後の日本の政府、軍の指導者の責任は誠に重いと言わざるを得ない」と責任の所在を明確にした。そして、日本の戦争によってアジアの国々の独立が促された点に関しては、「国策として日本がアジア解放のために戦ったと主張することは正確ではない」との認識を示した。

自民党保守派で一貫して安倍を支えてきた衛藤晟一首相補佐官は、振り返った。

「70年談話の肝は十五年戦争説をとったことです。だから中西輝政は怒ったんです。僕らはあれで中西輝政を失った。しかしやむを得なかった。時の流れだから」[57]

十五年戦争説――「先の大戦」は、すなわち日本の侵略と国策の誤りは、満州事変を起点とするとの歴史認識のことである。

首相談話の原案は懇談会の報告書と並行して、今井、佐伯、兼原で起草し、安倍がそれに意見を言う形で作成していった。

そこでは「国策を誤り」ではなく、「進むべき針路を誤り」という表現が使われることになった。懇談会の委員の一人が「針路を誤ったかな」と発言した。その言葉を借用したのだった。

> 満州事変、そして国際連盟からの脱退。日本は、次第に、国際社会が壮絶な犠牲の上に築こうとした「新しい国際秩序」への「挑戦者」となっていった。進むべき針路を誤り、戦争への道を進んでいきました。
>
> そして七十年前。日本は、敗戦しました。

「侵略」は、次のような形で談話に入った。

> 事変、侵略、戦争。いかなる武力の威嚇や行使も、国際紛争を解決する手段としては、もう二度と用いてはならない。植民地支配から永遠に決別し、すべての民族の自決の権利が尊重される世界にしなければならない。

ここでは「わが国が侵略した」という主語が消え、「侵略」全般に対する否定へと一般化された。それでも、安倍は午後9時からのNHKのニュース番組に出演した際、談話で述べた「侵略」が日本の侵略を指すのか、との質問に「21世紀構想懇談会の報告書も『中には侵略と呼べる行為もあった』とした。私もそう思います……まさに自らのこととして、二度と用いることのない世界を作っていこうという意味」だ、と述べた。

後に安倍は、「北岡さんはすっぱり侵略しましたと書くべきだというんですが、ここは私の考え方で、こう書くべきだと判断した」と述べている。[58]

「こう書くべきだ」というのは、「事変、侵略、戦争。」と並列し、一般論として記した文章のことを指す。北岡は、不満を抱いた。

談話発表後の8月31日、日本記者クラブでの記者会見で「『日本は確かに侵略をした。こういうことを繰り返してはならない』と一人称で言ってほしかった」と述べた。[59]

「いま外務省では、大臣以下、戦前生まれの人が誰もいないんです」

安倍が「侵略」と並んでもう一つ、こだわったのは「謝罪」という言葉だった。というより「謝罪」の内容とその表現とそれをめぐる外交のあり方だった。

戦後、日本は戦争責任に関して謝罪を繰り返して来た。村山談話では「痛切な反省の意を表し、心からのお詫びの気持ちを表明した」と記された。70年談話もそこは変えない。

― 我が国は、先の大戦における行いについて、繰り返し、痛切な反省と心からのお詫びの気持ちを表明してきました。その思いを実際の行動で示すため、インドネシア、フィリピンはじめ東南アジアの国々、台湾、韓国、中国など、隣人であるアジアの人々が歩んできた苦難の歴史を胸に刻み、戦後一貫して、その平和と繁栄のために力を尽くしてきました。

こうした歴代内閣の立場は、今後も、揺るぎないものであります。

「心からのお詫びの気持ち」を表明する立場は、「揺るぎない」。そこは村山談話を継承する。しかし、「謝罪」については注意を要する。ここでは「中国はある種の戦略を持って挑んできている。韓国は戦略なしに感情をぶつけてくる。そうした状況には立ち向かわなければならないし、どこかで終止符を打つ形にしたい」と安倍は考えていた。

安倍は政治家となって以来、「世代」を常に意識してきた。若い世代と新世代の旗手であり、代表として先頭を走って来た。村山富市は1924年生まれ。安倍は1954年。ちょうど30歳の年齢の開きがある。

1995年、村山富市自社さ連立政権が戦後50年首相談話の閣議決定をしたとき、国会でも不戦の誓い決議をした。

草案づくりを主導したのは、自民党は政調会長の加藤紘一と虎島和夫（衆議院議員、長崎県）、社会党は副委員長の上原康助（衆議院議員、沖縄県）、さきがけは政策調査会副会長の荒井聰（衆議院議員、北海道）だった。

もともと自民党、社会党、新党さきがけによるガラス細工のような脆《もろ》い政権基盤である。歴史認識のようなイデオロギー色を帯びたテーマで、統一した見解を出すことは至難の業である。しかも、清和会に属する虎島は自民党の中でも右、沖縄全軍労委員長出身の上原は社会党の中でも左。荒井は、とてもまとまらないだろう、と案じていた。実際、自民党内では保守派とリベラル派の間で激しいやり取りがあった。ところが、思いのほかすんなりと案文が決まった。

「虎島さんは長崎原爆、上原さんは沖縄戦。2人とも戦争の悲劇を身をもって知っている世代だった。不戦の誓いにはそのベクトルがあった。村山談話もまたそのようなベクトルが働いてできたのだと思う」と荒井は言った。メンバーのうち荒井だけが戦後生まれだった。[60]

村山談話が発表されてから20年が過ぎた。あれからほぼ一世代が入れ替わろうとしている。にもかかわらず、過去はいまも長い影を落としている。

2015年2月12日、通常国会における施政方針演説で安倍は前年10月、5か月の遠洋航海を終えて帰国した海上自衛隊の練習艦隊について言及した。

艦隊は、太平洋戦争の激戦地、ガダルカナル島で収容された137柱の遺骨の祖国への帰還の任務に従事したのだった。安倍はその際、この任務に当たってソロモン諸島のゴードン・ダルシー・リロ首相が「国のために戦った方は、国籍を超えて、敬意を表さなければならない」と言い、特別な配慮と協力をしてくれたことへの謝辞を述べた。[61]

日本は過去から逃れられない。歴史問題の重圧から自由になれない。冷戦下であろうが、冷戦後であろうが、ポスト冷戦後であろうが、それは変わらない。

山﨑和之内閣官房審議官は、その前年、海外からの要人と、こんな会話を交わした。

「いま外務省では、大臣以下、戦前生まれの人が誰もいないんです。だけど、仕事の半分は生まれる前の話に取り組んでいるんです」

「いやあ大変ですね、そりゃ[62]」

当時、外相の岸田文雄は1957年生まれの57歳。外務事務次官の斎木昭隆は1952年生まれの62歳。戦前生まれの外務事務次官は、1944年生まれの谷内正太郎が最後である。谷内が退官したのは2008年である（2005～2008年事務次官）。

後の世代にまで「謝罪」させ続けることだけはしたくない。それをどのような論理的枠組みと文章で表現するか。

90年代末、安倍はベストセラーとなった西尾幹二の『国民の歴史』（新しい教科書をつくる会編、産経新聞ニュースサービス、1999年）を読んだとき、その本で紹介されていたドイツの哲学者、カール・ヤスパースの立論に蒙を拓かれた思いがした。ヤスパースは国家として過去の罪に向かい合う時の罪を、刑法上の罪、政治上の罪、道徳的な罪、形而上的な罪に分け、罪は個人として問われるが、国家、民族として問われることはない、と主張した。「民族の罪」は「政治的に問われる責任以外には刑事犯罪としても道徳的な罪としても、形而上的な罪としても、存在しない」としたのである。

ドイツは戦後、ナチスの罪とドイツ人の責任、個人の罪と国家の責任をそれぞれ切り分けるところから歴史認識の枠組みを構築した。日本がいまさらドイツの真似をすることはできないし、その必要もない。しかし、ドイツのこうした戦後の歴史問題への取り組みから学ぶことができる。

〈歴史戦では、ドイツは日本なんかよりはるかにしたたかだ〉

と安倍は思った。

偶然のことだが、その年（2015年）1月31日、リヒャルト・ヴァイツゼッカー元西ドイツ大統領が死去した。

安倍を囲む草案づくりの作業の過程で、ヴァイツゼッカーが1985年5月8日、ドイツ連邦議会で行った演説（「荒野の40年」）のことが話題になった。

とりわけ、ヴァイツゼッカーがその中で述べた次の言葉である。

――一民族全体に罪がある、もしくは無実である、というようなことはありません。罪といい無実といい、集団的ではなく個人的なものであります。……

> 今日の人口の大部分はあの当時子どもだったか、まだ生まれてもいませんでした。この人たちは自分で手を下してはいない行為に対して自らの罪を告白することはできません……しかしながら先人は彼らに容易ならざる遺産を残したのであります。罪の有無、老幼いずれかを問わず、われわれ全員が過去を引き受けねばなりません。全員が過去からの帰結に関わり合っており、過去に対する責任を負わされているのであります。

安倍は、一読して、言った。

「よく練られているなあ」

「だけど、これは一言も謝っていないよね」

「むしろ読みようによっては上から目線じゃない、これ[63]」

「次の世代、後の世代になっても遠い歴史のかなたのことを、糾弾されるということの重苦しさと不条理」をどうとらえるか。どのように立ち向かうべきか。

安倍の元に上がって来た案文にはこうあった。

「その先の子どもたちに至るまで、謝罪を強いられるべきではありません」

安倍はじっと考えて、言った。

「『強いられるべきではありません』はちょっとエレガントじゃないな。しっくりしない。ここはペンディングにしよう」。

その後、「謝罪」の代わりに「原罪」はどうか、との案が上げられ、草案に織り込まれた。

「その先の子供たちに至るまで、原罪を負わされるべきではありません[64]」

「謝罪を続ける宿命を背負わせてはなりません」

２０１５年7月末。安倍は、文案の最後の仕上げに取り掛かると同時に、与党幹部はじめ要人への根回しを始めた。安倍が最も重視したのは与党公明党の太田昭宏国土交通相だった。

太田がかつて公明党代表を務めた重鎮であることに加え、何よりも太田は閣僚であり、太田の了解なしには閣議で決まらない。

安倍の指示で今井が太田の議員会館事務所へ行き、文案を示した。

太田は「侵略」をめぐる表現をめぐって、「主語を明確にして、もう少し踏み込むべきだ」と主張した。

太田はもう一つ、「たしかに、『謝罪』は強いられるべきではないが、かといってやはり責任はある。それに、次の世代の人々は堂々と世界に歩み出してほしい、という感じが出過ぎている。ちょっと高飛車だ」と指摘した。

ただ、太田が強い違和感を表明したのが「その先の子供たちに至るまで、原罪を負わされるべきではありません」の「原罪」という言葉だった。

「日本は欧州じゃないし、キリスト教の国ではない。原罪という概念はなじまない」

太田の助言を踏まえて、安倍のもとで言葉を練り直した。

何度かやり取りをした末、「宿命」という言葉にたどり着いた。

「『謝罪を続ける宿命を背負わせてはなりません』か。いいね、これでいこう」。安倍は、了承した。[65]

7月31日。今井は再び、太田を訪れた。

太田が「高飛車」と感じたところを修正し、後の世代の日本人も含めて過去の歴史に真正面から向き合う責任がある、との点を明記した。

「それでもなお、私たち日本人は、世代を超えて、過去の歴史に真正面から向き合わなければなりません。

謙虚な気持ちで、過去を受け継ぎ、未来へと引き渡す責任があります」の文章の中の「謙虚な気持ちで」のくだりも新たに付け加えた。[66]

そして、太田がもっとも違和感を感じた「原罪」は「宿命」に代わった。

全文に丹念に目を通した後、太田は言った。

「ずいぶん、よくなったじゃないか。とくに、この『宿命』という言葉は重い」

公明党の支持母体である創価学会は法華経系の仏教団体であり、日蓮大聖人を信仰している。その日蓮の教えにおいて「宿命」という言葉はとても重要な言葉なのだ、と太田は語った。

「宿命を使命に転換させる」とは池田大作創価学会名誉会長が一貫して説いて来た教えである。[67]

「俺はもう真っ先に判こつくから」と太田は言って、文案を今井に返した。[68]

8月3日。安倍は、政治学者の五百旗頭真《いおきべまこと》、北岡伸一、東南アジア研究・国際政治学者の白石隆、国際政治学者の田中明彦、防衛大学校長の国分良成の5人の学者を公邸に招き、意見を求めた。

実は安倍は、前年の夏から五百旗頭たちを随時、密かに招き、歴史問題に関する意見を聞いてきた。

この5人は福田康夫政権時代、福田の外交・安全保障問題のブレーンだった。福田が首相を辞めた後も「福田懇（国際問題タスクフォース）」と名付けて時折、福田と懇談をしてきた。

２０１４年6月19日の「福田懇」のあと、福田は五百旗頭と2人だけで話し合った。福田は「来年の戦後70年を機に、対中、対韓だけでなく国際社会に対して日本が歴史にどう向き合うかを明確に表明する必要がある、日本の首相が米議会でその歴史観を語るべきだ」と言った。福田はそのために五百旗頭らの中道かつ国際的視野を持つ学者と安倍が語り合う場をつくりたいと考えていた。第12章で述べるように、福田はその頃、安倍の訪中を実現させるため舞台裏で安倍とやりとりをしていた。その過程で、福田は歴史問題に関して「福田懇」のメンバーと、安倍の非公式の懇談の場を設けてはどうか、と今井を通じて安倍に進言し、安倍はそれを受けいれた。[69]

もっとも、五百旗頭は、右派の「お友達」とともに発する安倍の歴史観や首相に返り咲いてからの2013年の靖国神社参拝など、安倍には「かなりの程度の留保」をつけていた。懇談の場で自分の意見に対して安倍が怒るようなことがあれば、以後、出席はしないつもりだった。[70]

2014年7月23日午後3時。首相公邸で安倍とこの5人の学者――今井は彼らを〝5人衆〟と呼んだ――との最初の懇談の場が持たれた。議員会館に集合し、手配された車で官邸に行き、裏門を通って、公邸に通された。安倍と今井が待っていた。

安倍は日本が直面している歴史問題とそれに対して日本が持つべき歴史認識について見解を聞いた。

五百旗頭が最初に話した。五百旗頭には安倍に正面から言っておかなくてはならないことがあった。

「陰謀論」や「東京裁判は勝者の裁き論」に逃げてはならない。あの戦争は侵略戦争であり、それは歴史的事実であると自分は思っている、その事実を率直に認め、それに対する反省の気持ちをもって外交に当たるべきだ、ここを曖昧にすると中韓だけでなく米欧との関係も難しくなる、と述べた。

「私もそう思います」と安倍は応じ、「国会でもそう答弁しています」と付け加えた。

「国会の議事録をごらんください。ちゃんとそういうふうに答弁で答えてますよ」

意外だった。安倍がかつて語って来た自らの歴史観とどう折り合いをつけ、どう決別したのかわからず、しばし戸惑ったが、安倍が淡々と答えたこともあり、「自分でも意外だったが、何か包摂されてしまった」ような感じを抱いた。[71]

実際、安倍はその年（2014年）の2月20日、日本維新の会の石関貴史（衆議院議員、群馬県）の「（サンフランシスコ平和条約）第11条、総理の中でどういう整理をされているか、教えてください」との質問に次のように答えていた。

第11条は、日本が極東国際軍事裁判（東京裁判）の判決内容（judgements）を受諾し、そこで決まった刑を執行する義務を定めた条文である。

「このもとでの日本の位置づけを変えていくことは、当然、ありません。一部に誤解があるようでありますが、そのことは改めてこの機会にはっきりと申し上げておきたいと思います」

「11条については、これは、英文ではジャッジメンツになっておりまして、政府としては裁判ということになっておりますが、この裁判を受け入れたということでありまして、それによってまさにこのサンフランシスコ平和条約が成立をし、日本は国際社会に復帰をしたのであります[72]」

白石はその直前の安倍のオーストラリア国会での演説に言及し、「お詫び」ではなく「寛容への感謝」を伝えたところがいい、と言った。このほど来日したオーストラリア国立大学国家安全保障学部の学部長と会ったが、安倍のオーストラリア国会での演説を激賞し、安倍が引用したメンジーズの伝記を白石にプレゼントしたとの話を披露した[73]。

同年10月27日に開かれた2回目の懇談で、五百旗頭はもう一つの懸念について安倍に質した。

日本の戦後の歩みを全否定するかのようなことでは困る。五百旗頭は、戦後日本の開発途上国に対するODA（政府開発援助）のような「他者にやさしい生き方」を追求してきたことは「資産」であると述べた。たしかに中国と韓国は依然、日本には厳しいが、東南アジアはほとんど日本に肯定的になっている、「心の中に刃」を持っていた70年代とは大きな違いだ、と言い、その上で「積極的平和主義」を展開すべきだと主張した。

安倍は「私もそう思います」と答えた。五百旗頭は「また包摂されちゃった」感じを持った[74]。

安倍自身は21世紀構想懇談会で、「戦後、貧しく、それほど豊かだったわけではない時代からODAを始めた」こと、それを「税金の中から出していくこと」への国民の理解があったことを挙げ、「日本の戦後70年については、かなり陰徳を積んだ70年だったのではないかと考えている」と述べている[75]。

もう一つ、五百旗頭たちが「もっと驚いた」ことがあった。

五百旗頭が、靖国神社に祀られているA級戦犯の14人について「分祀された方がいいのではないでしょうか」と安倍に質問したのに対して、安倍が「私もそう思います」と答えたことである。[76]

この点は、第3章で取り上げたところである。結果的に実らなかったが、安倍は第2次政権発足直後からA級戦犯分祀の可能性をさまざまに模索していた。

2015年に入ってからも安倍の米議会演説（4月）や日韓国交50周年（6月）などの節目ごとに〝5人衆〟との懇談が続いた。

8月3日。いつものように議員会館に集まり、そこから首相公邸に行った。

5人が着席すると、安倍自ら一人一人に70年談話の草案（原案）を配って回った。

五百旗頭は、一読して、中国に対して相当、気を使っていると感じた。

戦後、3000人近い日本の残留孤児が再び、祖国の土を踏むことができたのは彼らを育ててくれた中国の人々のおかげであるとの感謝の気持ちを表明したところにも中国への配慮は示されている。それに比べて韓国への配慮が乏しい。

談話の歴史的記述の骨格がしっかりしている点は評価できる。ただ、「1か所、粗い」と思ったところがあった。次のくだりである。

「世界恐慌が発生し、欧米諸国が、植民地経済を巻き込んだ、経済のブロック化を進めると、日本経済は大きな打撃を受けました。その中で日本は、孤立感を深め、外交的、経済的な行き詰まりを、力の行使によって解決しようと試みました」

「経済のブロック化を進めると」とあるが、日本はそれに先立って満州事変を起こしている。

五百旗頭は、おおよそそのような趣旨を述べた。

会合終了とともに草案はすべて回収された。[77]

8月6日午前。安倍は広島原爆死没者慰霊式・平和祈念式に出席した。帰京後、午後3時。公邸に読売新聞グループ会長兼主筆の渡邉恒雄を密かに招き、文案を示した。

渡邉は1926年生まれの89歳。同社主筆として2005年から2006年にかけて社内に戦争責任検証委員会を設置し、①満州事変がなぜ日中戦争へと拡大したのか、②勝算のないまま米国との戦争に踏み切ったのはなぜか、③玉砕・特攻を生み出したものは何だったのか、④米国による原爆投下やソ連参戦は避けられなかったのか、⑤東京裁判で残された問題は何か――の5つのテーマについて特集記事で検証。それを踏まえて、政治・軍事指導者の責任を明らかにした。連載は『検証　戦争責任Ⅰ』、『検証　戦争責任Ⅱ』の上下本として出版された。渡邉は先の大戦における日本の国策の過ちと政治指導者の責任の重さを極めて重く受け止めており、安倍の歴史観を問題にしていた。[78]

読売新聞は、安倍の靖国神社参拝に対しても、「中国に日本批判の口実を与え、国際連携を弱めたのは否めない。従来は、防空識別圏の一方的な設定など、中国の独善的な振る舞いが国際社会で問題視されていたが、今後、日本にも情勢悪化の責任があるとの見方が広がりかねない。同盟国の米国の『失望』表明を軽視すべきではない」と批判していた。[79・80]

第1章で述べたように、安倍は政権発足時から渡邉には気を遣っていた。歴史問題に関してはとりわけ丁寧に説明する必要を感じていた。[81]

70年談話を作成する過程でも、渡邉の意見を聞くため内々に招いた。渡邉は、『検証　戦争責任Ⅰ』『検証　戦争責任Ⅱ』を持参し、「これを読んで、もっと歴史を勉強してください」と言い、安倍に手渡した。[82]

安倍は最初の70年談話の草案（原案）ができたところで北村滋を渡邉のもとに遣わし、意見を求めた。渡邉は、一つ、提案した。

「痛惜の念を表す」の文章の前に「深く頭《こうべ》を垂れ」を入れてはどうか、というのである。この言葉は、2000年2月16日、ドイツのヨハネス・ラウ大統領がイスラエル国会で演説した時、ホロコーストについて「謙虚に頭を垂れ、赦《ゆる》しを乞う」と述べた言葉を下敷きにしていた。北村の報告を受けた安倍は、「ぜひ、入れよう」と言い、「深く頭を垂れ」を付け加えた。[83]
最終稿を渡邉はじっくり時間をかけて読んだ。読み終わると「これはいい。非常にいい文章だ」と言った。[84]

「東京裁判にいまさら楯突いてもしょうがない」

同じく8月6日の午後4時。安倍は執務室に太田を招き、案文を示した。

「『宿命』でいいですか？」

「謝罪を続ける宿命を背負わせてはなりません」のくだりである。

「いいです。仏教用語でもあるのです。差し支えないと思います」

ただ、太田は文案を読むうち、一部、テニヲハを直したくなった。若いころ、公明新聞の国会担当記者をした経験がある。

「直していいですか」

「いいです」

「『どれほどの葛藤があり、いかほどの努力が必要であったかということに、私たちは、思いを致さなければなりません。』とありますが、必要であったか、のところ、丸（。）で止めたほうがいいですね」と言い、「いかほどの努力が必要であったか。」で文章を括った。

全文、丁寧に読み直し、丸や点を直し、手を入れた。[85]

20分の予定が1時間以上、過ぎていた。

公邸からの帰途、太田は安倍との不思議な符合について感慨に浸った。

〈オレは一回、死んでいる。代表の時、選挙で落ちた。安倍も一回死んだ。政権で躓いた。同じものを感じる。こいつ、今回、本気だ、全部捨ててもいいと思っている。だからオレも本気で付き合う〉

与党としてともに平和安保法制に取り組む中で、太田はそんな思いを兼原信克に言ったこともある。[86]

太田は自民党が壊滅的に敗北し、政権交代を許した2009年の総選挙のとき、重複立候補を辞退し、東京12区からのみ立候補したものの落選し、公明党代表を辞任した。公明党立党以来、党首が総選挙で敗北したのは初めてのことだった。

ある時、安倍と歴史問題で議論したとき、太田がヘレン・ミアーズの『アメリカの鏡　日本』を読み、心を揺さぶられたと話したところ、安倍は自分も同じような思いを抱いたと述べたことがあった。

ヘレン・ミアーズは米国の女性ジャーナリストである。占領時代の1948年にこの本を出版した。

彼女は、「天皇は満州事変からパールハーバー攻撃まで一貫して日本の権威を象徴してきた唯一の人物である。政治的策略と暴力によって政治権力の座についたヒットラーとは根本的に異なっている」と主張し、極東軍事裁判（東京裁判）における勝者の裁きの二重基準を告発した。また、「米国はアジア人を利用するのではなく、真に解放しなければ戦争に勝つことにはならない」とし、米国の占領行政とアジア政策を批判した。GHQはこの本の日本語翻訳本を発禁処分とした。1995年の戦後50年を期し出版された翻訳本を、太田も安倍も読んだのである。彼女が告発した「勝者の裁きの二重基準」の不条理を2人とも感じていた。

ただし、「東京裁判にいまさら楯突いてもしょうがない」。そこもまた、2人が同じように下した結論だった。敗戦から70年の夏、安倍も太田も再び、「敗北を抱きしめて」、再出発することを心に秘めたのである。[87]

8月6日午後5時。安倍は21世紀構想懇談会の報告書を受け取った。

8月7日午前、安倍は、二階俊博自民党総務会長に会い、その後、高村正彦副総裁、谷垣禎一幹事長と昼食をともにし、それぞれ説明した。表向きは安保法制法案に関する協議、という形にしたが、談話への了承取り付けがねらいだった。そして夜、公明党の山口那津男代表、井上義久幹事長と会食し、その席で了解を得た。[88]

8月11日。安倍は今井を遣わし、キャロライン・ケネディ駐日米大使に草案の英文ドラフトを示し、意見を求めた。[89]

英訳されたドラフトを読み込んだケネディは「朝鮮半島に対する記述が少ないのではないか」といい、「慰安婦については具体的に書き込んだほうがよいのではないか」と示唆した。[90]

今井は、草案にある「戦場の陰には、深く名誉と尊厳を傷つけられた女性たちがいたことを、忘れてはなりません」との表現を指さし、このくだりはまさに彼女たちのことを指していると説明し、「女性の尊厳が傷つけられるという行為が、日本の行為のみによって行われていたということではなくて、戦争という行為の中ではそういうことが行われたとの普遍的な広がりを持たせて書いた」と説明し、理解を求めた。

日韓両政府は、慰安婦問題の解決を目指し、水面下で交渉していた。この問題に直接、言及するとそれがまた政治問題化することを安倍は懸念していた。

草案には、次のような文章もあった。

「20世紀において、戦時下、多くの女性たちの尊厳や名誉が深く傷つけられた過去を、この胸に刻み続けます」

「21世紀こそ、女性の人権が傷つけられることのない世紀とするため、世界をリードしてまいります」

安倍は「21世紀」という言葉を入れたことの意味を重く見た。70年談話は「この世紀には女性の人権を守るという未来志向の姿勢で語り掛けたい」と考えていた。[91]

8月14日、午後5時過ぎ。政府は臨時閣議を開き、内閣総理大臣談話を決定した。その後、安倍は記者会見し、談話を発表した。

「この談話は出す必要がなかった。いや、出すべきではなかった」

安倍談話は国内外で概ね肯定的に評価された。共同通信の調査では、安倍談話を「評価する」が44・2％、「評価しない」が37・0％だった。安倍首相が談話で、先の大戦をめぐる「おわび」に言及する一方、後の世代に謝罪を続ける宿命を背負わせてはならないと表明したことに関し「おわびの表現として適切だ」が42・7％、「適切ではない」が23・6％、「おわびに言及する必要はなかった」が24・2％となった。内閣支持率は43・2％で、2012年12月の第2次安倍政権発足以降で最低だった前回7月の37・7％から5・5ポイント上昇した。不支持率は46・4％だった。[92]

国民は談話に一定の評価を与えた。読売新聞の社説は「先の大戦への反省を踏まえつつ、新たな日本の針路を明確に示したと前向きに評価できよう」と肯定的に記した。[93]

しかし、談話に批判的な声も数多く上がった。

朝日新聞は8月15日付の社説で「安倍首相の談話は、戦後70年の歴史総括として、極めて不十分な内容だった」と批判した。

「侵略や植民地支配。反省とおわび。安倍談話には確かに、国際的にも注目されたいくつかのキーワードは盛り込まれた。しかし、日本が侵略し、植民地支配をしたという主語はぼかされた。反省やおわびは歴代内閣が表明したとして間接的に触れられた。この談話は出す必要がなかった。いや、出すべきではなかった」[94]

歴史家の保阪正康は「ある面、歴史修正主義を思わせる内容だ。戦争原因の偏った分析だけでない。過去、現在、未来を同列で語っていることもそうだ。『植民地支配から永遠に決別』をうたう。いま、植民地主義を掲げている先進国はない。むしろ、欧米の植民地支配を想起させ、日本の戦争を正当化したいというような意図も見え隠れする。『アジアやアフリカの人々を勇気づけた』とする日露戦争への評価もまた、韓国などには異論があるだろう」[95]。

安倍がもっとも気を使ったのは自らの支持基盤である保守層からの批判だった。

談話発表の記者会見で、安倍は談話を読み上げた後、「できるだけ多くの国民と共有できることを心掛けた」と語ったが、同時に「聞き渋らした声がほかにもあるのではないか」と自らに問うのが「歴史を見つめなおす態度」であるとの考えを述べた。そうした声の中には「中西（輝政）さんのような声もあるかもしれない、という意味を込めようとして使った表現だった」と安倍は後に解説した[96]。

安倍自身、とりわけ歴史問題ではそのような声を代弁する形で政治活動を続けてきた。

安倍は、「過去に生きた人たちに対する責任」に関して、言い方を変えれば、歴史との向き合い方に関して、「保守」という姿勢の意味を定義しようとした。

「保守とは……自分の生まれ育ったこの国に自信を持ち、今までの日本が紡いできた長い歴史をその時代に生きた人たちの視点で見詰め直そうとする姿勢であると考えています[97]」

同時に、安倍は、右の政治家だからこそ、右の圧力を抑えることもできる、そうした右バネを最大限、活かそうともした。安倍だからこそ党内の保守派をガマンさせることもできる。70年首相談話に関しても、「侵略」も「お詫び」も認め、基本的に村山談話と同じ歴史認識――衛藤晟一が言う「十五年戦争史観」、あるいは東京裁判史観――に収めたのは安倍だからこそ可能になったということも言える。

安倍は次のように語っている。

「ある種の期待値ということなんですよね。その期待値を下げてますのでね、そういう人たち（リベラル派）からの期待値は。ただ、そこに意義があって、保守派の私がこれを出すことによって（謝罪に）終止符を打つという。そちらの人たち（保守派）にも納得してもらう。そうはいっても、一部の保守派からは非難されましたけど、しかし、去年ぐらいに八木秀次さんが、あのときは非難もしたけど、もう一度、よく読んでみたら、よくわかったと『正論』に載せてくれた」[98]

保守派の論客、八木秀次麗澤大学教授が２０２０年11月号の『正論』に載せた「『謝罪の宿命』断った戦後70年談話」論文のことである。

八木はこの中で、戦後70年首相談話は「北岡氏が求めた、日本を主語にした『侵略』や『植民地支配』の語を巧みに避けつつ、それでいて北岡氏が示した史観に沿っている」と記した上で、「歴史戦を仕掛けてくる国を除けば、広く国際社会に受け入れられた」と指摘した。そして、この談話が「安倍政権の外交・安全保障を国際社会が警戒感なく受け入れ、安倍首相が国際社会でリーダーシップを執るに至った背景をつくった」と評価し、その歴史観を「戦略的な歴史観」と呼んだ。「これが現時点での『軍国主義』への回帰との警戒感を持たれない日本の履歴でありプロフィールの語り方ではないかと思う」と言うのである。[99]

安倍は次のようにも述べている。

「これは閣議決定している政治文書なわけですから。政治的に終止符を打たなければいけない。保守派の人たちに私はよく言うんですが、政治の場と国際社会においては負ける戦いをするわけにはいかないんですよ。侵略は政治的に認めざるを得ない。しかし、そういう行為を行ったのは日本だけではないわけですから、そういう書き方にしようと。そこら辺のこだわりはもう外してしまおうということだったんですね」[100]

以前は厳しく批判していた村山談話についても70年談話作成に入ってからは「消さなくてもいいよ、上書きするんだから」「消すコストがばかばかしい」と兼原には打ち明けた。[101]

萩生田光一たちには「戦争を知らない世代」が政治をするリスクについて語った。

「安倍さんは外では勇ましいことを言うことはありましたけど、我々との内輪の話の中では、いよいよ戦争を知らない世代が政治をやる時代に入るのだから、恐れを以て臨むべきだ、とよく言いましたね」

「右の人たちには勇ましいことを言ったほうが受けがいいんですよ。だけど、本当にこれから先は戦争を知らない世代がこの国を動かしていくことになるから、やっぱりあの痛ましい戦争に対しての恐れというのは常に持ち続けるべきだというのは、私に言いました。戦争をしない国であり続けるためには、今の安全保障の体制じゃだめなんだということと合わせて、安倍さんが私に言っていた言葉でした[102]」

「中国は、内心は歓迎だ」

安倍談話は、欧米、豪州では概ね、歓迎された。オバマ政権は「安倍首相が痛切な反省を表明したことを歓迎する」との声明を出した。英国、オーストラリア、フィリピンの政府もそれぞれ歓迎声明を出した。

韓国の朴槿恵大統領は、日本の植民地支配からの解放を祝う光復節の日（8月15日）の演説で談話について「残念な部分が少なくない」と述べたが、同時に「日本の侵略と植民地支配、慰安婦の被害者への苦痛について、謝罪と反省を根幹とする歴代内閣の立場を維持することを国際社会に明らかにしたことに注目する」とし、抑制された表現ながらも一定の評価をした。

中国の受け止め方は複雑だった。

安倍談話発表から3日後の8月17日。その日、安倍は、日本財団会長の笹川陽平が毎年夏、富士河口湖町の富士桜カントリークラブで催すゴルフ懇親会に招かれ、プレーした。茂木敏充自民党選挙対策委員長や日枝久フジテレビジョン会長らも参加した。今井もそこに招かれ、笹川と同じ組で回っていた。午前11時ごろ、4番ホール。今井の携帯に北京を訪問中の二階俊博自民党総務会長から電話が入った。

「70年談話、すばらしい」

二階の声は弾んでいた。

「中国は、内心は歓迎だ」

今井は直ちに、伝言を安倍に伝えた。安倍はグリーンでパターをしているところだった[103]。

実際のところ、中国の反応は「内心、歓迎」よりもう少し複雑だった。

14日深夜、木寺昌人駐中国日本大使（1976年外務省入省）は張業遂《ちょうぎょうすい》外交部副部長に呼ばれた。

張は「談話は、侵略とお詫びということを直接言っていませんね」と言った。

「それは、抗議ですか」と問うと、答えない。

「抗議でないとの理解でよろしいですね」

それにも答えない。[104]

中国外交部の報道官は「日本は侵略戦争の性質と戦争責任について明確に説明し、被害国人民に真摯にお詫びし、軍国主義の歴史と決別すべきだ。重要な問題をごまかすべきでない」との声明を発表した。談話の具体的な表現への論評は避けた。[105]

中国共産党機関紙、人民日報は談話の中の「謝罪を続ける宿命を背負わせてはならない」とのくだりについて「歴史は忘れるべきではないし、断ち切ることもできない」とくぎを刺した感じにとどめた。

知日派のジャーナリスト、馬立誠《ばりっせい》は、『侵略の定義は定まっていない』という彼（安倍首相）の過去の発言に比べれば、これは大きな前進である」と評価した。[106]

「当時の日本の軍には大戦略がなかった」

安倍が韓国との間の慰安婦問題を「歴史戦」の観点から、国内の見解を統一する、女性の人権を尊重する、歴史修正主義的アプローチは取らない、の三本柱で臨むことにしたことは、第6章で触れた。

安倍は、中国に対してはより正面から「歴史戦」の観点で臨むことに決めていた。

韓国の場合、歴史問題は往々にして「感情」の問題だが、中国は権力政治（パワー・ポリティックス）そのものである、と安倍はみなしていた。

〈中国から評価されるということはなかなか難しいだろう。だけど、具体的な非難さえなければいい〉

「負けない」ことを旨とするということである。

この点は、オバマ政権が歴史問題について日本に忠告していたことでもあった。

オバマが、安倍に日本が歴史問題で世界から批判されれば「中国が喜ぶだけだ」と述べ、注意を喚起したのは、この枠組みの中での「歴史戦」で「負けるな」という忠告でもあった。安倍政権は、オバマ政権とは歴史問題で緊張を孕んだこともあったが、歴史問題を歴史戦に還元すれば、そこでの双方のベクトルは基本的に同じだった。

歴史戦においては、「謝罪」を軽々に口にするべきではない。なかでもあの戦争に何ら関わりのない世代にまで「謝罪を続ける宿命を背負わせてはならない」。

安倍は次のように言った。

「謝罪という行為は、『おまえ、謝れ』『すみません』という力関係になるわけですよね。パワーが入ってきている。このゲームを中国はやってきたし、これからもずっと続けるだろう。しかし、やればやるほどこれはある種のパワーゲームだという受け止め方が広がり、相対化されるようになった[107]」

中国が執拗に仕掛ける「歴史戦」は、過去と歴史の克服のプロセスにおける加害者と被害者の関係と、被害者であるが故のモラル上の優位性を結果的に相対化する効果をもたらしているということを安倍は言っているのである。

「歴史戦」に臨むに当たって、安倍が心したことがある。

最初に、日本は戦後、痛切な反省と心からのお詫びを何度も表明してきた事実を明確にする。

――

我が国は、先の大戦における行いについて、繰り返し、痛切な反省と心からのお詫びの気持ちを表明してきました。

「繰り返しそう述べてきたということについては述べようと。今度初めて述べるのではなくて、繰り返し述べてきましたねということを示すことによって、世界に、日本は繰り返し述べてるんだなということは明確にしておくべきじゃないか。累次ということ、しかし、それはこれからも胸に刻んでいくということ。今まで謝ってきたから、いいじゃないかということではないですよということを強調する」

それから、「お詫び」をただ繰り返すより「感謝」の気持ちをはっきりと述べる。

――――――

寛容の心によって、日本は、戦後、国際社会に復帰することができました。戦後70年のこの機にあたり、我が国は、和解のために力を尽くしてくださった、すべての国々、すべての方々に、心からの感謝の気持ちを表したいと思います。

――――――

いつまでも戦前にこだわるのではなく戦後の歩みに目を向け、そこで世界が日本に示してくれた「寛容」の心への感謝の気持ちを表す。

その感謝の気持ちは中国の国民にも向けられた。

――――――

私たちは、心に留めなければなりません。……中国に置き去りにされた3000人近い日本人の子どもたちが、無事成長し、再び祖国の土を踏むことができた事実を。

戦争の苦痛を嘗め尽くした中国人の皆さん……が、それほど寛容であるためには、どれほどの心の葛藤があり、いかほどの努力が必要であったか。

日本の国民の多くは、先の大戦で置き去りにされた中国残留孤児を育ててくれた中国の人々への感謝の気持ちを持ち続けている。戦後70年の日本の平和国家としての歩みとアジア太平洋諸国との和解と信頼の歩みもまた、こうした寛容のおかげであったことへの感謝。

もう一つ、安倍の「歴史戦」は、人権、女性の権利、民主主義、法の支配といういわゆる西側の普遍的価値観をアンカーとする枠組みの中で戦われるべき「歴史戦」だった。安倍が「歴史戦」戦略を官邸スタッフに指示した際、強調したのもこの点だった。

その価値観に照らしてみれば、世界は「過去」も「現在」も同じ課題と挑戦に直面している。過去の負債は現在もなお世界がそれらの課題に格闘する中で共通の挑戦として普遍化される。20世紀の日本の戦争の「帰結と係累」は拭えないが、日本だけが被告席に立たされるわけではない。この文脈の中で、日本の歴史問題は相対化される契機を持つ——。

歴史問題においては、どこも、過去も今も、同じ課題に直面し、その克服を迫られている。歴史戦においては、勝とうとしない、しかし負けない。安倍官邸は、そのような「戦略的な歴史観」を追求したのである。[108]

しかし、西側のポピュリズムの潮流、アイデンティティ政治（被害者中心史観）の台頭、そして地政学的闘争が、西側の普遍的価値観をアンカーとする歴史認識の枠組みを動揺させていた。トランプの登場は、法の秩序や同盟や自由貿易とともに歴史認識においても、戦後の規範とナラティブへの挑戦が始まったことを物語っていた。

２０１６年11月、トランプ・タワーにトランプを訪れた時、安倍とトランプの間でちょっとした歴史談義が交わされた。

安倍が「中国は日本の過去の侵略をいまも言い続け、現在を過去と切り離そうとしない」と言ったのに対して、トランプは「圧倒的に大きな中国をちっぽけな日本が侵略した。あれはすごいことじゃないか」と日本を讃えた。

安倍は答えた。

「当時、日本が戦ったのは国民党の中国だった。共産党ではない。共産党は国民党が日本と戦い消耗するのを待っていただけだ。ただ、今は日本と戦ったのは共産党となっている。あそこは歴史の書き換えは得意芸だから」

トランプは笑ったが、安倍は続けて言った。

「しかし、当時の日本の軍には大戦略がなかった。むやみに中国に突っ込んで行ってしまい、方向転換ができなかった」[109]

もっとも、トランプの日本の軍への関心は、安倍のそのような「失敗の本質」を踏まえた対中戦争観とは無縁だった。

トランプは安倍の父の安倍晋太郎が「特攻隊員だったことを知って感銘を覚えた」と安倍に言い、「カミカゼパイロットの息子」としての安倍に一目も二目も置いた。

「日本人は総じてタフだが、安倍氏が特にタフ」であることの証左として、トランプはよくこのカミカゼ物語を好んで使った、とボルトンは回想録で紹介している。[110]

安倍晋太郎は1944年9月に東京帝国大学に入学した後、海軍志賀航空隊に入隊した。1945年春、神風特攻隊に志願したが、出撃前に戦争は終わった。

トランプが安倍に「カミカゼパイロットは酒や薬を飲んでから機乗したのか」と質問したこともある。安倍は「愛する国を守る純粋な気持ちだけで、片道分のみの燃料を積んだ小型機に乗って鉄製の戦艦に体当りした」と回答した。それを聞いてトランプのカミカゼパイロットに対する敬意はさらに増した。

2019年8月の仏・ビアリッツでの日米首脳会談の席で、トランプは金正恩との会談の雰囲気とやりとりを安倍に伝えた。トランプが安倍の話をしたところ、金が安倍にある種の敬意を抱いている、文在寅韓国大統領を「ぼろ雑巾」のように見下しているのとは対照的だ、とトランプは直観的に感じた。

トランプは金に次のように助言した、と安倍に言った。

「シンゾーには注意して接したほうがいい。シンゾーの父親はカミカゼパイロットだったんだから」[111]

1 「安倍晋三 特別インタビュー 日本復活の礎となった日米同盟再強化」聞き手：田中明彦、『外交』Vol. 64 Nov./Dec. 2020年、14頁／安倍晋三、２０２０年11月18日
2 「21、22日の安倍首相の動静」日本経済新聞、２０１４年１月23日
3 官邸スタッフ、２０２０年12月２日／トニー・アボット、２０２２年９月27日
4 Daniel Hurst, "Tony Abbott describes Japan as 'exemplary international citizen'", *The Guardian*, July 8, 2014
5 トニー・アボット、２０２２年９月27日
6 トニー・アボット首相、安倍首相歓迎スピーチ、豪議会、２０１４年７月８日
7 安倍晋三、２０２０年11月18日
8 安倍晋三、２０２０年11月18日
9 元米政府高官、２０２３年５月４日／Richard McGregor, *Asia's Reckoning: China, Japan, and the Fate of U.S. Power in the Pacific Century*, New York: Viking Penguin, 2017, p.291
10 米国務省幹部、２０１４年10月30日／元米政府高官、２０２４年３月12日
11 元米政府高官、２０２４年３月12日
12 ケント・コールダー「経済教室 日米首脳会談の焦点 中」日本経済新聞、２０１５年４月23日
上院と下院それぞれでの演説は、吉田茂（上院、１９５４年）、岸信介（上院・下院、１９５７年）、池田勇人（下院、１９６１年）の例がある。
13 ホワイトハウススタッフ、２０１４年８月16日
14 外務省幹部、２０２４年４月８日
15 ジョン・ベイナー、２０２３年５月12日
16 ジョン・ベイナー、２０２３年５月12日
17 谷口智彦『誰も書かなかった安倍晋三』飛鳥新社、２０２０年、99頁／安倍晋三、２０２１年２月18日
18 谷口智彦、２０２５年２月17日
19 安倍晋三、２０２１年２月18日
20 安倍晋三、２０２１年２月18日
21 安倍晋三、２０２１年２月18日／「米議会演説 首相が直談判 訪米舞台裏『深い悔悟』極秘の推敲」読売新聞、２０１５年５月10日
22 スノーデン中将は2年後の２０１７年、死去した。享年95。
23 「総理が米議会演説前に元慰安婦『公式に謝罪を』」テレビ朝日、２０１５年４月24日／「韓国系団体が米議会前で抗議集会 首相に謝罪要求」日本経済新聞、２０１５年４月30日／「韓国人元慰安婦女性、安倍首相演説を批判」日本経済新聞、２０１５年４月30日
24 官邸スタッフ、２０２０年11月25日
25 安倍晋三、２０２１年２月18日
26 谷口智彦『誰も書かなかった安倍晋三』飛鳥新社、２０２０年、55頁
27 谷口智彦『誰も書かなかった安倍晋三』飛鳥新社、２０２０年、58頁
28 安倍晋三、２０２１年２月18日
29 谷口智彦『誰も書かなかった安倍晋三』飛鳥新社、２０２０年、50・55〜56頁
30 安倍晋三、２０２１年２月18日
31 官邸スタッフ、２０２０年12月２日
32 谷口智彦『誰も書かなかった安倍晋三』飛鳥新社、２０２０年、54頁
33 「〈緊急対談〉保守はこの試練に耐えられるか」『正論』２００９年２月号、50〜59頁
34 「安倍晋三 特別インタビュー 日本復活の礎となった日米同盟再強化」聞き手：田中明彦、『外交』Vol.64 Nov./Dec. 2020年、14頁
35 安倍晋三、２０２１年２月18日／安倍晋三、２０２１年８月25日

36　安倍晋三、２０２１年２月18日／安倍晋三、２０２１年８月25日
37　元官邸スタッフ、２０２１年９月21日
38　官邸スタッフ、２０１５年１月13日
39　「戦後70年談話『政府・与党で認識共有を』公明党」テレビ朝日、２０１５年２月５日
40　「自民総裁補佐『検閲のよう』公明が不快感」読売新聞、２０１５年２月13日／丹羽文生「戦後70年の『安倍談話』について：発表に至る政治過程」『問題と研究』国立政治大学国際関係研究センター、２０１５年、76〜77頁
41　日本経済新聞、２０１５年６月21日
42　「時々刻々」朝日新聞、２０１５年６月24日
43　官邸スタッフ、２０２０年11月25日
44　安倍晋三、２０２１年２月18日
45　官邸スタッフ、２０２０年11月25日
46　北岡伸一、２０２１年８月27日
47　21世紀構想懇談会編『戦後70年談話の論点』日本経済新聞社、２０１５年、17〜18頁
48　21世紀構想懇談会編『戦後70年談話の論点』日本経済新聞社、２０１５年、80〜81頁
49　21世紀構想懇談会編『戦後70年談話の論点』日本経済新聞社、２０１５年、２２７〜２２８頁
50　小田尚「『戦後70年談話』を巡る攻防：安倍氏は『侵略』を認めた」日本記者クラブ取材ノート、２０２１年１月
51　朝日新聞取材班『この国を揺るがす男　安倍晋三とは何者か』筑摩書房、２０１６年、21頁
52　官邸スタッフ、２０２０年11月25日
53　北岡伸一、２０２１年８月27日
54　「首相は『侵略』を避けたいのか」読売新聞、２０１５年４月22日
55　官邸スタッフ、２０２０年12月14日／中西輝政「外務省に奪われた安倍外交」『Voice』２０１５年12月号、48頁
56　この点に関しては次のような脚注を付した。
複数の委員より、「侵略」と言う言葉を使用することに異議がある旨表明があった。理由は、１）国際法上「侵略」の定義が定まっていないこと、２）歴史的に考察しても、満州事変以後を「侵略」と断定する事に異論があること、３）他国が同様の行為を実施していた中、日本の行為だけを「侵略」と断定することに抵抗があるからである。
57　衛藤晟一、２０１４年７月14日
58　安倍晋三、２０２１年２月18日
59　「北岡氏『日本の侵略、明確に認めるべき』戦後70年談話巡り」日本経済新聞、２０１５年８月31日
60　荒井聰、２０１４年年５月15日
61　第１８９回国会における施政方針演説、２０１５年２月12日
62　外務省幹部、２０１４年10月２日
63　官邸スタッフ、２０１５年11月６日
64　元官邸スタッフ、２０２４年１月23日
65　官邸スタッフ、２０１６年７月７日／官邸スタッフ、２０２０年12月14日
66　安倍晋三、２０２１年２月19日
67　『創価学会入門』にも次のように記している。
「人類の願望は、宿命を切り開くことにあるはずです。宿命にただ従うだけならば、人間としての価値はなくなるではありませんか……仏法で説く宿命とは無始の過去から無終の未来へ流れる生命の厳然たる因果の流れをいうのであり、宿命転換の原理とは、その流れのなかで、現在の瞬間瞬間に、奥底の一念の変革によって宿命の流れを変えていくことにほかなりません」（創価学会教学部編『創価学会入門』聖教新聞社、１９７０年、１０８頁）
68　元官邸スタッフ、２０２０年11月25日／元官邸スタッフ、２０２４年１月23日／太田昭宏、２０２４年２月14日
69　元官邸スタッフ、２０２４年１月23日
70　五百旗頭真、２０２４年１月17日
71　五百旗頭真、２０２４年１月17日
72　第１８６回国会 衆議院 予算委員会 第12号 平成26年２月20日
73　白石隆、２０２４年２月14日
74　五百旗頭真、２０２４年１月17日
75　21世紀構想懇談会編『戦後70年談話の論点』日本経済新聞社、２０１５年、１０４〜１０５頁
76　「五百旗頭真さんを送る会」での北岡伸一の弔辞、２０２４年７月11日
77　安倍晋三、２０２１年２月18日／五百旗頭真、２０２４年１月17日／元官邸スタッフ、２０２４年１月23日
78　読売新聞社「戦争責任検証委員会」
79　「社説」読売新聞、２０１４年１月６日／小田尚「『戦後70年談話』を巡る攻防：

80 安倍氏は『侵略』を認めた」日本記者クラブ取材ノート、２０２１年１月
小田は、「安倍氏の手元には、読売新聞戦争責任検証委員会による『検証　戦争責任Ⅰ』『Ⅱ』（中央公論新社）もひそかに届けられた」ことと、「後日、首相官邸筋に『あの談話は、ほぼ読売―北岡のラインでまとめられた』と聞いた」ことを「取材ノート」で明かしている。

結論として「安倍談話は、国内的には歴史認識を巡る左右の対立に一定のピリオドを打ち、国民のコンセンサスが生まれる契機と土台になり得たのではないか」と肯定的に評価している。（小田尚「『戦後70年談話』を巡る攻防：安倍氏は『侵略』を認めた」日本記者クラブ取材ノート、２０２１年１月）

81 萩生田光一、２０２３年10月15日

82 小田尚、２０２４年３月14日

83 安倍晋三、２０２１年２月18日／元官邸幹部、２０２３年９月28日

84 元官邸スタッフ、２０２４年１月23日

85 太田昭宏、２０２４年２月14日

86 元官邸幹部、２０２３年12月11日

87 太田昭宏、２０２４年２月14日／ジョン・ダワー著、三浦陽一・高杉忠明訳『敗北を抱きしめて』岩波書店、２００１年

88 官邸スタッフ、２０２０年12月14日／安倍晋三、２０２１年２月18日

89 岩田明子『安倍晋三実録』文藝春秋、２０２３年、79～80頁／元官邸スタッフ、２０２４年１月23日

90 米国務省幹部、２０２４年３月31日

91 安倍晋三、２０２１年２月18日／安倍晋三、２０２１年２月19日／官邸スタッフ、２０１６年７月７日／元官邸スタッフ、２０２４年１月23日

92 「安倍首相の70年談話『評価する』44%　共同通信世論調査」日本経済新聞、２０１５年８月15日

93 「社説」読売新聞、２０１５年８月15日

94 「戦後70年の安倍談話　何のために出したのか」朝日新聞、２０１５年８月15日

95 「〈論点〉安倍談話と戦後70年：北岡伸一、アンドルー・ゴードン、保阪正康」毎日新聞、２０１５年８月21日

96 安倍晋三、２０２１年２月19日

97 第１９５回国会　参議院本会議　第４号　平成29年11月21日

98 安倍晋三、２０２１年２月18日

99 八木秀次「『謝罪の宿命』断った戦後70年談話」《大特集　未完の安倍政治》『正論』２０２０年11月号

100 安倍晋三、２０２１年２月18日

101 元官邸幹部、２０２３年12月11日

102 萩生田光一、２０２３年10月15日

103 元官邸スタッフ、２０２１年２月19日／元官邸スタッフ、２０２３年１月23日

104 外務省幹部、２０１５年10月10日

105 「『おわび当然』中国が声明　70年談話の論評避ける」日本経済新聞、２０１５年８月15日

106 馬立誠「安倍談話：日本は反省を、中国は寛容を」nippon.com、２０１５年８月14日

107 安倍晋三、２０２１年２月18日

108 兼原信克、２０２３年12月11日

109 安倍晋三、２０２１年６月15日

110 John Bolton,The Room Where It Happened A White House Memoir,Simon & Schuster,2020, p. 345

111 安倍晋三、２０２１年７月26日

第8章　平和安全法制

「私の政権は、この憲法解釈を見直します」

「日本は集団的自衛権の行使ができないとの憲法解釈をしている世界で唯一の国です。私の政権は、この憲法解釈を見直します」

２０１３年2月22日。ホワイトハウスの大統領執務室。

安倍晋三首相はオバマ大統領に向かってそう宣言した。安倍が第2次政権で首相に返り咲いてから初めての日米首脳会談である。

憲法解釈を変更すれば、国連平和維持活動（ＰＫＯ）に全面的に参画することができるし、日米同盟でもより大きな役割を果たすことができる。従って、アジア太平洋の平和と安定のためにもなる。安倍はそのように力説した。

「正直言って、こういう政策は国民に人気のない政策でした。しかし、我々は選挙で敢えてこうした政策を訴え、国会で多数を獲得することができました。今後、日米の役割、任務、能力の協議を進めていきたいと思います。日米のガイドラインの見直しもぜひ、検討を進めていければと念じています」

「ガイドライン（日米防衛協力のための指針）」は、日本が外国から攻撃されたときに自衛隊と米軍が作戦の役割分担を決める取り決めのことである。冷戦時代の１９７８年に旧ソ連の侵攻を想定した「日本有事」に備えてつくられた。冷戦後の１９９７年、朝鮮半島有事を想定し、日本が直接攻撃されていなくても自衛隊が米軍の活動を後方で手伝えるよう「周辺事態」を盛り込んだ。今回は、尖閣諸島防衛をはじめとする中国のアジア太平洋の海洋安全保障面での挑戦、さらには宇宙空間やサイバー空間などの新領域の挑戦を踏まえ、安倍は新たな「ガイドライン」の策定を提案したのである。

安倍は、集団的自衛権の行使が可能になることを前提にして会談に臨んだ。

オバマは答えた。

「集団的自衛権は憲法に関わることでしょうから、それは日本国民自身が決めることです。それを日米の防衛態勢の強化につなげるように日米の安保チームに頑張ってもらいましょう」

「ガイドライン」に関しては言及がなかった。[1]

オバマは「北朝鮮がさらに挑発行動に出てくる可能性がある」と話を転じた。

これに対して日米韓の3か国協力の仕組みを発展させることが大切だ、と述べた。

これに関連して、オバマは中国の北朝鮮に対する対応を高く評価した。

オバマ第1期政権の4年間（2009〜2012年）、中国に対し北朝鮮の核とミサイル問題への対応をより厳しくするよう一貫して求めてきた、ようやくその甲斐あって中国は北朝鮮の核実験に関しては公然と批判するようになった、と自画自賛した。

オバマは最後に北朝鮮のミサイル発射を追跡するため日本海沿岸に配備されているTPY−2レーダー（Xバンド・レーダー）に加えて、もう一基配備する必要が生じてきた、と言い、「日本側が、できれば1年以内にそれを設置してもらえればありがたい」と安倍に求めた。「日本海沿岸」とは青森県つがる市の自衛隊車《しゃ》力《りき》分屯基地のことを指す。ミサイル発射を常時、監視するレーダーはミサイル防衛の要である。[2]

安倍は即座に了承した。[3]

と、同時に、安倍はいささか拍子抜けした。集団的自衛権を行使できるように憲法解釈を見直すとの決意表明に対するオバマの反応は事務的であると感じた。

憲法第9条の解釈変更は、戦後の日本の安全保障政策の最大の転換点にほかならない。戦後の自民党政権のどの政治指導者もそこに踏み込めなかった。そこに挑戦しようとしているのに反応が鈍い。

「財産に権利はあるが、自分の自由にはならない、というかつての〝禁治産者〟の規定に似ている」

集団的自衛権は国連憲章において加盟国の「固有の権利」として明記されている。日本も国連加盟後、原則はそのような立場を取った。

しかし、1972年、内閣法制局は「わが国は集団的自衛権を有するが、行使は憲法上許されない」との統一見解をまとめた。1981年、鈴木善幸内閣は衆議院への政府答弁書の中で「憲法第9条の下において許容されている自衛権の行使は、我が国を防衛するために必要最小限度の範囲にとどまるべきものであると解しており、集団的自衛権を行使することは、その範囲を超えるものであって、憲法上許されないと考えている」とした上で、それが行使できなくても、「不利益が生じるというようなものではない」とさらに制約の度合いを強めた。[4]

もっとも、冷戦終結後、集団的自衛権を行使できないことの「不利益」が露呈することになった。

1990〜1991年の湾岸戦争では、財政的支援しかできない日本に対する失望と不満が米国から噴き出した。安倍は、湾岸戦争の時は父の安倍晋太郎衆議院議員の秘書をしていた。日本の財政的な国際貢献がもう少し評価されてしかるべきだと思うとともに、カネだけの貢献しかできない「一国平和主義」の日本が「蔑まれる感じ」を肌で感じた。[5]

しかし、それは日本に問題がある。「憲法という制約を逆手にとって、きれいな仕事しかしようとしない国が、国際社会の目に、ずるい国だと映っても不思議はない」からである。[6]

次は、1993〜1994年の朝鮮半島核危機である。クリントン政権は核開発を進める北朝鮮への圧力をかけるため海上封鎖の意向を細川護熙政権に伝え、北朝鮮への対抗上、敷設する機雷の除去、米空軍機の援護、損傷した米艦船の日本への曳航などの協力要請を行った。しかし、内閣法制局はそのいずれについても集団的自衛権の行使に当たると判断した。斎藤邦彦外務事務次官（1958年外務省入省）は、「これもできない、あれもできないでは日米同盟が壊れてしまう。憲法解釈を変えてください」と内閣法制局に詰め寄ったが、拒否された。[7]

「これもできない、あれもできない日米同盟」の状態にさせている元凶は、内閣法制局の憲法解釈にあり、それを放置している政治にある。安倍はそのように考えるようになった。

1999年4月、衆議院特別委員会で朝鮮半島有事を想定した新ガイドラインをめぐって議論が戦わされた。安倍は与党議員の立場から、1960年に岸信介首相が集団的自衛権について述べた答弁を取り上げ、外相の高村正彦に質した。

岸はここで「日本は自由独立国家としてこれを国際法上持っていると考えていい」とする一方で、集団的自衛権に関しては「学説が一致しているとは思わない。そこには曖昧な点が残っている」と語っている。

安倍は「当時は、法制局長官ではなくて、総理大臣みずからがこの重要な問題について見解を、自分の責任をとるという覚悟で述べている」とも指摘。その上で「わが長州の8人目の総理大臣と言われております高村外務大臣は、この岸答弁に対してどのような感想を持たれるか」と問いただした。

高村は「長州におきましては委員（安倍）が8人目だ、こう言われていると承知しております」とエールの交換に応じた上で答えた。

「現時点での我が国政府の考え方とすれば、学説はいろいろある、それは岸先生が答弁されたとおりでございますけれども、やはり実力をもって阻止するということが、個別的であれ集団的であれ、自衛権の中核的概念である、こういうふうに考えております」[8]

高村はわざわざ「現時点での」政府見解との前提をつけて答えた。

この時の安倍と高村とのやり取りに注目したのが国際政治学者の佐瀬昌盛防衛大学校教授だった。佐瀬は著書の中でこの質疑を紹介した上で、中核的概念でない集団的自衛権の領域や「現時点」でない将来の異なる解釈の余地を示唆したものかどうか、問題を提起し、柔軟でダイナミックな解釈のありようを指し示した。[9]

佐瀬は、90年代初頭、安倍晋太郎に集団的自衛権に関するブリーフをしたことがある。その時、秘書をしていた安倍晋三と初めて会った。「もやしみたいにひょろひょろした線の細い青年」といった印象しかなかった。その後、小泉純一郎政権で安倍が自民党幹事長を務めた時、外交官出身の外交評論家である岡崎久彦（1952年外務省入省）に誘われ、2人で安倍に集団的自衛権の憲法解釈変更の必要性についてレクをした。安倍は尖鋭な問題意識の塊になっており、佐瀬は意を強くした。

その佐瀬にしても、安倍と高村という2人の「長州の志士」がそれから15年後、手を携え、集団的自衛権の行使に道を開くことになろうとは夢にも思わなかった。[10]

9・11テロの後、小泉政権は2001年12月、PKO法を改正し、武器の使用による防衛対象を「自己の管理下に入った者の生命または身体の防護」にまで拡大し、武器等を防護するために武器を使用することも可能にした。

安倍は官房副長官として、この法改正作業に関わった。小泉政権末期、官房長官になった時、安倍は小泉に集団的自衛権の憲法解釈変更を持ち掛けたが、小泉は「オレはやらないから君のときにやれ」と言っただけだった。2006年の自民党総裁選出馬に合わせて出版した『美しい国へ』の中で、安倍は、集団的自衛権に関する「権利はあるが、行使できない」との日本政府見解は、「財産に権利はあるが、自分の自由にはならない、というかつての〝禁治産者〟の規定に似ている」と断じた。

第1次安倍政権では集団的自衛権の憲法解釈変更を政治アジェンダに据えた。政権発足の日、安倍は秘書官たちの初顔合わせを兼ねた昼食会をしたが、その際、「内閣法制局というのは必要あるのかね」と言った。安倍に言わせれば彼らの理屈は「槍が降ろうが、国が侵略されて1万人が亡くなろうが、私たちは関係ありません、という机上の理論」である。政府には国民の生命と財産に対して責任がある。「国滅びて法制局残る、では困る」[11]。

安倍が新たに任命した宮崎礼壹《れいいち》内閣法制局長官（1970年検事任官）は「法曹の世界」出身者だった。内閣官房副長官の的場順三（1957年大蔵省入省）によれば、「真面目一筋で、憲法解釈変更は絶対ダメだ」との立場を頑として変えない。政治主導で憲法解釈を変更するなら「辞めますとかたくなな態度」だった[12]。

安倍は宮崎の国会答弁に異様な嫌悪感を抱くようになる[13]。

的場は、「手を広げ過ぎたら失敗する。急がない方がいい」と忠告し、安倍の熱を「冷ます側」に回った。「第1次安倍政権での私の役どころは『総理、急ぐな、焦るな』と足を引っ張ること」だったと的場は明かしている。要するに〝回り道作戦〟のススメである[14]。

首相の私的諮問機関である「安全保障の法的基盤の再構築に関する懇談会」（安保法制懇）もそうした〝回り道作戦〟の一つだった。座長に柳井俊二元外務事務次官（1961年外務省入省）、座長代理に北岡伸一東京大学教授が就任した。

ところが、2007年7月の参議院選挙で自民党が大敗。安倍は政権運営に行き詰まり、9月、辞任した。福田康夫（衆議院議員、群馬県）が首相に就任したが、福田政権時代、安保法制懇は一度も開催されなかった。

2012年12月、首相に返り咲いた安倍は、直ちに安保法制懇を再招集することにした。自民党は、総選挙で集団的自衛権の行使容認を公約していた[15]。

第1次政権からの5年間、日本を取り巻く安全保障環境は激変した。「憲法解釈の現状と問題点」を洗い出し、「あるべき憲法解釈」を提示してもらう。メンバーは前回の13人に欧州国際政治史を専攻する細谷雄一慶應大学教授が加わった。２０１３年２月、安保法制懇の第１回会合を開催した。

「いや、小松君だ。駐仏大使の小松一郎だ」

２０１３年５月下旬。７月21日の参議院選挙を控え、官邸はあわただしさを増していた。

閣議後、内閣法制局長官の山本庸幸《つねゆき》（１９７３年通産省入省）は杉田和博官房副長官に呼び止められた。内閣法制局長官は、認証官以外で常時閣議への陪席が許される唯一の官職である。

「実は、参院選が終わったら、君には辞めてもらうことになっている」

山本は２０１１年、民主党の野田佳彦政権のときに長官に就任し、自民党に政権交代してからも再任されている。そろそろ交代となってもおかしくはない。

「そうですか。すると総選挙後に、やはり集団的自衛権に取り組むということですか」

杉田は、否定も肯定もしない。

「私の後任は次長の横畠《よこばたけ》くんですか」

内閣法制局次長の横畠裕介（１９７６年検事任官）のことである。

杉田は首をわずかに横に振った。

「では、どなたですか」

「フランス大使の小松君だ。小松一郎だ[16]」

山本は全身に鳥肌が立つ気がした。

山本は言った。

「わかりました。それでは、身を引かせていただきます[17]」

それまで内閣法制局は総務省、財務省、経済産業省、法務省の４省出身者で幹部を構成してきた。25人の法律解釈の専門官が5年任期で働く。長官人事は法制局次長を昇格させるのが慣例である。「法の安定性」という名の下に何よりも継続性を重んじ、人事も内部からの順送り人事を旨としてきた。

しかし、小松一郎（1972年外務省入省）は外交官である。外務省で条約畑が長く、国際法の造詣は深いが、内閣法制局に勤務した経験はない。そもそも内閣法制局は国内法の解釈や審査を担当する部局である。山本に言わせれば、「はっきり言えば国際法の知識など、何の役にも立たない」[18]。

小泉純一郎政権の官房長官時代、安倍は、外務省国際法局長だった小松と岡崎久彦と長官室で何度かこの問題で勉強会を行った。安保法制懇の構想と人選について安倍に助言したのも小松だった。第1次安倍政権で外相を務めた麻生太郎副首相も小松の緻密な仕事ぶりを高く評価しており、安倍に小松の法制局長官への起用を進言していた。[19]

内閣法制局長官に外交官を持ってくる〝異次元〟人事を断行することで、政権のこの問題に関する並々ならぬ決意を示すこともできる。

参院選後の2013年8月8日。小松一郎が内閣法制局長官に就任した。

「内閣総理大臣が従うのは最高裁の判決だけだよ」

小泉純一郎政権の時の2002年8月、公邸の改築工事のため小泉は一時、公邸から立ち退き、仮公邸となった東京都品川区の内閣法制局長官の旧公邸に移り住んだ。[20]

立派な車寄せ。大理石を敷き詰めたフロア、大きな特別食堂。車11台が入る地下駐車場。この内閣法制局長官公邸は、1997年3月に新たに建てられた。延べ床面積1555平方メートル。官邸まで車で約20分で着く。[21]

その豪華さに小泉も安倍も仰天した。ここで法制局長官と歴代の法制局長官だけが集う参与会が毎月、開催されている。あくまで内輪の会合であり、何ら法の定めるところではない[22]。

内閣法制局は、定員77人の小さな組織だが、長官をトップに次長、第1〜4部と長官総務室がある。この組織が、国会に提出する政府の全法案と国会承認を必要とする条約を審査する権限を持つ。

1885年12月、それまでの太政官制に代わって内閣が創設された。その際、内閣に法制局が置かれた。戦前、法制局長官は内閣書記官長とともに「内閣の両番頭」といわれた。敗戦後の1948年、GHQによって「あまりにも理屈っぽく、法律的で、技術的で、しかも強大だ（too logical, too legal, too technical, too powerful）」というので廃止された[23]。

独立後、内閣直属の組織として復活した。法制局長官は閣僚ではないが、現在も恒例の組閣後の首相官邸での記念撮影では最後列に収まっている。ここは、誇り高い、伝統のある官僚機構なのである[24]。安倍は、その豪華絢爛な建造物への違和感もさることながら、むしろその「特権意識丸出しの」組織文化に問題があると感じた。

安倍によれば、この組織のせいで「自衛権の解釈は、戦後70年間、迷路に入っていた。そして、その迷路から出るために、内閣法制局が新たに迷路をつくっていた」。日本の防衛政策は、その迷路に連れ込まれてしまい、そこから抜け出せなくなっている。日本の領土を守るために米軍が攻撃を受けた時、こちらが米軍を助けなければ、その瞬間、日米同盟は終わる。そういう切迫した状況を彼らはどう考えているのだろうか。安倍は解せなかった[25]。

安倍の知恵袋でもあった官房副長官補の兼原信克は「軍事的知識の欠落した法務担当者が、総理、防衛大臣、統幕長、自衛隊とストレートに落ちる軍事作戦指揮権に横から口を出し、自衛隊の運用を恣意的に制約するという事態が頻発した」と、安倍の言う「迷路」の本質を解説した。兼原は「内閣法制局の作戦運用（軍令事項）に関する過剰介入」が「国滅ぶ」事態を招きかねない、と危機感を募らせていた[26]。

兼原が安倍に対して、集団的自衛権の憲法解釈に関連して歴代の内閣法制局長官の憲法第9条解釈答弁を細々《こまごま》と説明したことがある。

安倍はだんだん不機嫌になり、ぶっきらぼうに言った。

「内閣総理大臣が従うのは最高裁の判決だけだよ[27]」

内閣法制局は、本来、内閣を「補佐する機関」に過ぎない。同局設置法では主任大臣は首相であり、内閣が同局長官を任命すると定めている。

しかし、実際には補佐に止まらず、国会でも同局長官が答弁することが多い。

安倍は、そうした慣例をも変えたいと思っていた。

２０１４年の通常国会で、安倍は次のように強調した。

「先ほど来、法制局長官の答弁を求めていますが、最高の責任者は私です。私が責任者であって、政府の答弁に対しても私が責任を持って、その上において、私たちは選挙で国民から審判を受けるんですよ。審判を受けるのは、法制局長官ではないんです、私なんですよ。だからこそ、私は今こうやって答弁をしているわけであります[28]」

この発言に野党は反発した。

民主党の枝野幸男憲法総合調査会長は、「最高権力者なのだから、憲法の解釈をどう変えても良いんだと取られても仕方がない。世界のほとんどの国が立憲主義に基づいている中、非常に恥ずかしい国辱的な発言だ」と自民党の船田元《はじめ》憲法改正推進本部長（衆議院議員、栃木県）に抗議した[29]。

「今回の私の件は、一時預かりです。いずれ大政奉還いたします」

小松は内閣法制局長官に就任した日、職員を前に挨拶した。

「試験官からいつも『赤点』ばかり頂いてきた出来の悪い生徒が突如試験官の側に入れと言われた、または、田舎の地味な学校から親の事情で突然都会の高偏差値校に転校してきたような不安いっぱいの心境です」

「特定の問題」のみが法制局の仕事ではない、とも述べた。集団的自衛権の問題だけに取り組むわけではない、と。

ただ、小松には一つ明確に伝えなければならないメッセージがあった。

最後に小松は言った。

「同時に、内閣法制局は『内閣の』法制局であるので、国民の負託を受けた国会から指名されて行政府の長となっている内閣総理大臣の基本政策・基本方針を十分に、踏まえ、その方針の実現を目指して内閣全体として議論する中で、法制上の観点から遺漏なきを期するよう知恵を絞ることが内閣法制局の使命であるとも信じています[30]」

内閣法制局全体として、さらにそのOBも含めて、小松への風当たりは強かった。

その中で小松が頼りにしたのが法制局次長の横畠裕介だった。

横畠は、1973年司法試験合格、検事出身の法務官僚であるが、1993年に内閣法制局に移ってから20年近く法制局一筋である。

その日、横畠は小松への挨拶をすますと、小松を食事に誘った。

横畠は覚悟を決めていた。

〈けんかしてもしょうがないし、お取り潰しになっても困る。小松さんに手伝っていただいて、この難事業をやり切る以外ない〉

「お取り潰し」は横畠の妄想ではなかった。橋本龍太郎政権の時、衆議院予算委員会で首相と小沢一郎衆議院議員の間の論戦に当時の内閣法制局長官が割って入る形となり、その後、小沢サイドから議員立法で内閣法制局廃止法案が出されたこともある[31]。

ただ、安倍が集団的自衛権の全面行使論にこだわると憲法解釈上、容認するのは難しい。親しくしている高村正彦自民党副総裁は横畠に「安倍はホンネは限定行使論ではないか」と言っていたが、推測に過ぎない。

翌9日、小料理屋で2人は食事をした。

乾杯を交わした後、小松は深々と首を垂れた。

「横畠さん、お世話になります。色々教えていただくことばかりになろうかと思います」

そして、言葉を継いだ。

「今回の私の件は、一時預かりです。いずれ大政奉還いたします、お返しいたしますので、それまでお願いします」

小松は自分は「リリーフピッチャー」だとも言った。[32]

「『一兵卒』として人生を全うしたい」と小松は心の中で誓っていた。

2001年、ワシントン勤務中、その年死去したマイク・マンスフィールド元駐日米大使を追悼するためアーリントン墓地を訪れたことがある。

その名前が刻まれた小さな墓石に生没年月日とPvt. US Marine Corpとだけ記してあった。

1920年代初頭、マンスフィールドはフィリピンに海兵隊員として送られた。上等兵より、その下の一等兵より低い、階級の一番下の海兵隊兵卒。「一兵卒」(Pvt.) の自覚を秘めて生きた真摯な人生に感銘を覚えた。[33]

集団的自衛権の憲法解釈変更と言っても、あくまで限定的行使にならざるをえない。小松は駐仏大使の時も、この問題をフォローし、かつての部下である兼原とも意見交換をする中でそのように考えるようになっていた。[34]ただ、安倍がその点を本当のところどう考えているのか、小松も読み切れず、不安な様子を覗かせた。それに、外務省や官邸の一部が集団的自衛権の全面的行使への突破を小松に託し、期待を高めていることを小松は重圧として感じているように見えた。[35]

「とことん協力します、一緒に知恵を出していきましょう」

横畠が小松を鼓舞すると、元気づけられたようだった。

ただ、法制局長官としての最難関は、集団的自衛権の限定行使を容認する憲法解釈変更をした後、それを法整備に落とし込むときの国会答弁である。国会答弁が内閣法制局長官の正念場である。

「ここは心配なさらないでください」

横畠は、法制局きっての切れ者を小松の国会担当特別補佐の形でつけることを提案した。小松は感謝した。

それを聞きつけた外務省が、小松の補佐として外務省からも人員を送り込みたいとの意向を伝えてきた。

小松が内閣法制局に取り込まれ、骨抜きにされないように外務省の中の〝フルスペック派（全面行使派）〟がお目付け役を送りこもうとしているものと見える。小松はそれを断った[36]。

憲法第9条の解釈変更は、日本の安全保障政策を根本的に変える。内閣法制局としては「法の安定性」をできるだけ損なわずにその法解釈を整備しなければならない。小松と横畠はその難事業に向けて二人三脚で走ることになった。

「内政の失敗は一内閣が倒れれば足りるが、外交の失敗は一国を亡ぼす」

安倍は、集団的自衛権の憲法解釈変更と平和安保法制の制定に向けて、実行計画をつくった。

まず、自民党内をまとめる。党内を固めないと足元をすくわれる。

次に、内閣法制局と足並みをそろえる。過去の国会議員からの質問主意書に対する政府の答弁書がいくつもある。従って、政府のそれまでのさまざまな見解と整合性を保たなければならない。

そして、与党の公明党の理解を得る。

最後に、国会審議を乗り切る。[37]

安倍が、党内固めと公明党の支持を得る難事業を託したのは、高村正彦自民党副総裁だった。

高村は弁護士出身。1980年、衆議院議員に初当選。12期連続当選。安倍とはともに山口県を選挙地盤とし、親しい仲である。法相、防衛相、外相を歴任し、憲法と国際法にはめっぽう強く、弁も立つ。[38]

高村の父の高村坂彦は、戦前の内務官僚で、近衛文麿内閣の時の首相秘書官を務めた。日米戦争の開戦に反対し、戦争突入後も軍の物資を調達する内務省国土局総務課長として戦争遂行能力は皆無と判断し、内相に戦争中止を求める上申書を出した。戦後、衆議院議員となった。「内政の失敗は一内閣が倒れれば足りるが、外交の失敗は一国を亡《ほろ》ぼす」と父が言うのを小学生の時、何度も聞かされた。いずれは外交と安全保障政策に携わりたいと念じてきた。[39]

高村は自民党が野党時代の2012年、党の憲法調査会の勉強会で集団的自衛権の憲法解釈変更に関して話をしたことがある。

その際、高村は1959年の最高裁判所の砂川判決の現代的意義を力説した。

判決では、旧安保条約に基づく米軍の駐留が憲法9条2項の「戦力」にあたるかどうかの点が注目された。最高裁は「戦力」とは「わが国自体の戦力を指し、外国の軍隊は、たとえそれがわが国に駐留するとしても、ここにいう戦力には該当しない」とし、駐留米軍は違憲ではないとの判決を下した。判決は「(国の)存立を全うするために必要な自衛のための措置は、国家固有の権能の行使として当然」と述べた。これは、最高裁が憲法と自衛隊の関係について判断を示した唯一の判決である。

高村は言った。

「憲法の番人である最高裁判所が下した判決こそ、我々がよって立つべき法理であります……。砂川判決は、憲法前文の平和的生存権を引いた上で、『わが国が、自国の平和と安全を維持しその存立を全うするために必要な自衛のための措置をとりうることは、国家固有の機能の行使として当然のことと言わなければならい』と言っています」

「しかも、必要な自衛の措置のうち、個別的自衛権、集団的自衛権の区別をしておりません。ここが大きなポイントであります」[40]

ただ、高村は、集団的自衛権を認める場合、全面的行使容認と限定的行使容認とでは法的扱いが違ってくる、とも述べた。砂川判決に依拠するにしても、集団的自衛権が全面的に認められるわけではない、と論じたのである。

安倍は、この時の高村のプレゼンの切れ味に強い印象を受けた。

「高村さんの理論は分かりやすいですね。根っこから集団的自衛権を認める場合は憲法改正だが、必要最小限度ならば解釈変更でできるということですね」

高村は安倍がこの時その言葉を使うまで、全面的行使容認を「根っこから」と言い表す表現を聞いたことがなかった。[41]

高村は「あれ？」と驚いた。第１次安倍政権の時、安倍が設けた安保法制懇の議論はそれこそ「根っこから」だったので、安倍も「根っこから」派だと思っていたからである。[42]

今回、高村が改めて砂川判決を持ち出したのはもう一つ、安倍が「内閣総理大臣が従うのは最高裁の判決だけだよ」と言っていたこととも関係していた。１９７２年の政府見解よりも１９５９年の最高裁判決に目を向けるべきである、ということである。[43]

２０１４年４月８日の民放番組で、安倍は砂川判決について「個別（的自衛権）も集団も入っている。両方にかかっているのが当然だ」と述べ、判決が認めた「（国の）存立を全うするために必要な自衛のための措置」には集団的自衛権も含まれるとの見解を示していた。

さらにもう一つ、砂川判決を持ち出したのは、芦田修正のように「個別的か、集団的かを問わず、自衛のための武力の行使は禁じられていない」と広げてしまうと、公明党が「とても降りてこない、何か枠がはまっていないと出口がつくれない」と考えたからでもあった[44]。

芦田修正は、1946年8月、憲法改正草案を審議する日本政府憲法改正小委員会において委員長の芦田均が第9条2項の冒頭に「前項の目的を達するため」という文言を挿入する修正を行ったことを指す。この修正によって、個別的、集団的を問わず自衛権は保持できるし、国連の集団安全保障への参加もできるとの憲法解釈論に道を開いた。

高村は飄々として見えるところも含めて、柔らかい印象を与える。「私と高村さんが同じ話をしても、私は袋叩きになるが、高村さんの話は、淡々と受け入れてもらえる。高村さんの魅力は、ニュートラルな立場に見えるところ」と安倍は思っていた[45]。

それは公明党の理解を得る上で、欠かせない「見え方」だった。

安倍は山口那津男公明党代表に「集団的自衛権の行使を主張して、私は総裁になった。参院選でも公約にしている。私の決意は揺るぎません」と伝え、自公のしかるべきチャンネルで協議をしたいと提案し、山口の了承を得た[46]。

「砂川判決に依拠するこうした立論には無理があります」

与党協議は、自民党副総裁の高村正彦と公明党副代表の北側一雄（衆議院議員、大阪府）を中心に行われることになった。

高村と北側はそれまでほとんど接点がなかった。それをつなげたのは自民党の大島理森である。高村とは同じ派閥（番町政策研究所）に属する政治的盟友である。番町政策研究所は、自民党の最もリベラルなハト派である三木武夫の派閥を源流とする[47]。

北側一雄も弁護士出身。1990年初当選。当選10期。国土交通相、公明党幹事長を経て副代表。

公明党は平和主義を標榜する創価学会を支持母体とする。憲法と安全保障政策に関しては党内だけでなく支持母体をも含め幾重にも説明、説得し、合意形成を行う。国会議員も地方議員も下部組織にそうした説明、説得を行う責任を持つ。公明党はそのために説明用のビデオを特別につくっていたが、それを見た菅は「ここまでやるんだなあ」と感心した。[48]

北側が作業を始めるにあたって最初にしたことは１９７２年の政府見解の原文全文を探し出すことだった。それを取り寄せ、何度も読んだ。

次に、集団的自衛権の行使に関する党内合意を作るに当たって、政府答弁や憲法解釈に関する見解をおさらいすることにした。ポイントは、１９７２年の集団的自衛権に対する政府見解をしっかりと理解することである。

２０１４年3月4日、北側は橘幸信衆議院法制次長（１９８２年衆議院法制局入局）を呼んで、勉強会を開いた。橘は「解釈変更の論理」と題するペーパーを示した。

そこには「ロジックＡ」と「ロジックＢ」の２つの考え方が並べられていた。

「ロジックＡ」は、戦力を用いた武力行使を禁じた憲法第９条の下で自衛権が認められるのは、同じく憲法に定められている憲法前文の平和的に生存する権利や13条の幸福を追求する権利を守るためであり、これらの憲法上の権利保障との整合的な解釈の範囲内で集団的自衛権の一部を認める余地がある、とする。これは１９７２年の政府見解の基盤となる法解釈であり、その基本的な論理は、あくまでも「自国民防衛」のための例外的な武力行使である。

これに対して「ロジックＢ」は、憲法とは別個の法規範である国連憲章上の「国家固有の自衛権」に依拠し、この２つの異なる法規範のバランスをとるものとして自衛の「必要最小限度」という量的な概念を援用したものである。しかし、これを伸縮自在に解釈すると「国の存立」を全うするのに「個別的か集団的かという区別をせずに自衛権一般を認めることができる」として、集団的自衛権の容認を正当化することになる。その際、しばしば砂川判決が根拠にされることがある。

橘は、「ロジックA」の方が従来の政府の憲法解釈との論理的な整合性を維持できる、「ロジックB」はこれまでの議論とかなりの乖離をもたらす、との所論を述べた。

砂川判決に関しては、駐留米軍は「我が国が保有する『戦力』に当たらない」ということを述べたに過ぎず、これを集団的自衛権行使容認の根拠にするのは牽強付会といわざるをえない、と断じた。判決から半世紀以上もの間、国会において集団的自衛権の行使の憲法適合性が砂川判決と結び付けて論じられたことはなかった。それなのに今回、政府・自民党部内から集団的自衛権と結び付けられる形でその意義が説かれている――。

「砂川判決に依拠するこうした立論には無理があります」と橘は述べた。[49]

橘は、その翌月、第二議員会館地下2階の会議室で行われた公明党国会議員のための勉強会に報告者として招かれた。北側はじめ公明党の議員の多くは橘を「セカンド・オピニオン」のためのサウンディングボードとして活用していた。議員立法が増えるにつれ衆議院法制局の力を借りることも多くなる。公明党議員にとって頼りになる存在なのだ。

〈政府解釈の変更の党内説得にも我々国会職員が呼ばれるようになったんだな〉

感慨深いものを感じたが、戦後の安全保障政策の最大の転換点である。その時に衆議院法制局として法解釈の面で何らかの役に立てれば「公務員人生の中で一世一代のプレゼンテーション」との使命感を感じた。[50]

高村と北側は2014年5月の連休中に高村が会長を務める超党派の日中友好議員連盟のメンバーとしてともに北京を訪問した。高村は北京市内を車で移動する際、北側に自分と同じ車の隣に座ってもらい、2人だけで話す機会をつくった。

この段階では集団的自衛権の憲法解釈変更については話し合っていないが、日中関係を安定させたいとの共通の思いを互いに確かめ合った。

高村との協議で、北側は、あくまで自国防衛に係る事柄として、「必要最小限の範囲の自衛権の行使」の中に集団的自衛権の限定的な行使を認めるとの立場を取った。要するに集団的自衛権の行使を、国民の生命や幸福追求権が「根底から覆される」場合に限って容認するという立場である。「根底から覆される」という言葉は1972年の政府見解の一部を引用したものであり、自衛隊による武力行使の容認を極めて限定的に定義している。

北側はこれに関連して、砂川判決を「金科玉条にするのはいかがなものか」との考えを述べた。「アレは要するに自衛権はちゃんと持っていますよという話であって、法文（法律の文章）にしていくにはちょっと遠い」と言い、「傍論であって拘束力のある規範ではない」と主張した。[51]

内閣法制局もまた、砂川判決を根拠とする議論は「きわめて唐突であると言わざるを得ない」と受け止めていた。[52]

小松もその立場から、集団的自衛権の行使を国民の生命や幸福追求権が「根底から覆される」場合に限って容認するという案――要するに「ロジックA」――を内々、安倍に提示したが、安倍は「ちょっと厳しすぎるね」と難色を示した。この定義では限定行使の対象が日本周辺の有事に絞られ、シーレーン（海上交通路）の機雷掃海作戦への参画ができなくなることを安倍は懸念した。[53]

「いわゆる芦田修正論は政府として採用できません」

2014年5月15日、安保法制懇は報告書を安倍に提出した。

報告書は最初に、「地球的規模のパワーシフトが顕著となり、我が国周辺の東シナ海や南シナ海の情勢も変化してきている」こと、従って日本の「安全保障政策の在り方をますます真剣に考えなくてはならない」こと、さらには「アジア太平洋の安定と繁栄の要である日米同盟の責任も、さらに重みを増している」ことを特筆した。そして、「憲法解釈の現状と問題点」を点検し、「我が国の平和と安全を維持し、地域及び国際社会の平和と安定を実現していく上では、従来の憲法解釈では十分対応できない状況に立ち至っている」との認識を示した。

その上で、「あるべき憲法解釈」として、今日の日本の安全が「個別的自衛権の行使だけで確保されるとは考え難いため、『必要最小限度』の中に集団自衛権の行使も含まれると解釈して、集団的自衛権の行使を認めるべきである」と述べ、集団的自衛権の行使を容認した。また、軍事的措置を伴う国連の集団安全保障措置への参加については、「我が国が当事国である国際紛争を解決する手段としての『武力の行使』には当たらず、憲法上の制約はないと解すべきである」とし、国連決議に基づく多国籍軍など集団安全保障への参加を容認した[54]。

最後に、報告書は、「そもそも憲法には個別的自衛権や集団的自衛権についての明文の規定はなく、個別的自衛権の行使についても、我が国政府は憲法改正ではなく憲法解釈を整理することによって認められるとした経緯がある」と指摘したうえで、「必要最小限度の範囲の自衛権の行使には個別的自衛権に加えて集団的自衛権が認められるという判断も、政府が適切な形で新しい解釈を明らかにすることによって可能であり、憲法改正が必要だという指摘は当たらない」と結論付けた。

集団的自衛権の行使には憲法改正が必要、としてきた内閣法制局の見解を正面から否定する立論に他ならなかった。

同日。安保法制懇の報告書を受け取った安倍は記者会見を行った。

背後にはパネルが映っている。安倍はそれを見ながら、会見を始めた。

「私たちの命を守り、私たちの平和な暮らしを守るため、私たちは何をなすべきか」

そのように問いかけ、安倍は話した。

「具体的な例でご説明をしたいと思います。今や海外に住む日本人は150万人、さらに年間1800万人の日本人が海外に出かけていく時代です。その場所で突然紛争が起こることも考えられます」

例えば、北朝鮮危機が起きた場合、韓国に住む日本人を救出しなければならない。それを米国の輸送艦にお願いすることもありうる。その米輸送艦を北朝鮮の攻撃から防護することを自衛隊が行うようにすることは当たり前ではないか。安倍は最初に、そのような「邦人輸送中の米輸送艦の防護」のケースを挙げた。自衛隊がそれを行うには集団的自衛権を行使しなければならない。しかし、今の憲法解釈ではそれはできない。だから、それを行使できるように解釈を変更する必要がある、と安倍は説いた。

パネルには、赤ちゃんを抱き幼子を連れた邦人女性と米国人夫婦の絵が配されていた。政務秘書官の今井尚哉が国家安全保障局（NSS）に指示し、急遽、つくらせたものだった[55]。

次いで、安倍は2013年11月、カンボジアを訪れた際、1993年に現地での平和維持活動のための任務中に命を落とした国連ボランティアの中田厚仁さんと高田晴行警視の慰霊碑に手を合わせたことに触れた。

「アジアで、アフリカで……医療活動に従事をしている人たちもいますし、近くで協力してPKO活動をしている国連のPKO要員もいると思います。しかし、彼らが突然武装集団に襲われたとしても、この地域やこの国において活動している日本の自衛隊は彼らを救うことができません」

ここも憲法解釈を変えて、自衛隊が彼らを救出することができるようにする、と安倍は言った。自衛隊をいわゆる「駆けつけ防護」のため派遣することを可能にする、ということである。

こうした措置に対して、日本国内では「日本が再び戦争をする国になるといった誤解」があるが、安倍は「そんなことは断じてありえない。日本国憲法が掲げる平和主義は、これからも守り抜いていきます」と断言した。「対処する法整備によってこそ抑止力が高まり、紛争が回避され、我が国が戦争に巻き込まれることがなくなる」と主張した。

ただ、安倍は安保法制懇の報告書が提示した考え方と政府の考え方の間に「異なる考え方」がある、と述べた。

「一つは、個別的か、集団的かを問わず、自衛のための武力の行使は禁じられていない、また、国連の集団安全保障措置への参加といった国際法上、合法な活動には憲法上の制約はないとするものです。しかし、これはこれまでの政府の憲法解釈とは論理的に整合しない。私は憲法がこうした活動のすべてを許しているとは考えません。したがって、この考え方、いわゆる芦田修正論は政府として採用できません。自衛隊が武力行使を目的として湾岸戦争やイラク戦争での戦闘に参加するようなことは、これからも決してありません」

報告書の考え方が、すなわち芦田修正の延長線上にあり、自衛のための行使のすべてが認められるのに対して、政府の考え方は、集団的自衛権の「行使は必要最小限」であるとして、その違いをあえて浮かび上がらせて見せたのである。

安倍自身は、国会において芦田修正について「確立された定義があるわけではないというふうに承知をしておりますが」と断りつつ、「侵略戦争ではない自衛のための、あるいは集団安全保障のための実力の保持や武力の行使には制限はないとする考え方である」と定義している。[56]

安倍のこの発言に対して、公明党の井上義久幹事長が直ちに反応した。

「報告書の中の『自衛のためであれば、個別的であろうと集団的であろうと、憲法上の制約がない』という主張について、安倍首相は記者会見で、これまでの憲法解釈と論理的な整合性がないと、明確に否定した。それを聞いて、公明党の主張を十分に認識した上での発言だと思った。協議すれば合意できる可能性があると考えた」[57]

安倍の会見を聞きながら、北岡伸一は首をかしげた。北岡は先に記したように安保法制懇の座長代理として、この報告書を起草する上で中心的役割を果たして来た。
〈勘違いもいいところだ……。安倍さんらは本当に報告書を読んでいるのかな……〉
安保法制懇の内部の議論では、砂川判決を集団的自衛権の行使を容認する理論的・判例的根拠に置くべきとの意見もあった。北岡は、安保法制懇の委員たちがなかでも感銘を覚えたのは、田中耕太郎最高裁長官が砂川判決に際して附した「補足意見」だったと述べている。[58]
田中はこの中で「自国の防衛を全然考慮しない態度はもちろん、これだけを考えて他の国々の防衛に熱意と関心とをもたない態度も、憲法前文にいわゆる『自国のことのみに専念』する国家的利己主義であつて、真の平和主義に忠実なものとはいえない」と記した。そして、「一国の自衛は国際社会における道義的義務でもある」と言い、その上で「自衛はすなわち『他衛』、他衛はすなわち自衛という関係がある」と論じた。[59]
それでも北岡は、第2次政権の時の安保法制懇では砂川判決ではなく1972年の政府見解である自衛の「必要最小限度」論に基づいて議論を組み立て、そして、基本的に芦田修正論は取らないとの立場に立つことを確認したとの認識を示している。[60]
ただ、同じ安保法制懇のメンバーだった細谷雄一は、この報告書は「まさに芦田修正のような大転換を想定していた」第1次政権の安保法制懇の報告書より「トーンダウンしたとはいえ……憲法解釈も芦田修正に近い形で変えていこうとしていた」と証言している。[61] 政府側で安保法制懇と連携した兼原信克は、この点に関して法制懇のメンバーは「全面容認論に近かった」が、「最後の瞬間に『これじゃないと政治がまとまらないんです』ということでご納得いただいた」とその内幕を明かしている。[62]
実際、報告書をまとめる段階で、官邸から安保法制懇側に「必要最小限度」依拠の論旨を強めるよう要請があった。
報告書の原文は、「『必要最小限度』の中に個別的自衛権は含まれるが集団的自衛権は含まれないとしてきた政府の憲法解釈は、『必要最小限度』の中に集団的自衛権の行使も含まれると解すべきである」となっていた。
官邸は、この文章の前に「（自衛のための）措置は、必要最小限度の範囲にとどまるべきであるというこれまでの政府の憲法解釈に立ったとしても」を付け加えるように求めた。[63]
要は、従来の政府の憲法解釈では「必要最小限度」の中に集団的自衛権は含まれないと明示的に断じるのではなく、その行使もまた「必要最小限度」の中にとどまるべきであるとし、あくまで「必要最小限度」の枠内に包摂してほしい、要するに従来の政府の「必要最小限度」論に依拠した憲法解釈に挑戦しないでもらいたい、ということである。
〈官邸との内々の〝すり合わせ〟の中で政府のその要望も受け入れ、「必要最小限度」論の枠内に収めたのに、首相の発言にはそうした点がまったく考慮されていないのはなぜなのか……〉
北岡は解せなかった。
ただ、「（憲法解釈で集団的自衛権の行使を容認するとする）結論は同じである」。従って、法制懇としては政府に対する批判も反論もしないことにした。[64]
実は、文案の〝すり合わせ〟は安保法制懇と政府の間だけに止まらなかった。
安倍の記者会見での安保法制懇との「異なる考え方」関連の発言そのものが官邸と公明党との間で〝すり合わせ〟されていた。[65]
高村と北側は事前に安倍の記者会見での発言要領の案文を調整することで了解していた。
文案が北側に届くと、北側は「添削させてください」と高村に言い、自ら筆を入れるとともに橘に「セカンド・オピニオン」を求めた。橘は安保法制懇の報告書には「芦田修正的なものが色濃く残っている」との見解を書き込み、北側はそれを安倍の発言要領に反映させた。安倍は記者会見で、そうして修正された発言要領に沿って発言したのである。[66・67]

「薄皮一枚ですが、それでいいですか」

２０１４年5月16日朝。小松は病院を出発し、官邸に向かった。

安保法制懇の報告書が発表され、集団的自衛権の限定的容認の閣議決定への道筋がついた。次は法案の国会上程の段取りである。

首相執務室。安倍は、小松のこれまでの努力に感謝し、労をねぎらった。

小松は、顔を輝かせた。

「おおむね総理のお望みの仕事は私はできたと思います」

「ここまでほんとうによくやっていただいた、しばらく休養を取ってください」

小松の身体をがんが侵していた。その年1月、小松は虎の門病院に検査入院した。病床を見舞った安倍に小松は「自分の残りの人生をかけて、この責任を全うさせてください」とか細い声で訴えた。[68]

その後、毎週定期的に抗がん剤の投薬治療を施され、鼠径部にカテーテルを入れて人工透析を受けながら、国会で連日厳しい追及に耐えた。

5月13日の夜、小松と杉田と医師団の三者会議があり、腹腔内の末期がんに冒された身であることがわかった。安倍はそれを念頭に「休養」を勧めたのである。

小松は安倍に言った。

「そう言っていただき、ありがとうございます。ただ、私は法案が通るまで、死ぬまでやります。総理のおかげで、私は本望です、これで死ねるなら」

杉田が諭すように言った。

「もういいんじゃないか。ここまでやったんだから。解釈変更のめどが立ったんだから」

杉田は１９７０年代末、小松とはちょうど入れ替わりで駐仏日本大使館に勤務した。杉田は小松の部屋を引き継いだが、棚には小松が記したフランスの内政に関する多数の報告書が並べてあった。丁寧な筆跡、簡潔な文章。杉田はその人柄を偲んだ。それ以来の長い縁である。

安倍が引き取った。

「もうここまでで十分。本当によくやってくださった。小松さん、ありがとう」[69]

小松は5月16日付で、内閣法制局長官退任と決まった。

安倍は小松に改まって聞いた。

「小松さんの後任はどなたがいいですか？」

小松は答えた。

「横畠です」

官邸は、小松の後釜のピンチヒッターとして林肇《はじめ》外務省欧州局長をも検討していた。第1次安倍政権の時の首相秘書官であり、安倍の信頼も厚い。

安倍は「法務官僚で大丈夫かな」とつぶやいた。安倍には法務官僚は「頭が硬い」との先入観がある。

「横畠はもう太鼓判ですから」と小松はなおも横畠を強く推した。

「わかった。小松さんがそこまで言うなら、横畠次長って、僕、よく知らないけど。横畠さんにお願いしようか」

今井からも、法制局の幹部たちも横畠を尊敬しており、統率力にも問題はない、との情報が入っていた。

官房長官の菅義偉も横畠を推していた。経産相の宮澤洋一が横畠と親しいと聞き、宮澤に質すと、横畠についていて「おしゃべりだけど、理路整然、しかし、柔軟。何しろ理屈を考えるのがすごくうまい。それにいろいろ言葉を考えてくれる」と一押しだった。

かれこれ30年ほど前、宮澤は大蔵省証券局総務課に勤めていたが、インサイダー取引規制法を策定する担当となり、法務省刑事局付だった横畠とそれこそ寝食を共にして半年間、法案作りに携わった。その時、横畠が「あの世界にいる人にしては明るいし、楽しい」ことを知った。[70]
最後は、安倍が横畠に極秘に会い、長官就任を要請した。
横畠は安倍に言った。
「でも集団的自衛権は薄皮一枚ですからね。総理、それでもいいですね」
「結構です」[71]
その話を漏れ聞いた国家安全保障局の幹部たちは、「薄皮一枚、すこしでも分厚く、せめて餃子の皮くらいにしてほしい」などと囁きあった。[72]

「北側さんを信じます。それで結構です。細かい文言はお任せします」

2014年6月9日。高村は「国の存立を全うする」という砂川判決の文言を用いた集団的自衛権行使を容認する新3要件の試案を北側に示した。要件の柱は、「我が国の安全に重大な影響を及ぼす可能性があるとき」である。北側はすでに述べたように「国民の生命、自由など幸福追求の権利が根底から覆される」を要件の柱とする立場である。それは、小松が安倍に提示し、小松に代わって法制局長官となった横畠もそれをベースに北側と内々にすり合わせてきた案にほかならない。[73]
北側「平和的生存権が『根底から覆される』というところまで法理でしょ」
高村「それはそうです」
北側「それなら、そこまで書いてください」
高村「『根底から覆される』まで入れるということになると、これは総理を説得しなければなりません。これを入れたら公明党がまとまるということであれば『入れましょう』と私も総理に言いやすくなりますけどね」

北側「これを入れたら、公明党がまとまるなんてそんな簡単な話ではないです」

高村のげんなりした様子を見かねてか、北側が言った。

「これで公明党全体がまとまるというような状態ではありませんが、自分としては全体に納得してもらえるよう努力します」

高村は答えた。

「今まではすべて私の独断でやってきましたが、明日、安倍さんのところに行ってきます」

翌6月10日午後。高村は官邸の首相執務室で安倍に会い、北側から求められた要望を安倍に伝えた。

「北側さんが、閣議決定の文言に国民の権利が『根底から覆される』という言葉を入れてほしいと言って来た」

「北側さんは『それが可能なら、党内をまとめるよう努力する』と言っています」

安倍は迷わずに、応じた。

「北側さんを信じます。それで結構です。細かい文言はお任せします[74]」

「慎重な北側さんが自分としては努力すると言うのですから、大丈夫だと思います」

安倍は大きくうなずいた[75]。

安倍は限定容認でまとめ上げる以外ないと心の中では決めていた。小松が以前、「根底から覆される」という表現を集団的自衛権行使の要件にする案を持ってきたときには「厳しすぎるんじゃないか」といったんは突き返したが、それはいわば〝カブキ・プレー〟だった。

安倍は、小松が横畠とともに内閣法制局として限定容認の方向でまとめ上げつつあったことは知っていたし、高村と北側に任せた与党協議の場で、公明党にどこかで妥協しなければならないことも覚悟していた[76]。

高村と北側の協議には、高村の要望で安保法制懇の事務局を担当していた髙見澤將林《のぶしげ》（1978年防衛庁入庁）と外務省出身の兼原信克の2人の内閣官房副長官補（兼国家安全保障局次長）を加えた。北側はそれでは自分は横畠を加えたいと要望し、5者会合となった。髙見澤は防衛政策課長と防衛政策局長を歴任、兼原は日米安保条約課長と国際法局長を歴任した。いずれも安全保障政策のプロである。

高村も北側も弁護士で論理構成も論旨の運びも緻密だった。そこに横畠も加わり、議論はさらに精緻になった。

「内閣法制局長官が3人いて、議論しているようだね」

髙見澤と兼原はそんな感想を述べあった[77]。

2014年6月13日、高村は「自衛権行使の新3要件」を北側に示し、それを基に調整は進められた。

政治的に、武力行使新3要件は、①我が国と密接な関係にある他国に対する武力攻撃が発生し、これにより我が国の存立が脅かされ、国民の生命、自由及び幸福追求の権利が根底から覆される明白な危険があること、②これを排除し、我が国の存立を全うし、国民を守るために他に適当な手段がないこと、③必要最小限度の実力行使にとどまるべきこと、で決まった。

高村・北側は、この間、表の会合を25回、裏の会合もほぼ同じ回数行った[78]。

憲法解釈に関するこの自公協議の合意文言はそのまま閣議決定に盛り込まれた。

公明党との与党協議の行方が帰趨を決した。高村の起用が功を奏した。北側の公明党内の合意形成がカギだった。

そして、北側がこのプロセスに横畠を組み込んだことがモノを言った。

それは内閣法制局をも守らなければならない横畠にとってもある種のバッファーになった。

閣議決定の前、北側は横畠に「いやあ、これで内閣法制局を救うことが出来ました」と礼を言われた[79]。

安倍はこの時のことを次のように回顧している。

「全面解禁論（集団的自衛権の全面行使）は初めから、無理だと思っていました。しかし、あるべき論としては全面をずっと言っていました。どこかで下ろせばいいと思っていた。下ろしたところで一気に進めよう、と。公明党との交渉において、彼らが勝ち取ったものにしなきゃいけないですしね」

「小松さんはもちろん原理としては全面解禁という考え方なんですが、それはできないと思ってましたから。小松さんは相当心痛されたと思うんですよね。その話をしたのはしばらく経ってからですけど、小松さんは、私の本心を聞いて非常に安心するんです」

「そこでそういう方向が決まって、高村さんも大体そうでしたから。それで、公明党の北側さんとも行けるなということになったんですね[80]」

安倍、菅、杉田、今井が口をそろえて言ったのは横畠こそが平和安保法制制定のＭＶＰだった、という点である。

横畠は内閣法制局の幹部に共通する法律論と訓詁学で「できない理由」を言い立てるのではなく、何ができるかを一緒に知恵を絞ってくれる、と頼りにされてきた。

鳩山由紀夫民主党政権で官房副長官を務めた松井孝治（参議院議員、京都府）は通産省時代、中央省庁等改革基本法の法令審査の際、横畠の審査を受けた時のことを回想している。

「（法案というものは）３時間で書きゃいいんだ。前例とか横並びとか言わずに常識的な日本語で論理的に書けばいい、何を恐れてるんだ」

横畠の言葉に松井は感銘を覚えた[81]。

平和安全法制でもその横畠の「常識的で論理的な日本語」に安倍政権は助けられた。「横畠さんは困ったとき、数学の言葉で言うところの補助線を引いてくれる」と髙見澤は言った[82]。

高村は「憲法の番人である最高裁判所が下した（砂川）判決こそ、我々がよって立つべき法理であり、この法理を超えた解釈はできない」と言い切った。朝日新聞は、高村が砂川判決を根拠にした集団的自衛権の行使容認論で自民党内を「平定」したと書いた[83]。横畠は一切、それを否定しなかった。横畠は1972年政府見解は「砂川判決と軌を一にして」いるという理屈を持ち出し、対決を避けた。橘に言わせると「脇目で見ながら同じ趣旨ですね、間違ってないけど正しくもありませんみたいな」言いようである。

橘は、横畠の仕事でもっとも印象深かったのは「本気で野党議員まで説得しようとする、あの公務員としての矜持」だったという[84]。

小松の「横畠はもう太鼓判ですから」は万感の思いのこもった言葉だったのである。

小松は6月上旬、病院から自宅に戻り、訪問医療と訪問看護を受ける身となった。

妻や息子たちと一緒に、自宅1階の応接室に持ち込んだベッドに横たわりながらスタジオジブリ作品『風立ちぬ』（宮﨑駿監督）を観た。DVDはTSUTAYAから借りた。零戦（零式艦上戦闘機）を設計した航空技術者、堀越二郎の空を駆ける夢と、結核に冒され、夭逝した新妻の菜穂子との愛を描いた映画である。小松はほとんど食を受け付けなくなっていたが、アイスクリームとメロンを口に入れた。映画が終わり、最後の字幕を映しだした。小松は静かに目をつむった。主題歌の荒井由実の「ひこうき雲」が流れていた。

2日後の6月23日未明。「素晴らしい人生だった」という最後の言葉を妻のまりに残して、小松は息を引き取った[85]。

「こんなのはインチキだ！」

2014年7月1日。集団的自衛権の限定容認の憲法解釈の変更が閣議決定されたその日の夜。兼原と河《かわ》野《の》克俊統合幕僚長（1977年海上自衛隊入隊）の2人は、岡崎久彦に東京・乃木坂のビストロに招待された。

ようやく閣議決定に持ち込んだ、みんなで祝杯を挙げようという趣向である。

岡崎は長年、安倍の外交・安全保障政策の助言者の役割を果たして来た。集団的自衛権についても行使容認論の論陣を張って来た。『戦略的思考とは何か』などの著書でも知られる外交評論家である。

「曲がりなりにもこれで集団的自衛権行使を踏まえた安保法制ができる。大きな一歩だ。乾杯！」

岡崎はそのように言い、杯を高々と掲げた。

そして、岡崎は言った。

「次は君ね。台湾だよ」

台湾有事の時、果たして、今回の集団的自衛権の憲法解釈変更だけで日本は対応できるのか？

岡崎は、それを問おうとしていた。

岡崎は『台湾問題は日本問題』（海竜社、２００８年）とのタイトルの著作を出版したことがある。日本の地政学的な最大の挑戦はイラクでも北朝鮮でもなく台湾である、と主張した。その後の「台湾有事は日本有事」を先取りする立論にほかならない。

３か月後、岡崎は鬼籍に入った。[86]

７月15日。火曜日。内閣法制局の参与会がこの日の夜、内閣府の会議室で行われた。

参与会は、毎月１回、歴代の内閣法制局長官を招き、弁当をつつきながら意見交換する場である。原則として第２火曜日に開催する。

横畠が関連法案に関する議題を一つ一つ説明した。最後に、これとは別に集団的自衛権の憲法解釈変更の閣議決定について報告した。

誰も発言しない。すると、宮崎礼壹が声を張り上げた。

「こんなのはインチキだ！」

一同、唖然とする中、宮﨑は閣議決定の内容について非をあげつらった。

宮﨑は、第1次安倍政権の時の内閣法制局長官だった。安倍がこの時、集団的自衛権の行使容認を打ち出そうとしたのを阻止したということで知られている。

宮﨑はそれ以後、参与会には顔を見せなくなった。

宮﨑が法制局長官OBに働きかけ、連名で閣議決定に対する反対声明を出そうとしているとの情報が横畠の耳に入った。横畠は個別に連絡し、連名の声明は取りやめてもらった。

阪田雅裕も反対声明に誘われた一人である。阪田は大蔵省出身（1966年入省）で、宮﨑の前任の内閣法制局長官だった。阪田もこの度の閣議決定には疑問を抱いていたが、声明への署名は断った。

「反対なら個々人がそれを表明すべきだ。各人、それぞれ表現の自由がある、それを止めてほしいとは言えない。しかし、連名となると組織ぐるみの抗議、抵抗かとなる、それはまずい」と判断してのことだった。[87]

2015年5月14日。安倍政権は「平和安全法制整備法案」と「国際平和支援法案」の2つの法案（「安保関連法案」）を閣議決定し、15日、国会に提出した。「平和安全法制整備法案」は、10本の既存の法律の改正法案、「国際平和支援法案」は新規の法制定（恒久法）で合計11本の法律改正案と新法案となる。「国際平和支援法案」は日本が実施する外国の軍隊に対する協力支援活動などを規定している。2014年7月、集団的自衛権の限定的行使を容認する憲法解釈の変更が閣議決定され、これらの法案で具体的に規定された。

平和安保法制には「存立危機事態」と「重要影響事態」という2つの概念が導入された。

「存立危機事態」は、日本が攻撃を受けたときだけでなく、「我が国と密接な関係にある他国に対する武力攻撃が発生し、これにより我が国の存立が脅かされ、国民の生命、自由及び幸福追求の権利が根底から覆される明白な危険がある事態」のことを指す。

一方、「重要影響事態」は、「存立危機事態」よりも緊急性と深刻性は低いものの、それをそのまま放置すれば日本に直接の影響を与える事態を意味する。これは、従来の「周辺事態」の概念を変更して地理的範囲をなくすために用いられた概念であり、そのような事態での米軍などへの後方支援をできるようにすることを重要な目的としている。従来は、国連平和維持活動（国連ＰＫＯ）への参加のみが自衛隊には認められていたが、今回、国連が統括しない、ＮＡＴＯやＥＵによる非国連統括型の集団安全保障活動への参加へも道を開いた。[88]

「存立危機事態」という言葉を考案したのは、横畠だった。[89]

「本来なら台湾有事で存立危機事態が適用されるという議論をしなければいけなかったのかもしれない」

国会での法案審議は、山あり谷ありのローラーコースターのような展開となった。４月末、安倍が米議会の演説で「（平和安全法制を）この夏までに、成就させます」と宣言したことに岡田克也民主党代表はじめ民主党の幹部たちが硬化した。民主党は「安保法制の全てに反対ではないが、安倍にだけはやらせない」として、安倍安保法制に全面的反対姿勢へと傾斜していった。

さらに政権に打撃となったのは、６月４日に衆議院の憲法審査会において参考人として招かれた３人の憲法学者が、そろって集団的自衛権の行使容認を「違憲」とする見解を表明したことだった。

自民党推薦の長谷部恭男早稲田大学教授は「集団的自衛権の行使が許されるという点は憲法違反だ。従来の政府見解の基本的な論理の枠内では説明がつかない。法的安定性を大きく揺るがす」と陳述した。

維新推薦の笹田栄司早稲田大学教授も「自民党と内閣法制局は（合憲性を）ガラス細工と言えなくもないぎりぎりで保ってきた。今回、踏み越えてしまっている。違憲だ」と発言した。

自民党は、長谷部が特定秘密保護法については「こちら側」の発言をしたということで推薦したのだが、長谷部の集団的自衛権に関する所見について事前に精査せず、合憲論を述べてくれると期待していた。[90]

与党・自民党の参考人から「憲法違反」と言われたら政権としても立つ瀬がない。それまで押され気味だった野党は長谷部発言以後、一気に元気づいた。[91]

官邸は、内閣法制局長官の横畠に火消し役を期待することになった。

２０１５年6月10日の衆議院安保法制特別委員会で、横畠は答弁した。

「今回のいわゆる集団的自衛権についての解釈のポイントというのは、ごくごく、その結論だけ申し上げますと、いわゆる国際法上認められている集団的自衛権一般、フルセットと言ったりしますけれども、それを認めようというものではございません。そのような集団的自衛権一般を認める、別の言い方をすれば、他国防衛のために我が国が武力を行使する、そういうことをするためには、やはり憲法改正をしなければそれはできないという考え方は私自身も変わっておりませんし、昨年（２０１４年）の閣議決定において、政府としてそのような考え方は維持していると理解しております」

国会審議の終盤では、安倍がパネルで説明したペルシャ湾のホルムズ海峡での掃海作戦が集団的自衛権の限定行使として容認されるのかどうかをめぐって質疑が交わされた。政府部内には、ペルシャ湾の機雷掃海作戦は容認ケースから落としてはどうかとの意見もあったが、安倍は残すことにこだわった。[92]

安倍の脳裏にあったのは、１９９０～１９９１年の湾岸戦争が終わって、クウェート政府がワシントン・ポスト紙に掲載した「アメリカと地球家族の国々ありがとう」と題した感謝の全面広告だった。日本は湾岸戦争では１３０億ドルもの国際貢献をしたにもかかわらず、その広告の「国々」の中に日本の名前はなかった。「このとき日本は、国際社会では、人的貢献抜きにしては、とても評価などされないのだ、という現実を思い知ったのである」と安倍は記している。[93]

ペルシャ湾からの石油や天然ガスの輸入とエネルギー安全保障を考えた時、事実上、停戦状況になっている状態の中、機雷を掃海する必要性は起こりうる。ただ、機雷の掃海も国際法的には戦闘行為だとみなされる。従って法的には掃海活動は、集団的自衛権の行使、それも「限定的かつ受動的な行使」に当たる、「必要最小限度の範囲内にとどまる」との点を安倍は何度も国会審議の席で説明した[94]。

パネルを用いての国民への説明は、首相自らのこの法案に掛ける意気込みを示し、国民への説明責任を果たすという意味で有益だったと好意的に受け止める声もあった。

その一方で、日本に戦火が及ぶ恐れがなくても国民生活に深刻な影響がある場合には武力によって対処するというのは、「石油の一滴は血の一滴」とか「満蒙は我が国の生命線」とかいった言葉を思いおこさせると批判する意見も表明された[95]。

ただ、安倍がペルシャ湾・ホルムズ海峡に焦点を合わせたのは、日本の近隣地域に焦点を当てすぎないようにするための〝ステルス作戦〟でもあった。

この点に関して、官邸幹部は次のように告白した。

「要するに、わざわざ遠方に焦点を当てたわけですね。本来なら台湾有事で存立危機事態が適用されるという議論をしなければいけなかったのかもしれない。しかし、それはなかった。それである種、外交的には楽になったんです。中国、韓国から議論を吹っかけられることはなかったんですね。逆に言うと、本当に存立危機事態を使うとは何なのかという議論をある種、回避しちゃったところもある。回避するようにしたのですから[96]」

「台湾有事で存立危機事態」は外交的にあまりにも敏感すぎた。それに内政的にも「そんなことをすれば公明党はついてこれない[97]」。

台湾有事が重要影響事態なのか、それとも存立危機事態なのか、をめぐっては法案審議の過程で質問された。

2015年9月4日の参議院安保法制特別委員会で、社民党党首の吉田忠智参議院議員（比例区）がこの点を中谷元《げん》防衛相（衆議院議員、高知県）に質したが、のらりくらりの答弁で要領を得ない。

吉田は「大臣が答えられないのであれば、法制局長官、答えてください」となおも食い下がった。

横畠が答弁に立った。

「法律は規範でございます……あらかじめ類型的に当たる当たらないということを申し上げることは難しいということでございます[98]」

7月16日の衆議院本会議で、集団的自衛権の行使容認を柱とする安全保障関連の11法案（平和安全法制）は、民主、維新、共産など野党5党が退席、欠席する中、「強行採決」で可決された。9月17、19日、参議院安保法制特別委員会・本会議でも同様に「強行採決」で可決された。

阪田雅裕は、これらの法改正について「他国軍隊に対する後方支援の見直し、PKOの業務拡大等、従来から検討課題とされてきた自衛隊の海外での活動の態様を大幅に見直したいわば在庫一掃セールスでもあった」と記している[99]。

批判派を代表する朝日新聞は「戦後の歩み覆す暴挙」（2015年7月16日）との見出しの社説を掲げ、採決は「立憲主義への反逆」であり、「戦後日本が70年かけて積み上げてきた民主主義の価値に対する、重大な挑戦」と激しく批判した。

安倍は、首相退任後のインタビューで、平和安全法制の制定によって「米軍の航空母艦や爆撃機を日本の戦闘機やイージス艦などが防護できるようになった」と指摘し、「いまや1年間に15〜16回もその任務を果たしている。日米同盟の実態を強化する上で大きな意味があった」と胸を張った[100]。

高村と北側をつなぐきっかけをつくった大島理森は、平和安全法制の制定に感慨ひとしおだった。

大島はかつて湾岸危機・戦争の時、海部俊樹政権の官房副長官を務めた。危機に当たっての国際貢献のため海部政権は国連平和協力法案をあわただしく作成したが、与党内の調整に苦しみ抜いた。大島自身、海部同様、護憲論者だったが、護憲を叫ぶだけでは日本丸のかじ取りが難しくなったことを痛感させられた。

大島はそれでも安倍の憲法第9条改憲には距離を置いていた。

「平和安保法制は実質的な憲法改正でした。だから、私も悩みました。公明党はもっと悩んでいた。外交、安全保障、憲法論に関する彼らの理念とどう折り合いをつけるか、その苦しみを彼らは乗り越えた」

その上で大島は付け加えた。

「平和安全法制は安倍政治のものすごい大きな遺産だと思います。安倍政治は、日本とは何か、日本国家とは何か、日本人とは何かということを問い続けた政治だったとつくづく思う[101]」

それは実質的な憲法改正には違いなかった。

そのことを安倍は、どうとらえていたのか？

２０１７年夏のことだが、大島は安倍と改憲について話した。

改憲は国会自らが発議しなければならない。与野党の合意なしには話は進まない。議長になって2年がすぎ、各党の主張の近いところと遠いところが見えてきたように大島は思った。

「解散権の制限などの統治機構改革」や「緊急事態における立法府のあり方」に議論を集中すれば合意の可能性があるのではないか。憲法は身近な基本法であると認識してもらうことが大事だ。天皇の退位に道を開いた特例法改正では議長として汗をかいた。憲法改正でも同じように議長として手伝えることがあるのではないか。

大島は、こうした「身近な基本法」アプローチによる憲法改正を安倍に提案した。

安倍は答えた。

「やはり9条です」

安倍にとっては憲法改正ならどんな改正でもいい、ということではない。自衛隊を憲法に明記し、違憲論に終止符を打つ。

この話はなかったことにした[102]。

「おい、ちょっと待て。これって1回目だから記念写真を撮ろうじゃないか」

話は再び、２０１４年初頭に遡る。

２０１４年1月16日。この年初めての国家安全保障会議（ＮＳＣ）の4大臣会合が開かれた。ＮＳＣは前年12月に設置されたばかりである。

同月、安倍政権は「国家安全保障戦略」を発表し、国家安全保障戦略を貫く基本思想として「積極的平和主義」を打ち出した。「一国だけでは自国の安全を守ることのできない時代」の到来を前に新たな安全保障政策を追求することにしたのである。この言葉は、安倍の側近が言ったように「自分だけで平和は守れない。仲間を助けないと仲間が助けてくれない、そういう重要なキーワード、でっかい言葉」だった。

それはまた、湾岸危機・戦争の時、露わになった戦後の「一国平和主義」の限界を克服し、そこから決別するとの宣言でもあった。[103]

ＮＳＣは、国防の基本方針、国家防衛戦略、武力攻撃事態や存立危機事態への対処方針、重要影響事態への対処重要事項、自衛隊の活動に関する重要事項、そして、国家安全保障に関する外交政策及び防衛政策の基本方針などを審議する。

そのため、４大臣会合、９大臣会合、緊急事態大臣会合と３つの会合を開催するが、中心は首相、官房長官、外相、防衛相で構成する4大臣会合である。

国家安全保障会議と国家安全保障局の設置は安倍が第1次政権で試みたが、不発に終わった。外務省、防衛省とも自らの権限を官邸に侵食されると見て消極的だった。警察庁は自衛隊の政治的復権につながるのではないかと警戒し、非協力的だった。内閣法制局は、閣議を主宰する以外の権限を首相に与えることはできないといって当初、抵抗した。[104]

それだけに第2次政権で再登板した際、安倍はNSCの設置には特別に強い思いを持って臨んだ。最初の4大臣会合を前に安倍は麻生太郎に財務相としてではなく副首相として特別に加わってもらうことにした。麻生は首相経験者である。外交と安全保障を大所高所から見てもらいたい[105]。

　この会議の事務局が官邸直属の政策立案部門の国家安全保障局（NSS）である。安倍はここのトップの国家安全保障局長に元外務事務次官の谷内正太郎を起用した。

　初回の4大臣会合の際、麻生は「副総理」と記された名札の置かれた席に案内された。長方形のテーブルのコの字の狭い方の端に安倍が座り、長い方の左隣が麻生、そして岸田外相。右隣が菅官房長官、そして小野寺防衛相の席次となった。

　大臣会合は、谷内が司会をすることになっている。谷内が開会を宣言しようとしたところで、麻生が待ったをかけた。

「おい、ちょっと待て。これって1回目だから記念写真を撮ろうじゃないか」

「いや、ここは非公開ですから……」

「別に言葉を出すわけじゃない。写真を撮るだけだ。統幕長がここにいないといけないんだよ」

　首相と4人の大臣が着席のままカメラの方に向いた。

　麻生が再び、遮った。

「統幕長、こちらに来てください。岩崎（茂）統幕長、こっちへ」

　制服姿の岩崎茂（1975年航空自衛隊入隊）も入れて撮影しようとしたところで、麻生が注文を付けた。

「統幕長、何かを総理に説明してください。フリですよ、フリ」

　岩崎が何かを説明しようとすると、再び、注文がついた。

「もう少しさ、本当に説明するような感じで[106]」

ＮＳＣ４大臣会合のときに「軍人がどこかにいなければならない」と麻生は考えたのである。従って、「姿が見えなければいけない」。
岩崎だけが立ったまま、安倍に何かを説明している。小野寺の隣に杉田和博官房副長官の姿が半身だけ写っている。自衛隊のトップとともに官僚機構のトップも配したのである。
小野寺は、その光景を見ながら、〈安倍さんと麻生さんは、ホワイトハウスのシチュエーション・ルームのようなものをイメージしているんだな〉と思った。[107]
写真は会議後、公開された。この写真は、戦後、初めて、首相官邸に外交と防衛・軍事を閣僚レベルで総括する機能が生まれたことを象徴する一枚となった。[108]

安倍は、政策の選択肢とそれぞれのプラスマイナスを提示し、それを議論するように促した。

麻生は一切、手元の紙は見ずに自由に発言する。

小野寺があるとき、サウジアラビアをめぐる安全保障環境について説明した。小野寺は防衛省事務方が用意したペーパーを読み上げたが、終わると、麻生が「オレはそうは思わねえ」と言った。麻生は首相の時、同国の国王や防衛相と会談した内容を踏まえて見解を述べた。小野寺も「確かに私もそういうイメージがあります。ただ、防衛省がつくってくれた紙がこうなっているんで……」。そこから自由討議になった。

麻生はまた、陪席するスタッフに突然、質問することもある。彼らは臨機応変に答えなければならない。官僚の専門性と見識が試される。

「麻生さんがいると、アドリブでいろいろ聞かれる。あそこへ入ったらもう出たとこ勝負。答えられるようにしておかねばならない。緊張感がありましたね」と小野寺は振り返った。[109]

４大臣会合が始まってしばらくしたところで、安倍は出席者に発言要領を読まずに、議論してほしい、と要望した。

放っておくと閣僚たちがまた下を向いて「発言要領」を読んでいる。

官僚が閣僚の「発言要領」をつくる。場合によっては「ト書き」まで準備する。セリフ以外の表情や動作のことだ。それだけではない。閣僚に上げられる紙には「自由討議」の欄があるが、そこにまで「発言要領」が書かれ、閣僚がそれを棒読みする。

安倍と麻生が試みたのは、霞が関に沁みついた会議の形骸化の打破だった。[110]

「全員、国家官僚として働いてください」

谷内は、第1次政権の時の外務事務次官として安倍の外交を支えた。安倍の命を受け、谷内は中国の戴秉国外務次官と秘密交渉し、安倍の訪中と日中の「戦略的互恵関係」のお膳立てをした。安倍は政権発足後、谷内を内閣官房参与に迎えたが、国家安全保障局長に起用することを早くから決めていた。谷内は就任した時は70歳。外務省を退官してから6年を経ており、霞が関の各省事務次官の年次よりはるかにシニアだった。[111]

谷内は防衛省や警察から「話しやすいし、話を聞いてくれる」と頼りにされた。防衛省の幹部からは「あの人は防衛省より防衛省的」と見られていた。「彼なら外交・軍事・情報を一つにまとめることができる」と安倍は期待した。[112]

谷内は、東京大学1年生の時、防衛研修所（現・防衛研究所）の教官をしていた国際政治学者の若泉敬たちが創設した「土曜会」という読書会に参加した。

若泉は国を思う烈烈たる国士だった。谷内はそこに惹かれた。その後、大学院を修了し、外務省に入省したが、谷内は若泉の自宅に1年間、居候として下宿した。入省の合格を報告した際、若泉は谷内に言った。

「外務省では一切、私の名前や私との関係を口にしてはならない……私は毀誉褒貶のある人間だ。外務省では私のことをよく言わない人の方がむしろ多い」

それまで見たことがないような恩師の険しい顔だった。

後に知ることになるが、谷内が入省した1969年、若泉は佐藤栄作首相の「密使」として沖縄返還交渉に奔走していた。若泉は1994年、『他策ナカリシヲ信ゼムト欲ス』（文藝春秋）と題する回想録を刊行し、その時の秘密交渉で有事の際に沖縄に核の持ち込みの極秘の合意議事録があったことを暴露。その2年後、自決した。

谷内の下の局次長には、髙見澤と兼原が就いた。なかでも兼原は、第1次安倍政権で外務省総合政策局総務課長としてNSC創設準備に関わり、今回も創設作業を担当した。「日本の政権中枢の脆弱性と不正常な政軍関係は、日本の憲法体制、統治機構の根本的な欠陥である」と痛感していた。[113]
2人の次長の下に3名の審議官を置いた。山﨑和之（1983年外務省入省）、武藤義哉（1983年防衛庁入庁）、そして長島純（1985年航空自衛隊、空将補）である。山﨑は麻生政権の時の首相秘書官を務めた。長島はベルギー防衛駐在官（NATO担当）や情報本部情報官を歴任した。
当初、国家安全保障局（NSS）の人員は67名で発足した。防衛省が36人（うち自衛隊13人）で最も多く、次が外務省20人、警察庁7人と続いた。
自衛隊が官邸中枢にこのような形でポストを得るのは初めてのことだった。
陸海空自衛隊とも30代から40代の俊秀をスタッフに送り込んだ。谷内は自衛隊が「ハンモックナンバーの1番、2番」を送り込んできたことに意を強くした。[114]
NSSの仕事始めの日、谷内は全員を前に言った。
「みなさんは、今日、この日から、外務官僚、防衛官僚、警察官僚ではありません。全員、国家官僚として働いてください」「つまらない縄張り意識は絶対に許さない」「国家官僚としての自覚を持ってもらいたい」

そうした言葉を谷内は、それからも一再ならず、発することになる。[115]たこつぼと縄張りを本当に打破できるかどうか。国家安全保障体制を確立できるかどうかのすべてはそこに帰着する。ＮＳＣを司令塔にできるかどうかは、兼原の言う「日本の憲法体制、統治機構の根本的な欠陥」を克服する挑戦にほかならなかった。

「制服は脱がなくてもよい」

「官邸で働くに当たっては制服を着用してほしい」

審議官の発令を受けた長島は、勤務を始めるにあたって官房副長官の杉田和博からそのように告げられた。心が躍った。

谷内は国家安全保障局（ＮＳＳ）発足の日、ＮＳＳ勤務となった自衛官に対して「制服は脱がなくてもよい」と指示した。[116]

戦後、長い間、自衛官が制服で首相官邸を訪れることは禁忌《タブー》だった。[117]

湾岸危機の時、海部俊樹首相は自衛隊幹部がひんぱんに官邸に来るようになったことを不快に感じ、「制服をあまり官邸に近寄せるな」と指示した。そうしたタブーを変えようとしたのが橋本龍太郎首相だった。橋本はかねがね、「最高指揮官が総理大臣である限り、首相と制服の間の距離があるのはよくない」と考えていた。[118]

自衛官が首相官邸に表門から入ることを許されるようになったのは橋本内閣からである。第２次安倍政権で、初めて制服を着た自衛官が普通に首相官邸を出入りするようになった。[119]

自衛官の制服着用は、安倍の指示によるものだった。

首相執務室の安倍の机の上には、金色の五桜星を埋め込んだ漆黒の自衛隊最高指揮官の指揮棒が常に置かれている。「首相は外交と軍事の責任ある司令塔でなければならない」と安倍は信じている。安倍にとって、自衛官が官邸で勤務するとき、制服を着用するかどうかは、自らが最高指揮官を務める自衛隊の正当性に関わる事柄なのである。[120]

それは同時に、自衛隊と、そして日本という国家の名誉にかかわる事柄であると安倍は考えていた。

第２次政権で防衛相に就任した小野寺五典が、安倍から最初に受けた指示は、自衛隊の統合幕僚長に対する叙勲授与だった。

従来、防衛省の叙勲対象者は、事務次官経験者のみに限られていた。安倍は自衛隊のトップの統合幕僚長もその対象に加えるべきだと提案した。その年（２０１４年）から統合幕僚長を一定期間以上勤め上げた経験者は70歳に達した後に瑞宝大綬章が授与されることになった。[121]

安倍は１９５４年生まれ。その年自衛隊が創設された。そういうこともあり、安倍は自衛隊のことを「自分の人生のように思っていた」と小野寺は言う。[122]

統合幕僚長を密かに官邸に呼び、ブリーフを受けることも多かった。岩崎茂統合幕僚長は民主党政権から自民党政権に代わってからも引き続き統幕長を務めたが、何度も官邸の裏口から執務室に通された。国家安全保障会議（ＮＳＣ）の４大臣会合は通常、月に２回開催されるが、安倍は開催されない週に統幕長を招くことが多かった。[123]

２０２０年のことだが、山崎幸二統合幕僚長（１９８３年陸上自衛隊入隊）は終わったばかりの日米の共同軍事演習の成果を安倍に報告した。

安倍はちょっと考えて言った。

「実はこの演習というのは自衛隊の演習ではなく政府の演習なんだよね、政府全体の」

そして、付け加えた。

「これ、オレがやらなきゃいけないんだ。オレの演習だ」

もっとも、この年はコロナ危機のさなかということもあって「政府全体の演習」はできなかった。[124]

「外交と軍事を総括し調整する司令塔が、近代日本史上、初めて官邸内にできた」

国家安全保障局長の創設は、首脳の国家安全保障担当補佐官（ＮＳＡ＝national security advisor）を置くことで、有力国のカウンターパート（相手）と首脳の意を受けた深い政策協議と秘密交渉を行うことを可能にした。髙見澤の表現を使えば〝カウンターパートナーシップ〟の構築である。

２０１４年４月にオバマ米大統領が国賓で訪日する。まずは、ホワイトハウスのＮＳＣ（国家安全保障会議）のスーザン・ライス国家安全保障補佐官（ＮＳＡ）と会う段取りをつけ、その後、中国と韓国のカウンターパートと協議する。それから、ロシアとオーストラリア、インドともそうした関係をつくりたい。[125]

ライスとの関係を築くのには思った以上に苦労した。

最初にライスに会ったのは国家安全保障局長になる前、内閣官房参与の時だったが、彼女は谷内が話すのを瞬きもせずに聞いている。谷内は心配になり途中で、「私の英語、わかります？」と聞いたところで彼女は初めて笑顔を見せた。１時間足らずの会話の中で、谷内は「私の英語、わかります？」を２回、繰り返す羽目になった。[126]

当初、ホワイトハウスが国家安全保障局長を米国の国家安全保障担当補佐官（ＮＳＡ）と同格に扱うかどうか、定かでなかった。米国のＮＳＡは閣僚を招集して国家安全保障会議（ＮＳＣ）を主催する権限を与えられており、閣僚よりワンランク上である。それに比べて日本の国家安全保障局長は閣僚より2ランクほど下に位置する。谷内は国家安全保障局長に就任した時、杉田官房副長官から「キミはボクの下だからね」と念を押された。[127]

それでもライスは谷内をカウンターパートとして扱った。

トランプ政権になってからも、マイケル・フリン、H・R・マクマスター、ジョン・ボルトンと歴代のNSAといずれも良好な〝カウンターパートナーシップ〟を築いた。マクマスターはNSAに就任した時、谷内に電話を寄こし、「自分は欧州のことは知っているが、アジアのことはよくわからないのでぜひ、教えていただきたい。あなたのよき生徒になりたい」と言った。谷内は、マクマスターの謙虚な人柄に惹かれた。ボルトンもしばしば谷内に電話を寄こした。

谷内が次に狙いを定めたのが、中国国務院の楊潔篪《ようけつち》国務委員との〝カウンターパートナーシップ〟だった。2015年7月17日、北京訪問の際は、李克強首相にも表敬訪問した。[128]この時は、その足でモンゴルを訪問したが、サイハンビレグ首相が遠隔地から10時間かけて急遽、ウランバートルに戻り、夜9時過ぎ谷内と会談した。[129]

〈中国の対応を見てのことなのか〉

と谷内は思った。[130]

安倍は、国家安全保障局長の首相に対する毎週の定例ブリーフィングの日程を組み込んだ。国家安全保障局（NSS）から外務、防衛、警察の情報（インテリジェンス）系統への情報と分析の発注が頻繁に行われるようになった。

髙見澤は、NSSが始動してから政府内の安全保障政策決定過程に変化が生まれたと感じた。

第1に、外務省と防衛省、さらには警察の間の横の情報の流れがよくなった。「共有すると損する」から「共有すると得する」への変化である。谷内は、同じことを「大切な情報は共有しないとその責任はあんたにあるよね、という共通の意識が生まれてきた」と表現した。

第2に、情報と知識を共有して議論することができるようになった。髙見澤の表現を使えば、「アイ・コンタクト」しながら議論する組織文化の醸成である。

設立後1年ほどすると、国家安全保障局長を中心とする「アイ・コンタクト」集団が生まれた。国家安全保障局長、局次長（2名）、内閣情報官、外務省総合政策局長、防衛省防衛政策局長、自衛隊統合幕僚長である。このインナー・コアグループに自衛隊統幕長が入ったことは画期的だった。安倍政権では河野克敏統幕長の存在が大きかった。河野は安倍政権の下で異例の3期（2014〜2019年）にわたって統幕長を務めた。

第3に、政策当局がどのようなインテリジェンスを求めているのかを明確にすることができるようになった。漫然と情報を求めるのではなく、ある政策を探求するに際して必要な情報を特定して要求する。情報系統から上がってくる「切れ切れの情報」を繋ぎ合わせ、重ね合わせることで、全体像が見えてくることもある。どこのパズルが欠けているということもわかる。「何を知っているか」だけでなく「何を知らないか」を知ることもできる[131]。

省庁間の縄張りや情報・インテリジェンスのタコツボ化、長期プランニング機能の弱さ、経済安全保障の位置づけの不確かさなど課題はなお多いが、それでも兼原が記したように「外交と防衛、より端的に言えば、外交と軍事を総括し調整する司令塔が、近代日本史上、初めて日本の総理官邸内にできた[132]」。

兼原は、国家安全保障局が設置されるとき、古川貞二郎元官房副長官に助言を求めた。

「初代はいい、みんな一生懸命やる。しかし、3代目になると形式化してくる。そのうち形骸化する。いかにそうさせないようにするかだね」と古川は言った。

高見澤は、NSSが設置された頃、防衛省の先輩から「君たちね、一生懸命つくったのはいいけど、すぐ総理も官房長官も代わるから、まただめになるよ」と忠告された[133]。

しかし、首相と官房長官は鉄壁のコンビを組み、長期政権をつくった。

谷内は、次のように述べている。

「国家安全保障局で揉んで、総理と官房長官の意向を汲んで、総理と官房長官に流してというプロセスをつくった。大きな問題の場合は4大臣会合を使った。この政策過程を明確化し、効率化した。かつては省庁が睨み合ったまま、課長レベルから上に届かない、時間がかかるということもあったが、国家安全保障局が出来てからそれはなくなった[134]」

もう一つ、岸田文雄外相が国家安全保障局の活動、なかでも局長としての谷内の活動に協力的だったことが大きい。

国家安全保障局長が米国、中国、韓国などのカウンターパートと会談する際、彼らはそれぞれの国の「権力の梯子」で外相より上位の場合がある。その時、外相が、なぜ、国家安全保障局長が相手国の外相より上の要人に会うのか、本来、それは自分が会うべき相手だろうとむくれるようだと、物事はややこしくなる。岸田の場合、それはなかった。相手のカウンターパートが来日する時など、岸田は「僕も会いたいけど、会っても大丈夫か」と谷内に聞いた。

「国家安全保障局長の任務を果たす上で、外務大臣（岸田）の人柄にものすごく助けられた」と谷内は言うのである[135]。

安倍は退任後、国際政治学者の田中明彦のインタビューに答えた。

田中「かつて外務省のOBから、日本の外交政策というのは、課長と局長と次官の3人の合意のことなのだと聞いたことがあります。それが安倍政権で大きく変わりました」

安倍「NSCがなければ官邸外交は成り立たなかったと思います[136]」

「財務大臣はきちんと入っておくべきだと思いますけどね」

兼原は、「国家安全保障局の誕生とともに、日本政府に安全保障に関する新しい組織文化が生まれた」と記している[137]。

にもかかわらず、兼原は「NSCの完成度はまだまだ4合目である」と指摘し、「残された問題」として経済安全保障、自衛隊を支える文民政府側の有事対応準備、グレーゾーンにおける武器使用問題、シーレーン防護とエネルギー安全保障、サイバー・セキュリティーなどを挙げている。

麻生は、国家安全保障会議が審議、すなわち協議の場ではなく意思決定の場になり切れているかどうか、の課題を挙げた。具体的には、4大臣会合に財務相を入れ5大臣会合にすべきである、と主張した。

「カネなくして戦争はできませんし、戦争をさせないための抑止力の軍備もできません。だからそこは間違いなく財務大臣はきちんと入っておくべきだと思いますけどね」[138]と安倍を促したが、「安倍さんは何となく財政問題による議論の制約を外したいというお気持ちが強かった」。

兼原は、国家安全保障会議（ＮＳＣ）と国家安全保障局（ＮＳＳ）の創設は、「戦後日本でかしましく言われた『自衛隊を動かさない』という形式的で静的なシビリアンコントロールだけではなく、有事において政治指導者が、政治と外交の枠内で、死地に赴く25万人の自衛隊員をきちんと戦略的に指導し、運用するといった実質的で動的なシビリアンコントロールの確立を目指すものである」と記した。[139]

このシビリアンコントロールにおいて防衛予算措置はきわめて大きな意味を持つ。

麻生は、財務相を4大臣会合に加え、最初から利害関係者（ステークホールダー）とすることがそれこそ「実質的で動的なシビリアンコントロール」にプラスになると考えたのである。一方、安倍は、財務省をこのプロセスに組み込むと「形式的で静的なシビリアンコントロール」に逆戻りしてしまうことを恐れたのだった。[140]

この戦いには延長戦がある。

2022年春。小野寺は安倍の電話を受けた。小野寺は自民党政務調査会安保調査会長の職にある。

「小野寺さん、これ知ってる？」

経済安全保障推進法案を国会に上程するに当たって、NSS幹部がNSCの4大臣会合に財務相を加える法改正を行おうとして根回しを始めた。

「オレも今さっき説明受けてびっくりしたんだけど、ここにそういうふうに小さく附則みたいな一文が入っている。財務大臣も4大臣会合に入れるべきだ、と。これ、財務省の入れ知恵に違いない」

その上で、安倍は小野寺に言った。

「ボクが反対して大ごとになるといけないので、小野寺さん、あなたが反対の声をあげてくれませんか。これは撤回してもらえませんか[141]」

安倍は噛んで含めるように小野寺に言った。

「彼らがＮＳＣに入ると、必ず事前に注文をつけてくる。外務省にしても防衛省にしても国土交通省にしても財務省に予算を握られているからそこに財務大臣がいると言いにくくなるんだ[142]」

それは防衛省がかねがね感じていたことでもあった。

防衛省幹部は次のように言った。

「本来は財務相を4大臣会合に加えるべきだと思います。有事になったら急激な円安になるかもしれないし、債券大暴落になるかもしれない。そうした要素も含めて国家安全保障を考えなければならない。財務省としてそれらを引き受け、仲間として加わってほしい。しかし、結局、防衛となると主計官防衛係が前面に出て来る。彼らは防衛費のチェックしか、おカネのことしか関心がない。しかも、閣僚会議の資料を事前にチェックし意に沿わない部分の修正を強いる。課長や補佐クラスがです。閣僚が現実を直視して率直な意見交換を行うＮＳＣの意義が損なわれてしまう。麻生さんの場合、副総理なんで、防衛係を通さずにやれた。しかし、財務相となると防衛係がまた事前チェックをやり出す[143]」

「日本は打撃能力を持つつもりである。ぜひ、協力してほしい」

２０１５年4月の安倍の訪米に合わせ、日米安全保障協議委員会（2プラス2）が新たな「日米防衛協力のための指針」（15ガイドライン）の作成作業に入った頃の話である。

それまでのガイドラインは、日本有事の時、自衛隊が日本の領域と周辺海空域で敵の攻撃を撃退する「防勢作戦」を、米軍は日本の領域外の敵基地・部隊を攻撃する「打撃力」の使用を伴う作戦を、それぞれ実践すると定め、「米軍は矛、自衛隊は盾」という役割分担を明確にしてきた。[144]

しかし、この時のガイドラインを作成する過程で、オバマ・ホワイトハウスは「日本が攻撃力（offensive strike capability）を持つことを米国は受け入れる」とのシグナルを日本に送り始めた。ホワイトハウス高官は、「米国の政策の修正（シフト）だった」と証言している。[145]

国防総省は2012年、新たに米韓ミサイル指針を策定し、韓国に供与するミサイルの射程を300キロから800キロに延長することを決めた。[146]韓国が敵基地攻撃能力を持つことを認めたのである。日本側が日本にも同様に認めるべきだと求めたところ、「日本は大国であり、韓国とは違う」という理屈で断られた。国防総省内には日本の攻撃能力保持にはなお慎重論があった。[147]

しかし、安倍政権は集団的自衛権の行使容認を決め、それに基づく平和安全法制の制定を進めていた。その動きも踏まえて、ホワイトハウスは「政策シフト」に乗り出そうとしたのである。

実際、この時のガイドラインは「米軍は自衛隊を支援し及び補完するため、打撃力の使用を伴う作戦を実施することができる」とするとともに「自衛隊は、必要に応じ支援を行うことができる」と記した。打撃力を日米連携して行うことが可能になったのである。

ただ、安倍政権はこの時点ではその方向に舵を切ることはしなかった。

その頃、国家安全保障局（ＮＳＳ）は「防衛計画の大綱」（平成30年＝2018年12月、発表）の素案を作成していた。そこでの「本丸は打撃力だったが、政治的にできなかった。あれで（内容が）半分、落ちちゃったと思った」とＮＳＳ幹部の一人は回顧する。[148]

防衛省幹部も「総理のところはちょっとそういう感じじゃない」と察知し、「深追いするのはやめた」と証言している。[149]

結局、同大綱は敵基地攻撃能力に関しては「日米間の基本的な役割分担を踏まえ、日米同盟全体の抑止力の強化のため、ミサイル発射手段等に対する我が国の対応能力の在り方についても引き続き検討の上、必要な措置を講ずる」との典型的な「検討」作文に終わった。

平和安全法制の制定後、菅は「ここで一呼吸置こう。しばらく動かない方がいい」と言い、反撃能力を政治課題にすることに慎重だった。菅の場合、公明党への配慮が大きかったが、安倍もそれに同調した。[150]

安倍の場合、２０１６年から２０１８年にかけて中国、さらにはロシアとの関係改善に優先順位を置いていたことも背景にあった。

「安倍さんの考えは、少なくとも外交において中国とロシアは仮想敵国にはしない、仮想敵国をやるなら北朝鮮だ、敵基地攻撃能力の必要性も北朝鮮で説明する、とそこは徹していた。ロシアと領土問題解決と平和条約締結に取り組む中で、反撃能力の保持を掲げることには慎重だった」と側近は明かした。[151]

最大の環境変化は、トランプ政権の誕生だった。

トランプは「日本は打撃能力を持つべきだ」と再三、安倍に迫った。

「日本が持つと言えば、中国はそれを望まないだろうから北朝鮮をもっと真剣に抑制しようとするかもしれない」との論理を口にした。

安倍は、中国がブレーキをかけるかどうかは疑問視しつつも、日本が敵基地攻撃能力を持つべきだ、との点に異論はない。北朝鮮が大陸間弾道ミサイル（ＩＣＢＭ）の技術と能力を手にした以上、彼らは日本を攻撃しても米国は反撃してこないと判断する可能性がある、そうである以上、日本としても敵基地攻撃能力を保有し、米国の抑止力を補完する必要がある。

ただ、この問題は国内政治的にきわめて敏感な問題である。日本国民の６割までが反撃能力を持つことに反対している。中国がその反対世論を逆手にとって政治工作を仕掛けてくる可能性もある。反撃能力は必要だが、注意して進めることが大切である――。

安倍がそのような課題を挙げると、トランプは「中国が北朝鮮を抑制できなければ日本は堂々と反撃能力を持つことができるではないか」と反論し、なおも安倍に打撃能力を持つように促した。

２０１７年２月上旬、ジム・マティス国防長官が来日した際、安倍はマティスと北東アジアの戦略環境の変化と日米同盟の課題について意見交換した。

安倍は、中国が経済力と軍事力をテコに勢力圏を拡大しようとしており、その結果、地域の勢力均衡は大きく変化している、と指摘した上で、「周辺国の領土の保全を保障する代わりに、それらの国々を中国中心のヒエラルキーの下に組み込もうとしている点で、それはかつての朝貢貿易体制に近い性格を帯びつつある」と述べた。一方、朝鮮半島に関しては、朝鮮半島有事となれば、朝鮮半島と日本は「一つの戦域」となる。しかし、現時点では日米同盟と米韓同盟は連携できない。在日米軍と在韓米軍をいかに連携させるかを真剣に議論すべき時に来ている、と主張した。

安倍はさらに、マティスに日本が打撃力を持つ必要性について述べた。ただ、この問題の政治的な敏感性に鑑みて「静かに検討していく」必要性を強調した。

２０１８年６月、マティス国防長官が再度来日した際、安倍はマティスの表敬訪問を受けたが、その後、２人だけの会談を持った。

その席で、安倍はマティスに「日本は打撃能力を持つつもりである。ぜひ、協力してほしい」と踏み込んだ。[152]

日本は２０１２年度から敵の艦艇に向けて地上から発射する国産の誘導ミサイル（一二《ひとに》式誘導ミサイル）を開発、調達している。その能力を大幅に改良し、敵の射程圏外から攻撃できるスタンド・オフ・ミサイルを配備する必要がある。しかし、それには時間がかかる。その間、米国が距離の長い巡航ミサイルを日本に供与しなければ打撃能力も「構想倒れ」に終わる[153]――。

安倍は、「打撃能力は、日本が独自で意思決定して、独自で使えるミサイルを持つこと」と考えていた。安倍はマティスに、自助こそが同盟を維持、強化させることが出来る。米国だけでなく日本も反撃能力を持ち、日米が作戦をより深く統合することが抑止力を向上させる、との同盟観を述べた。マティスは深くうなずき、安倍の申し出をその場で快諾した。

会談内容は極秘とされた。

国防総省はその後、3種類のミサイルの対日輸出を認めた。F－35Aに搭載するノルウェー製の対艦・対地用「JSM」（射程500キロ）、改修後のF15戦闘機に搭載する米国製の「JASSM」（射程約900キロ）、対艦用「LRASM」（同）という3種類の長距離巡航ミサイルである（後にLRASMは搭載に関わる改修費が高額になると判断し、導入を見送った[154]）。

この過程では、日本と北朝鮮のミサイル・ギャップを前に、地対地の弾道ミサイル能力を持つべきだとの意見も自衛隊幹部から「個人的見解」として表明されたこともあるが、安倍は「国会が持たない」と言い、それを退けた。そこで「空対地」の巡航ミサイルを選択した。その際、外務省は、長距離巡航ミサイル「トマホーク」（射程1600キロ以上）の導入を推した。防衛省が進めて来た国産巡航ミサイルの開発を待ってはいられない、との切迫した判断だった[155]。

しかし安倍はトマホークは「有名すぎるね」と言い、導入には慎重だった。公明党の説得が難しい、と判断していた。そこは軍事判断ではなく政治判断だった[156]。外務省幹部は後に「あのときは安倍さんの側近に阻まれた。しかし、その後、岸田さん（岸田文雄首相）が決断してくれた」と証言している[157]。

安倍は水面下でそのように密かに反撃能力導入の〝弾込め〟をしていたが、2020年6月、思わぬ出来事が起こった。

河野太郎防衛相（衆議院議員、神奈川県）が陸上配備型迎撃ミサイルシステム「イージス・アショア」を山口県と秋田県へ配備することを停止すると表明したのである。

レーダーやミサイル発射機などの迎撃システムを陸上に固定配備し、日本に向かう弾道ミサイルを大気圏外（宇宙空間）で撃ち落とすのが狙いだった。しかし、防衛省が秋田県や秋田市に提出した調査報告書の記載事項の事実誤認など度重なる不手際が続き、地元が配備に反対した。

艦搭載のミサイル防衛とイージス・アショアミサイル防衛の2本柱でミサイル防衛体制を構築する方針がこれで崩れた。安倍はここで「敵地攻撃能力に切り替えようと決意を固めた」と側近は言う。[158]

２０２０年9月11日、首相辞任を前に安倍は、「総理大臣の談話」を発表した。

配備停止となったイージス・アショアの「代替として取り得る方策」の検討を始めていると述べつつ、「しかしながら、迎撃能力を向上させるだけで本当に国民の命と平和な暮らしを守り抜くことが出来るのか」との「問題意識」を示した。

「助け合うことのできる同盟はその絆《きずな》を強くする。これによって、抑止力を高め、我が国への弾道ミサイル等による攻撃の可能性を一層低下させていくことが必要ではないでしょうか」

安倍は「辞めていく人間が、単語を固定させちゃだめだ」と言い[159]、具体的な言葉、すなわち反撃能力には直接、触れないようにした。[160]

しかし、安倍の言わんとするところは明白だった。

米国だけでなく日本もまた打撃能力を持ってこそ互いに「助け合うことのできる」同盟の絆を強めることができる。

「談話」は、さらなる「希望の同盟」に向けての安倍の政治的遺言だった。[161]

---

1 Michael J. Green, *Line of Advantage*, New York: Columbia University Press, 2022, p.91／元ホワイトハウス高官、２０２３年10月23日

2 “Abe Tells Obama Japan Will Boost Its Defense”, *Wall Street Journal*, February 23, 2013／マーク・リッパート、２０２３年11月28日

3 安倍晋三、２０２０年11月18日
4 塩田潮『安倍晋三の憲法戦争』プレジデント社、２０１６年、１４２頁
5 安倍晋三、２０２１年１月14日
6 安倍晋三『新しい国へ　美しい国へ　完全版』文春新書、２０１３年、１４５～１４６頁
7 読売新聞政治部編著『安全保障関連法　変わる安保体制』信山社、２０１５年９月30日、１２９頁
8 第１４５回国会 日米防衛協力のための指針に関する特別委員会 第５号 平成11年４月１日
9 佐瀬昌盛『集団的自衛権とは何か』ＰＨＰ研究所、２００１年、１５４～１５６頁
10 佐瀬昌盛、２０２４年４月26日／高村正彦、２０２４年２月７日
11 安倍晋三『安倍晋三　回顧録』中央公論新社、２０２３年、１１６頁
12 『「法の番人」にも安倍色 法制局長官に小松氏』日本経済新聞、２０１３年８月３日
13 元官邸スタッフ、２０２３年３月２日
14 的場順三『その時、日本が動く――私が見た政治の裏側』海竜社、２０１３年、65～66頁
15 安倍晋三『安倍晋三　回顧録』中央公論新社、２０２３年、１１５頁
16 安倍晋三、２０２１年１月14日／政府高官、２０２１年12月22日
17 山本庸幸『元内閣法制局長官・元最高裁判所判事　回想録』弘文堂、２０２４年、３２１～３２３頁
18 山本庸幸『元内閣法制局長官・元最高裁判所判事　回想録』弘文堂、２０２４年、３２２頁
19 元官邸幹部、２０２１年８月24日
20 安倍晋三、２０２１年１月14日
21 西川伸一『知られざる官庁　新内閣法制局』五月書店、２００２年、１４５頁
22 元官邸スタッフ、２０２１年１月18日
23 山本庸幸『元内閣法制局長官・元最高裁判所判事　回想録』弘文堂、２０２４年、３３７頁
24 西川伸一『知られざる官庁　新内閣法制局』五月書店、２００２年、１２３・１２５・１４２頁
25 安倍晋三『安倍晋三　回顧録』中央公論新社、２０２３年、１３６・１３７頁
26 兼原信克「ＮＳＣの創設について――何が変わったのか――」『国際安全保障　安倍政権は何を変えたのか』第49巻第4号、２０２２年３月、24頁
27 兼原信克、２０２３年12月11日／兼原信克・佐々木豊成・曾我豪・髙見澤將林『官邸官僚が本音で語る　権力の使い方』新潮新書、２０２３年、87頁
28 第１８６回国会 衆議院 予算委員会議録 第６号 ４頁 ２０１４年２月12日
29 「首相発言 強まる批判」朝日新聞、２０１４年２月15日
30 小松まり、２０２４年４月17日
31 山本庸幸『元内閣法制局長官・元最高裁判所判事　回想録』弘文堂、２０２４年、３３５頁
32 小松まり、２０２４年４月17日
33 小松まり、２０２４年４月17日
34 高村正彦・兼原信克・川島真・竹中治堅・細谷雄一『冷戦後の日本外交』新潮選書、２０２４年、１９２頁
35 官邸幹部、２０２２年10月14日／元内閣法制局幹部、２０２３年10月５日
36 元内閣法制局幹部、２０２３年10月５日／官邸幹部、２０２２年10月14日
37 安倍晋三『安倍晋三　回顧録』中央公論新社、２０２３年、１３３～１３４頁
38 官邸幹部、２０２２年10月14日
39 水内茂幸「話の肖像画　自民党副総裁・高村正彦（２）父の教え『外交の失敗は一国亡ぼす』」産経新聞、２０１８年７月３日／元官邸幹部、２０２３年12月11日
40 高村正彦、２０２４年２月７日
41 高村正彦・兼原信克・川島真・竹中治堅・細谷雄一『冷戦後の日本外交』新潮選書、２０２４年、１７６頁
42 「私の履歴書　高村正彦（28）平和安保法制　最高裁判決踏まえ発言　集団的自衛権巡る論議　主導」日本経済新聞、２０１７年８月28日
43 元官邸幹部、２０２３年12月11日
44 元官邸幹部、２０２３年12月11日
45 安倍晋三『安倍晋三　回顧録』中央公論新社、２０２３年、１３４頁
46 安倍晋三『安倍晋三　回顧録』中央公論新社、２０２３年、１３５頁
47 大島理森、２０２３年10月３日
48 菅義偉『政治家の覚悟』文春新書、２０２０年、２１１頁
49 衆議院法制局幹部、２０２４年４月15日
50 衆議院法制局幹部、２０２４年４月15日
51 北側一雄、２０２４年４月３日
52 阪田雅裕『憲法９条と安保法制』有斐閣、２０１６年、78頁

53 読売新聞政治部編著『安全保障関連法　変わる安保体制』信山社、２０１５年、１２６頁
54 読売新聞政治部編著『安全保障関連法　変わる安保体制』信山社、２０１５年、94頁
55 官邸幹部、２０２２年10月14日
56 第１８６回国会 参議院外交防衛委員会 会議録 19号 ２０１４年5月29日
57 塩田潮『安倍晋三の憲法戦争』プレジデント社、２０１６年、１６１〜１６２頁
58 北岡伸一、２０２４年6月10日
59 田中耕太郎は「補足意見」において次のように述べている。
「一国の自衛は国際社会における道義的義務でもある。今や諸国民の間の相互連帯の関係は、一国民の危急存亡が必然的に他の諸国民のそれに直接に影響を及ぼす程度に拡大深化されている。従つて一国の自衛も個別的にすなわちその国のみの立場から考察すべきでない。一国が侵略に対して自国を守ることは、同時に他国を守ることになり、他国の防衛に協力することは自国を守る所以でもある。換言すれば、今日はもはや厳格な意味での自衛の観念は存在せず、自衛はすなわち「他衛」、他衛はすなわち自衛という関係があるのみである。従つて自国の防衛にしろ、他国の防衛への協力にしろ、各国はこれについて義務を負担しているものと認められるのである」

「我々は、憲法の平和主義を、単なる一国家だけの観点からでなく、それを超える立場すなわち世界法的次元に立つて、民主的な平和愛好諸国の法的確信に合致するように解釈しなければならない。自国の防衛を全然考慮しない態度はもちろん、これだけを考えて他の国々の防衛に熱意と関心とをもたない態度も、憲法前文にいわゆる『自国のことのみに専念』する国家的利己主義であつて、真の平和主義に忠実なものとはいえない」

憲法前文は「われらは、いづれの国家も、自国のことのみに専念して他国を無視してはならない」と謳っている。
60 北岡伸一、２０２４年6月10日
61 高村正彦・兼原信克・川島真・竹中治堅・細谷雄一『冷戦後の日本外交』新潮選書、２０２４年、１７８〜１７９頁
62 高村正彦・兼原信克・川島真・竹中治堅・細谷雄一『冷戦後の日本外交』新潮選書、２０２４年、１８０頁
63 元官邸幹部、２０２３年11月24日
64 北岡伸一、２０２３年4月23日／北岡伸一、２０２４年6月10日
65 北側一雄、２０２４年4月3日／官邸幹部、２０２２年10月14日
66 北側一雄、２０２４年4月3日／衆議院法制局幹部、２０２４年4月15日
67 「芦田修正案」と見なされた報告書の記述は以下の部分とみられる。
「（２）憲法第9条第2項は、第1項において、武力による威嚇や武力の行使を『国際紛争を解決する手段』として放棄すると定めたことを受け、『前項の目的を達するため』に戦力を保持しないと定めたものである。したがって、我が国が当事国である国際紛争を解決するための武力による威嚇や武力の行使に用いる戦力の保持は禁止されているが、それ以外の、すなわち、個別的又は集団的を問わず自衛のための実力の保持やいわゆる国際貢献のための実力の保持は禁止されていないと解すべきである」

安倍は「回顧録」の中で「芦田修正論を持ち出すと長年積み重ねてきた解釈をすべて否定することになっちゃいます。いくらなんでも過去の答弁や解釈すべてをなかったことにはできないでしょう」と述べ、安保法制懇の報告書が芦田修正論に依拠して、集団的自衛権の憲法解釈変更を主張したとの認識を改めて示している。
68 安倍晋三「お別れの言葉」『国際法の実践　小松一郎大使追悼』信山社、６６７頁
69 元官邸スタッフ、２０２１年1月18日
70 菅義偉、２０２２年12月26日／宮澤洋一、２０２４年3月27日
71 衆議院法制局幹部、２０２４年4月15日
72 元官邸幹部、２０２４年5月14日
73 読売新聞政治部編著『安全保障関連法　変わる安保体制』信山社、２０１５年、１２７頁
74 読売新聞政治部編著『安全保障関連法　変わる安保体制』信山社、２０１５年、１２８頁
75 高村正彦、２０２４年2月7日
76 安倍晋三、２０２１年1月14日
77 元官邸幹部、２０２３年11月24日
78 高村正彦、２０２４年2月7日
79 北側一雄、２０２４年4月3日
80 安倍晋三、２０２１年1月14日
81 「松井孝治インタビュー 第8回 野党時代の松井が政権交代に向けてのマニフェストや政権プランへの思いを語る。小沢一郎観、鳩山由紀夫氏との関係」２０２１年6月21日
82 元官邸幹部、２０２３年11月24日

83 「高村氏、砂川判決で自民平定」、朝日新聞、２０１５年３月３日
84 衆議院法制局幹部、２０２４年４月15日
85 小松まり、２０２４年４月17日
86 河野克俊、２０２１年１月６日／兼原信克、２０２３年12月11日
87 阪田雅裕、２０２４年３月７日／元内閣法制局幹部、２０２３年10月５日
88 細谷雄一『安保論争』ちくま新書、２０１６年、41・２２２～２２５頁
89 防衛省幹部、２０２３年１月13日
90 安倍晋三、２０２１年１月14日
91 安倍晋三『安倍晋三 回顧録』中央公論新社、２０２３年、１６４頁
92 官邸幹部、２０２２年10月14日
93 安倍晋三『新しい国へ 美しい国へ 完全版』文春新書、２０１３年、１４０～１４１頁
94 安倍晋三、２０２１年１月14日
95 阪田雅裕『憲法９条と安保法制』有斐閣、２０１６年、28頁
96 官邸幹部、２０２２年10月14日
97 元官邸幹部、２０２４年５月14日
98 参議院我が国及び国際社会の平和安全法制に関する特別委員会、２０１５年９月４日
99 阪田雅裕『憲法９条と安保法制』有斐閣、２０１６年、はしがき／細谷雄一『安保論争』ちくま新書、２０１６年、45頁
100 「特別インタビュー 安倍晋三 日本復活の礎となった日米同盟再強化」聞き手：田中明彦、『外交』Vol.64 Nov./Dec. 2020年、9頁
101 大島理森、２０２３年10月３日
102 「私の履歴書 大島理森（28）憲法改正」日本経済新聞、２０２３年９月29日
103 元官邸スタッフ、２０２４年３月28日
104 安倍晋三、２０２１年１月14日／兼原信克『安全保障戦略』日本経済新聞社、２０２１年、56頁
105 兼原信克「ＮＳＣの創設について――何が変わったのか――」『国際安全保障 安倍政権は何を変えたのか』第49巻第４号、２０２２年３月、21頁
106 岩崎茂、２０２３年11月10日
107 小野寺五典、２０２３年12月21日
108 兼原信克「ＮＳＣの創設について――何が変わったのか――」『国際安全保障 安倍政権は何を変えたのか』第49巻第４号、２０２２年３月、31頁
109 小野寺五典、２０２３年12月21日
110 元防衛省幹部、２０２３年８月24日／元官邸幹部、２０２３年11月24日
111 外務省幹部、２０１５年４月21日
112 安倍晋三、２０２０年11月18日
113 兼原信克「ＮＳＣの創設について――何が変わったのか――」『国際安全保障 安倍政権は何を変えたのか』第49巻第４号、２０２２年３月、20頁
114 谷内正太郎、２０１４年３月５日
115 谷内正太郎、２０２１年８月26日
116 兼原信克『安全保障戦略』日本経済新聞社、２０２１年、76・79頁／元官邸幹部、２０２２年11月１日
117 兼原信克「ＮＳＣの創設について――何が変わったのか――」『国際安全保障 安倍政権は何を変えたのか』第49巻第４号、２０２２年３月、24頁
118 船橋洋一『同盟漂流』上、岩波現代文庫、２００６年、２２６頁
119 兼原信克「ＮＳＣの創設について――何が変わったのか――」『国際安全保障 安倍政権は何を変えたのか』第49巻第４号、２０２２年３月、29頁
120 兼原信克「ＮＳＣの創設について――何が変わったのか――」『国際安全保障 安倍政権は何を変えたのか』第49巻第４号、２０２２年３月、21頁／元官邸幹部、２０１９年９月19日／官邸幹部、２０２２年10月14日
121 小野寺五典「対話 安倍政治の外交・安全保障をふり返る――７年８か月の歴史的意義――」『公研』２０２０年、10頁
122 小野寺五典、２０２３年12月21日
123 岩崎茂、２０２３年11月10日
124 元自衛隊幹部、２０２３年６月23日
125 谷内正太郎、２０１４年３月５日
126 谷内正太郎、２０１４年３月５日
127 谷内正太郎、２０２４年５月９日
128 「日本の谷内正太郎国家安全保障局長の訪中全記録（３）李克強総理、日本の谷内国家安全保障局長と会談」人民網日本語版、２０１５年07月20日
129 Монгол Улсын Үндэсний Аюулгүй Байдлын Зөвлөл, “Япон Улсын Үндэсний аюулгүй байдлын зөвлөлийн Ерөнхий нарийн бичгийн дарга Монгол Улсад айлчлав”, July 28, 2015, https://nsc.gov.mn/mr/i/894
130 谷内正太郎、２０２１年８月26日
131 元官邸幹部、２０２１年８月18日
132 兼原信克『安全保障戦略』日本経済新聞社、２０２１年、56頁
133 元官邸幹部、２０２１年８月18日

134 元官邸幹部、２０２１年８月26日
135 谷内正太郎、２０２１年８月26日
136 「特別インタビュー　安倍晋三　官邸外交を支えた組織・人・言葉」聞き手：田中明彦、『外交』Vol.67 May/Jun 2021 年、１０２頁
137 兼原信克『安全保障戦略』日本経済新聞社、２０２１年、78頁
138 麻生太郎、２０２３年５月16日
139 兼原信克『安全保障戦略』日本経済新聞社、２０２１年、57頁
140 兼原信克、２０２３年12月11日
141 官邸幹部、２０２２年11月18日
142 小野寺五典、２０２３年12月21日
143 元防衛省幹部、２０２３年８月24日
144 北井邦亮『日米ガイドライン　自主防衛と対米依存のジレンマ』中公選書、２０２４年、はじめに
145 元米政府高官、２０２３年５月５日
146 "U.S. Agrees to Let South Korea Extend Range of Ballistic Missiles", *The New York Times*, October 7, 2012／"U.S. bolsters S. Korea's defense", *Politico*, October 7, 2012
147 元防衛省幹部、２０２３年８月24日
148 防衛省幹部、２０２３年６月23日
149 元防衛省幹部、２０２４年６月24日
150 元官邸スタッフ、２０２３年６月15日
151 元官邸スタッフ、２０２３年６月15日／元官邸スタッフ、２０２３年９月４日
152 安倍晋三、２０２１年１月14日
153 元防衛省幹部、２０２３年８月24日
154 元防衛省幹部、２０２３年８月24日
155 外務省幹部、２０２４年５月24日
156 元防衛省幹部、２０２３年６月23日
157 外務省幹部、２０２４年５月24日
158 元官邸スタッフ、２０２３年６月15日
159 元官邸スタッフ、２０２４年４月18日
160 元官邸スタッフ、２０２３年６月15日
161 ２０２２年12月16日、岸田文雄政権は、国家安全保障戦略（ＮＳＳ）など安保関連３文書を閣議決定した。ＮＳＳは日本を取り巻く安全保障環境が「戦後最も厳しい」とし、相手の領域内を直接攻撃する「敵基地攻撃能力」を「反撃能力」との名称で保有すると明記した。反撃能力は「我が国に対する武力攻撃が発生し、その手段として弾道ミサイル等による攻撃が行われた場合、武力の行使の３要件に基づき、そのような攻撃を防ぐのにやむをえない必要最小限度の自衛の措置として、相手の領域において、我が国が有効な反撃を加えることを可能とする、スタンド・オフ防衛能力等を活用した自衛隊の能力」と定義した。

第９章　ヒロシマ／パールハーバー

「なぜ、ヒロシマを投下地に選んだのかな？」

２０１６年5月27日夕方。オバマ大統領を乗せた大統領専用ヘリ、マリーン・ワンは、広島ヘリポートに向かって降下し始めた。

オバマはこの日の午前中、伊勢志摩Ｇ７サミットのアウトリーチ会合（Ｇ７以外の国や機関の首脳も参加する会合）に出席した。その後、米軍基地のある岩国飛行場まで飛び、米兵と海上自衛隊の隊員を前に演説した。その後、広島に向かった。

機中で、オバマは言った。

「ヒロシマに飛んでいくなんて、なんかちょっと薄気味悪い」

真下の海の上に網が広がっている。そこで漁民たちが何やら仕事をしている。

「キャロライン、あの下の方、あれは何をしているの？」

オバマは、対面に座っているキャロライン・ケネディ米国駐日大使に聞いた。

「カキの養殖です」

その製造工程をケネディは説明した。

「なぜ、ヒロシマを投下地に選んだのかな？」

ケネディが答えた。

「それまでヒロシマには空爆をしていなかったため、投下後の影響が測りやすい、ということもあったのではないですか」

　ここが軍事都市であったことも理由の一つだろうが、やはりそれは背景にあったと思う、と同乗していた大統領副補佐官のベン・ローズも同じ考えを述べた。

「いまここでトルーマンの頭の中がどうだったのか、あれこれ憶測しても始まらないが、単に軍事的なことだけじゃなくて何かがあったのだろうね」

　オバマは、自分を納得させるように言った。

　オバマは少し居心地が悪そうだった。米軍が破壊し尽くしたヒロシマの上空を米軍のヘリで飛ぶことからして落ち着かないようだった。

　空港から原爆に関する展示のある平和記念資料館へと走った。沿道に小学生たちが星条旗の小旗を振って、オバマを歓迎した。小さな男の子が〝ＷＥＬＣＯＭＥ　ＴＯ　ＨＩＲＯＳＨＩＭＡ〟と記されたプラカードを掲げていた。

〈あの男の子のような、こんな小さな子どもたちを何千人と殺したんだ〉

　大日本帝国の蛮行を止めさせるために原爆投下が必要だったとしても、子どもたちに罪はないのだから。ローズはそのような思いに囚われ、胸がつまった。[1]

　２０１６年5月27日午後5時半ごろ。オバマを乗せた大統領専用車、ビーストが広島平和記念公園に到着した。専用車から降り立ったオバマを一足早く、広島入りした安倍が出迎えた。長い西日が、２人を包んだ。[2]

　オバマは、米国の現職大統領として広島を訪れた最初の大統領となった。

　オバマはそのまま平和記念資料館に向かった。安倍とともに外相の岸田文雄がオバマの見学に同行した。岸田はこの記念資料館のある広島１区を選挙区とする。

オバマは、記念資料館の1階ロビーに通された。2階の資料展示室からいくつか展示物をここへ移し、即席の展示場が拵《こしら》えられていた。

被爆による白血病と闘いながら12歳でこの世を去った佐々木禎子の写真もその中にあった。禎子は2歳のときに爆心地から1・7キロ離れた自宅で被爆した。被爆直後はやけども傷も負わなかったが、12歳のときに白血病と診断され入院。8か月の入院生活の末、亡くなった。入院中、千羽鶴を折れば元気になると信じてひたすらに鶴を折り続けた。禎子の千羽鶴の祈りは広く報道され、1962年、原爆の子の像が平和記念公園に建てられた。

「これはぼくらの叫びです　これは私たちの祈りです　世界に平和をきずくための」

と刻まれている。

原爆の子の像には国内外から折り鶴が届けられ、その数は年間1000万羽にも上る。

オバマは自ら折った千羽鶴を持参していた。

広島への途中、立ち寄った在日米軍・岩国基地でケネディから手ほどきを受け、2人で並んで花柄模様の和紙で10センチほどの千羽鶴を4つ折った。そして、記念館で禎子の折った折り鶴を間近に見学した後、持参した折り鶴を被爆3世の小学生と中学生に手渡した。

オバマは芳名録に「核兵器なき世界を追求する勇気を持とう」と記帳し、資料館を後にした（ケネディは、折り鶴を長崎にも寄贈したいと考えた。ワシントンに一時、戻ったとき、オバマから赤色と桃色の折り鶴2羽を預かり、2017年1月、長崎市長に寄贈した）[3]。

平和記念資料館の志賀賢治館長は、オバマには30分間の見学時間を希望し、日本政府もその旨、米側に伝えたが、結局、10分となった。

志賀には、オバマに観てもらいたい展示物があったが、米側の許可が下りずに展示できないものがあった。

「人影の石」もその一つである。

爆心地から260メートルのところにあった住友銀行広島支店の石段に残された人の影、「死の人影」のことである。開店前、銀行の入り口の石段に座っていた人が爆風で即死し、白く焼かれた石に影を残した。

誰が座っていたかも分からない。「誰が死んだということも抹殺してしまう、原爆の一番象徴的なもののような」存在がこの「人影の石」だと、志賀は言う。[4]

その後、オバマと安倍がそれぞれ原爆死没者慰霊碑に献花した。

「なぜ私たちはここ、広島に来るのでしょうか」

午後5時41分。記念公園内の慰霊碑の前でオバマが演説を始めた。背景に原爆ドームがそびえている。傍らに安倍が立った。ここの「平和の灯《ともしび》」は1964年から燃え続けている。

――71年前の明るく晴れわたった朝、空から死が降ってきて世界は一変しました。閃光《せんこう》と炎の壁によって町が破壊され、人類が自らを破滅させる手段を手にしたことがはっきりと示されました。

ゆっくりと言葉を噛みしめるように、オバマは始めた。

――なぜ私たちはここ、広島に来るのでしょうか？　私たちは、それほど遠くないある過去に恐ろしい力が解き放たれたことに思いをはせるため、ここにやって来ました。

私たちは、10万人を超える日本の男性、女性、そして子供、何千人もの朝鮮の人々、12人のアメリカ人捕虜を含む死者を悼むため、ここにやって来ました。

――

彼らの魂が、私たちに語りかけています。彼らは、自分たちが一体何者なのか、そして自分たちがどのような人間になるかについて考えるよう、内省するように求めています。

私たちは、人間が邪悪な行いをする能力を根絶することはできないかもしれません。だから、国家や私たちが構築した同盟は、自らを守る手段を持たなければなりません。しかし、私の国のように核を保有する国々は、勇気を持って恐怖の論理から逃れ、核兵器なき世界を追求しなければなりません。私が生きている間にこの目的は達成できないかもしれません。しかし、粘り強い努力によって、大惨事が起きる可能性を低くすることができます。


ここで、オバマは「核兵器なき世界」の目標を掲げ続けることを宣言した。そして、その可能性を追求していくことを誓った。

ここは、2009年4月5日、オバマがチェコのプラハで行った演説を彷彿とさせるくだりである。

プラハ演説で、オバマは「歴史とは奇妙なもので世界的な核戦争の脅威は減りましたが、核攻撃のリスクは高まりました」とし、「テロリストが絶対に核兵器を手にしないようにしなければなりません。これは世界の安全保障にとって最も差し迫った究極の脅威です」と警告を発した。

そして、兵器用核分裂物資生産禁止（カットオフ）条約の交渉を開始し、包括的核禁止条約の批准をめざすといった具体的目標を掲げた上で、「核保有国として、核兵器を使用したことがあるただ一つの核保有国として、米国は自ら働きかける道義的な責任を持っています」と述べた。

オバマはその際、「私はナイーブではありません」とも言い、自分の生きている間にこうした目標が達成できることはないだろう、とも語った。

それらの目標達成には、大国の核保有という巨大な「現状肯定」の構造と遺制が立ちはだかっている。

その「現状肯定」とどのように戦うことができるのか？

いつの日か、証言する被爆者の声が私たちのもとに届かなくなるでしょう。しかし、1945年8月6日の朝の記憶を決して薄れさせてはなりません。その記憶があれば、私たちは現状肯定と戦えるのです。その記憶があれば、私たちの道徳的な想像力をかき立てるのです。その記憶があれば、変化できるのです。[5]

オバマは広島で、ヒロシマの記憶とそこから導き出すべき道徳的な想像力こそが変革に向けてのパワーになる、と説いた。

「あんたが頑張らにゃ『核なき世界』はできんけんの」

スピーチは17分に及んだ。オバマは安倍に目で挨拶すると、そのまま最前列に座っていた坪井直《すなお》と森重昭の方に歩み寄った。

坪井91歳、森79歳。坪井は被団協（日本原水爆被害者団体協議会）の代表委員。森は民間の歴史研究者である。

2人とも被爆者を代表して、招かれた。坪井は日本政府が選び、森は米政府が選んだ。

オバマは最初、坪井に声をかけ、握手した。

「坪井直と申します」

坪井は笑みを湛え、そう名乗った後、「そのこと（原爆投下）は人類の間違ったことの一つ。それを乗り越えて、我々は未来に行かなきゃいけん」と言った。

オバマは神妙に聞いた。

「プラハのアレ（演説での約束）が残っとるはずじゃ」

安倍も傍らで聞いている。

「あんたが頑張らにゃ『核なき世界』はできんけんの。よろしく」

オバマの口元から笑みがこぼれた。この間、2分、ずっと右手で握手したままだった。[6]

通訳したのは、安倍の通訳者の高尾直だった。高尾は坪井の隣の席に座り、オバマの演説を聞いたが、演説前に名刺を渡し、自己紹介をした。2人とも下の名前が直（すなお）だと分かって、坪井は「こんな運命的な日に運命的な人と会って、その人が大統領とやりとりをするときに自分の通訳をやってくれる」と大層、喜んだ。[7]

坪井は、その時20歳。広島工業専門学校（現・広島大学工学部）に在学中の学生。爆心地から1・2キロほどのところで被爆した。やけどで全身がズルズルになり、歩けない、立つこともできない。40日間、生死の境をさまよった。京橋川にかかる御幸橋《みゆきばし》にたどり着き、地面に小石で「坪井はここに死す」と記した。

戦後は、広島県内で数学を教える中学教諭となった。「ピカドン先生」を名乗り、生徒らに被爆体験を語った。長年、非核運動に携わった。フランスや独立前後にフランスの核実験場だったアルジェリアでも被爆体験を語るなど、国内外で核廃絶を訴え続けた。[8]

2003年、ワシントン郊外のスミソニアン航空宇宙博物館新館に、広島に原爆を投下したB29爆撃機、エノラ・ゲイが展示されたとき、坪井は被爆者7人を含む約40人の平和活動家たちとともに展示会場に赴いた。「ネバー・アゲイン・ヒロシマ」のシュプレヒコールを叫び、被爆してやけどを負った人たちの写真や横断幕を掲げた。博物館は完全復元されたエノラ・ゲイを展示し、機体に搭乗員の名前を記したものの、原爆投下の被害やその歴史的背景には触れなかった。そのことに対する抗議だった。その場に寝転ぶ「ダイ・イン」で、原爆で亡くなった犠牲者を表現した者もいた。別の1人は機体に赤いペンキ缶を投げつけ、駆け付けた警察官に拘束された。一方、見学者からは「祖父は第2次世界大戦で亡くなったんだ。帰れ」との罵声が飛んだ。警備員が抗議行動を制止しようと声を荒らげ、館内は騒然となった。[9]

こうした経験を通じて、坪井は、憎しみをぶつけても、相手にこちらの伝えたいことを分かってもらえなければ意味がないと考えるようになった。「腹の底に（憎しみが）ないかといったらある。あるが、それを乗り越えんとね。平和はない。幸せはない」。オバマ訪問を前に、坪井はオバマに謝罪は求めないし、期待しない、との考えを明確にした。被爆者の中からは「何で被爆者の代表なんだ」との声も上がったが、坪井は動じなかった。

オバマは、次に森に声をかけた。オバマは森のそれまでの活動を称え、それに対する感謝の気持ちを述べた。米国の公式通訳がそれを訳すと、森は涙ぐんでしまい言葉が出ない。オバマは森の肩を強く抱きしめ、森は顔をオバマの胸に埋めるように2人はハグした。

森はその日、爆心地から2・5キロの橋の上を登校中、被爆して川の中に落ちた。

幸いやけどもせず無傷だったが、キノコ雲の中は真っ暗だった。だんだん寒くなった。太陽が遮られ、温度が下がっていた。川から這い上がって最初に見たのは、血だらけで胸が裂け、飛び出て来る内臓を両手でもった若い女性だった。

彼女は森に聞いた。

「病院はどこですか」

その時、上空でB29の音が聞こえた。目の前の女性のことは忘れ、もう大声で泣きながら、道の上に横たわっている人を踏みながら、逃げまどった。死にたくない、ただそれだけを考えて走った。

森は8歳だった。[10]

何人もの友だちを失った。社会に出てからサラリーマン生活を続けながら、広島原爆の調査を続けるうちに、被爆死した米兵がいたことを知った。

昭和20年7月28日、米国の2機の大型爆撃機Ｂ24と20機の艦載機が広島・呉軍港を攻撃した時、日本軍の高射砲に撃墜された。パラシュート脱出で生き残った乗員たちは、広島城内にある憲兵隊司令部など3か所に捕虜として分散留置され、取り調べを受けた。だが、8月6日の原爆投下により、12名のうち10名が即死、残り2名も2週間後、死亡した。その2名は憲兵隊によって陸軍船舶司令部の拠点、広島市宇品《うじな》に葬られ、墓標が建てられた。

森は米兵12名を特定し、一人一人の遺族を探し出し、連絡を取っていった。そうして20年がかりで調べた成果を『原爆で死んだ米兵秘史』（光人社、２００８年）として出版した。

広島の人々は、憎しみを抱いているのではない。大統領に謝罪を求めているわけではない。坪井と森のそのような思想と行動、そのメッセージはホワイトハウスに届けられた。

「これは、スピーチというより瞑想なのではないか」

スピーチを終えて、オバマは大統領専用車に乗り込んだ。ケネディ駐日米大使にも一緒に乗ろうよ、という風に手招きし、彼女も同乗した。

オバマは、ほっとした様子でローズに言った。

「このスピーチ、アサドとＩＳＩＬとプーチンに送ってやったらどうかね」

ローズが「習近平にもですよね」と茶々を入れると、「いや、中国は違う」とオバマは真顔になって反論した。「中国は拡大のための拡大ではなく、堅固にしようとしているだけだ。連中は脆いのだ」[11]。

スピーチは当初は、5分ほどとのことで日本側と打ち合わせていた。それが17分になった。

「ヒロシマの原爆投下のすさまじさと巨大さをどのように伝えるか」がカギだった。

草案はローズが書いたが、オバマはそのほとんどの文章を直した。手書きで、律儀な小さな文字で、びっしりと筆が入っている。書き直された草稿を読んで、「これは、スピーチというより瞑想なのではないか。戦争とそれをいかに防ぐかの意味をめぐる瞑想」だとローズは思った。このスピーチは、「(米大統領のヒロシマ訪問という)この歴史的イベントの意味だけでなく、世界でもっとも強大な存在として米国が世界と交わっていくことの意味をも考察する試みであり、そしてその際に人々にその意味を理解してもらえる文脈とは何か、目いっぱいの文脈とはどういうものか、を模索する試み」なのだ、と思った。[12]

スピーチの冒頭の文章には、米国も米国人もなかった。

71年前の明るく晴れ渡った朝、空から死神が舞い降り、世界は一変しました。閃光と炎の壁がこの街を破壊し、人類が自らを破滅に導く手段を手にしたことがはっきりと示されたのです。

米国ではなく、「人類」が「自らを破滅に導く手段を手にした」という一般の括《くく》りとなっている。[13]

オバマ政権は、オバマのヒロシマ訪問に対する米国内の反応にきわめて敏感だった。大統領が原爆投下を謝罪することはありえない。日本側がそれを期待することもありえない、とのシグナルをずいぶん早くから日本側に伝えていた。官邸の中には、非戦闘員に対する巨大な無差別殺戮《さつりく》であったことに一言、痛恨の念を表わしてもらいたい、との思いを口にする向きもあったし、それは米国側に伝えられたが、ホワイトハウスはそれはできないとの見解を日本側に明確に伝えていた。[14]

オバマ政権が恐れていたのは同じ民主党のクリントン政権のエノラ・ゲイ展示騒動の二の舞になることだった。1995年、スミソニアン宇宙航空博物館はエノラ・ゲイを展示するに当たって「原爆投下の意味を改めて見直す」構想で臨んだが、全米退役軍人協会などの強い反発を招き、結局、被害も歴史的背景も一切、記述しないことになった。クリントン政権も被害と歴史的背景の記述には反対し、館長は辞任に追い込まれた。大戦中のヘンリー・スティムソン陸軍長官が言ったように「日本への上陸作戦となった場合、米軍の死傷者は100万人以上となるかもしれないことが予測された」、従って、原爆投下は必要な軍事作戦だったとの正当化を米国民は長い間、信じてきた。

「空から死神が舞い降り、世界は一変した」

主体があいまいな文章は、70年経っても変わらないその政治的現実を映し出していた。同時に、それは政治的に敏感な「謝罪」という言葉を使わずに、歴史の和解を探求する一つの便法、すなわち〝ぼかし〟の側面も持った。

官邸スタッフの一人は、この〝ぼかし〟の文章を聞いた時、広島平和記念公園の石碑（原爆死没者慰霊碑）に刻まれている「安らかに眠って下さい　過ちは繰返しませぬから」を思い出したと言った。このようにむごい戦争を「繰り返さない」ことを誰が宣言しているのか。そこはあえてぼかされている。[15]

「私が安倍さんの立場だったら、ああいう表現は使わなかった」

オバマが広島に滞在したのは45分程度だった。一連の行事を終え、原爆ドームに向かって歩きながら、オバマは最後に安倍と岸田に言った。

「広島に来ることができて、本当によかった[16]」

オバマが来日した5月25日の日米首脳会談では、沖縄米軍基地の米軍属の日本人女性死体遺棄事件をめぐって、安倍はいつになく厳しい口調でオバマを問いただした。

「卑劣きわまりない犯行に非常に強い憤りを覚える。沖縄だけでなく、日本全体に衝撃を与えている。日本国民の感情をしっかりと受け止めてもらいたい」

オバマは「心からのお悔やみと深い遺憾の意を表したい」と応じ、「このような犯罪が再発しないよう全ての努力をする。いろいろな手順を見直し、再発防止策を打つ。日本の司法制度できちんとした捜査がなされるよう全面的に協力する」と述べた。空気が張り詰めた。[17]

その後の共同記者会見でも、日本人記者（岩田明子ＮＨＫ解説委員）が、１９９５年の海兵隊隊員による少女暴行事件から20年経っても「犯罪は一向に減らない」と指摘し、安倍に今回の会談で日米地位協定の改定を求めたのかどうか、を問いただしたこともあり、ホワイトハウスは「安倍はオバマをさらし者にしている」と強い不快感を抱いた。[18]

実は、ホワイトハウスが共同記者会見を開きたいと提案してきたとき、安倍は「記者会見を開いたら、必ずこの事件について聞かれる。私も厳しい話をせざるを得ない」と慎重論を伝えた。日本側は共同記者会見ではなく共同記者発表にしてはどうか、と対案を出したが、ホワイトハウスは記者会見にこだわった。「米国向けにプレス発表したい案件がある」ということだった。案の定、会見ではこの事件を聞かれた。安倍は「大統領に断固抗議した。厳正な対応を求める」と発言。オバマも「深い遺憾」を表明、首脳会談でのやり取りを公に再現する羽目になった。しかも、通訳が逐語訳で会見は45分も続いた。

オバマはすっかり気分を害してしまった。ホワイトハウス幹部たちも、怒った。

「この件は、もう終わったことだ」と言っていたではないか。それなのに安倍は、テレビの前でオバマをこき下ろした。「待ち伏せして、裏切ったも同然だ」と激しい言葉が飛び交った。[19]

翌5月26日のＧ7サミットの初日、安倍は伊勢神宮の内宮入り口の宇治橋で各国首脳を出迎えたが、他の首脳を出迎えた後もオバマは姿を現さない。だいぶ、遅れてやってきた。不機嫌だった。前夜のことがまだわだかまっているように見えた。

宇治橋を歩いている間、オバマはこの事件に関する安倍の言い方に不満を述べた。

「私が安倍さんの立場だったら、ああいう表現は使わなかった。我々米国人は、非常に傷ついた」

「逮捕された軍属が黒人だったので、それで特別に厳しくしているのではないのか」

この時は、通訳がいなかった。安倍は英語で受け答えした。

「傷ついたとしたら、申し訳なかった。しかし、日本にとっては大切な問題だ、譲れない。黒人かどうかは関係ない。全くの誤解だ」

オバマはなおも日本のやり方に不満を述べ立てたが、オバマの英語がよくわからないところもある。安倍はオバマに言った。

「この橋を渡ると、いろんな穢《けが》れが落ちるという言い伝えがあります[20]」


ところで、記者会見の際、ホワイトハウスが「米国向けに発表したい案件」とは何だったのか？

それはシカゴ・トリビューン紙のクリスティ・パーソンズが安倍に対して尋ねた次の質問だった。

「大統領の広島訪問が日本の人々にどのような意味を持ったとお考えですか。それから、首相ご自身のパールハーバー訪問をお考えですか？[21]」

安倍は「現在、私はハワイを訪問するという計画はない」と答えた。前年の２０１５年4月の訪米の際の米議会演説で、安倍は先の大戦に対する悔悟の念と日米の和解に尽力した人々に対する敬意と尊敬の念を表明し、感謝の気持ちを述べた。同時に第2次大戦の戦没者のメモリアルを訪問し、花を手向け、戦没者のすべての方々に対して哀悼の誠を捧げた[22]。

要するに、日米の和解の儀式はすでに戦後70年の訪米で終えた、ということを安倍は言おうとしたのである。

これはホワイトハウスのやらせ質問だ、と日本側は受け止めた。

もし、安倍がパールハーバー訪問に否定的なことを言えば、明日に控えたオバマの広島訪問は台無しになるかもしれない。そのように安倍に思わせ、肯定的な回答を引き出そうとしたのではないか、と日本側は思ったのである。

「広島に行ってもらいたいがために、パールハーバーに行くなんてことは総理に限ってない」

官邸スタッフは言った。[23]

オバマ政権内部では、国家安全保障担当補佐官（ＮＳＡ）のスーザン・ライスたちが安倍のパールハーバー訪問を先に実現させ、オバマの広島訪問はその後にすべきだ、と主張していた。

ライスがパールハーバー訪問先行にこだわるのは、まず、日本の首相をパールハーバーに来させることが先だろうとする米国内の感情に配慮したこともあっただろうが、むしろ中国の歴史認識――日中戦争も太平洋戦争も日本の侵略から始まったという歴史認識――に呼応しようとする対中配慮なのではないのか、と官邸スタッフは疑っていた。[24]

岸田は、この時の２人の共同記者会見の様子を聞き、「このような雰囲気のままで、本当にオバマ大統領は広島まで来てくれるのだろうか」と心配した。ひょっとすると、オバマが広島訪問を土壇場でキャンセルするかもしれない。この日の夜、岸田は一人、悶々と気をもんだ。[25]

ところが、翌日、広島に着いたオバマは全く別人だった。日本との歴史の和解の仕上げの舞台である。その主役になり切った。

「あの完璧なパフォーマンス、すごい政治家だったと思った」と日本のベテラン外交官は舌を巻いた。[26]

“Areba Tsukau”

話は、２００９年11月のオバマの大統領としての最初の訪日のときに遡る。

11月９日。訪日に先立って、オバマはＮＨＫのインタビューに応じ、その年４月に行ったプラハ演説の

「核なき世界」について熱く語った。

　それを部屋の後ろの席で、神妙に聞き入っているホワイトハウス幹部がいた。

　国家安全保障会議（ＮＳＣ）のダニー・ラッセル日本・韓国部長である。ラッセルは１９８０年代半ば、マイク・マンスフィールド駐日米大使の補佐官として日本に赴任、その後、大阪・神戸米副総領事、同総領事、国務省日本部長を経て、ホワイトハウス入りした（その後、同アジア上級部長。２０１３年７月、カート・キャンベルの後任の国務次官補に就任）。

　広島、長崎への訪問について聞かれたオバマは、「在任中にいつか、訪問することができれば、名誉なことだ」と述べた。「今回の訪日では予定が詰まっており、残念ながら訪問はできない」とも付け加え、「広島と長崎の記憶は、世界の人々に刻み込まれている」と語った[27]。

〈怖い者知らずということなのか〉

　オバマの発言を聞きながら、ラッセルはそういった危惧を覚えた。

　オバマが原爆投下をめぐる日米間の複雑な感情と国内政治を十分に理解していないのではないか、との危惧である。

　しかし、オバマの「核なき世界」への真摯な思いは伝わってくる。

　それにラッセルはこの時、オバマが広島に行きたがっていると直感的に感じた。

〈もしそうなら、大統領がそれを実現するため、その希望を叶えるため、できるだけのことをしたい〉

　と思った。

〈ただ、滝を上に向かって泳ぐわけにはいかない。その時を待たなければならない。その下準備をしなければならない。その上で何ができるか……〉

　大阪・神戸の米国総領事をしていた時、ラッセルは広島を訪れた。ブッシュ政権末期のころである。広島市長に会い、平和記念資料館の館長と話した後、原爆戦没者慰霊碑の前に立ち、花輪を捧げた。

その時、こんな声が聞こえた気がした。

〈areba tsukau〉

areba tsukau?

「あれば使う[28]」

〈そう、あれば使う。原爆を持った、戦争に勝たなければならない、そうなったら、それを使うだろう。あれば使う〉

核を保有しながら、それでも敵に攻撃され、核を使わないまま降伏するということはない。国民はそれを許さないだろう。核を持つことは全能の感覚を持つことでもある。能力は意思を変える。精神をも変える。米国人として、原爆死没者慰霊碑の前に立ち、花輪を捧げる時、どういう感情を抱くか、その瞬間、何を考えるのか。

ラッセルにはその経験があった。超自然な不思議な体験だった。

「広島の市民の多くは『謝ってほしい』とは言っていない」

２０１３年、オバマ政権の2期目に入り、ラッセルは、日米同盟の強化とオバマの広島訪問を「核なき世界」のビジョンと関連させて位置付けるべく構想を練り始めた。ラッセルはカート・キャンベルの後任の国務次官補となっていた。

２０１４年、駐日米大使のジョン・ルースに対し、駐日米大使として初めて8月15日の慰霊の日、広島を訪問するよう指示した。

２０１５年は戦後70周年となる。安倍の訪米と議会演説、そして日韓の慰安婦問題、そういった課題を乗り越えなければならない。

ここでの課題をこなせば、オバマ政権の最後の年の2016年に広島訪問の可能性も開けてくる。[29]

米政府部内には、オバマの広島訪問がなぜ、それほど大きなアジェンダなのかと首を傾げる向きもいた。

「あれは、ダニーの特別プロジェクト」などと陰口を聞かれることもあった。

2015年前半は、安倍のワシントン訪問とガイドライン改定、そして安倍政権の平和安全法案の衆院への提出であっという間に過ぎた。

米政府内でオバマの広島訪問に関して実質的な検討が始まったのは2015年秋以降である。

ホワイトハウスと国務省の対日政策担当者からいくつもの疑問が投げかけられた。

そもそも、日本政府は、それを望んでいるのか？

岸田は望んでいる。それは間違いない。しかし、安倍はどうだろうか。オバマが広島を訪問すれば、2016年のG7サミット議長国としての彼の晴れ舞台がかすんでしまう恐れがある。より本質的には、先の戦争に関する日米の歴史問題ということでいえば、安倍にとってはすでに2015年の米議会演説でそれは済んだ事柄なのではないのか。

もし、オバマの訪問に対して米国内で「原爆投下は正しかった」といった議論が蒸し返されるようなことになったら、日米関係にマイナスだ。安倍はオバマの広島訪問をありがたいと思うということはない。[30]

そのころ、米政府内には、日本がオバマの広島訪問を期待するのであれば、安倍は慰安婦問題でより韓国と真剣に話し合うべきだ、いやそれが条件だ、といった声もあった。ただ、そのような米政府の意図が露わになれば日本が反発する可能性もある。[31]

そのような疑問に答えられるようにしなければならない。

ラッセルはオバマの広島訪問を実現させるべく、スーザン・ライスやジョン・ケリーを説得する〝弾込め〟を始めた。[32]

〈2016年は政権最後の年だ。これ以上の時はない。滝を下って泳ぐことができる。完璧のタイミングだ[33]〉

ラッセルの胸は高鳴った。

一つ、問題を解決しなければならない。

2016年のG7サミットの開催地である。もし、日本政府が広島での開催を決めると、オバマは広島に行くことになるが、それでは日米和解の象徴的な意味合いを薄めてしまう。しかも、岸田はG7サミットを広島で開きたいとの希望を語っていた。

バイデン副大統領の安全保障担当補佐官だったジェイク・サリバンが退官後の2015年1月、訪日した際、岸田は2016年のG7サミットに関して「日本政府としてはまだ、どこで開催するとは決めていないが、自分は広島でやりたいと考えている」とサリバンに言い、その実現に向けて助力を要請した。[34]

ラッセルは、日本の外交官たちに「G7サミットを広島で行った場合、目詰まりしちゃう」と注意を促した。それだと「オバマが記念資料館や原爆ドームに行く機会は少なくなる[35]」。

そもそも米国の政治指導者にとって広島訪問は「大きな変数」であることに変わりはない。退役軍人たちのグループがそれにどう反応するか、そこはよほど注意しなければならない。

「オバマは日本に降伏しようとしているのではないか」「勇敢に戦った米国の戦士への裏切りだ」「謝罪のしすぎだ」

といった攻撃を受ける恐れがある。[36]

2015年夏。安倍は官邸を訪れた岸田に言った。

「岸田さん、サミットは伊勢志摩で開催することにしました。外相会議は広島での開催を検討してください」

その頃、日本政府は2016年のG7サミットの開催国であることが決まっているだけで、開催地はまだ正式に決定していなかった。当初、岸田の地元の広島からは「何とか、サミットそのものを広島に持ってこれないか……」との声が上がっていた。サミットそのものを広島で実現できれば、オバマに広島を訪問してもらえる、と思ったのである。

しかし、安倍はサミットを伊勢志摩で開催することを決定した。

そこで、岸田は代案、つまり「プランB」を実現することにした。オバマが伊勢志摩を訪問した後、足を延ばして、広島まで来てもらう案だった。

外務省の斎木昭隆事務次官や佐々江賢一郎駐米大使らが中心になってその構想の実現を米側に働きかけることになる。[37]

しかし、オバマの広島訪問が実現したとして、その時、日本国内の原爆投下に対する「謝罪」を求める声にどう対応すべきか？

その場合、米国内で根強く残っている原爆投下を「正当化」する声が声高に叫ばれると、「謝罪」を求める声も高まる恐れがあるのではないか？

岸田を囲む外務省幹部たちの議論で、その問題が持ち上がった。

ただ、肝心の広島市民はどうか。彼らは原爆投下に対する「謝罪」を求めるのかどうか？

岸田は言った。

「広島の市民の多くは『謝ってほしい』とは言っていない。そうではなく、あの悲劇を繰り返してはならない、と思っている」

広島の市民の願いは、最大の核保有国である米国の現職大統領に、未来に向けて「核のない世界」を目指すために広島で世界に訴えてほしい、そのための訪問を実現させてほしいということなのだ、と岸田は説いた。[38]

ただ、「謝罪」を求める気持ちを鎮めるためにも、米国の退役軍人協会の「正当化」の声を抑えて、現職大統領の広島訪問に反対しないようにしてもらう必要がある。

日本側は、「広島でＧ７外相会議を開きたい」との内々の意向を米側に伝えた。

広島でＧ７外相会議が開催されるのであれば、ジョン・ケリー国務長官の出席はオバマの広島訪問に対する国内の攻撃に対するカバーになりうる。ケリーは７人の各国外相のうちの１人だから、いざとなれば「米国だけではなく英国とフランスの外相もみんな一緒です」と言い返すこともできる。

たしかにケリーの広島訪問はその後のオバマの広島単独訪問のインパクトを薄めてしまう恐れもある。それでも、ケリーの訪問がうまくいけばオバマの訪問はやりやすくなる。逆に言えば、オバマの広島訪問を成功させるためにもケリーの広島訪問を成功させなければならない。[39]

「人間としてのすべての感情が揺さぶられました」

２０１６年4月11日。広島市でＧ７外相会議が開かれた。各国外相は、岸田の案内で記念資料館を見学した。
ケリーは、原爆の熱線で大やけどを負った子どもの姿をはじめ館内２階に展示されている数々の写真を見るたびに、岸田や案内係に質問し、メモした。外相たちの見学時間は30分の予定だったが、ケリーは１時間近くかけて見学した。
途中、外相たちの記念資料館見学に同行していた杉山晋輔外務審議官は、ケリーが一行よりはるかに遅れてしまったため、前の方で他の外相たちを案内している岸田のところまで行き、「ケリー長官が全部読んでて、動かないんですけど、どうしましょうか」と尋ねたところ「ありがたいことじゃないか。後の日程なんてどうでもいいから」の返事が返って来た。[40]
ケリーは芳名録には「世界中の誰もが記念資料館の力を見て感じるべきだ」と記した。

そして、原爆死没者慰霊碑に献花した際、当初の日程には入っていなかったG7各国外相による原爆ドームの見学を提案した。

「はらわたが抉《えぐ》られるようだった……魂を揺さぶられる展示でした。人間としてのすべての感情が揺さぶられました」

会議後の記者会見で、ケリーは訪問の感想をそのように語った。[41]

この日、G7外相会議は「核軍縮・核不拡散広島宣言」を発表した。宣言は、次のように述べた。

「過去長年にわたって核保有国においては顕著な核削減が見られた。核兵器のない世界に向けてさらなる進展――1国、2国間、さらには多国間の――は、国際的安全保障の強化を図る中で、我々が断固として、現実的かつ一歩一歩のアプローチを取ってこそ成し遂げることができる」

「核のない世界」(toward a world without nuclear weapons)の言葉は入った。しかし、同時に、それは国際安全保障の強化を図る中で「現実的かつ一歩一歩のアプローチ」でしか実現しないだろう。従って、核軍縮も核不拡散も「実務的かつ現実的なイニシアティブに基づき取り組む」ことを各国に求める。

「核のない世界」を希求する広島の市民と世界の市民の声を広島に来た政治指導者に聞いてもらいたい、その声を宣言に反映してほしい。その切実な願いを無視するわけにはいかない。しかし、同時に、不安定化する国際環境の中で、核の拡大抑止力を含む抑止力の強化が求められている。その冷厳な国際政治の現実と、それに応える国家理性に基づかない政治は国民の信を失う。

岸田もこのジレンマと格闘してきた。一方で、核兵器禁止条約が国連で採択された。核兵器の開発、保有、使用、さらに威嚇までを、幅広く法的に禁じる条約である。国連加盟の3分の2の国々が、それに賛成の立場を表明した。しかし、米国をはじめとする核保有国や核の拡大抑止力に頼っている国々はその枠組みの外にいる。核兵器国を巻き込まない核禁止条約では、現実問題として一歩前に踏み出せない。

そこで、まず、国際監視制度の能力を高め、核実験の検知を含む透明性を向上させる。次に、安全保障環境を改善し、核兵器の保有の動機を削減させる。そして、被爆の実相や拡散のリスクに対する認識を深める。それによって核兵器国と非核兵器国の間の信頼関係を再構築し、核兵器の数を減らしていく。そうして極めて低い数まで削減された段階で、核兵器のない世界の達成及び維持のための法的枠組みを導入し、核兵器のない世界へとたどり着く――これが岸田の思い描く「核のない世界へ向けて」の道筋だった。[42]

宣言は、最後に次のように世界に呼びかけた。

「過去何十年、広島と長崎を訪れた我々のような政治指導者や訪問者は等しく深く心を動かされてきた。我々は他の人々もまたその道をたどってほしいと希望する。我々は、核兵器は二度と使われてはならないとの広島と長崎の人々の切なる願いを共有している」

この年のオバマの広島訪問を促しているようにも読める文章である。

ケリーは会議後の記者会見の席上、オバマによる広島訪問の可能性を問われた際、次のように述べた。

「皆、広島に行くべきだと思う。米国の大統領にもその一人になってほしい。オバマ大統領は（広島に）行きたいと思っていることは知っているが、（5月の主要国首脳会議のために訪日する際に広島を）訪問するかどうかは、はっきりとわからない。帰国した際には大統領に（資料館のことを）必ず伝える[43]」

広島でのG7外相会議後の昼食会を終えた後、ケリーは岸田にそっと歩み寄り、「ちょっといいですか」と少し離れた場所に誘った。

ケリーは小声で尋ねた。

「オバマ大統領が広島に来たら、広島の人たちはみな、歓迎してくれるだろうか……」

ケリーの広島訪問の折、坪井直は記者団に「向こうが（謝罪の言葉を）言ってくれれば『ようやってくれた』と大拍手。でもこちらから要求するもんじゃない」と答えていた。[44]

岸田は迷わずに答えた。

「それはもう、もちろん。広島の人たちは必ず、大統領を温かく迎えてくれると思います」

ケリーは微笑んだ。

それだけの会話だったが、岸田は手ごたえを感じた。[45]

ケリーは国務次官補のダニー・ラッセルの勧めもあって、広島でG7の外相会議を開くことに同意したものの、最初はそれほど乗り気ではなかった。

「ご自身で、広島に行ってください。そして、帰られたら、大統領にお会いになり、ぜひ、行くように勧めてください」

ラッセルにそう言われて広島にやってきた。

帰途、飛行機に乗ったところでケリーは「オバマは広島に行くべきだ、彼は行かなければならない」と言った。

ワシントンに戻ると、ケリーはそのままホワイトハウスに直行し、オバマと昼食をともにした。ケリーはオバマに広島訪問を進言した。[46]

その時までオバマは広島に行くべきかどうか、最終判断を下していなかった。

オバマは、ケリーの進言を受けて、広島訪問に関して、
1　「核なき世界」への関与を示せるか
2　罪のない犠牲者全てに敬意を示せるか
3　日米同盟に貢献するか
の3点について前向きの効果があるかどうかを検討するように指示した。国家安全保障会議（NSC）は、全ての項目で「イエス」であると回答し、オバマは最終的に広島訪問を決めた。

ダニエル・クリテンブリンクNSCアジア上級部長は「ケリーの一言が決定的だった」と証言している。[47]

「これは未来に関する事柄なのです」

もっとも、ケネディやケリーの後押しにもかかわらず、最終的に決まるまで紆余曲折があった。

大統領補佐官（国家安全保障担当）のスーザン・ライスが何かにつけて注文を付けたためである。彼女は最初は、記念資料館を見学することにも難色を示した。[48] 見学抜きでは何のために来たのかと批判を浴びること必定だと分かると、今度はあまりにもむごい写真を目に触れさせないような見学コースを組むよう、そして館内の写真の見学取材も認めないよう求めた。記念資料館は、大統領の30分間の見学を希望していたが、それは10分に短縮された。資料館側は1階のロビーの空間に2階に収められている展示物の一部を移動させ、そこを即席の展示室とし、大統領を迎えた。外務省の要請に応え、あまりにもむごい写真は外した。外務省はケネディに見学コースの写真や展示物を事前に伝え、ケネディがそれをホワイトハウスに送り、決めた。[49]

なかでもライスが一番、心配していたのはオバマが原爆投下に関する意見を日本のメディアに質されたり、そのことに対する謝罪を求められたりすることだった。

その懸念はライスだけでなく、広く共有されていた。それだけにホワイトハウスは、オバマが広島で気まずい状況にならないよう、謝罪要求に出くわさないよう日本側に確証を求めようとした。

ケリーがG7外相会議で広島を訪問した際、岸田の顔を覗き込んで尋ねた「オバマ大統領が広島に来たら、広島の人たちはみな、歓迎してくれるだろうか……」との質問も、こうした懸念の表れだった。

「広島の人たちは必ず、大統領を温かく迎えてくれると思います」との岸田の答えを日本側はその後、米側により明確なメッセージとして伝えた。

「日本は大統領に原爆投下に対する謝罪を求めることはしない。広島の住民も国民も大統領の広島訪問を歓迎する」

5月中旬、ライスは、CNNの報道番組に出演し、ジャーナリストのファリード・ザカリアから、「原爆投下の決定について大統領はどう考えているのか？　日本ではそこが大きな関心事だと思うが」との質問を受けた。

「興味深いことに、日本側は我々に広島に来て、原爆投下の決定が正しかったのか否かについてどう思うか、といったことを求めて来ていない。米国に謝罪するよう求めても来ていない。どのみち米国はそのようなことはしない」

「あなたはどう考えているのか？　あれは正しい決定だったのか？」

「その通りです。いやちょっと、ごめんなさい。質問を勘違いしました。広島訪問が正しい決定だったのか、と聞かれたのかと思いました。原爆投下の決定を私が歴史家であればどう判断するか、それについてはお答えしません」

その上で、彼女は付け加えた。

「この旅が、歴史の文脈の下、行われる訪問であることは間違いありません。しかし、過去について長々と論を張るのは有益とは思いません。これは未来に関する事柄なのです。日本やその他の地域の同盟国とともに、核不拡散とより安定した世界のために何をやっていくかに関わることなのです[50]」

この間、ホワイトハウスにあってオバマの広島訪問を背後で推し進めていたのは、オバマの大統領副補佐官のベン・ローズだった。オバマのスピーチライターである。オバマの信頼は厚い。2009年のプラハでの「核なき世界」演説づくりにも関わった。広島訪問の際の演説を書くに当たって、村上春樹の小説を読んで、日本人の感受性や文化的特質を吸収しようと心掛けた。ローズは、政権の最初の年のプラハ演説で始まったオバマ政権の「核なき世界」メッセージを政権最後の年であるこの年の広島演説で締めくくり、2つの演説をブックエンドのように立てたいと考えていた[51]。

2011年2月、米ロ両国は戦略核兵器の削減を定めた条約（新START条約）を発効させた。核軍縮に関するオバマ政権の唯一の成果だった。2018年までにそれぞれ配備戦略核弾頭数を1550発以下、配備運搬手段を700基以下、配備・非配備を合わせた運搬手段を800基以下に削減することが明記された。しかし、米国内では共和党の反発が強かった。2012年5月に大統領に復帰したプーチンはこの条約の履行に関心を示さなかった。

核軍縮は滞った。

「オバマ大統領は核兵器のない世の中を実現するためのメッセージをどこかで発するための機会を探している」とホワイトハウス高官は2015年春の段階で漏らしていた[52]。

オバマの広島訪問は、「核なき世界」ビジョンのレガシーづくりの一環という面も持った。ホワイトハウス高官は、オバマ自らが「千羽鶴」を折って、それを持参した「折り鶴」物語はセンチメンタルに見えるかもしれないが、あくまで「核なき世界」外交のシンボルなのだ、と言った。

「オバマが資料館を見学すれば、どうしても写真に焦点が当たる。それは隠せない事実ではあるが、そこにばかり焦点が当たってしまいかねない。焦点はむしろ、この悲劇を乗り超えて、そこから学んで、どうやって『核のない世界』へと取り組んでいけるか、という前向きのメッセージにしたかった。オバマ自らの『折り鶴』の物語は、祈りの象徴的な意味合いを持たせることができたと思う[53]」

「折り鶴」は、ケネディが日本側と相談しながら持ち出したアイデアだった。ケネディはそれをオバマとともに折り、ともに「核なき世界」を祈った。

岸田は後に著した『核兵器のない世界へ　勇気ある平和国家の志』の中で、オバマの広島訪問を実現させた立役者として真っ先にキャロライン・ケネディ駐日米大使の名前を挙げている。

「オバマ大統領による広島訪問の実現について、最も貢献した人物は誰なのでしょうか――。そう問われれば、私は迷わず、最初にキャロライン・ケネディ駐日大使の名前を挙げます。というのも、私とケネディ大使は彼女の就任後から断続的に広島について語り合い、多くの共通点を見出すことができたからです」

キャロライン・ケネディは、ダラスで暗殺されたジョン・F・ケネディ大統領の娘である。その悲劇性もあってケネディ家は米政界におけるロイヤル・ファミリーとなった。２００８年の民主党全国大会で上院議員だったオバマが大統領選候補に選ばれた時、オバマ支持への流れをつくる応援演説をしたのがケネディだった。オバマ政権2期目、オバマは彼女を駐日大使に任命した。

彼女は１９７８年1月、叔父のエドワード・ケネディの家族とともに広島を訪問したことがある。原爆死没者慰霊碑を訪れ、被爆者とも会った。

大使赴任直後、岸田夫妻はケネディの誕生祝を兼ねて、ケネディ夫妻を外務省の飯倉公館に招き、夕餉《ゆうげ》を共にした。岸田はこの時を皮切りに「米大統領による広島訪問の意味や、地元の人達の思い」を伝えることになる。そして、ケネディはオバマの広島訪問を実現する上で、かけがえのない「パートナー」となった。[54]

もっとも、岸田が最初にオバマ広島訪問の構想を打診した時、ケネディは趣旨には大賛成だが、やり方は細心の注意が必要だと言った。

「今、動くと、米国の政治に巻き込まれる恐れがある。静かに進めるのが一番だ。自分に任せてほしい」[55]

ベン・ローズもまた、回顧録のなかで、オバマの広島訪問に際してのケネディの役割を特筆している。

「オバマは、日本との関係における、そして我が国の歴史における大いなるタブーを打ち破ろうとしていた。彼は広島を訪問する最初の大統領になろうとしていた。そのオバマの広島訪問を実現させようと、丁寧だが執拗に主張し、電話でも、メールでも、それからホワイトハウスまでやってきて、それを訴えたのはケネディ大使だった」[56]

「オバマが広島に行くのなら、安倍はパールハーバーに行くべきだ」

実は、最後の最後まで双方が舞台裏で調整を続けたのは、オバマの広島訪問に続く安倍の真珠湾訪問の位置づけと日程づくりだった。

それは第1ステージと第2ステージに分かれた。

第1ステージは、２０１５年4月の安倍の訪米の際に安倍が真珠湾を訪問するという構想である。ラッセルは、戦後70年の節目の訪米の際、安倍が先の戦争に関して米国民の心に沁み込むような形で、どこまで真摯に反省の気持ちを述べるかに懸念を抱いていた。

もし、安倍がそのような言葉を発することができないのであれば「何かシンボリックなこと」をやることができないか。「例えば、ワシントンに来る途中で、真珠湾を訪問するといったような形で」とラッセルは日本側に示唆した。

〈安倍は、嫌うかもしれないな〉

と内心、思ったが、２０１４年末から２０１５年初めにかけて、斎木たち日本の外交官に当たってみた。[57]

一つには、安倍政権が集団的自衛権の行使容認を閣議決定し、２０１５年の通常国会に上程している平和安全法制の重要性に鑑みて、安倍にハワイにあるＰＡＣＯＭ（太平洋軍司令部）を訪問してもらうことは意味のあることではないか、と考えたこともある。その際、真珠湾に足を延ばすことも検討する。「安倍が真珠湾訪問を視野に入れるという雰囲気づくり」を醸成することができれば、という思いも込めて、である。[58]

斎木からその話を聞いた安倍はみるみるうちに不機嫌になった。

〈日本の外務省は米国の言いなりだ〉

米国に対してよりも、日本の外務省への不信感がこみあげてきた。

この年の1月、毎日新聞が「首相　真珠湾訪問を検討　大型連休　訪米で調整」（２０１５年1月14日）との見出しの記事を報道した。

「安倍晋三首相が4月下旬から5月上旬にかけての大型連休中に訪米し、オバマ大統領と会談する方向で調整を進めていることが分かった。訪米に際し、今年が戦後70年の節目であることを踏まえ、ハワイ・真珠湾を日本の首相として初めて訪問することも検討。太平洋戦争の引き金となった真珠湾攻撃の舞台で「不戦の誓い」を行い、自らが掲げる「積極的平和主義」に対する国際社会の理解を得る狙いがある」

官邸は、外務省が既成事実化をねらってリークしたものと疑った。

日米双方に、ブッシュ（父）政権時代のある不幸な出来事を覚えているものもいた。

1991年、ブッシュは記者たちに「もし、日本がパールハーバー攻撃を謝れば、広島への原爆投下について遺憾の意を表明するか」と尋ねられた。

「私が大統領である限り、それはない」とブッシュは一蹴した。

その発言は日本でも報道され、日本人の感情を傷つけた。日本の国会には、パールハーバー50周年を機に、第2次世界大戦に至る道で日本が犯した過ちに謝罪の意を表明しようという動きもあったが、この発言によってそれも消えた。[59]

安倍は「真珠湾と広島を取り引きするような話には乗らない」と心に決めていた。そもそも、広島と真珠湾は「まったく位置づけが異なる」。「真珠湾攻撃は、宣戦布告があった、なかったは別として、戦略的な軍の目標値であり、軍隊同士の戦い」である。その一方、広島への原爆投下は、「軍事ではなく、民間人を対象にした無差別攻撃」である。「男は戦場にいて、犠牲者の多くは女性やお年寄り、子ども」である。[60]

この点に関する安倍の信念は強固だった。

ラッセルの構想は、不発に終わった。

第2ステージは、翌2016年になりオバマの広島訪問を検討する中で、スーザン・ライスが安倍の真珠湾訪問を持ち出した。しかも、ライスは、オバマの広島訪問と安倍の真珠湾訪問を「パッケージ」の形で組み込もうとした。

「オバマが広島に行くのなら、安倍はパールハーバーに行くべきだ、それを条件にオバマの広島行きを決めよう」と彼女は主張した。

ラッセルはそれに反対の立場だった。「それを争点にしてはダメだ。その2つを絡めちゃダメだ」と米政府内で説いて回った。「広島訪問は自然体で、自発的で、適切なジェスチャーでやろう」[61]。

その際、ラッセルは、次のような論理を展開した。

「安倍の真珠湾訪問とオバマの広島訪問は、それぞれに必要だ。ただ、安倍の真珠湾訪問をオバマの広島訪問の条件にしたり、オバマの広島訪問をさせるためのご褒美のように扱うのはダメだ。それを取引としたり、見返りを求めてはならない。双方ともそれぞれの攻撃が相手の犠牲者に与えた傷と苦痛を深く理解する、そうした儀式でなければならない。日本が首相の真珠湾訪問になおためらいがあり、国民的合意ができないのであれば、それは日米関係もまだ完全には癒えていないということなのであり、それを癒やせとこちらが言う話ではない。そこは間違えないようにしよう」[62]

それでも、ライスはオバマの広島訪問は安倍の真珠湾訪問の「確約」を得てからだ、と主張した。

日本側はそのような「確約」はしなかった。

ライスは「確約」が取れないのであればそれは致し方ないとしても、少なくとも「これなら大丈夫という何か（confidence）」が持てなければならないと言い始めた。

２０１６年3月下旬、ライスはＮＳＣの日本・韓国部長、クリストファー・ジョンストンを東京に送り、安倍の本音を探らせた。

彼らが狙い定めたのは首相首席秘書官の今井尚哉だった。ジョンストンは官邸の裏口から首相秘書官室のある5階に行き、今井と極秘に会った。

今井は、安倍が真珠湾に行くか行かないかについては何も言わない。

ただ、途中で、スマホを取り出し、何やら操作してから、つぶやいた。

「うーん。そうねえ。総理は、12月のこの頃なら空いているかな」

ジョンストンは帰国後、ライスに「大丈夫（confidence）だと思います」と報告した。「安倍首相は12月の最後の週にパールハーバーを訪問する心づもりのようです。あくまで心づもりですが」[63]もう一押しすれば、安倍は真珠湾訪問をコミットするのではないか。

2016年3月31日、ワシントンの核セキュリティー・サミットの際、日米首脳会談が行われる。その席で、オバマから安倍に「相談する」形で、働きかけてもらうことにした。

「パッケージとされると、日本人の中に複雑な感情を生じてしまう」

3月31日の日米韓首脳会議は、三角形のテーブルに3人の首脳が座った。最初に朴槿恵が発言し、安倍が続いた。前年12月末の日韓の慰安婦問題合意に関し、2人とも相手の努力を称え合った。首脳たちの表情は明るかった。2年前のオランダ・ハーグでの三者の首脳会議の時の日韓両首脳の強張ったやり取りとは様変わりしていた。日韓が歴史問題の和解に向けて大きな一歩を踏み出したことをオバマは祝福した。

この会議に引き続いて日米首脳会談が30分ほど行われた。

その会談の最後に、オバマは次の訪日が大統領としての自分の最後の訪日となるだろうと述べた後で、その機会に広島を訪問するべきかどうか米政府内で議論している、現職大統領による広島訪問はこれまで行われていないが、それは米国内で政治的に敏感な問題であるためである、と明かした。

「この件に関しては、私としてもどのように進めるのがよいのか考えているところだが、まずシンゾーに相談してから決めたいと思っている」

そして、オバマは付け加えた。

「自分の広島訪問とシンゾーの真珠湾訪問を組みあわせれば、1941年の真珠湾攻撃から75周年となる今年、日米両国は過去の歴史を乗り越えたという力強いメッセージを発することができる」

もっとも、同時に「この組み合わせを何が何でもやらなければならないということではないと自分は思っているが、ただ、もしそれができれば力強いシグナルを送ることになることは間違いない。どうだろうか。シンゾーの意見を聞きたい」と安倍の目を見据えた。

安倍は「大統領に広島を訪問していただけることになれば、広島の人々のみならず、日本国民は大変感動するだろう」と答えつつも、「大統領の広島訪問と自分の真珠湾訪問がパッケージとされると、日本人の中に複雑な感情を生じてしまう」と慎重意見を述べた。

もっとも、安倍はその際、「パールハーバー攻撃による戦没者の慰霊のためにハワイを訪問することには何ら問題はない」とも言い、真珠湾訪問そのものに反対しているのではないことを明確にした。

オバマは最後に言った。

「繰り返しになるが、自分は、これをどうしてもやらなければならないものだとは考えていない。しかし、もし我々がそれを実現できれば、日米両国民に対する力強いシグナルを送ることは間違いない。我々が等しく感じている両国民の間の和解、友情、悲しみを改めて確かめ合う観点からも役に立つのではないかと思っているということなのだ[64]」

安倍は、オバマの広島訪問と安倍の真珠湾訪問が「パッケージ」とされることに最後まで反対した。

安倍は実は2015年4月に議会演説をした時に、いずれ真珠湾訪問をすることになると内心、思っていた。しかし、それがオバマの広島訪問と「バーター」の形になると行けなくなる。国内に強い反発が噴き出し、せっかくの歴史的和解が台無しになることを恐れていた。米議会演説も70年談話も絵空事のように批判されることを懸念していた。「バーター感が出れば出るほど互いに行きにくくなる」とスタッフには語っていた[65]。

安倍はオバマが広島を訪問した後も、真珠湾を訪問するかどうかを明確にしなかった。日本政府がオバマの広島訪問を正式に要請しなかったように、米政府も安倍の真珠湾訪問を正式に要請しなかった。シニア外交官は「我々は、オバマの広島行きをプッシュしなかったし、米側も総理の真珠湾行きをプッシュしなかった」と語った。[66]

２０１６年も秋になると、政治の風景は米大統領選挙一色になり、安倍のパールハーバー訪問のこともほとんど忘れられた。９月８日、ラオスで開かれた東アジア首脳会議（ＥＡＳ）の際、米側の求めで日米首脳会談をセットする段取りになっていたが、ＥＡＳが長引いたため、土壇場で見送られた。

ただ、ホワイトハウスは安倍の真珠湾訪問を最終確定させたいと考えていた。

ケネディは、その年９月の国連総会に出席するためニューヨークを訪れた安倍一行が宿泊するホテルで今井と密かに会った。

オバマは20分でいいから、シンゾーとパールハーバーで会いたい、２人で努力してきた日米の和解の最終章についても２人で総括したいと考えている、とケネディは言った。

今井は答えた。

「総理はもちろん、パールハーバー訪問にはイエスと言います。ただ、広島に行ったんだからパールハーバーに来てくれ、ではダメです。最後までそこは切り離すということでお願いします[67]」

ヒロシマとパールハーバーのバーターではないという点の再確認とも関連して、今井は、安倍の真珠湾訪問は安倍政権が取り組んで来た70年談話や慰安婦合意などと同じく戦後の歴史問題克服の仕上げという文脈に位置づけている、と述べた。[68]

その上で、今井は安倍が希望する真珠湾訪問の日程（12月28日＝日本時間）を伝えた。オバマは毎年クリスマスの時期、子供の頃、育ったハワイに行く。その前後に合わせて訪問するのはどうか。追悼とともにオバマとの日米首脳会談を締めくくることを安倍は考えていた。[69]

米大統領選挙はトランプが勝利した。安倍は選挙後、オバマ政権が制止するのを振り切るかのようにトランプ・タワーでトランプと会談した。

その直後、ペルーのリマで開かれたAPEC首脳会議で顔を合わせた安倍とオバマは短時間の立ち話をしたが、素っ気ない会合で終わった。[70]

真珠湾訪問が決まった後、日本側は、ハワイでの首脳会談の際、昼食を組み込んではどうか、とそれとなく米側に打診したところ、米側からは「大統領は家族とのクオリティ・タイムを大切にしたいと考えている」と返事が返って来た。

「オバマは、雑談なし、本題のみ。最初から最後までそれは変わらない」

内閣官房副長官だった萩生田光一は、そんな風に振り返った。[71]

「真珠湾に、いま私は日本国総理大臣として立っています」

2016年12月28日午前（日本時間）。安倍は真珠湾のアリゾナ記念館を訪問した。

ハリー・ハリス太平洋軍司令官が先導し、安倍はオバマとともに同館の慰霊の間に進み、戦死した戦艦アリゾナの乗組員の氏名が刻まれている大理石の壁を前に献花、黙禱《もくとう》を捧げた。その後、2人は真珠湾のキロ埠頭で、演説（ステートメント）を行った。

午前7時半。安倍は語り始めた。

パールハーバー、真珠湾に、いま私は日本国総理大臣として立っています。

耳を澄ますと、寄せては返す、波の音が聞こえてきます。降り注ぐ陽の、やわらかな光に照らされた、青い静かな入り江。私のうしろ、海の上の白いアリゾナ・メモリアル。あの慰霊の場を、オバマ大統領とともに訪れました。そこは私に沈黙をうながす場所でした。亡くなった軍人たちの名がしるされています……その御霊《みたま》よ、安らかなれ――。思いを込め、私は日本国民を代表して、兵士たちが眠る海に花を投じました。

戦争の惨禍は二度と繰り返してはならない。私たちは、そう誓いました。そして戦後、自由で民主的な国を創り上げ、法の支配を重んじ、ひたすら不戦の誓いを貫いてまいりました。


安倍は、真珠湾攻撃に加わった一人の日本帝国海軍士官の名前に触れた。


昨日、私はカネオへの海兵隊基地に、一人の日本帝国海軍士官の碑《いしぶみ》を訪れました。その人物とは、真珠湾攻撃中に被弾し、母艦に帰るのをあきらめ、引き返し戦死した、戦闘機パイロット、飯田房太中佐です。彼の墜落地点に碑を建てたのは、日本人ではありません。攻撃を受けていた側にいた、米軍の人々です。死者の勇気をたたえ、石碑を建ててくれた。碑には祖国のため命をささげた軍人への敬意を込め、「日本帝国海軍大尉」と、当時の階級を刻んであります。The brave respect the brave.「勇者は、勇者を敬う」。

オバマ大統領とともに訪れた、ワシントンのリンカーン・メモリアル。その壁に刻まれた言葉が私の心に去来します。「誰に対しても、悪意を抱かず、慈悲の心で向き合う」「永続する平和を、われわれすべてのあいだに打ち立て、大切に守る任務をやりとげる」。エイブラハム・リンカーン大統領の言葉です。私は日本国民を代表し、米国が、世界が、日本に示してくれた寛容に、改めてここに、心からの感謝を申し上げます。

私たちを結びつけたものは、寛容の心がもたらした、The power of reconciliation,「和解の力」です。私がここパールハーバーで、オバマ大統領とともに、世界の人々に対して訴えたいもの。それは、この和解の力です。

安倍に続いて、オバマもステートメントを発した。

「最も激しい対立は最も強い同盟に変わる」

そのように日米和解の未来志向のメッセージをオバマは強調した。

その後、2人は真珠湾攻撃の生存者の方へ歩み寄り、言葉を交わした。

「謝罪は必要ない。記念館に花を手向けたことが謝罪だ」

車椅子の老兵の一人は、そう語った。

安倍の演説（ステートメント）の草案は、谷口智彦と佐伯耕三副参事官が作成した。

この年の暮れの12月15日。安倍はロシアのプーチン大統領を地元の長門市に招き、日ロ首脳会談を行った。安倍のパールハーバー訪問の前に組み込んだ、安倍の訪米を確かにするためにも米政府はプーチン訪日を「つぶすわけにはいかない」。それも計算した。[72] 演説草案づくりはプーチン訪日が終わってから取り掛かった。

日米の戦争と戦後の克服の足取りを振り返り、それを踏まえて「希望の同盟」へと歩み出す物語は、前年4月の米議会演説で展開した。真珠湾での演説もその延長線上にある。

安倍は、前年のワシントン訪問の際、オバマとともに行ったリンカーン・メモリアルのシーンを入れてほしい、と注文した。

「この『和解（reconciliation）』ということ言葉、リンカーンが一番言いたかったことはこのことだったんです」

途中、オバマ自ら安倍にそのように解説した。

オバマが歴史ツアーのガイド役を務めたこの時の経験は安倍に深い印象を残した。

「スピーチにあの言葉を使えないですかね。それもリンカーンの言葉をそのまま引用するより、オバマとともに訪れたときに見た壁に刻まれていたあの言葉とした方がいいんじゃないか」

和解は、寛容の心があってこそ生まれる。米国人が示した「寛容の力」、それが和解をもたらした、その「寛容の力」から戦後の日米の再出発があった。

零式艦上戦闘機パイロットの飯田房太中佐（当時、大尉。戦死により二階級特進）の埋葬式の写真には、米兵士たちが全員、整列して見守っている姿が残っている。当時の米司令官は奇襲攻撃を仕掛けた敵国の兵士をなぜ、手厚く埋葬する必要があるのかとの非難を受けた。それに対して司令官は「国のために命を落とした人に対しては最大の敬意をもって接するべきだ」と言ったという。

その説明を聞きながら安倍は「すごいな。これ、戦争中だよね。敵に対してもこういう態度で臨むというところがアメリカ国民なんだよね」とスタッフに言った。[73]

安倍は真珠湾演説は日本語で話した。その中でThe brave respect the brave. とThe power of reconciliation のところは英語を用いた。

合計4回、案文づくりを進める中で、官邸スタッフは「安倍の肩の力がすっかり抜けている」と感じた。5月のオバマの広島訪問でオバマは「謝罪」を口にしなかった。だから、安倍もまた真珠湾訪問でそれを口にすることはない。[74]

安倍は後に次のように回顧している。

「結果としてオバマ大統領が広島を訪問して、形式的には別な形なんですけれども、実態としてはセットとしてパールハーバーに行って、戦後を終わらせることができたということだと思いますね。こちらとしては、（オバマが）広島に行く姿があるということが、パールハーバーに行くということについても非常に行きやすくはなりますよね。逆に彼らはそう思ったんだと思いますよ。それに彼としても『核のない世界』を最後まで忘れていないという姿を示したいというところがありますからね[75]」

オバマの広島訪問の時も、米国内反応は落ち着いていた。米政府高官は、広島訪問に対する米国内の反応は「想定していた反応のうちもっとも低いレベルだった」と言った。反発はほぼ皆無に近かった。一方、日本での反応は「想定していたもののうちもっとも高いレベルのものだった」。日本国民はオバマの示した和解の表情と姿勢を前向きに受け止めた。

米側に強い印象を与えたのは、オバマたちが広島の大通りを車で通ったときの沢山の人々の歓迎の渦だった。ヤジも抗議もまったくなかった。[76]

広島訪問後、オバマは日本では米国の大統領の中でもっとも人気のある大統領となった。NHKによる2020年（2〜3月）の世論調査によれば、「第2次世界大戦後もっとも評価する米大統領」でオバマは約54％で1位、2位のジョン・F・ケネディの約17％、3位のロナルド・レーガンの約11％を大きく引き離している（ブッシュ（父子）、トランプとも約2％）[77]。

「それは、センチメンタル・ジャーニーではなかった」

安倍が真珠湾を訪問した時は、クライマックスは過ぎていた。

「安倍の真珠湾訪問はオバマ自身の広島訪問の照り返しとしての和解のジェスチャーだったが、それはもはや時期外れのジェスチャーのように見えた」とベン・ローズは回想している。[78]

ベン・ローズが「時期外れ」と感じたのは安倍とオバマの関係に「情感（センチメント）」のふれあいが希薄だったこととも関係していたかもしれない。

安倍がオバマに事前に連絡もせずに、トランプ・タワーでトランプと会うことを決めてしまった後の真珠湾訪問となったことへの白けがあったかもしれない。スーザン・ライスもそうした〝白け〟を感じた一人だったのか。彼女はパールハーバーに来なかった。代わりにアブレル・ヘインズ国家安全保障担当大統領次席補佐官が同行した。[79]

それでも安倍はオバマの希望に応え、真珠湾訪問を果たした。

安倍が最後まで抵抗したオバマの広島訪問と安倍の真珠湾訪問の〝パッケージ〟は結果的に形の上では実現したのだ。

官邸スタッフの表現を用いれば、「quid pro quo（見返り）なきquid pro quid（見返り）」、ホワイトハウス高官の表現を使えば、「ディールではないがディール」、つまり等価交換したわけではないが、見返り取引には違いなかった。[80]

米政府高官は「成熟した民主主義国であり、強固な同盟国である日本と米国との間でも歴史の和解はなお重要な意味を持つ。それをオバマと安倍は成し遂げた。歴史的な意義があった」と振り返った。[81]

同時に、それはより本質的には「和解の力」もまた地政学的な要請によって必要とされる力学であるということかもしれなかった。

オバマの広島訪問と安倍の真珠湾訪問は、戦後70年に照準を合わせて中国が歴史問題で反日攻勢をかける中、日米両国が必要に迫られて行った和解外交でもあった。

オバマ政権の政府高官はトランプ政権になって間もないころ、次のように総括した。

「中国は、歴史問題に的を絞り、世界中で日本を悪者に仕立て、日韓関係のトラブルを煽るような攻勢をかけていた。我々は中国の反日攻勢をブロックする必要に迫られていた。もし、われわれがブロックしなかったら、中国はもっとやっただろう。ヒロシマとパールハーバーはとてもエモーショナルなイベントだったが、米国の国家安全保障と戦略的目的に資するためのものだった。それは我々にとってはセンチメンタル・ジャーニーではなかった。それは米国のハードコアのレアルポリティークだった[82]」

往々にして、外国との間の和解に向けての外交は国内の民族主義勢力や国家主義勢力の反発を引き起こし、挫折する。

オバマの広島訪問と自らの真珠湾訪問を「パッケージにされると日本人の中に複雑な感情を生じてしま

う」と、安倍がオバマに直接、訴えたのも、この2つの旅が無理に結び付けられると、日本国内に「複雑な感情」、すなわち反米感情を噴出させるリスクを感じていたからに他ならない。だからこそそれぞれの訪問を「形式的には別の形」での「和解の旅」とすることにこだわったのである。ベン・ローズが感じた「時期外れ」感の間延びは、安倍にとってパールハーバー訪問を生み出す上で必要な政治的懐妊期間だった。

そうした国内の「複雑な感情」を相手にしていた点ではオバマも同じだった。オバマの広島訪問が日本への原爆投下に対する謝罪の旅とみなされたとき、在郷軍人会や共和党の激しい攻撃を受ける危険が多分にあった。だからこそ、米側は謝罪を求められることはない前提条件に固執したし、安倍の真珠湾訪問をオバマの広島訪問の政治的カバーとしても必要としたのである。

岸田は後に、朝日新聞の藤田直央《なおたか》編集委員のインタビューでこの時の「和解の政治学」に関して、次のように語っている。

「オバマ大統領が広島に来た後に、安倍総理が真珠湾へ行きましたよね。相手の国の世論もありますが、自分の国の世論もある。私だけで進めていたら強烈な反発があったでしょう。安倍総理がいたからコントロールできた」

太平洋戦争で原爆投下した米国の大統領による広島初訪問が、米国民に一方的な譲歩だと思われないよう、日本の首相も日本が先制攻撃した真珠湾を訪れる。そのことに対する日本国民の保守層の不満は、保守層に支持される安倍晋三首相だから抑えることができた――。

岸田は「そんな構図」を語った、と藤田は解説している。[83]

真珠湾でのステートメントに先立って、安倍とオバマはホノルルの米太平洋軍司令部で会談した。

オバマは冒頭、「この会談が、現職大統領として各国首脳と行う最後の首脳会談である」と述べ、「安倍首相との間で素晴らしいパートナーシップを実現できたことにお礼を申し上げたい。同盟の中核は友情であることを我々は確かめることができた」と安倍への謝辞を述べた。

安倍もオバマに謝辞を捧げた。

「先般のバラクの歴史的な広島訪問は、『核なき世界』に向けた力強いメッセージを発信し、多くの日本人に感動をもたらすものであった」

そして、続けた。

「バラクの広島訪問と今回の真珠湾訪問によって、日米両国は、新しい時代に入った。日米同盟も、これまでの歴史でもっとも強靭な同盟となった」

安倍は、この会談に同席している河野克俊統幕長をオバマに紹介し、言った。

「河野統幕長のお父様は、潜水艦の乗組員の一員として真珠湾攻撃に従事したが生き残りました。お父様が生き残ったことで、河野統幕長は誕生したんですが、現在、彼は日米同盟の中心にいます。彼は『和解の力』を象徴する存在なのです」

安倍は最後に再び、オバマに感謝の気持ちを伝えた。

オバマが答えた。

「改めて、シンゾーの訪問に感謝したい。自分の広島訪問が、日本国民の多くの共感を得られたのと同様に、この訪問は、この地において、多くの共感を得られる訪問となるだろう[84]」

オバマは終始、リラックスしていた。安倍がそれまでに会ったどのときよりも打ち解けた雰囲気だった。

オバマは「雑談なし、本題のみ」で、雑談が好きで、遊びも好きな安倍とは性が合わないと見られてきたが、この日は違った。

「ゴルフをやっていてバンカーに入るとアフガニスタンのことを思い、夜も眠れなくなる。もうそれもなくなりました」

そんなことも口にした[85]。

1 Ben Rhodes, *The World As It Is A Memoir of the Obama White House*, New York: Random House, 2018, p.376
2 岸田文雄『核兵器のない世界へ　勇気ある平和国家の志』日経ＢＰ、２０２０年、56〜57頁
3 岸田文雄『核兵器のない世界へ　勇気ある平和国家の志』日経ＢＰ、２０２０年、60頁
4 志賀賢治、ＮＨＫ午前9時ニュース、２０２３年5月21日／「原爆資料館　志賀前館長〝被爆資料　個人として向き合って〟Ｇ7広島サミットへの提言」ＮＨＫ、２０２３年5月2日
5 「広島平和記念公園におけるバラク・オバマ大統領の演説」American Center Japan ウェブサイト、２０１６年5月27日
6 「原爆投下 71年目の訪問：オバマの決断 広島の願い」ＮＨＫクロ現＋、２０１６年5月23日／「オバマ氏来訪 憎しみと葛藤の先に スナオさんに、会いにいこう ヒバクシャ・坪井直の遺した声 下」朝日新聞、２０２１年12月15日／「被爆者、坪井直さん 未来に遺したメッセージ」ＮＨＫクロ現＋、２０２１年11月11日
7 外務省幹部、２０２１年8月11日
8 「坪井直さん死去 被爆者を代表 世界で訴え」朝日新聞、２０２１年10月28日
9 「被害説明求め抗議 エノラ・ゲイ公開で訪米の被爆者たち」中国新聞、２００３年12月17日
10 副島英樹「インタビュー 被爆者 森重昭さん『戦争がもたらすもの』破壊と憎悪の連鎖 核依存が一番怖い 一日も早くやめて」朝日新聞、２０２３年8月5日
11 Ben Rhodes, *The World As It Is A Memoir of the Obama White House*, New York: Random House, 2018, p.379
12 Ben Rhodes, *The World As It Is A Memoir of the Obama White House*, New York: Random House, 2018, p.379
13 外務省幹部、２０１６年6月17日
14 元米国務省幹部、２０２３年11月30日
15 元官邸幹部、２０２０年12月18日
16 岸田文雄『核兵器のない世界へ　勇気ある平和国家の志』日経ＢＰ、２０２０年、64頁
17 岸田文雄『核兵器のない世界へ　勇気ある平和国家の志』日経ＢＰ、２０２０年、55頁
18 「日米共同記者会見―平成28年5月25日」政府広報オンライン、２０１６年5月25日
19 元米政府高官、２０１８年4月25日
20 安倍晋三『安倍晋三　回顧録』中央公論新社、２０２３年、２２１〜２２２頁／外務省幹部、２０１６年8月1日
21 Administration of Barack Obama, "Remarks Following a Meeting With Prime Minister Shinzo Abe of Japan and an Exchange With Reporters in Shima City, Japan", May 25, 2016
22 「日米首脳会談、共同会見要旨」朝日新聞、２０１６年5月26日
23 元官邸幹部、２０２０年12月18日
24 元国務省幹部、２０２３年11月30日
25 岸田文雄『核兵器のない世界へ　勇気ある平和国家の志』日経ＢＰ、２０２０年、56頁
26 外務省幹部、２０１６年6月17日
27 「被爆地訪問『在任中に』オバマ大統領が意欲」共同通信配信、２００９年11月11日朝刊掲載
28 米政府高官、２０１６年8月23日
29 米政府高官、２０１６年8月23日
30 米政府高官、２０１６年8月23日
31 米政府高官、２０１６年8月23日
32 米政府高官、２０１６年8月23日
33 米政府高官、２０１６年8月23日
34 元ホワイトハウス高官、２０１５年1月10日
35 米政府高官、２０１６年8月23日／元米政府高官、２０２４年3月12日
36 米政府高官、２０１６年8月23日
37 岸田文雄『核兵器のない世界へ　勇気ある平和国家の志』日経ＢＰ、２０２０年、51〜52頁

38 岸田文雄『核兵器のない世界へ 勇気ある平和国家の志』日経ＢＰ、２０２０年、53頁
39 外務省幹部、２０１６年５月20日／元米政府高官、２０２４年３月12日
40 外務省幹部、２０１６年５月20日
41 岸田文雄『核兵器のない世界へ 勇気ある平和国家の志』日経ＢＰ、２０２０年、45～46頁
42 岸田文雄、２０１８年１月29日
43 "Press Availability for G7", U.S. Department of State, April 11, 2016
44 「オバマ氏来訪 憎しみと葛藤の先に スナオさんに、会いにいこう ヒバクシャ・坪井直の遺した声 下」朝日新聞、２０２１年12月15日
45 岸田文雄『核兵器のない世界へ 勇気ある平和国家の志』日経ＢＰ、２０２０年、48頁
46 米政府高官、２０１６年８月23日
47 「オバマ氏広島訪問 ケリー長官報告で決断 米ＮＳＣ上級部長」読売新聞、２０１６年５月21日／米国務省高官、２０２３年６月１日／ダニエル・クリテンブリンク、２０２３年６月１日
48 外務省幹部、２０１６年８月１日
49 志賀賢治、ＮＨＫ午前９時ニュース、２０２３年５月21日
50 "Interview with Susan Rice: The Seventh Sense: Surviving A World Dangerous for Girls", *CNN*, May 15, 2016
51 元米政府高官、２０１７年１月24日
52 元ホワイトハウス高官、２０１５年１月10日
53 米政府高官、２０１６年８月23日
54 岸田文雄『核兵器のない世界へ 勇気ある平和国家の志』日経ＢＰ、２０２０年、44頁
55 外務省幹部、２０１６年８月１日
56 Ben Rhodes, *The World As It Is A Memoir of the Obama White House*, New York: Random House, 2018, p.374
57 元米政府高官、２０１７年１月24日／国務省幹部、２０１４年11月26日
58 元米政府高官、２０２４年３月12日
59 Michael Wines, "President rejects apology to Japan", *New York Times*, December 2, 1991／Kenneth B. Pyle, *Japan in the American Century*, Cambridge: Harvard University Press, 2018, p.74
60 安倍晋三『安倍晋三 回顧録』中央公論新社、２０２３年、２２２～２２３頁
61 元米政府高官、２０１７年１月24日
62 元ホワイトハウススタッフ、２０２３年２月８日／元米政府高官、２０１７年１月24日
63 元ホワイトハウススタッフ、２０２３年２月８日
64 安倍晋三、２０２１年２月18日
65 官邸スタッフ、２０１７年１月30日
66 外務省幹部、２０１７年１月23日
67 元官邸スタッフ、２０２３年５月11日
68 元官邸スタッフ、２０２４年１月23日
69 元官邸幹部、２０２０年12月18日
70 官邸幹部、２０１６年12月７日
71 萩生田光一、２０２３年10月15日
72 安倍晋三『安倍晋三 回顧録』中央公論新社、２０２３年、２４１頁
73 官邸スタッフ、２０１７年１月30日
74 安倍晋三『安倍晋三 回顧録』中央公論新社、２０２３年、２４２頁
75 安倍晋三、２０２１年２月18日
76 米政府高官、２０１６年８月23日
77 ＮＨＫ「『日本とアメリカに関する世論調査』単純集計結果」２０２０年
78 Ben Rhodes, *The World As It Is A Memoir of the Obama White House*, New York: Random House, 2018, p.xiv
79 元外務省幹部、２０２３年９月13日
80 元官邸幹部、２０２０年12月18日／元米政府高官、２０２３年５月４日
81 米政府高官、２０２３年６月１日
82 元米政府高官、２０１７年５月１日
83 朝日新聞編集委員・藤田直央「アナザーノート 総裁選敗北後に語る理想 岸田氏『核兵器のない世界へ』」２０２０年12月11日
84 外務省「安倍総理大臣のハワイ訪問」２０１６年12月28日／安倍晋三、２０２１年２月18日
85 萩生田光一、２０２３年10月15日

第10章　消費税増税

「消費税、嫌いなんだよね」

「消費税、嫌いなんだよね」

２０１２年12月。永田町・自民党本部総裁室。安倍晋三自民党総裁は、表敬に訪れた財務省の幹部に向かって、ボソッとそう言った。

真砂《まなご》靖事務次官（１９７８年大蔵省入省）、木下康司主計局長（１９７９年大蔵省入省）、香川俊介官房長（１９７９年大蔵省入省）、佐藤慎一大臣官房総括審議官（１９８０年大蔵省入省）の４人とも神妙な顔をしたまま、一言も発さない。

木下が民主党野田佳彦政権の「社会保障と税の一体改革」政策の意味とその継続性の必要性、要するに消費税増税の必要性について説明して10分ほど経ったところだった。安倍は、露骨に不快そうな表情を浮かべていた。

そして、安倍は言った。

「政権というのは経済に失敗したら政権を失うが、財務省の役人はやめなくていいからね」

民主党政権を手玉に取って、ブルドーザーで整地したように増税路線を敷いた張本人が、政権交代で登場した自民党政権でも引き続き運転台に乗って、指図しようとするのか。日本は民主主義の国なんだよ。政権交代は重いんだ。それが分かっているのか？

安倍はそう言おうとしているかのようだった。

時あたかも衆議院総選挙のただなかである。窓の外、選挙カーが連呼する声が聞こえる。各世論調査の結果からして、総選挙で自民党が勝つことは確実だった。そこで、第1次政権の時の安倍の首相秘書官だった田中一穂主税局長（1979年入省）が「一応、取り持つ形で」、財務省は安倍に1時間ほど金融財政政策の現状と課題を説明する時間をもらったのである。

財政政策に先だって、金融政策を担当する佐藤が金融政策についてブリーフした。

ここでもしばらくしたところで、安倍は制するように言った。

「もう説明要らないよ。自分はインフレターゲット3％だから」

「3％は実現可能性が薄いと思いますが……」

「いや、もういいんだよ、いいんだよ。こっちはもうルビコン河を渡っちゃってるんだから」

財政政策も金融政策も、財務省に対しても日本銀行に対しても、安倍は正面から挑もうとしていた。

2012年の夏、野田佳彦民主党政権は自民党、公明党の野党との間で「社会保障と税の一体改革」で合意した。社会保障を持続的に維持し、改革するため消費税を2014年4月に現行の5％から8％へ、さらに2015年10月に8％から10％へとそれぞれ引き上げることで一致したのである。8月、「一体改革」関連法案が参議院本会議で可決された。

自民党も谷垣禎一総裁、石原伸晃幹事長、茂木敏充政調会長は全員、これを支持している。なかでも谷垣は自民党きっての財政再建論者でもあった。

しかし、安倍はまったくその埒外にいてこの合意には噛んでいない。

〈やはり、うわさ通りのアウトサイダーなんだ〉

幹部の一人は彼我の「大きな距離感」を感じて、総裁室を後にした。

もっとも、自民党内の「一体改革」支持論は一様ではなかった。自民党は消費税増税をするたびに政権を倒されてきた。増税の政治的コストはきわめて大きい。民主党政権の間に増税を実現させ、あわよくばそれで民主党政権を潰してしまえという思惑もあった。谷垣のような増税派も安倍のような反増税派も、その点は同じ思惑を持っていた、と安倍の側近は明かした。[2]

その一方で、「一体改革」法案を政局の材料とするため、それに反対するべきだとの声もあった。小泉純一郎元首相は「反対して一気に解散に持ち込め」とアジっていた。しかし、谷垣はその動きに乗らなかった。

「おそらく、谷垣さんが総理大臣になれる唯一のチャンスだったろうなと思う。しかし、ああいう誠実な人だから、谷垣さんは自分の生き方として、それは取らなかった」と安倍は後に言った。[3]

安倍自身は、「一体改革」を怪訝な目で見つめていた。

そもそも、このデフレの下、消費税を上げるという発想そのものからして解せなかった。安倍の経済政策のブレーンである元財務官僚のエコノミスト、本田悦朗（1978年大蔵省入省）のようなリフレ派は反対論を唱えていた。しかし、総裁選で安倍を推してくれた議員の多くは「一体改革」を支持していた。そうしたこともあり、安倍は総裁選では支持の立場を表明した。

9月の自民党総裁選で総裁に選ばれたのは、谷垣ではなく安倍だった。

「消費税、嫌いなんだよね」

そのあまりにも直情的な表現に財務省幹部たちは、衝撃を受けた。

それでも、その時は、財務省は安倍の〝消費税嫌い〟のほどについて「たかをくくっていた」と後に、その席にいた財務省幹部は振り返ることになる。

消費税増税は法律でしばりをかけてある。それを変えるのは大変な力業を要する。新政権もそこまではできないだろう、と「たかをくくっていた」というのである。

ただ、再登場した安倍の高揚感とともに、その中に潜む「論より政治」の「政治のリアリズムのある種のすごさ」を彼は感じた。

法律に附則で認められている「景気条項」を使って、消費税の引き上げを18カ月、延期する。そして、世界経済不況のリスクをG7サミットの場で演出して見せ、再度、30カ月まで延期する。しかも消費税の使途を変更する。その際、納税者の負担軽減策として財務省の主張していた還付金制度ではなく、公明党が掲げていた軽減税率を導入する。財務省と自民党税務調査会（党税調）が〝結託〟して抵抗しないよう、党税調の会長の首をすげ替える。それによって官邸主導体制と自公連立バネを強める。そして、増税延期については2回とも、衆議院選挙、参議院選挙で延期の「大義」を国民に問い、選挙に勝利することでそれを正当化し、異論を封じ込める。にもかかわらず、いや、それだからこそ、同一政権で2度にわたって消費税引き上げを実現させた。

財務省は戦後、見《まみ》えたことのない異質の「政治のリアリズムのある種のすごさ」をその後、何度も思い知らされることになる。[4]

２０１２年12月16日。総選挙では自民党が圧勝した。その熱気もまだ冷めやらぬある日、永田町近辺のホテルの一室で真砂と前事務次官の勝栄二郎（１９７５年大蔵省入省）が麻生太郎に向き合っていた。

「今度、財務大臣になられますので、ご挨拶に伺いました」

麻生は、一瞬、

〈安倍から、聞いてきたのか〉

と思ったが、

「そんなこと、財務大臣かどうかわからねえ。財務省に国会人事権があるわけないじゃないか。なんでわかるんだ」

「いや、なられますから」
自信たっぷりだった。[5]
26日の組閣で、麻生は財務相に任命された。それも、副首相兼財務相という形で首相に次ぐ別格の扱いで迎えられた。
消費税10％増税のドラマは、財務省と「アウトサイダー」の安倍及び安倍官邸との対立軸をめぐってその後、展開することになるが、そこには麻生というもう一人の主役が存在した。麻生は、元首相であると同時に今なお自民党第4位の派閥を率いており、政治的嗅覚は鋭い。そして、この政権の副首相であり、安倍の政治的盟友でもある。にもかかわらず、麻生は消費税引き上げに関して安倍とは180度違った見方を持っていた。「社会保障と税の一体改革」について麻生は「与野党が胸襟を開いて、国政の極めて大きな課題について合意したことは、日本の民主主義の成熟を示すものとして、世界に堂々と胸を張ることができる」と述べている。[6]
財務省幹部によれば、麻生は消費税引き上げに関しては「隠れ増税派」どころか「正真正銘の増税派」である。[7]

「もうちょっと延ばしたらいいんじゃないか」

2013年7月の参議院選挙でも自民党は勝利した。アベノミクスの金融緩和のおかげで株も経済も上昇気流に乗っていた。政権の基盤が安定してきた。

その中で、2014年4月からの消費税の5％から8％への引き上げにどう対応するか。

安倍も官房長官の菅義偉も、本音は引き上げはしたくない。菅は「もうちょっと力をつけてからがいいんじゃないか」とも、「ずっと上げなくていいじゃないか」と気乗りしない。「もうちょっと延ばしたらいいんじゃないかんですよ」とも口にした。

２０１３年の参議院選挙勝利の後、次の参院選は２０１６年に来るが、その前に消費税の引き上げをすることは避けたいと菅は考えていたし、それは安倍も同じだった。要するに、２０１５年10月の消費税の引き上げは先送りする、すなわち3党合意はお預けにする、ということである。[8]

ただ、当面の２０１４年4月からの消費税引き上げをどうするか。それも２０１６年夏以降まで延期するべきなのか？

その頃、党内にはなお3党合意の「余韻」のような空気が残っていた。それを無視するのは党内融和の観点からはリスクがある。それに、延期となれば税法改正をしなければならないが、それには「大義」が必要で、その場合、景気への悪影響でやむを得ず延期という「大義」しかない。ただ、当時は、アベノミクス全開で円安と株高がプラスの循環をしている状況である。それなのに「景気条項」を持ち出して消費税延期を決めると、アベノミクスは早くも失速か、と受け取られる恐れがある。

後に財務省幹部は、「このジレンマ」に関して次のように言った。

「リフレ派だから消費税を延期する、そういうふうな論理にはならない。安倍首相はリフレ派と言っても政治的な立場に過ぎないから。それに、アベノミクス効果があると言っているのに消費税を延期するということは、アベノミクス効果がなかったということを認めることになるので、自己撞着に陥る」[9]

最初に動いたのは、麻生と甘利明経済財政政策担当相だった。麻生は、法律通り２０１４年4月からの引き上げを主張した。甘利も引き上げに賛成の立場だった。5％から8％へと3％分、引き上げられるから、税収は8・1兆円、増える。そのうち5兆円を経済対策で還元する、といったプランを思い描いていた。それだけぶちこめば円安の追い風もあって景気を持ちこたえさせることができるだろう、との読みである。

一方、菅は、消費税引き上げに慎重論を唱えた。

このため、「総理の判断を仰ぐ」ことになった。首相執務室で安倍、麻生、甘利、菅が話し合った。

「もうこれでやるしかないですよ。総理」「補正でしっかりガードしましょう」

甘利の言葉に促されるように、安倍もここは腹をくくった。[10]

2013年10月1日。政府は閣議で、2014年4月の消費税率8％への引き上げを決定した。安倍は記者会見で、増税に備えて企業向け減税に加え、5兆円規模の経済対策を策定すると表明した。法人実効税率の引き下げは「真剣に検討を進めないといけない」と強調した。東日本大震災からの復興財源にあてる特別法人税は13年度末に1年前倒しで廃止することも明らかにした。

消費税の引き上げは1997年以来、17年ぶりだった。5％が8％になれば国民1人にすると年に5万円ほど出費がかさむ。

デフレにあえいだ17年間だった。雪だるま式に増えた国と地方の長期債務（借金）は2014年度に1000兆円を超え、先進国で最悪の状態になった。[11]

2014年9月、第2次政権での最初の内閣改造を行うにあたって、安倍は谷垣を自民党幹事長に据えることを考えた。谷垣は2012年9月まで自民党総裁である。幹事長となると降格人事ではある。

2014年9月1日、安倍はインドのナレンドラ・モディ首相との会談を終えた後、ホテルニューオータニで谷垣と密会した。

その席で、安倍は「党内がもう盤石に安定するのは谷垣先生しかいない。総裁から幹事長で降格みたいで心苦しいが、ここはひとつお願いしたい」と幹事長を打診した。

その際、安倍は「場合によっては消費税の実施を延ばすかもしれない」とも伝えた。

「消費税の実施の時期ややり方の判断は私に任せてもらえますか」

「そこはもう総裁の判断ですから」[12]

そんな会話だった。会合の後、安倍は側近に「受けてもらえた」と喜び、「立派な人だね」と付け加えた。

安倍が２０１４年9月という消費税増税をめぐる微妙な時期に内閣改造人事を断行し、谷垣を自民党幹事長に据えたのも、３党合意の当事者である谷垣が幹事長ならばいざという時、消費税実施を延期しても「谷垣が仕方がないと言えば、自民党は全員黙る」と計算したからでもある。「選挙に勝とうと思って谷垣さんを幹事長にしたわけじゃないですからね」と後に側近は笑いながら告白した。[13]

「消費税を上げないと、株価は暴落しますよ」

２０１４年10月31日。安倍は、帝国ホテルのフランス料理屋「レ・セゾン」でメガバンク3行の三菱東京ＵＦＪ銀行の平野信行頭取、三井住友銀行の國部毅頭取、みずほフィナンシャルグループの佐藤康博社長と昼食を共にした。

安倍がミャンマーのテイン・セイン大統領と直接交渉したおかげで、メガ3行がそろって外資系銀行免許を取得することができたことへのお礼とのことだった。

安倍は、「わざわざお礼を言いに来て下さるには及ばない」と一度は断ったが、麻生からも「できれば、受けてやってほしい」と勧められたので、受けることにした。

麻生も入って5人の会食となったが、麻生は途中で退席した。

麻生が席を立った後、トップの一人が、「消費税を予定通り上げるのが望ましい」と言った。

「中小企業の中からも『消費税が10％になったら仕入れ価格を上げてやる』と親元（企業）から言われているから、消費税増税を心待ちにしている、という声が聞こえてきます」

安倍は、耳を疑った。

「消費税を上げてほしいなんて言っているひとは今まで一人もいませんでしたがね[14]」

「いや、総理、消費税10％引き上げはもうマーケットに織り込まれていますから、それを上げないと株価は暴落しますよ。国債金利もはね上がります」

もう一人のトップが畳みかけた。[15]

官邸に戻ってきた安倍は、秘書官に向かって、吐き捨てるように言った。

「なんだ、アレは。香川が仕掛けたんだな、コレ。ヤツは役人の矩《のり》を踰《こ》えている」[16]

図星だった。仕掛け人は香川俊介財務事務次官だった。

香川は1979年大蔵省入省。長年、主計局で予算編成に携わった。財務省のエリートコースを驀進した。子どもの頃、父親が病に倒れ、家計もままならず、苦労をした。大学入試の日も早起きし、妹と自分の弁当を作ってから受験に向かった、という話が残っている。信念と情熱の塊、そして人懐っこい人柄。政官財界、マスコミ界に多くの友人と知己を持つ。若い頃、竹下登内閣で官房副長官を務めた小沢一郎の秘書官を務め、政権中枢の権謀術数を目の当たりにした。

2009年の総選挙で自民党が野に下った後、政権基盤の弱い民主党政権を勝栄二郎財務次官と香川俊介官房長のコンビが支える形となった。そして、野田佳彦政権の時、「社会保障と税の一体改革」関連法案の3党合意に持ち込んだ。香川はこの間、3年間、官房長を務め、黒子としてその実現に大きな役割を果たした。

野田と谷垣の崖っ縁の党首会談は、2012年8月8日に行われ、その2日後の8月10日、一体改革関連法が成立した。野田は「香川さんと私が最も魂が触れ合った期間だった」と回顧した。[17]

2014年9月の内閣改造後まもなくの頃、香川は菅官房長官を訪れ、2015年10月の2回目の消費税引き上げの重要性を記したプレゼン資料を前に、懇々と説いた。

黙って聞いた後、菅は一言だけ、言った。

「これは、預からせてもらう」

香川は、言葉をどう継いでいいか戸惑った。

「ほかに何かないんですか」

「ない[18]」

菅のところには、香川が政界、経済界、金融界、マスコミ界に激しくアプローチし、延期論の問題点を説いて回っているという情報が次々と入って来ていた。

その中には、森喜朗元首相、マスコミ界の大御所である渡邉恒雄読売新聞グループ本社主筆、それに民主党の枝野幸男幹事長も含まれていた。

安倍側近は、こうした財務省の動きは、「解散権という総理の大権」に挑む「役人の矩を踰えた行為」であるばかりか、事実上、安倍下ろしを図る「クーデター計画」に近い、と警戒した[19]。

官邸中枢にはそれをうかがわせる情報が続々と入って来る。

「麻生財務大臣─谷垣幹事長となり嬉しくないわけがありませんよ。消費税10％に向けこれ以上のシフトはない。年末に向けてそろそろ外堀から埋めていきましょうか」と財務省幹部はＯＢの一人にそんな風に語った……。

9月中旬、赤坂の割烹「小みや」に3党合意の立役者が一堂に会した。「来年10月から消費税の予定通りの10％への引き上げ」への気勢を上げる狼煙《のろし》だ……。

次のような「聞き捨てならない情報」も上がって来た。

安倍が先延ばしに突っ走った場合、消費税法の改正が必要になる。財務省は、その改正手続きを進める間、消費税10％引き上げ派たちの多数派工作を密かに行い、両院議員総会で消費税改正法案を廃案に持ち込む。安倍の党内基盤は一気に弱まる。そうなれば、消費税10％引き上げ派の谷垣禎一を首班に担ぎ出す……。

消費税先延ばしのための消費税法改正を逆手に使い、法改正否決、そして倒閣に追い込む、というシナリオである。

安倍はそういったシナリオに基づくクーデターの可能性を疑っていた。「けれども、（谷垣は）財務省の策略には乗らなかったのです。政治の不安定化を招くようなことを嫌ったのだと思います」と安倍は後に解説している。[20]

谷垣は、増税延期と解散・総選挙の決定を安倍に伝えられた時、「総理の考えであればそれで結構です。ご安心ください。選挙の準備はできています」と答えている。

「策略に乗らなかった」のではない。谷垣は積極的に安倍を支えたのである。

菅は、香川を官邸に呼んだ。

「消費税の引き上げはしない。おまえが引き上げに動くと政局になるから困る。あきらめてくれ」

香川は、反論した。

「長官。決まったことには必ず従います。これまでもそうしてきました。ですが、法律に決められているとおりやってほしいと言って何で悪いんですか。法律で定められているプロセスについてはやらせてください」

菅は、言い放った。

「いや、総理が決めるんだから」[21]

「帰って、解散の準備をしてほしい」

毎年、11月は、外遊日程が立て込む。

２０１４年もそうだった。北京のＡＰＥＣ首脳会議（10、11日）、ミャンマー・ネピドーの東アジアサミット（13日）、オーストラリア・ブリスベンでのＧ20首脳会議（15、16日）と続いた。

11月９日、安倍は１週間あまりにわたる外遊に旅立った。

その日の朝、読売新聞が1面トップで特ダネを報じた。

「増税先送りなら解散 首相検討 年内にも総選挙」の見出しが躍っている。

出発前、安倍は会見で「解散は全く考えていない」と発言していた。解散は頭の片隅にもない、との建前だったが、本音は頭のど真ん中にあった。

日中首脳会談をはじめとするアジア外交の背後で、消費税増税をめぐる暗闘が繰り広げられていた。

11日。北京での一連の会議が終わった後、安倍は今井尚哉政務秘書官に対し「解散の準備のため、帰ってほしい」と言い渡した。[22]

12日。今井は、一行と別れ、北京から東京へ戻った。

その日の朝、読売新聞と産経新聞がダメ押しの記事を掲載した。

「『来月14日　投開票』準備　衆院選　自公、関係者に指示」（読売新聞）

「首相、来月総選挙決断　消費再増税、1年半延期　景気下振れ懸念、強める」（産経新聞）

安倍は、外遊先から一気に解散への流れをつくろうとしていた。

一方、香川は安倍の外遊を睨んである仕掛けを考えていた。

15日からのブリスベンでのG20首脳会議に合わせて財務相・中央銀行総裁会議も開かれる。麻生がそこに出席する。そこで17日、ブリスベンから東京への帰途、麻生も安倍とともに政府専用機で帰途につくようにし、そこでの機中会談で麻生から安倍に消費税延期を思いとどまるよう説得してもらう。

「これが最後の最後の賭けだ。ここで親父（麻生）が総理に何と言ってくれるか、景気条項について我々の思いを遂げてくれるか、だ。今、全力を挙げて親父に情報を出し続けている」

香川はそのころ、そんな風に語っていた。

安倍とても麻生との機中会談に異論のあるはずもない。ただ、今井は「安倍と麻生が機内でケンカすることのないように」しなければならないと考えていた。その前に田中一穂とすり合わせをする必要がある。田中は2014年7月、主計局長に就任していた。

今井は帰国後、菅に会い、直ちに「解散の準備」に取り掛かってほしい、との安倍の伝言を伝えた。

今井の報告を聞いた菅は、「わかった。これで決まりだ。解散だ」と事務的に言った。解散の日程、総務省への根回しなどを菅と打ち合わせた。後は菅がすべて仕切ってくれる。残るは、安倍と麻生が延期と解散について合意することだけである。


その日の夜、赤坂・ANAインターコンチネンタルホテルで今井は田中一穂と会った。田中とは第1次安倍政権の時の首相秘書官仲間である。

田中は、消費税引き上げ延期と総選挙とセットにしたやり方は「汚い」と憤りを爆発させ、延期には「大義」がないと批判した。

「2015年10月に10％にするって、法律で書いたじゃないか。これは国会の意思だよ。だから、それを覆すのなら国会の意思でやる以外ないはずだ。大体、増税の先延ばしはみんな喜ぶんだから、それを選挙で問うというのは卑怯《ひきょう》だ」

今井は反論した。

「いや、実体経済を見てくれ。3％上げてどうなった？　実質消費があんなにへこんだ。消費税を3％上げるということは実質賃金が3％下がるということなんだよ。もう3年くらいかけてアベノミクスを吹かせて実質賃金をプラスにもっていかないといけない。実質賃金をプラスにするには完全雇用を達成しなきゃだめだ。そもそも3党合意で10％への引き上げを1年半でやろうとした。大蔵（省＝財務省）はマクロ経済をわかっているのか」

議論はいつまでも収斂《しゅうれん》しない。

それでも最後に田中は言った。

自分としては消費税の引き上げ延期は承服しかねるが、総理がそれを決めるということであればそれに従う。

「しかし、一つ前提がある。景気条項だけは外してもらいたい。そこだけは認めてもらいたい」[23]

官邸は、今回の消費税増税の延期は、「景気条項」に基づいて延期することにしていた。それと同じことを次回も繰り返されれば、いつまで経っても消費税の引き上げはできない。次はこの手を使わないでほしい、という要請にほかならない。

今井は、その旨、安倍にはきちんと伝える、と約した。

2時間以上話した後、別れ際に田中は言った。

「オレも、安倍の秘書官だったし……」

田中は何を言おうとしたのだろうか。

第1次政権のとき、政務秘書官の井上義行が十分に機能せず、田中が事実上の首席秘書官ともいえる班長のような役回りをし、重しとなった。

しかし、田中は今、今井をはじめとする官邸総理室に陣取るかつての秘書官仲間たちから同じ〝忠臣〟とはもはや認めてもらっていないと感じているのか？　いや、いまも、殿のことを思い、田中なりにお仕え申し上げていることをわかってほしい、それを今井からも安倍にそれとなく伝えてほしい、ということなのか？　それとも、安倍の秘書官をしていたのに、安倍にやられっぱなしだと財務省内で陰口をたたかれている、そのつらい立場をわかってくれということなのか？

今井は真意を図りかねた。

翌朝、田中から安倍宛ての「直披《じきひ》」親書（直接、受けとった本人が開封する手紙）が今井に届いた。今井宛の「直披」親書にも同じ内容が認《したた》められていた。[24]

その後、今井はブリスベンに飛んだ。16日夜、G20首脳会議の晩餐会を終えてホテルの部屋でくつろぐ安倍に会った。安倍は、解散に当たっての記者会見用の原稿を書いているところだった。

安倍は上機嫌だった。

〈帰りの専用機で麻生さんを説得しなければならない。それに備えた予行演習だ〉

そんなことも考えながら書いては、読み、書き直し、暗記するほど読んだ。

「これだけは、自分でやらないとね」と今井に言った。[25]

今井は、田中と話した内容を報告するとともに、田中から託された安倍宛ての親書を手渡した。

「これは恐らく麻生さんも知ってると思います。次官が単独でこんな決断ができるとは思えません。景気条項を外してほしい、これさえ呑んでくれれば、今回の総理の判断で財務省もサポートしますということでした」

安倍は、こともなげに言った。

「景気条項、こんなの関係ないよね。条文にあったってなくたって、景気悪きゃ上げられないよね。その時はその時だよ」

「ただ、総理、それ言っちゃ、田中さん、立つ瀬がありませんよ。これぐらいは田中さんの顔を立ててやってくださいよ[26]」

安倍は、田中一穂を見捨てても、見限ってもいなかった。翌年夏、田中を財務事務次官にするか否かの人事をめぐって安倍と麻生の見解が対立した。田中は1979年大蔵省入省。すでに同期の木下康司と香川俊介が事務次官を務めていた。同期から3人目の次官はいかがなものか、と麻生は考えていたが、安倍は田中を次官にすることにこだわった。安倍が麻生にロビーし、田中の次官就任が決まった。[27]

「麻生さん、これはもうそういう判断でお願いします」

２０１４年11月17日。安倍は政府専用機でブリスベンから帰国の途についた。空港から飛び立とうというところで、２０１４年の第３四半期（7〜9月）のＧＤＰ速報値が安倍に届けられた。

実質ＧＤＰマイナス１・６％

名目ＧＤＰマイナス３・０％

実質ＧＤＰの伸びが前期比年率マイナス１・６％に落ち込んでいる。第２四半期（4〜6月）のマイナス７・３％に続いて２期連続のマイナスである。個人消費は前期比年率プラス１・５％と２四半期ぶりに増加しているが、回復ペースは鈍い。

安倍は、機内の副総理室にいる麻生を総理室に招いた。総理室の近くに、政務の官房副長官用の個室を臨時に副総理室に転用した。総理室のテーブルの上にはこの速報値を記した一枚紙が置かれている。

安倍は麻生にこれらの数字を報告し、麻生はいったん、席に戻った。

麻生と浅川雅嗣財務官は、機中会談前に2人でシミュレーションを行っていた。

「景気判断では、こう答えましょう」「延期を言われたら、こう言いましょう」「それでもなお延期を言ってきた場合、最後は条件を付けましょう」「最後の最後、景気条項を二度と延期の理由にはしない、これだけは絶対、取りつけましょう」[28]

麻生は浅川に「思った以上に景気が悪い」と言い、2人でもう一度、シミュレーションを行った。

しばらくして、麻生は再び、総理室に招かれた。

安倍は、4月からの消費税引き上げで景気が落ち込み、戻りも弱いことを指摘し、翌年10月からの消費税の引き上げは厳しい、「景気条項」に依拠して、引き上げを18か月延期し、２０１７年4月からにしたい、と述べた。

単刀直入である。[29]

麻生は、消費税引き上げを予定通り実施することをなお追求すべきであると主張した。

個人消費の回復はもうしばらく時間がかかるが、10月の経済指標は、ほとんど大きく改善している。

今回、引き上げれば食料品などに対する特別な軽減税率を導入する必要がなくなる。

もし、先送りする場合、その間の18カ月の間に何が起こるか分からない。消費税引き上げはできなくなる恐れがある。

そうした景気見通しを述べ、なお消費税の引き上げの環境は維持できている、と言った。

麻生は、解散には賛成の意向を伝えた。そこは安倍を支持する。２０１２年12月の総選挙から2年近く経っている。タイミングはおかしくはない。

しかし、「景気判断条項」をタテに延期を国民に問う、という考えには反対だ、と述べた。

「増税を先送りするから解散する」ではなく、「予定通り増税するか、先送りするかの判断を私に託していただきたい」と言って、解散するのではどうか、と提案した。

「いや、それだとボケてしまいます。ここは、延期に対して信を問う、とした方がすっきりします」

安倍は引かない。

しかし、２０１２年の総選挙では10％への消費税増税をする3党合意の立場を掲げておきながら、２回目の引き上げを18か月も延長するのは明らかに選挙公約違反となる。しかも、「増税を先送りするから解散する」と約束の先送りを解散の大義名分にするのはいかがなものか。

麻生はその点を安倍に質した。

「（増税を）やらないための解散というのはいくらなんでもあざとい手口だと思いますよ」

安倍は、あっけらかんと言った。

「それは確かにあざといです」

そして、安倍はとどめを刺すように言った。

「麻生さん、これはもうそういう判断でお願いします」

「……」

麻生の抵抗もここまでだった。

「わかりました。総理のご判断に従います。ただ、次に上げる時は『景気判断条項』は外していただきたい」

「外します。そうします」

安倍は、深々と頭を下げた。[30]

機上会談は2時間に及んだ。

機内総理室から部屋に戻って来た麻生は財務官の浅川に言った。

「浅川、ダメだったよ」。

顔は消耗しきっていた。[31]

11月18日。安倍は記者会見を行い、次のように述べた。

「経済は、生き物です。昨日、7月、8月、9月のGDP速報値が発表されました。残念ながら、成長軌道には戻っていません。……デフレから脱却し、経済を成長させる『アベノミクス』の成功を確かなものとするため、本日、私は、消費税10％への引き上げを、法定通り、来年10月には行わず、18か月延期すべきである、との結論に至りました」

安倍は「3％分の消費税率引き上げが個人消費を押し下げる大きな重石《おもし》となっている」と認めた。「本年4月の消費税率3％引き上げに続き、来年10月から2％引き上げることは、個人消費を再び押し下げ、デフレ脱却も危うくなる」と判断したとし、その際、社会保障・税一体改革法で規定されている「景気判断条項」に基づいて、延期の判断をした、と述べた。

「来年10月の引き上げを18か月延期し、そして18か月後、さらに延期するのではないか、といった声があります。再び延期することは、ない。ここで、皆さんにはっきりと、そう断言いたします。平成29年4月の引き上げについては、景気判断条項を付すことなく、確実に実施いたします」

「今週21日に、衆議院を解散いたします。消費税の引き上げを18か月延期すべきであるということ。そして、平成29年4月には、確実に10％へ消費税を引き上げるということについて、そして、私たちが進めてきた経済政策、成長戦略をさらに前に進めていくべきかどうかについて、国民の皆様の判断を仰ぎたいと思います」

麻生は、この時の機中会談のシーンをその後、何度も思い返すことになる。安倍政権を通して、あの機中会談ほど強烈なシーンはなかった。

「7～9月のＧＤＰ速報値がマイナスだった。消費も。あれが致命的だった[32]」

安倍は、この機中会談をこんな風に語った。

「麻生さんは、飛行機の中で、ずっと延期について抵抗しました。それは、すごかったです。ただ、いったん決めたら、みんなを黙らせて、やってくれます。あの人の精神性というか、美学なんですね。年だって（自分より）全然、上なのに、私の前では必ず、直立不動にしますよ。深々と頭を下げます。常にですよ。あの人はそれは徹底しています[33]」

浅川は、機内副総理室から香川に電話した。ここにも総理室と同様専用ＬＡＮが敷かれ、電話ができる。

「ダメだった」と浅川は伝えた。

「そうか……」

「もう諦めよう」
香川はか細い声で答えた。[34]
消費税の10％への引き上げは２０１７年４月からさらに延期され、実施されたのは２０１９年10月となった。
平成から令和に御代《みよ》が替わっていた。香川がこの日を見ることはなかった。

香川は食道がんの治療を受けながら、最後の力を振り絞って働いていた。一体改革関連法が成立したその日（２０１２年８月10日）に食道がんが見つかった。すでにステージ３を超えていた。２０１５年７月７日、辞職辞令。そのまま入院。２０１５年８月９日、香川は死去した。58歳だった。

香川の友人だった実業家の神蔵孝之が中心となって編集した香川の追悼文集（『正義とユーモア　財務官僚・香川俊介追悼文集』、２０１６年）には、菅もこんな一文を寄せた。

「いつも『捨て身』で向かってくる香川は手ごわかった」

香川とはいつも、真剣勝負だった。この時は、菅も一時は香川を更迭することを考えたほどだったが、思いとどまった。

「捨て身」は、菅なりの最大の讃辞だった。

菅は香川が亡くなる４日前、病院を見舞った。香川はすでに意識は朦朧としていたが、握った掌をしっかり握り返した。[35]

「ぜひ、岸・池田両総理の役割を果たしてください」

２０１５年９月19日の参議院本会議で平和安全法制が成立した後、自民党幹事長の谷垣禎一が官邸を訪れ、安倍と昼食をともにした。安倍と谷垣はほぼ週に一度、定期的に官邸で昼食をともにしている。前任者の石破茂と安倍はほとんど話した形跡がない。谷垣は幹事長を打診されたとき、安倍に提案した。

「一つお願いがあります。総理と幹事長というのは腹が合ってなきゃできませんから、せめて1週間に1回ぐらいは昼食をしながら、いろいろ腹蔵なく物を言い合うということが必要じゃないでしょうか[36]」

安倍も賛同し、始まったいきさつがある。

この日、谷垣は安倍に言った。

「安倍さん、この闘いが終わったら、困った人に手を差し伸べる福祉政策に全力を挙げてくださいね」

安倍は答えた。

「我々だってもとよりそう思ってますから。右の手を出した後は、今度は、思いっきり左の手を出しますから[37]」

「ぜひ、岸・池田両総理の役割を果たしてください」とも谷垣は言った。

岸信介政権が成し遂げた「安保改定」の右手の次に、池田勇人政権が打ち出した「所得倍増」の左手、安倍政権にはその両方をやってほしい、と促したのである。「対立」の岸から「融和」の池田へとギアチェンジするときだ、とのニュアンスを込めた。

「まったくおっしゃる通りです。いや、実は今日、私もそのことをお伝えしようと思っていました」

谷垣は〈あれれ〉と思った[38]。

安倍はこの9月、社会安全保障と国家安全保障にそれぞれ焦点を絞り、国民へのメッセージを切り分けた2つの記者会見を行った[39]。9月27日の通常国会の閉幕を前に首相官邸で行った25日の会見では、「8か月にわたった通常国会」で「衆参合わせて200時間を超える審議」を通じて、平和安全法制を制定したことの意義を語った。

その前日の24日の会見は、自民党両院議員総会で安倍が自民党総裁に再選（無投票）された後、党本部で行った。安倍はここで「少子高齢化に歯止めをかけ、50年後も人口1億人を維持する、その国家としての意思を明確にした」と宣言した。なかでも「夢を紡ぐ子育て支援」に力点を置き、希望出生率1・8、待機児童ゼロ、介護離職ゼロを掲げ、「全世代型社会保障」という概念を提示した。核心は、少子化対策である。子どもを安心して産める環境をつくるようにする。その上で、「一億総活躍社会」を目指す、とした。

会見に先立って側近からこの概念を示された時、安倍は「いいね、これ」とその場で了承し、言った。

「これ、谷垣さんの要求にもぴったりだね[40]」

会見で言及した「一億総活躍」というタイトルは、最初は「国民総活躍」と表記されていた。

しかし、「国民総活躍」は「ちょっと奇麗すぎる」、「一億総活躍」の方が「とげとげしていていい」というので「一億総活躍」に決まった。[41]

子ども・子育て支援の中でも最大の眼目は、幼児教育・保育の無償化（幼保無償化）だった。

もともと自民党は２００５年に「幼児教育重視の国家戦略」を掲げ、幼児教育の無償化をマニフェストに明記していた。

２００８年11月、小渕優子少子化担当相（衆議院議員、群馬県）が記者会見で、「小学校に上がる前の教育、保育については無償化するなど思い切った施策を打っていきたい」と述べた。小渕は消費税を引き上げた場合、１%分は少子化対策に充てるべきであるとの考えを示した。[42]

文科省も、２００８年から２００９年にかけて有識者会議を設け、幼保無償化の財源として消費税を充てる案の答申を得ていた。そして、２００９年総選挙では民主党が子ども手当と高等学校の授業料無償化を公約に掲げた。自民党も対抗上、マニフェストに「3～5歳児の教育費用は段階的に軽減し、平成24年度（２０１２年度）には完全に無償化する」と明記した。総選挙に勝利した民主党政権は高等学校の授業料無償化を行ったが、幼保無償化は積み残された。

２０１２年の「社会保障と税の一体改革」関連法案の3党合意で、消費税増税分の一部を子ども・子育て支援の充実に振り分けることを決めた。幼保無償化についても「検討を加え、その結果に基づいて所要の施策を講ずる」ことが衆参両院の特別委員会による附帯決議に明記された。

幼保無償化には、そのように長い前史があった。

その実現を阻んできたのは、恒久財源の壁だった[43]。

今回も、待機児童対策、さらには幼保無償化は、3～5歳児の幼稚園・保育所の利用料と、0～2歳児のうち低所得世帯の保育所の利用料への手当を必要とする。要するに、施設補助ではなく人件費補助がカギであり、国債ではなく恒久財源としての消費税が必要になる。

2017年度からの実施へと延期された消費税増税を「一億総活躍」社会実現に向けて振り向けることはできないか。

どのアンケート調査でも、若い世代は、なぜ、子どもをつくらないかとの問いに、「教育費が高いから」と答える。少子化と人口減少を食い止めるには、幼保無償化が不可欠だ。ただ、1～2歳を預かる保育所の利用料まで無償化する財源はない。そこで、3歳以上の幼稚園の利用料を無償化する。これは、義務教育を3歳から施すというコンセプトに他ならない。

今井たちはこのコンセプトは若い世代には受けるが、高齢者からは抵抗されるだろうと見ていたが、自民党が行った世論調査では「親御さんの世代にも大きな支持を受けている」ことが分かった。

今井は、そのころ、たまたま井の頭線に乗った時、隣の席に座っていた老夫婦がこのテーマを話しながら、「安倍さんもたまにはいいことやるね」と話しているのを聞いた。

「やっぱりです。おじいちゃんおばあちゃんに、受けてます」

今井は小躍りして、安倍に老夫婦の会話を伝えた[44]。

「オレは、次官を呼んだんだぞ。課長を呼んだ覚えはないぞ」

２０１７年度からの消費税増税に当たっては、使途変更と合わせてもう一つ、納税者の負担をできるだけ少なくするための負担軽減策も大きな争点となった。それはまた、自民党と公明党の与党協議の最大の課題ともなった。

双方とも、２０１６年7月の参議院選挙のことが念頭にあった。どのような負担軽減策を打ち出すかが選挙乗り切りの上でも、さらには消費税引き上げを実現する上でもカギである。自民、公明からそれぞれ野田毅自民党税務調査会長（衆議院議員、熊本県）と斉藤鉄夫公明党税制調査会長（衆議院議員、広島県）が代表として協議に参画した。

財務省は、軽減税率導入には消極的だった。手続きが極めて煩雑になる恐れがある。それは欧州の例を見てもわかる。それに、消費税が二桁の数字であればともかくその手前のところでは軽減税率の効果はない、と判断していた。

麻生は、安倍に軽減税率導入に反対であると執拗に説いた。

「総理、これまで消費税を2回上げた首相はいません、消費税を上げた竹下も倒れた、橋本も倒れた。しかし、総理は1回上げても、倒れてない。勲章ものですよ」

「ただ、次の2回目は注意しましょう。とくに、この軽減税率なんていうのは、税率が2桁に乗せてからやるものです。そうじゃないときにやるものじゃないです[45]」

しかし、公明党は軽減税率にこだわった。２０１２年6月、公明党がそれまで社会保障を置き去りにした増税のための増税と批判していた「社会保障と税の一体改革」関連法を支持し、3党合意に参加することを決めた際の「3党確認書」は、公明党の主張を受け入れ、低所得層対策の選択肢の一つとして軽減税率を盛り込んでいた。

そこで、財務省は、消費税をマイナンバーカードで還付する還付金制度を持ち出した。税率は一律10％にするが、買い物をしたときにマイナンバーカードをレジに当てると消費税ポイントがつく。「酒類を除く飲食料品」に関しては、後から2％分を払い戻す。年間、1万円を限度に毎年、還付する。財務省主税局の若い課長補佐が考え付いたアイデアだった。これだと年間、1兆円還付する計算だ。マイナンバーカードはこれから配付しようという段階でまだ普及していない、普及してもいないのにそれをあてにして人様の懐に手を突っ込むことはいかがなものか、そこがネックになるのではないかという反対論も局内にはあった。

ただ、そこは毎年1万円、還付されるインセンティブをテコにむしろマイナンバーを普及させる機会でもある。佐藤慎一主税局長が食いつき、それを麻生に提案したところ、麻生は飛びついた。

「めちゃくちゃおもしろい」

佐藤は、「いや、内々の話ですけど、うちの女房に聞いたところ、Tポイントみたいな感じでいいじゃないの、と言っていました。主婦に受けますよ」というと、麻生は「そりゃ、そうだろう」とすっかり乗り気になった。

麻生は早速、官邸に持ち込み、安倍に提案した。

「面白いね、これ、ノーベル賞級だよ」

安倍が言うと、佐藤もつられて、つい口走った。

「そこまでは、とても。でも、イグ・ノーベル賞ぐらいはもらえるかもしれませんが」

イグ・ノーベル賞はノーベル賞にあやかって生まれた賞だが、「人々を笑わせ、そして考えさせる研究」に与えられる。例えば、「ハトを訓練してピカソの絵とモネの絵を区別させることに成功したことに対して」（1995年、心理学賞）、「夫のパンツに吹きかけることで浮気を発見できるスプレー『Sチェック』を開発した功績に対して」（1999年、化学賞）といった類である（上記2例とも日本人が受賞）。

もっとも佐藤に言わせれば、この時の「イグ・ノーベル賞」発言が「後々のドジ」の始まりとなるのだが[46]……。

２０１５年9月6日、日曜日。佐藤の携帯電話に菅から電話が入った。

「お前、（創価）学会に根回ししたのか？」

「えっ、学会まではしていません。ただ、公明党の幹部は全員、知っています。彼らは知っているはずです」

「聞いていないって言っているぞ。そんな生煮えなもの、ダメじゃないか」

「いえ、長官にも何度もご説明差し上げましたし……」

「オレは、承認していないよ。総理に説明していいと言ったけど、オレは承認してない」[47]

財務省はこの構想を3月ごろから練り上げ、その後数か月かけて、官邸とも調整し、公明党幹部にも根回しをして来た。

財務省は、還付金制度を「日本型軽減税率制度」と銘打ったが、公明党は「軽減税率ではない似て非なるもの」と懐疑的だった。それに対して「内容的には同じことです。全部で１兆円の還付です」と説明し、了承を得たと思っていた。

どうやらそうではないらしい。

還付金制度はいったん10％の消費税を支払った後、申告すれば２％分を還付するというものであり、手続きも煩雑であるとの批判が噴き出していた。

自民党と公明党の協議が始まろうという矢先の出来事だった。というより、それを見越して、軽減税率を推進する何者かが、財務省案をつぶしにかかったようである。

官邸が神経を尖らせていたのが、公明党、そしてその背後の創価学会、それに新聞、なかでも読売新聞グループ本社の渡邉恒雄主筆だった。

新聞業界は、軽減税率の適用される生活必需品に新聞を含めさせる運動をしていた。渡邉はその最大のキャンペーナーだった。マイナンバーカード還付案は目障りでしかない。

翌9月7日、月曜日。その日の読売新聞朝刊が「消費増税分給付　マイナンバー活用案　懸念」との見出しの1面トップの記事を掲載した。

「消費税率を8％から10％に引き上げるのに合わせて財務省が検討しているマイナンバー（共通番号）カードを活用した負担緩和策に、懸念が強まっている」との書き出しである。

「説明ない」自民、「公約と違う」公明

という副見出しがついている。

〈学会が書かせたのか？〉

財務省の幹部たちは、勘ぐった。

同日。急遽、来てくれというので、佐藤は官邸に行った。

「悪いけど、ナベツネのところに行ってくれ。実は彼が反対なんだ。説明してきてくれ」

安倍は、佐藤にそう指示した。ナベツネ、渡邉恒雄のことである。

大手町の読売新聞本社に渡邉を訪問し、説明した。

長時間、丁寧に聞いてもらえたが、最後に「これは反対だ。徹底抗戦する」と言って、終わった。

「そうおっしゃらないでください」と押し戻そうとしたが、ムダだった。

翌日、官邸に呼ばれた。

「ナベツネさんから電話があって、佐藤が来て説明してくれた。人はいいけど中身がだめだ、と言ってたよ」

「えっ、だけど総理、ここまでやって、しかも半年がかりでやってきたじゃないですか」

「そうなんだよな。どうしようかな」

安倍は菅と善後策を相談した。菅は「軽減税率は公明党が前年の衆議院選挙で一丁目一番地で公約したところですし、来年の参議院選挙もありますから、そこはこちらもちゃんとやらないと」と安倍に言った。

2014年12月の衆議院議員総選挙で、公明党は「いまこそ、軽減税率実現へ。」をスローガンに掲げて戦った。その際、自民党も公明党の要求に沿って、「消費税率10%時に軽減税率を導入する」と与党の共通公約に明記し、2017年度からの導入を目指すと謳ったいきさつがある。

もう一つ、その年の通常国会で平和安全法制を成立させるにあたって公明党が現実主義路線を取り、協力してくれたことも菅の念頭にはあった。菅は公明党だけでなく支持母体の創価学会の佐藤浩副会長らとも緊密に連携し、自公連立政権の維持に腐心していた。[48]

財務省幹部は後に「わかったことはこの官邸は、ナベツネにめちゃめちゃ弱いということ、それから学会にめちゃめちゃ気を使っているということだった」と振り返った。[49]

菅は、財務省に直ちに代替案を用意するよう指示し、田中一穂財務事務次官（2015年7月に昇格）を議員会館の菅の事務所に呼んだ。

田中は佐藤慎一を同行して現れた。しかし、代替案を持ってこない。「同じ案」、すなわち、それまでのマイナンバーカード還付案の紙を差し出し、そのメリットをなお説いた。

「オレは、次官を呼んだんだぞ。課長を呼んだ覚えはないぞ」

菅は田中をにらみつけ、言った。

「課長だったら帰ってくれ」[50]

それでも、財務省には強力な援軍がいた。自民党税務調査会（党税調）である。野田毅税調会長は、マイナンバー還付案をなおも推した。それに対して、公明党の斉藤は軽減税率導入を主張し続けた。自公協議はまったく進まなくなった。

安倍はかねがね、党税調が財務省の振り付け通りに動くだけで、「財務省永田町出張所みたいになっちゃっている」ことに不満を抱いていた。軽減税率導入を機に起こった党税調の抵抗に直面し、むしろ、この構造を変革するチャンスだと捉えた。

安倍はそれを人事で変革することにした。野田毅党税調会長を交代させる。後任に宮澤洋一経済産業相（参議院議員、広島県）を起用する。宮澤は元々大蔵官僚（財務官僚）出身である。安倍はその宮澤を2014年10月、経産相の小渕優子が政治資金問題で辞任した後、経産相に据えた。「税調と財務省の中で立てこもっていた人に実体経済と世界の現実を見てもらおうと思った」からである。

2015年10月上旬。安倍は野田に電話した。

安倍は、それまでの野田の貢献に謝辞を述べつつ、新体制にしたい、協力をお願いしたい、と求めて、言った。

「高い立場から、党税調最高顧問ということで引き続き、見守っていただきたい。宮澤洋一経産大臣に後任をお願いしました」

〈後継者の名前を出してしまうと、反対しにくいだろう〉

そう計算してのことだった。

最初から狙い定めた人事だった。宮澤なら財務省も野田も真っ向から反対はできない、と踏んだ。安倍はこの人事に関して麻生の了解を事前に取り付けた。本来、党税調会長人事は自民党政調会長が行うが、安倍は自ら差配した。[51]

安倍は野田の辞任を取り付けた後、宮澤に電話した。

「宮澤さん、税調会長をお願いします」

「いやいや、まだ僕より先輩がたくさんいらっしゃいますから……」

「いや、野田さんとはいま電話して、宮澤さんなら、ということで納得を得ています」
安倍は「野田さんには党税調の最高顧問をお願いしましたから」と言い、「だけど最高顧問といっても、山中さんの最高顧問とは違った意味での最高顧問です」と付け加えた。[52]
野田にはかつての党税調のドン、山中貞則のような力を持たせません、ということである。
山中が党税調会長の時の首相は海部俊樹だった。政府と党が税制問題で最終調整が必要になると、海部が山中の個人事務所まで出向き、調整した。長い間、党税調は官邸も下手に手出しできない〝聖域〟とされてきた。そういう時代はとうの昔のことになった。

プランBを考えるしかない。

佐藤は、意を決した。軽減税率を導入する。その上で、食料品は食品表示法の定義を使う。加工品は除き、生鮮食料品に絞る。新聞は宅配に限る。駅の売店に置かれているのは含めない。そのように線引きを明確にする――といった方針で臨む。

谷垣禎一自民党幹事長は、この方針を踏まえ、軽減対象を生鮮食品に絞って必要財源を4000億円に抑えようとの妥協案を示したが、公明党は加工食品まで広げることに固執した。

谷垣は、消費税の延期と再引き上げの日程については安倍の判断に従った。ただ、軽減税率の導入はせっかくの増税の効果を殺いでしまうし、邪道である、と思っていた。

その一方で公明党との連立維持という至上命題の下、軽減税率導入ができなければ「選挙に勝てない」と言われれば反論のしようもない。実際、菅は創価学会副会長の佐藤浩から「軽減税率の導入なしに選挙は協力できない」と言われていた。[53]

自民党の宮澤洋一党税調会長と公明党の斉藤鉄夫党税調会長の間で何度も話し合ったが、らちが明かない。そこで谷垣と公明党幹事長の井上義久の調整に持ち込まれたが、ここでも双方、主張を譲らず膠着状態に陥ってしまった。

「オレだってやりたくてやったんじゃねえんだ」

12月3日、谷垣は井上らと訪中し、北京で開催された「日中与党交流協議会」に出席した。同協議会の開催は6年ぶりだった。愈正声《ゆせいせい》全国政治協商会議主席や李源潮《りげんちょう》国家副主席らとの会談も行った。

帰国後、谷垣はホテルニューオータニの一室に宮澤洋一に来てもらい、軽減税率について党税調としても生鮮食品だけに絞ってほしい、と要請した。そこには佐藤のほか岡本薫明《しげあき》財務省官房長（1983年大蔵省入省）と太田充大臣官房総括審議官（1983年大蔵省入省）も来ていた。

佐藤も太田もそれぞれ公明党への根回しをしてきたが、公明党は食料品の全面的な軽減税率適用の立場を頑として変えない。

井上は太田に対して「財務省は、それ（生鮮食品の軽減税率適用）しかできませんとしか言わない。だいたいきちんと説明にも来なかったじゃないか」と怒りを爆発させていた。

ニューオータニの会合の眼目は、「生鮮食料品のみの4000億円の軽減税率適用を追求する」のか「すべての加工食料品に一気に対象を拡大する」のかを政府と党税調で意思統一することだった。

ところが、宮澤は「すべての加工食料品」に加えて「外食も軽減税率にしましょう」と言った。外食に軽減税率を適用すると2000億円の税収減となる。

〈もうここまで来たら、毒皿だ〉

毒を食らわば皿までも。もう生鮮食品とか加工食品とか、あるいは外食だけ外せとか言わずに、徹底的にやる。そうして公明党も乗れるようにするのが得策だ、と宮澤は割り切った。[54]

谷垣も財務省も、党税調という最大の外堀を埋められてしまった。

12月7日。安倍は帰国した谷垣と井上を官邸に招き、労をねぎらった。

そのあと、谷垣を昼食に招き、菅にも声をかけ、3人で食事した。

話はもっぱら軽減税率導入に集中した。

谷垣は、消費税率10％の水準では軽減税率は導入しないとの野田毅の時の党税調の方針を支持し、その旨、安倍にも念を押していたし、その点で安倍の了解を得たと思っていた。

しかし、公明党と交渉を始めると行き詰まってしまい、にっちもさっちもいかない。

「公明党は堅くてどうしようもありません。私が最初にご理解をいただいて始めた路線でいくと、もう割れるか、分かれるか、それとも相手の要求を呑むか、しかありません。ぶっ潰してしまったら自公分裂かもしれない。それともそれはどうしても避けるということなのか、そろそろ腹を決めなきゃ」[55]

菅は公明党との連立政権維持の必要性を話した。

「公明党は軽減税率導入のポスターを全国津々浦々、配布しています。公明と組まなきゃ、来年の参議院選挙は勝てません」「このままいくと、連立が壊れる可能性がある」[56]

話すうちに言葉が激しくなった。結局、安倍と菅が公明党の要求を谷垣に飲ませた。

最後は、安倍が、酒類と外食を除く食料品と新聞の税率を8％に据え置く1兆円規模の軽減税率の導入を決断した。

官邸の玄関に出るところを記者団が囲み、矢継ぎ早に質問を浴びせたが、谷垣は無言で出ていった。

この三者昼食会の後、麻生が田中一穂財務事務次官と佐藤慎一主税局長を引き連れて安倍を訪問する予定となっていた。

財務省幹部は、官邸に詰める知り合いの記者に電話を入れ、三者会談の反応を探ったが、逆に聞かれた。

「谷垣さん、涙目で帰って行きましたけれど、何かあったんですか？」

その後、同幹部が菅に電話をして谷垣の「涙目」のことを聞くと、菅は吐き捨てるように言った。

「オレだってやりたくてやったんじゃねえんだ。公明と組まなきゃ、選挙で勝てないからやってるんだ[57]」

財務省が最後につけた条件は、軽減税率導入と合わせてインボイスをつけることだった。麻生が安倍に「軽減税率をやるのなら、インボイスをつけてください。それができれば、譲ります」と訴え、ここは財務省の言い分が通った[58]。

「インボイス」とは、売手が買手に対して、正確な適用税率や消費税額等を伝える「適格請求書」のことである。


軽減税率導入は政権の岩盤に激震をもたらした。

安倍政権は、麻生と菅が安定した関係を保つことができるかどうか、がカギである。この時、菅は軽減税率を推す公明党と握り、それに猛反対する麻生と対立した。そして、安倍は菅に軍配を上げた。安倍は政策論というより「まあこれは選挙対策だね」として押し切った。自公連立維持のコストと割り切ったのである[59]。

結局、食品に軽減税率を適用するため1兆円規模の財源を投入することになった。自公連立維持コストは高いものについた。

菅の官房長官としての圧倒的な「決める力」を財務省はじめ霞が関は思い知らされた。「戦後、最強の官房長官」と言われることになる菅の地位と威令はこの時に確立した、と官邸スタッフは後に語った[60]。

安倍は、「景気条項」を外しても、経済状況次第ではさらに消費税引き上げを先送りすることを念頭に置いていた。その経済状況の「次第」も、最初は「リーマン・ショックや大震災級の事態」だったが、2016年1月の国会答弁では「世界経済の収縮」へとハードルが下がった[61]。

2016年3月中旬、安倍は、官邸大会議室で3回にわたって国際金融経済分析会合を主宰し、コロンビア大学教授のジョセフ・スティグリッツ（16日）や、ニューヨーク市立大学教授のポール・クルーグマン（23日）らノーベル経済学賞を受賞した著名なエコノミストを招請し、彼らの見解を質した。安倍もその会議に出席した。彼らは一様に、世界経済の見通しへの懸念を表明し、消費税増税延期や積極的な財政出動を求めた。

官邸は、この会合の内容をプレスに最大限、公表するレク要員を任命した。太田充財務省官房総括審議官、柳瀬唯夫経産省経済産業政策局長、田和宏内閣府政策統括官（1984年経済企画庁入庁）である。3人とも「官邸はこの会合をとても重視している」と言い渡された。[62]

財務省は当初、スティグリッツを招くことに抵抗したが、安倍が押し切った。

「私が言ってるんじゃ信用されないから、とにかくノーベル賞経済学者を呼んじゃおうと。スティグリッツは消費税を上げるのは反対していましたからね」と安倍は後に振り返った。[63]

「保育園落ちた、日本、死ね」

「国民の皆さん……聞いてください」

2016年2月29日。衆議院予算委員会。質問に立った民主党の山尾志桜里衆議院議員（愛知県）が、匿名のブログを取り上げた。

「保育園落ちた、日本、死ね。何なんだよ、日本」

山尾は読み上げた。

「一億総活躍じゃねえのかよ。きのう見事に保育園落ちたわ。どうすんだよ、私、活躍できねえじゃねえか。子供を産んで子育てして社会に出て働いて税金納めてやるって言ってるのに、日本は何が不満なんだ。子供産んだはいいけど、希望どおりに保育園に預けるのほぼ無理だからって言ってて子供産むやつなんかいねえよ。まじいいかげんにしろ、日本」

　山尾は続けた。

「確かに言葉は荒っぽいです。でも、本音なんですよ。本質なんですよ。だから、こんなに荒っぽい言葉でも、共感する、支持する、そういう声が物すごい勢いで広がって……今社会が抱えている問題を浮き彫りにしている」

　安倍は答えた。

「今、例として挙げられたメール、匿名ということですので……これは、本当に実際に起こっているのかどうかということは我々も確認しようがありません……しかし、実際、待機児童がまだたくさんおられることも事実ですし……保育所に入れることができなかったということで大変残念な、苦しい思いをしておられる方々がたくさんいらっしゃることは十分に承知をしております」

　山尾は、詰め寄った。

「安倍総理、一体どこを向いて政治をしているんですか。選挙のためですか。国民のためですか。もし国民のためというなら、消費増税のときに約束した子育て支援のためのこの3000億も、絶対財源を見つけて、絶対実行すると言ってください」

　安倍「我々は、まさに、消費税を引き上げていく中において社会保障を充実させていく、その中で子育てに対してもしっかりと支援をしていくということをお約束しているわけでございます」

「ご指摘の3000億円超えの保育の質の確保については、自民党が公約をしております幼児教育の無償化の推進等もございます。こういう中においてどういう政策を優先していくかということ、これは財源を見つけながらしっかりと我々は取り組んでいきたい、こう考えているところでございます」

　山尾は、軽減税率を導入すれば子育てに向けるべき財源が奪われてしまう、と批判した。安倍が軽減税率の導入は「痛税感の緩和」のために必要な措置だ、と答えたことに噛みついた。

「子育て中の親が欲しているのは痛税感の緩和じゃありません。納税の納得感ですよ。気分をよくしてほしいんじゃない。厳しい現実をよくしてほしいんですよ。気分に働きかけるのがお得意のアベノミクス、安倍総理ですけれども、ママたちは気分ではだまされない」

山尾に痛いところを衝かれた。一本、取られた。「左の手」を思いきって動かさなければならない。安倍は改めて、痛感した。

政治アジェンダを「右の手」から「左の手」へと大きく振ることは、消費税増税を、財政健全化のための財源ではなく、政治的財源へと見直すことでもあった。消費税引き上げの延期を決めたことが、「左の手」の政治需要をより痛切に感じさせ、その財源の必要性をより切実に思い知らさせた。消費税の使途変更はもはや不可避となった。

安倍の「左の手」は、もう一つ、野党の政策アジェンダをかすめ取り、それを政権の手柄にするためにも使われた。安倍はそれを濃厚に意識していた。

「民主党の言ってることで良いことは全部やってやろう」「乗っ取っちゃうぞ」「彼らはできない、言うだけでできない。俺たちはちゃんとやるということは見せていこう」

そういうゲーム感覚で野党をかすませてしまう。ある意味、野党を政権の「左の手」の新政策の引き立て役に使うのだ。

山尾もそれは感じていた。

「国会で、私を含めて野党が質疑でそういう待機児童の問題とか労働の問題なんかをぶつけると、国会では拒絶したふりをして、政務で受け止めて、実際に多少なりとも実現させていく」と、山尾は後にそういった安倍政権の狡猾さと敏捷さについて語っている。[64]

「そうした歴史も知らず、こんな直感的な紙を書くのはいかがなものか」

財務省が、２回目の消費税引き上げの具体策に取り組み始めたのは、山尾の国会質問の直後である。財務省は２０１７年４月１日から予定通りに消費税引き上げをするには２０１６年９月末には政府が正式に決定する必要があると見て、２０１６年春から具体的実施作戦を練り始めた。

２０１４年４月の消費税の８％への引き上げが景気を悪化させたことを甘く見ていたことがその後の消費税引き上げに対する強い反発と反対を招いた。国会では「痛税感の緩和」より「納税の納得感」に真剣に取り組めと山尾に一喝された。

このため、財務省は「10％への引き上げの際は、１年か２年はすべて個人の懐にキャッシュバックする」方向を模索した。

２０１６年３月18日。財務省事務次官室でこの「キャッシュバック」をめぐって幹部会議が開かれた。田中一穂事務次官、福田淳一主計局長（１９８２年大蔵省入省）、佐藤慎一主税局長、岡本薫明官房長、そして太田充大臣官房総括審議官の５人が出席した。

具体策について、主計、主税、官房で互いに知恵を出そうというのである。

太田が所得税減税案を記した紙を示した。

最初の年は消費税引き上げ（国・地方含め）による税収の全額、２年目は同半額を「キャッシュバック」する、すなわち、それらを「歳出及び歳入の戻し、つまり減税で国民に対して返す」という考えである。太田は、その際、増税で地方に入ってくる税収は本来、地方が住民に返すことになるが、地方はそれに強く抵抗するだろうから国が全部負担せざるを得ない、従って１年目は赤字になる、との趣旨を述べた[65]。

佐藤が反論した。減税、それも恒久税減税で、財務省がどれだけ痛い思いをしてきたのか、分かっているのか、と佐藤は問題を提起した。

「例えば、小渕恵三政権の時の事例がある」と、佐藤は言った。

小渕政権は1年限り、税額2割カットの所得減税を実施した。ところが次の年、景気が悪いからというのでそれを延長。結局、6年も延長した。一回減税すると景気がよほどよくならないと戻らない。そして戻るときには増税になる。消費税を上げたときのバッファーとして所得税減税をしても、1年か2年後には所得税を元に戻さなければならない。その時の廃止財源をどうするのか。そもそも所得税が元に戻った時、国民は増税意識を持つものだ。

佐藤は、１９８０年大蔵省入省。１９８９年の竹下内閣の3%の消費税導入から２０１２年の野田佳彦内閣の「社会保障と税の一体改革」による消費税引き上げ決定に至るまで30年近くの消費税改革のほとんどに何らかの形で携わってきた消費税制の生き字引のような存在である。小渕政権の所得減税の時は担当課長で苦労した経験がある。

「そうした歴史も知らず、こんな直感的な紙を書くのはいかがなものか」

佐藤は太田をにらみつけた。[66]

しかし、太田のほかは誰も案を出さない。招集をかけた肝心の田中は何も発言しない。

２０１４年の消費税増税延期決定の時、さらには２０１５年の軽減税率対応の時、財務省が動いたことで官邸の怒りを買い、失敗したことに懲りたのか。田中は太田をはじめ幹部たちには「動くな」と言っていた。

太田は次官室での会議の前に、田中にだけは減税案を説明したが、田中は反応しなかった。

〈「動いてもいい」ということだな〉

と太田は受け止めた。

太田は、主計局長の福田淳一にはなるべく早く今井に会い、この「キャッシュバック」構想を説明し、理解を得るように促した。

この政権では政府は麻生と菅、党は副総裁の高村正彦、そして公明党代表の山口那津男を説得しなければ何も進まない。ただ、その前に今井に根回しをしておかなくては何事も始まらない。太田たちはそのことを嫌というほど思い知らされてきた。

福田はなかなか動こうとしなかった。

福田は1982年大蔵省入省。今井は同年、通産省入省。霞が関では同期である。

同期ではあるものの、財務省は霞が関官僚機構の中ではトップ官庁である経済産業省よりさらに上のトップ中のトップと思い込んでいる。しかも、自分は次官への道が約束されている。それに比べて今井は途中で首相秘書官に転出し、経産省の事務次官にはなれない。なぜ、自分が今井に頭を下げなければならないのか。

福田のそんな態度に「主計局の体質と体臭」をかぎ取った向きもいた。

「主税局はアウェイ、主計局はホーム・ゲーム」

財務省界隈では昔からそんな言葉が聞かれた。主計局はどんと座って、相手が来るのを待っていればいい。すべてホーム・ゲームなのだから。それに比べて、主税局はしょっちゅう政治家、各省、関係団体に出向いてアウェイで陳情や苦情の御用聞きをしなければならない。[67]

財務省幹部は福田に忠告した。

「いや、今井さんを同じ官僚と見ては間違いますよ。今井という人は政治家と見なければならないんです」

しかし、福田の腰は重く、福田が今井に説明に上がったのは次官室会議からほぼ2か月後の5月中旬だった。[68]

安倍も今井も、その頃は、同月末、日本が議長国のG7サミットの準備のことで頭がいっぱいだった。

「下手するとリーマン・ショックの二の舞になる」

表紙には、Reference Data とだけしか記されていない。

２０１６年5月26、27両日。三重県・伊勢志摩の志摩観光ホテルでＧ７サミットが開かれた。日本が議長国である。２００８年７月の北海道・洞爺湖Ｇ８サミット以来のことだ。

初日、経済問題の討議が始まったところで、安倍の指示を受け、日本政府のシェルパの長嶺安政（１９７７年外務省入省）がこの「参考データ」を首脳に配付した。４枚紙である。

「まず、最初のページをご覧ください」と安倍は促した。

最初のページは、Transition of Commodity Prices（商品価格の推移）と記されている。

リーマン・ショックの後（２００８年９月）から２００９年２月の間に世界の商品価格指標が55％も下降したことと２０１４年６月から２０１６年１月の間にそれがやはり55％下降していることが一目瞭然のグラフである。これだけを見ると、世界経済はリーマン・ショック並みの冷え込みのただなかにあるような印象を与える。

次のページは、Economic Indicators of Emerging Market and Developing Economies（新興国市場と開発途上国経済の経済指標）である。

前年同期比でみると、これらの国々への投資がリーマン・ショック以来、最大の落ち込みになっている。これらの国々の輸入はリーマン・ショックの時は大幅マイナス（マイナス８・５％）になったのに比べて今はそれほどひどくないが、０・５％の伸びでしかない。ＧＤＰはリーマン・ショックの時は８％から１・７％に激減したが、いまは３・４％で随分ましである。それでも前年の７％から半分以上縮小している。

３枚目は、Capital Inflow to Emerging Market Economies（新興市場経済への資本流入）。ここではリーマン・ショックのとき以来初めて新興市場への資本流入がマイナスに落ち込んでいることを示している。なかでもリーマン・ショックの際は4兆元のインフラ投資をして世界の需要を引っ張った中国が、今回はそうした役割を果たせなくなっている、と安倍は指摘した。

最後のページがChanging Projection of 2016 Real Growth Rate（2016年の実質成長率の変化予測）である。2016年4月時点で、世界全体では3・2%、先進国経済1・9%の予測だが、リーマン・ショックの際は、その直前の2008年4月時点での成長予測がそれぞれ3・8%、1・3%だったのに、2009年の実際の成長はそれぞれマイナス0・1%、マイナス3・4%に沈んだ数字が羅列してあった。[69]

2008年から2009年のリーマン・ショックはただ「金融危機」と表現されていた。

「参考データ」の説明を終えた後、安倍は「現状を決して悲観的に見ているわけではないが、世界経済は分岐点にあり、政策的対応を誤ると、通常の景気循環を超えて危機に陥るリスクがある。それも様々な下方リスクを抱えている」と訴えた。そして、2008年の北海道洞爺湖サミット開催後の同年9月にリーマン・ショックが発生した事例を挙げ、「危機を防ぐことができなかった。その轍《てつ》は踏みたくない」と強調した。

なかでも安倍が強調したのが財政のてこ入れの重要性だった。

その上で、安倍は、各国の置かれた状況を踏まえて、財政政策、金融政策、構造改革政策をミックスして、下振れリスクにしっかり対応していこうと提案した。[70]

安倍の説明に、オバマは賛意を表明した。しかし、メルケルはちょっと解せないという表情をしながら、「リーマン級の大不況になるということを言っているのですか。それだと大変なことになる」と言った。

メルケルは財政規律を重んじていた。2013年6月、安倍が英国のロック・アーンでのG8に出席した時、アベノミクスを説明したところ、「アベノミクスを非常に注目しています。ただ、ドキドキしながら見ています」と言った。リフレ政策一本槍のようだが、財政規律は大丈夫なのか、という疑念をそれとなく表明したのだ。[71]

安倍は伊勢志摩サミットの直前の連休中に欧州を回り、世界経済に関する状況認識を首脳たちとすり合わせていた。どこへ行ってもブレグジットの国民投票の話になった。キャメロンはブレグジットが否決されることに自信を持っていたが、他の首脳たちはそれが可決されたときの深刻な影響を懸念していた。安倍は各首脳に景気刺激策の必要性を訴えた。フランスとイタリアは財政出動の必要性に賛同したが、財政均衡派のキャメロンは態度を明確にしなかった。その感触を踏まえて安倍は伊勢志摩サミットに臨んだのだった。

安倍は、２０１７年度からの消費税の10％への引き上げを公約としていたが、公約に当たっては「リーマン・ショックのような事態がない限り予定通り増税する」との条件を付けていた。従って、もし、Ｇ７サミットの場で「リーマン・ショックのような事態」再来のリスクを共通認識として打ち出せば、増税を回避する際に有力な根拠として使える。

首脳宣言は「世界経済」のくだりで、次のような状況認識を示した。

「前回の会合以降、世界経済の見通しに対する下方リスクが高まってきている。近年、世界的な貿易のパフォーマンスは、期待外れの状況にある。弱い需要及び未対応の構造的な問題が、実際の及び潜在的な成長に負荷を与えている主な要因である」

その際、英国がＥＵから離脱するようなことになれば「成長に向けた更なる深刻なリスク」であるとの認識を示し、世界の「地政学リスクの悪化」を警告した。

これらのリスクに対応するには、強固で、持続可能な、かつ、均衡ある成長を達成する必要があり、「３本の矢のアプローチ、すなわち相互補完的な財政、金融及び構造政策の重要な役割を再確認」した。「我々の財政戦略を機動的に実施し、及び構造政策を果断に進めることに関し、Ｇ７が協力して取組を強化することの重要性について合意する」

４枚紙に基づく安倍のプレゼンテーションは、先進国経済だけではなく新興国・開発途上国、なかでも中国経済をも含めた世界経済運営を牽引しようとの狙いを込めていた。官邸は、伊勢志摩Ｇ７サミットを９月に中国・杭州で開かれるＧ20サミットと連動させ、この両者を合わせて世界経済運営の共通の方向性を練り上げようと考えていた。[72]

4枚紙にも公式文書のどこにも、リーマン・ショックの言葉は出てこない。

しかし、「下手するとリーマン・ショックの二の舞になる」という「世界経済への厳しい認識」と財政のてこ入れの必要性への言及は、消費税増税の延期の空気づくりを促すための仕掛けではないのか、という疑念を招いた。

官房副長官の世耕弘成が26日のサミットでの世界経済に関する討議の後、記者団に「首相はリーマン前と状況が似ていると申し上げている」と会議での安倍の発言を紹介した。しかし、31日の会見で「私が記者へのブリーフで解説的に申し上げたものだ。首相は『似ている』と言っていない」と断りを入れ、「首相が言ったのは『リーマン・ショック直前に洞爺湖サミットが行われたが、危機の発生を防ぐことができなかった。その轍を踏みたくない』ということだ」と釈明した。[73]

「リーマン前と状況が似ている」発言は、修正されたものの、状況をことさら厳しく見立て、消費税増税延期の雰囲気づくりを醸し出そうという〝陰謀〟なのではないか、と受け止められた。

実際、それは〝陰謀〟の要素を多分に持っていた。

この4枚紙を経産省当局に直接、指示してつくらせたのは政務秘書官の今井尚哉だった。今井は前年の年末、翌2016年の「政治日程」を策定するに当たり、2017年4月に10%に引き上げることになっている消費税増税の先送りのための仕掛けに伊勢志摩サミットを使えないか、と想を練った。

フランスのテロや英国のブレグジットなど経済以外の要因で景気が腰折れする危険も高まってきている。安倍がG7サミットでその危機感を訴え、世界経済を牽引すべく指導力を発揮する。そして、その夏の参議院選挙で国民に対して増税延期決定の信を問う——というゲームプランである。[74]

G7サミット終了直後の5月28日。土曜日。安倍、菅、麻生、谷垣の4者会議が行われた。安倍はここで

２０１７年４月に予定していた消費税率10％への引き上げを２０１９年10月に2年半延期する考えを表明した。安倍と菅が麻生と谷垣を寄り切った形だった。

6月1日、安倍は記者会見で再延期を発表した。増税時期の変更は２０１５年10月から1年半延期した14年11月の決定に続き2度目である。

「今井の野郎がまた増税延期のために画策した」と財務省に睨まれる羽目になった、と今井はジャーナリストの森功に語っている。[75]

財務省幹部はそれから5年経った後も、なお腹の虫がおさまらない様子で語った。

「これ（ペーパーに盛られている数字）はほとんどどうそっぽちな統計です。ホスト国として政策総動員の必要性合意を取りまとめた責任がある以上、消費税を引き上げるなんてことはできないという論理をつくり上げて、参議院選にぶち当て、党内の議論を封殺する。選挙の中であのうそっぽちが全部消えてしまう……。切腹ものです[76]」

もっとも、今井にはもう一つのゲームプランがあった。

顕著になりつつあった中国はじめ新興国の経済の落ち込みを防ぐため先進国として何ができるかをより明確に打ち出し、中国への前向きなメッセージを与えたい。そのために、5月の日本・伊勢志摩サミットと9月の中国・杭州でのG20サミットにつなぎ、協調して景気浮揚を図ろうという狙いである。[77]

安倍は首脳宣言にご満悦だった。安倍側近がその時の安倍の心中を解説した。

「G7レベルで3本の矢を協調実施するべきだというのが入った。アベノミクスの普遍化、これがターゲットだった。これが入った。議長国として、まず率先してみずから実践せねばならん。世界経済の腰を折らせてはならぬということで、消費税はもうちょっと待ってくれ。してやったりでした[78]」

「財務省が持っていったら、総理は乗らなかったと思う」

もっとも、消費税の引き上げを再延期したものの、「一億総活躍」政策を進めるには恒久財源が必要である。

逆に言えば、幼保無償化を実施するには増税を実施しなければならない。消費税の引き上げを先延ばしすればするほど安倍の言う「思いっきり左の手を出す」政治も「谷垣さんの要求」も実現できなくなる。今井の表現によれば、「消費税を上げられなかったら、無償化もできませんという、1対1対応の完全リンク」となった。[79]

2017年3月以降半年をかけてその「1対1対応の完全リンク」のパッケージの枠組みを水面下で作ったのが古谷一之官房副長官補（内政担当）と太田充財務省総括審議官、それに新原浩朗《ひろあき》内閣府政策統括官、そして今井だった。

最初に、古谷が今井に消費税の使途変更について相談し、今井がそれを安倍に上げ、安倍は了承。そこから秘密オペレーションが始まった。

古谷は、1978年大蔵省入省。主税畑が長く、「社会保障と税の一体改革」関連法を制定した勝栄二郎事務次官時代は主税局長を務めた。国税庁長官を最後に退官。第2次安倍政権誕生後に官房副長官補として官邸に入った。

太田は、1983年大蔵省入省。主計畑出身。2017年7月に理財局長に就任した。

新原は、1984年、通産省入省。官邸官僚として、経済財政諮問会議を切り回している。

古谷は消費税増税をライフワークとして取り組んで来た。「社会保障と税の一体改革」増税の法的枠組みが、自らの主税局長時代、実現した。それを何としてでも実現させたいとの気持ちは誰にも負けない。

古谷は一億総活躍担当相の加藤勝信から消費税の再引き上げは、弱者を支援する政策目的に税収を振り向けることを考えてほしい、と求められていた。香川俊介のように「法律で決まったことですから、その通りやらせてください」といった攻め方では実現するのは難しいと感じていた。ここは太田も同じ結論に達していた。[80]

今井を巻き込み、構想を動かす以外ない。

古谷と太田は使途変更に関する考え方の1枚紙を作成し、今井に渡した。

4月中旬、今井が古谷に連絡してきた。

「総理が了承した」

新原にも参画してもらう、とのことだった。

この秘密会合では、新原が準備したペーパーを下敷きに議論することになった。[81]

そこには、増税分の使途については、社会保障制度の安定化に充当する分（後世への負担先送りの軽減）と子育て支援等の拡充に充てる分の比率を現行の4：1から1：1に変えれば幼保無償化分も賄える、と記されている。

古谷は、肝心の財務省からこれはというアイデアも代案も出てこないことに苛立っていた。それは太田もまた痛感するところだった。太田は、使途変更作業を進めるに当たって、実態調査、理論的枠組み、政策選択肢抽出、それらの費用対効果分析、それぞれの政治的意味合い、その対応策などを踏まえた政策立案力において財務省から上がって来るどの案よりも「残念ながら新原の案のほうがすぐれていることを認めないわけにはいかなかった」。

主計局は他から出て来る要求の問題点を指摘するのは上手だが、それではどうすればよいのかという代案を提案するのは苦手である。かつてはそれで済んでいたのかもしれない。しかし、いまは官邸が各省にアイデアと代案を求める要求主体となるにつれ、財務省、なかでも主計局の提案力の欠如が、財務省の地盤沈下をもたらしている。その空白を新原が埋めている。[82]

財務省主計局は「要求なくして査定なし」を主な仕事とするし、そうした組織文化を持っている。しかし、リーマン・ショックのような危機時になると「要求側が的確に要求しない状況」が生じることもある。形になっていない新たな需要や国家として求められる備えを政治課題とし、財政的に前倒しで対応していくことこそ主計局の仕事ではないのか、と太田は内心忸怩たるものを感じた。[83]

古谷はこの間のやり取りで今井や新原が、社会保障を充実させるため、10％への消費税引き上げを実現させたいという強い使命感を持っていることを知った。

〈今井も新原も、国益を背負ってやっている。国士だ〉

財務省の中には、今井や新原は安倍のことだけを考え、消費税の延期のために小細工を弄していると裁断する向きがあるが、そうではない、と古谷は思った。

さまざま、話し合う中で、古谷と今井が確認し合ったことが一つあった。

それは、「民主党政権から引き継いだ消費税増税ではなく、安倍総理の消費税増税というストーリーをつくる必要がある」ということだった。[84]

古谷は太田経由で数人の財務官僚を背後で動かしつつ、官邸の今井、新原と連携し、安倍に直結して作業を進めた。「これで上げられませんかと内々に官邸に打診し、これならいけるだろうと内々に財務省に指示を下す、というような形」にした。[85]

「財務省が（使途変更）案を持っていったら、総理は乗らなかったと思う。総理と財務省の間のケミストリーは決してよくなかったんで」と官邸スタッフは振り返った。[86]

5月下旬、安倍は古谷、新原、今井と最初の打ち合わせを行った。同じメンバーの会合を何度か行い、9月4日、最終案を決めた。

安倍が麻生に説明し、了解を求めたのは9月10日（日曜日）である。

ここに増税と使途変更の「1対1対応の完全リンク」が実現した。

官邸スタッフたちは、２０１４年11月の解散に至る官邸と財務省の間の消費税をめぐる戦いを「冬の陣」と名づけた。「冬の陣」を勝ち抜いて、総選挙に勝利したことがその後の安倍政権の地盤を固めた、と自負していた。

その伝で、彼らは２０１７年９月の解散の前のこの夏の攻防戦を「夏の陣」と呼んだ。

２０１７年9月25日、安倍は、消費増税分の使途変更を発表し、「税こそ民主主義。使い道を見直す大きな決断をする以上、国民に信を問わなければならない」と言い、衆議院を解散すると宣言した。北朝鮮の脅威から国民の命と平和な暮らしを守ることと合わせて、「国難突破解散」と銘打った。

「夏の陣」もまた、官邸が制し、総選挙を打ち、勝利した。

「財務省は勝ち過ぎていた」

第2次安倍政権を通じて、安倍の財務省に対する不信感と警戒感は変わらなかった。財務省幹部が、参院のドンと言われた青木幹雄元参院幹事長や、公明党の支持母体である創価学会幹部のもとを頻繁に訪れて、安倍政権の行先を話し合っているのではないか、と神経を尖らせた。財務官僚というのは、内閣支持率が落ちると、自分たちが主導する新政権の準備を始める。

安倍はこんな風にも言った。

「財務省というのも国家の中の国家なんですよね。だから、自分たちに反すると平気で倒しにいきますからね。すごいですよ。特に、政治日程ですね、これを押さえてきた。ただ、彼らが言ってることは一貫性がないですから、本格的な政策論争にはならないんですね。全部、政局ですから。政局だけで考える。だから、小沢さん化した感じですよね」

小沢さん——平成の日本政治の最大の黒幕、小沢一郎のことである。

安倍は財務省が政権打倒のクーデターを企んでいるのではないかと疑心暗鬼に駆られたが、政府高官は、そのころ、財務省の「倒閣的なもの」は感じなかった、と証言する。

「だいたい、あのクレバーな財務省がクーデターなどするはずはない。彼らはただ、政権の立ち腐れを待てばいいだけなのだから、それを狙うだけだ」[87]

安倍の財務省に対するこうした激しい敵対感情は、民主党政権の時に成立した「社会保障と税の一体改革」関連法に対する嫌悪感にも根差している。

この法律は、消費税率を10％に引き上げるレールを敷いたが、その際、消費税増額の使途のほとんどを国債償還に回すこととした。

財務省は、この3党合意を戦後の財政政策のもっとも革新的な取り組みであると自負していた。それは、ある財務官僚の表現を使えば、「戦後の日本の議会制民主主義の金字塔」だった。[88]

従って、この3党合意の「金字塔」を築いた財務省主流派からすれば、これを2度も延期し、しかも使途変更しようとした安倍政権は許せないとの受け止め方が一般的だった。そして、その矛先は、なかでも経産省出身の官邸官僚たちに向けられた。官邸スタッフの一人は、「民主党政権に3党合意を仕掛けた主計局の系統は、死んでもＭＩＴＩ（通産省、経産省＝ＭＥＴＩの前身）なんかにやらせたくないということでしょうね。大蔵のプライド問題」が根っこにあったと言う。[89]

もっとも、この時の3党合意の「金字塔」史観が財務省で一様に受け入れられたわけではない。自らを「財務省の少数派」と称する一人は民主党政権の時の3党合意について「自民党政権だったら、国債償還に回る財源をあんなに沢山は認めてくれなかっただろう」と言った後、3党合意ゲームで「財務省は勝ち過ぎていた」と振り返った。

従って、財務省内から安倍政権の使途変更案に強い反発が出たとき、「財務省嫌いの安倍さんにやってもらうに当たって、あのくらいの出血（使途変更）は覚悟してもいいと思って」、使途変更を支持したと述べている。[90]

財務省事務次官室で太田と激しくやり合った佐藤慎一も「そこは決まりごととしてやるという感じにどうしても引っ張っていかれやすいし、したがって、自分も含めて経済の見方もどうしてもロージー（バラ色）になっていってしまう」ことへの反省を口にした。当時の財務省の延期には絶対反対の立場も振り返ってみれば「最低1回ぐらいは延期したというのは正解だったのかなという気はしないでもないです。そこら辺は若干自戒の念を持つところではあります」と後に証言している。[91]

安倍と財務省の間のもう一つの緊張は、増税延期と解散・総選挙を絡めて、3党合意を組み替えたことにあった。安倍は、総選挙で増税延期を旗印にして戦い、選挙に勝利し、その決定を正当化し、反対勢力を黙らせた。

安倍は、その点に関しては「乱暴な言い方をすれば、財務省を押し倒して（自民）党内の反対論を一気に静めていくのが解散なんですね。解散をすれば、こちらは権限を持っていますし、議員はみんな直ちに地元へ帰って、東京で議論しているどころではなくなるわけですね」とその効用を語った。[92]

財務省と党の財政再建派議員がタッグを組んで、「安倍おろし」を仕掛けることを、安倍はなかでも警戒した。

だから、「増税先送りの判断は必ず選挙とセットだったのです。そうでなければ、倒されていたかもしれません」。[93]

増税延期と使途変更の是非を選挙で直接、国民に問う。「代表なくして課税なし」の民主主義の原点に立ち戻る。そして選挙に勝利し、国民のマンデート（委任）を得る[94]――。

そのように指摘した官邸スタッフは、言った。

「選挙をしてなかったら、2兆円の使い道の見直しなんかとてもできなかった。いくら総理が叫んでも、100億円、200億円ちょっと増額するというレベルでしかできない。やっぱり選挙のパワーですね」

安倍は、財務省をマクロ運営、統治、政治日程、政局の観点からしばしば脅威と見なした。しかし、もう一つ、安倍にとって財務省は戦後の「一国平和主義」からの脱却を目指す自らの政治理念と安全保障の課題に立ちはだかる存在であり続けてきた。

安倍は、財務省が戦後の日本の防衛政策を予算と財政面で実質的に支配してきた、と見なしていた。日本の戦後の一国平和主義と財務省の財政至上主義は分かちがたく結びつき、ある種の〝財政平和主義〟レジームを成している、と捉えていた。

従って、安倍は、政治主導の財政政策を含むマクロ経済政策レジームを確立し、防衛費と安全保障負担を財務省の支配から解き放つことを考えていた。

安倍がよく引き合いに出したのが、赤字国債の発行を禁じた財政法（第4条）を制定した時の大蔵省主計局法規課長、平井平治の著した「財政法逐条解説」の次の解釈である。

「第四条は、健全財政を堅持していくと同時に、財政を通じて戦争危機の防止を狙いとしている規定である、戦争と公債がいかに密接不離の関係にあるかは、各国の歴史をひもとくまでもなく、我が国の歴史を見ても、公債なくして戦争の計画遂行の不可能であったことを考察すれば明らかである。公債のないところに戦争はないと断言し得るのである、したがって、本条はまた憲法の戦争放棄の規定を裏書保証せんとするものであるとも言い得る」

２０１６年2月9日の衆議院本会議で、共産党の宮本徹（東京ブロック）が「２０１６年度から5年間、赤字国債の発行を政府の手に委ねるものとなっています。これは、憲法と財政法の規定を幾重にも踏みにじるものです」と安倍に詰め寄った。

憲法は第83条で「国の財政を処理する権限は、国会の議決に基いて、これを行使しなければならない」と定めている。

財政法4条は、「国の歳出は、公債又は借入金以外の歳入を以て、その財源としなければならない」としている。
宮本は、平井平治のこの「財政法逐条解説」を引用しつつ、質した。
「総理は、赤字国債の発行を禁じた財政法4条は、膨大な戦時国債で戦争を進め、国家財政と国民生活を破綻させた反省を踏まえたものだという認識をお持ちでしょうか。財政法4条の背景にある痛苦の歴史の教訓を直視すれば、5年間にもわたり、国会のチェックなしに赤字国債を発行する法案など出せないではありませんか」
これに対して安倍は「財政法第4条は、あくまで健全財政のための財政処理の原則を規定したものであり、戦争危険の防止そのものが同条の立法趣旨であるとは考えておりません」と述べ、平井の逐条解説を否定した。[95]
平井の「解説」に基づく財務省の信念体系とその中に包《くる》まれる組織利益は、安倍にとっては「まさに戦後レジーム」そのものにほかならない。[96]
安倍には、財務省は、もう一つの内閣法制局のように映る。
憲法第9条を金科玉条とし集団的自衛権の行使にタガを嵌める内閣法制局に似て、「公債のないところに戦争はない」と断言し、作戦にまで口出しする財務省は、日本の安全保障のリスクでしかない。戦争放棄を、一方は憲法解釈で「裏書保証」する。他方は財政規律で「裏書保証」する。安倍は、国家安全保障会議の4大臣会合に財務相を加えることを最後まで認めなかった。

「文句を言われる筋合いはないんだよ」

「消費税、嫌いなんだよね」――。

その第一声から発足した第2次安倍政権は、２０１４年4月と２０１９年10月の2回にわたって消費税を増税した。戦後、このような本格的な恒久税制を在任中に2回も増税した政権はなかった。

2度、増税し、2度とも政権は生き延びた。

その中で、麻生が果たした役割は、分かりにくい。気質や思想からすれば、麻生は安倍以上に自由主義経済志向であり、「消費税、もっと嫌いなんだよね」と言ってもよかった。

財務省も最初は麻生が大臣として降り立った時、身構えた。

ところが、財務相となってからの麻生は、財務省にとっては頼りになる後ろ盾となった。財務省幹部の一人が「麻生さんがここまで理解者となってくれるとは思わなかった」と述懐したほど、麻生は財務省の利害関心を忠実に追求した。[97]

ブリスベーンからの政府専用機機中での延期反対の説得工作もそうだったし、２０１７年の再延期反対の時も、「上げろ上げろというのを最後まで主張したのはオレと主税局長の佐藤2人で、あとはもう絶対上がらねえなと」ほぼあきらめていた中で、闘争心を滾《みなぎ》らせた。[98]

２０１２年12月の衆議院選挙で自民党が大勝した後、財務省事務方は第2次安倍政権で麻生が財務相に就くと見て、浅川雅嗣国際局次長と佐藤慎一大臣官房総括審議官を議員会館の麻生の事務所に詰めさせた。浅川は麻生が首相の時の秘書官である。

麻生は2人に1枚のコピーを示した。麻生の祖父の吉田茂の『回想十年』の一節だった。

「大蔵省が喧しく厄介だという理由から、予算編成権を内閣に収めんとする議論はよく耳にする。戦前も、軍部方面から、そのような論がたびたび流されたこともある。だが以ての外の考えというべきである……予算編成の都度、各省からの強請、強要、威嚇を厳重に阻止する機関がなくては国家財政は破綻する。この機関は民主政治において最も重要な機関である。それが今日の大蔵省である。為政者たるものは、かかる機関が厳としてその権威を保持するよう仕向けるべきである……それとともに、大蔵官僚もそれだけの責任を自覚し、十分に自重して負託に背かざる覚悟を要する」[99]

麻生は、財政規律の重要性を信じていたし、先に述べたように「社会保障と税の一体改革」を日本の「民主主義の成熟」の成果と見なし、高く評価していた。

ただ、麻生はいったん安倍が決定すると、それに従った。

首相を辞任した後、在任中の政治遺産について問われた安倍は、「伸び続ける社会保障費に対応し、国の信認を維持するため2度の消費税率引き上げを行った」ことを挙げている。[100]

佐藤慎一も、「結果的には消費税嫌いな安倍さんが、安倍政権下で2回消費税率を引き上げた皮肉なことが起こった」と言う。

しかし、それは「3党合意というプロセスがあったために、そのプロセスからは大きく逸脱できなかったということ」でもあると見るのである。[101]

2018年4月、格付け機関のスタンダード・アンド・プアーズ（S&P Global Ratings）は、日本の国債の格付け（A+）を向こう1~2年以内に（AA-）に引き上げることの検討を始めた。「目覚ましい経済成長ではないが、持続的で安定しつつあること、なかでも人口減少の中で雇用が増加していること」を評価した。そして何よりも消費税の引き上げによる「財政パフォーマンスの改善」を高く評価した。ただ、その時点では消費税の再引き上げが実際に実施されるかどうかなお不透明だったこともありもう少し様子を見ようということになった。[102]

2018年10月15日。政府はこの日の臨時閣議で、消費税率を2019年10月1日に8%から10%に引き上げることを正式に決めた。2019年度と2020年度の予算案に、消費増税による景気の落ち込みを防ぐための経済対策を盛り込んだ。

２０１９年度予算での対策は、総額２兆２８０億円。同年度半年分の税収増１兆３０００億円を大きく上回った[103]。麻生は増税対策を「けちるな」と命じ、主計局長に就任した太田も「効果のある対策なら、いくらでも予算をつけろ」と指示した。「失敗したら消費税10％の次の議論ができない」と考えてのことだった。

「社会保障と税の一体改革」の立役者だった野田佳彦は、安倍政権の消費税引き上げを次のように評価している。

「２回上げるということは相当大きな苦労を伴うんですよ。こっちは法律をつくっちゃうとしても、上げるときの政権って、ましてや一つの政権で２回上げるなんてちょっと考えられなかった。１回上げたら、その政権は飛んじゃう」

それだけに「この10年で２回やったというのはね、すごいことだと思います。それはだからリアリズムだと思いますよね[104]」。

安倍は、こと相手が財務省だと物言いが感情的になる。

「２回も（消費税を）上げてるんですよ。で、全体の税収も28兆円、増やしてるんですから。文句を言われる筋合いはないんだよ[105]」

1　元財務省幹部、２０２３年３月17日
2　元官邸スタッフ、２０２３年10月10日
3　安倍晋三、２０２０年11月18日
4　元財務省幹部、２０２１年８月10日
5　政府高官、２０２１年４月23日
6　麻生太郎「並外れた胆力と温かな真心」『正義とユーモア』イマジニア、２０１６年、24頁
7　財務省幹部、２０２３年12月11日
8　元官邸スタッフ、２０２０年12月14日
9　元財務省幹部、２０２１年８月10日
10　元官邸スタッフ、２０２０年11月25日
11　瀬能繁「10％へ成長の基盤固めを」日本経済新聞、２０１４年４月１日
12　元官邸スタッフ、２０２３年３月２日
13　元官邸スタッフ、２０２３年10月10日
14　山口敬之『総理』幻冬舎、２０１６年、１３８頁
15　官邸スタッフ、２０１５年１月13日
16　元官邸スタッフ、２０２１年10月１日／メガ銀行トップ、２０２１年６月17日
17　野田佳彦「感謝の念を基調とした報告にすべきです」『正義とユーモア』イマジ

ニア、2016年、186～187頁
18 元官邸スタッフ、2021年2月19日
19 元官邸幹部、2023年9月29日
20 安倍晋三『安倍晋三 回顧録』中央公論新社、2023年、310～311頁
21 元官邸スタッフ、2022年9月21日
22 安倍晋三、2020年12月16日
23 森功『官邸官僚 安倍一強を支えた側近政治の罪』文藝春秋、2019年、36頁／元官邸スタッフ、2020年12月14日
24 元官邸スタッフ、2024年5月21日
25 安倍晋三、2021年11月26日
26 元官邸スタッフ、2020年12月14日
27 元官邸スタッフ、2024年4月18日
28 元財務省幹部、2024年1月9日
29 元官邸スタッフ、2020年12月14日／安倍晋三、2020年12月16日
30 安倍晋三、2020年12月16日
31 元財務省幹部、2024年1月9日
32 麻生太郎、2023年5月16日
33 安倍晋三、2020年10月9日
34 元財務省幹部、2024年1月9日
35 元官邸スタッフ、2022年9月21日／菅義偉「ですが、決まるまではやらせてください」『正義とユーモア』イマジニア、2016年、128～129頁
36 谷垣禎一、2024年2月24日
37 元官邸スタッフ、2021年10月22日
38 谷垣禎一「特集 安倍晋三のいない保守 総裁を託した彼のこと『対立の岸』と『融和の池田』一人二役をめざしていた」『中央公論』2023年7月号
39 元官邸スタッフ、2021年10月22日
40 元官邸スタッフ、2023年6月15日
41 元官邸スタッフ、2023年6月15日
42 「『就学前の教育・保育は無償に』小渕少子化相、消費増税前提に」朝日新聞、2008年11月22日
43 辻由希「女性政策 巧みなアジェンダ設定」、アジア・パシフィック・イニシアティブ『検証 安倍政権 保守とリアリズムの政治』文春新書、2022年、327～328頁
44 元官邸スタッフ、2021年10月22日
45 政府高官、2021年4月23日
46 元財務省幹部、2023年3月17日
47 元財務省幹部、2021年8月10日
48 菅義偉、2023年12月7日
49 元財務省幹部、2021年8月10日
50 菅義偉、2021年11月16日
51 安倍晋三、2022年1月12日
52 宮澤洋一、2024年3月27日
53 「参謀志した冷徹なリアリスト 党内の批判はねのけ他党と協力 実像 菅義偉首相」朝日新聞、2020年9月18日
54 宮澤洋一、2024年3月27日／元財務省幹部、2024年5月15日
55 谷垣禎一、2024年2月24日
56 菅義偉、2023年7月19日
57 元官邸スタッフ、2023年8月30日
58 政府高官、2021年4月23日
59 萩生田光一、2023年10月15日
60 元官邸スタッフ、2023年8月30日／元官邸幹部、2023年9月11日
61 第190回国会 参議院 予算委員会 第4号 平成28年1月19日
62 元財務省幹部、2021年8月24日
63 安倍晋三、2021年8月25日
64 山尾志桜里、2021年7月29日
65 元財務省幹部、2024年4月23日
66 元財務省幹部、2021年8月10日
67 元官邸幹部、2024年5月8日
68 元財務省幹部、2024年4月23日
69 元官邸スタッフ、2022年11月4日
70 「首相『洞爺湖サミットの轍踏まず』世界経済、危機対応の必要強調」日本経済新聞、2016年5月26日／「首相『リーマン前に似る』消費増税延期へ地ならし」日本経済新聞、2016年5月27日／元官邸スタッフ、2022年8月22日
71 安倍晋三、2021年9月24日／元財務省幹部、2021年8月10日
72 元官邸スタッフ、2022年11月4日
73 「首相の『リーマン前に似る』発言否定 世耕氏が釈明」日本経済新聞、2016年5月31日
74 官邸スタッフ、2015年12月8日／森功「今井尚哉首相秘書官独占インタビュ

ー」『文藝春秋』２０１６年６月号

75 森功「今井尚哉首相秘書官独占インタビュー」『文藝春秋』２０１６年６月号

76 元財務省幹部、２０２１年８月10日

77 元官邸スタッフ、２０２２年８月９日

78 元官邸スタッフ、２０２１年８月23日

79 元官邸スタッフ、２０２１年８月23日

80 元官邸幹部、２０２４年５月８日

81 辻由希「女性政策 巧みなアジェンダ設定」、アジア・パシフィック・イニシアティブ『検証 安倍政権 保守とリアリズムの政治』文春新書、２０２２年、３２９頁

82 元財務省幹部、２０２１年８月24日

83 元財務省幹部、２０２１年８月５日

84 元官邸幹部、２０２１年９月２日

85 元官邸幹部、２０２１年９月２日

86 元官邸スタッフ、２０２１年８月23日

87 元政府高官、２０２３年４月４日

88 元財務省幹部、２０２１年８月10日

89 元官邸スタッフ、２０２１年９月21日

90 元官邸幹部、２０２１年９月２日

91 佐藤慎一、２０２１年８月10日

92 安倍晋三、２０２１年８月31日

93 安倍晋三『安倍晋三 回顧録』中央公論新社、２０２３年、３１２〜３１３頁

94 元官邸幹部、２０２１年９月２日

95 衆議院 第１９０回国会 本会議 第10号 平成28年２月９日

96 「安倍晋三・北村滋対談 プーチンは力の信奉者」『WiLL』２０２２年６月号

97 財務省幹部、２０１７年12月22日

98 政府高官、２０２２年２月３日

99 元財務省幹部、２０２３年３月17日

100 編集委員 原真人「多事奏論 持続可能な財政『与謝野たち』のバトンをつなぐのは」朝日新聞、２０２２年11月23日

101 佐藤慎一、２０２１年８月10日

102 Kim Eng Tong、２０２３年８月31日
２０１９年10月、２％の消費税増税が実施され、２０２０年の格上げの方向性が定まりかけたところで、新型コロナウイルス感染症の拡がりと財政支出の膨張となり、格上げは見送られた。

103 「１０１兆円予算案、決定 増税対策、膨張２兆円 来年度」朝日新聞、２０１８年12月21日付夕刊／「予算膨張、最大１０１兆４５６４億円 増税対策・使途拡大・選挙意識」朝日新聞、２０１８年12月22日付朝刊

104 野田佳彦、２０２３年９月14日

105 安倍晋三、２０２１年８月25日

船橋洋一（ふなばし・よういち）

1944年生まれ。東京大学教養学部卒業後、朝日新聞社入社。北京特派員、ワシントン特派員、アメリカ総局長を経て朝日新聞社主筆。2011年、日本再建イニシアティブ（後にアジア・パシフィック・イニシアティブ）を設立、理事長に。現在、国際文化会館グローバル・カウンシル・チェアマン。主な著書に『通貨烈烈』（吉野作造賞）、『同盟漂流』（新潮学芸賞）、『カウントダウン・メルトダウン』（大宅壮一ノンフィクション賞）、『フクシマ戦記』、『国民安全保障国家論』など。

装丁　城井文平

カバー写真　Bloomberg/Tomohiro Ohsumi

宿命《しゅくめい》の子《こ》　上

安倍晋三政権クロニクル

2024年10月30日　第1刷発行
2025年6月15日　第5刷発行

著　者　船橋洋一《ふなばしよういち》
発行者　大松芳男
発行所　株式会社　文藝春秋
〒102-8008
東京都千代田区紀尾井町3-23
☎03-3265-1211（大代表）

印刷所　理想社
製本所　加藤製本
組　版　理想社

ISBN978-4-16-391910-2　Printed in Japan